秦汉六朝隋唐礼制与经学论丛

范云飞　著

社会科学文献出版社
SOCIAL SCIENCES ACADEMIC PRESS (CHINA)

本书得到教育部人文社会科学研究青年基金项目“中古礼议与政务运作研究”（23YJC770006）资助。

序　汉唐九百年的制度重建

顾　涛

梁漱溟在“经过九死一生的挣扎”，“终于虎口脱险”之后，[①] 回到广西桂林，矢志完成那部被他视作“是我一生的使命”的著作，此书“要写成，我乃可以死得；现在则不能死”。[②] 在这部《中国文化要义》（1949年完稿）中，梁氏曾说：“中国文化以周孔种其因，至秦汉收其果。”[③]

梁漱溟所谓的“收其果”，“是一面收融解融化之果，还一面在种种问题上收融合统一之果”；说得透彻一点，“儒家、道家、法家（甚至还要加上佛家）杂糅并存”，“相济为用”，是故“单纯道家，单纯法家，乃至单纯儒家，只可于思想上见之，实际政治上都不存在”。[④] 我很赞赏梁氏的这一识见，然私以为依其理由，当改易一字，而作：“中国文化以周孔种其因，至汉唐收其果。”

中央集权的国家制度重建，从西汉文帝即位之初（前179），贾谊（前200~前168）正式提出“宜当改正朔，易服色制度，定官名，兴礼乐”，一直要到唐玄宗开元后期，三部大型国家典制巨著《大唐开元礼》（732）、删定《唐律疏议》（737）、《唐六典》（739）的横空出世，[⑤] 方可称得上大功告成，绵延整整九百年。汉唐九百年，在血与火的淬炼中，实现了一番融解融化、融合统一的创造性转化。华夏的制度文明再度臻于人类文明史

---

① 〔美〕艾恺：《最后的儒家——梁漱溟与中国现代化的两难》，王宗昱、冀建中译，江苏人民出版社，2011，第222页。

② 梁漱溟：《香港脱险寄宽恕两儿》，载《梁漱溟全集》第6卷，山东人民出版社，2005，第343页。

③ 梁漱溟：《中国文化要义》，第十章，上海人民出版社，2011，第205、256页。

④ 梁漱溟：《中国文化要义》，第十章，第205、200~201页。

⑤ 参见顾涛《汉唐礼制因革谱》卷2、卷6，上海书店出版社，2018，第56、1158、1165、1168页。

的巅峰，被史家陈寅恪誉之为“中古极盛之世”[①]。

这九百年制度建设的经验与教训，几十代制度建设者们的智慧结晶，有个人的学识，有集体的方略，有争辩，有角逐，有反复，有曲折，那鲜活的激越人心的历史现场，曾将陈寅恪死死拽住，誓将“续命河汾”，一生沉醉于这段“不古不今”的学术胜地。可惜，陈先生的学术高峰性著作《隋唐制度渊源略论稿》诞生于那个“华北之大，已经安放不得一张平静的书桌了”[②] 的年代，书中初步勾勒出隋唐制度绵延自汉晋的三条主动脉，展开了一幅大开大合的制度因革起伏的画卷。然而，《隋唐制度渊源略论稿》终究只是草创，是粗坯，是大写意。

大半个世纪过去了，我们今天已无法在《隋唐制度渊源略论稿》的毛坯上直接翻新，不能再满足于踩着几个大脚印做些临摹、补苴、修缮的工作。我们需要从血肉、脏腑、骨节、经络等层面往制度纵深去谋求整体性突破，要建立符合透视规则的三维立体画面与构图。接过接力棒的中古史后起之秀们，没有“照着讲”或“接着讲”的现成便利了，必须从头再出发，进到那个荆棘丛生的荒野，在这一片空谷密林中飞奔与穿梭，设法趟出一条识破制度变迁规律的研究新路。在我四顾茫然之际，转机已悄悄来临。

2017 年，我遇到了一位禀赋卓异的“九〇后”学术新秀，从武汉大学来到清华攻读历史学博士学位，他身上透出一股强烈的初生牛犊不怕虎的冲劲。有鉴于他在武汉大学已具备秦汉段的厚实根柢，我试探性地建议他“避长趋短”，将时段移到魏晋以后，不想他竟一口应允下来。他便是范云飞。

箭矢离弦而出，便无回头之路。回想起来，当时确实是冒着很大的风险的，我们并不知前面的坑会有多大多深。我所考虑的，只在学术的潜力能不能胜任。在我看来，汉唐九百年的制度重建，要处理的第一项观念层面的结构性矛盾，就是周制与秦制的关系问题。这正是武汉大学学术名家冯天瑜所钟情的学术事业。冯先生生前已在多部著作中展露出他对制度设计中“周秦角力”这一焦点的关注；冯先生逝世一年后，其专著《周制与

① 陈寅恪：《隋唐制度渊源略论稿》，绪论，生活·读书·新知三联书店，2004，第 3 页。
② 清华大学救国会：《告全国民众书》，《怒吼吧》第 1 期，1935 年 12 月。

秦制》问世，集中呈现出对这一问题理论思考的精度与深度。冯著指出：

先秦以至于清中叶，中国的制度论始终盘旋于周制、秦制的轨范之内。[①]

而且，“对于二者的长短优劣，历来争辩不休，难有确论”[②]。汉代以来制度逐渐重建，面对可资参照的周秦二制，在大结构上：

以秦制为基干，汲纳周制，兼取儒法两家。……取周制以补秦制之弊，成就了兼采周秦的汉制。[③]

换句话说，也就是形成了“周秦两制融合、重组、改良的汉制”[④]。职是之故，欲对汉唐制度做一番解剖、探究，要有周制和秦制研究的童子功，或者至少对周秦二制之一做过一番深入的钻研。范云飞在武汉大学的硕士学位论文，在杨华教授的指导下，以《秦汉祠祀律令研究》为题，一眼就让我看出了他对冯先生学术的继承。如今从他这部著作上编的前三篇，便可以看出他在这一阶段所触及的学术高点。

来清华园之后，云飞深耕于晋至唐礼制这一块学术的沃土，用力至深之处由秦制转向周制。用冯天瑜的话说，就是“汲纳周制”“兼采周秦”，“周秦两制融合、重组、改良”，更确切地叫作“复周制之古，以更化秦制”，形成“一种周秦混成交融的汉制”。[⑤] 这是冯先生在分殊精度上的标致性成就。依着冯先生指向的这一大规模，汉唐制度研究在结构性上将生发出第二组关系范畴，即礼制与经学。云飞这部著作的书名，便立足在这一组对待关系。

这里的“经学”，与皮锡瑞《经学历史》以来的“经学”有明显的差别。在关注对先秦儒家经典的解读与诠释之外，还考虑着眼点与重点落在制度建设的实践过程中如何参用经籍，如何挖掘经义，如何变通时宜，如何构筑经说；换句话说，就是如何使旧的儒家经典活起来，在汉唐之际的现实政治语境中发挥出效用。能这样做的人，在唐人心目中是第一流的经学家，即所谓“通儒”——“君子致用在乎经邦，经邦在乎立事，立事在

---

① 冯天瑜：《周制与秦制》，结语，商务印书馆，2024，第555页。

② 冯天瑜：《周制与秦制》，第四章，第254页。

③ 冯天瑜：《周制与秦制》，第七章，第460页。

④ 冯天瑜：《周制与秦制》，第七章，第453页。

⑤ 冯天瑜：《周制与秦制》，第七章，第454页。

乎师古，师古在乎随时。必参今古之宜，穷始终之要，始可以度其古，终可以行于今，问而辨之，端如贯珠，举而行之，审如中鹄”。由此与那种“高谈有余，待问则泥，虽驱驰百家，日诵万字，学弥广而志弥惑，闻愈多而识愈疑”的书斋之儒、辟者之儒形成高下之别。[①] 钱穆有一个形象的称呼，称这一类学问为“活经学”。[②] 在云飞的这部著作中，下编就是对“活经学”的集中讨论，比如云飞指出：“如何活用‘故事’以解决现实难题，或如何编织经义以弥缝制度危机，无不体现人的智力活动，也无不彰显人的学术风格。”（本书115页）又说：“《周礼》经典对国家制度的渗透，是在一场场礼制议论的微观场景中得以实现的，其中又有经义逻辑、政治立场、学术流派等因素的复杂互动，是一个曲折往复的过程。”（本书226页）此类的张力与活力、针尖与麦芒，在云飞这部著作中已徐徐展开。

这个“活经学”的场域，集中发生在被称作“礼议”的丰富的历史微观现场。礼议，就是因礼制施行中的若干疑难问题而产生各种争议，因争议而举证、深究、质疑、辩难，由此充分展现出辩者们的经学素养。如今不少学者已注目到这一领域，留意到晋代曾有《礼论》800卷、梁代有《五礼仪注》1176卷，后虽多亡佚，然《通典》在《礼典》中收集了最为精华的65卷礼议场景，足资观瞻昔日盛况。[③] 如今我们从云飞著作中对庾蔚之、王俭、何佟之、刘芳、祝钦明等人所参与的各场礼议之分剖，已可见礼制与经学这一对范畴互动、交织之一斑。这一范畴中的重要变量——“故事”，同样是“活经学”的一个鲜活的样本，只是发生了一定的基因变异。云飞指出：“中古议礼者或凭经注之学进身，在成为官僚之前只是布衣之士；或出身于累世高门，从小濡染仪礼典章、进退揖让，对朝章国故等所谓‘掌故’‘故事’极为熟悉。”（本书91~92页）“布衣之士”的经学显于外，“累世高门”的学养敛于内，“故事”的形成、因循，其背后恰恰代表着一种经学学说的长期被认可、被接纳。这部著作面世后不久，云

① 李翰：《通典序》，《通典》卷首，中华书局，1988，第1~2页。

② 对钱穆之说，笔者已有所阐释；参见顾涛《“活经学”的两条路：二十年的探索》，载《耕读经史》，凤凰出版社，2021，第7~8页。

③ 对此可参见吴丽娱《〈礼论〉的兴起与经学变异——关于中古前期经学发展的思考》，《文史》2021年第1期。

飞的另一部著作《中古礼议与礼制研究》也即将杀青，这将是对“礼议”这一中古史研究富矿做集中开发的专著，是所翘盼。

云飞的研究，一定程度上对冯天瑜《周制与秦制》的理论盲区做了弥补。对“周制”的汲纳、兼采、融合、重组、混成、交融，远不止于汉代。汉制固然是更化秦制、汲纳周制的产物，魏晋至隋唐同样延续了这一进程，甚至呈现出远较汉制更为典型、更为复杂的混成交融面相。如果在周制、秦制之外，另立一种可以与之并驾的制度样式，那不应当是汉制，而应当是唐制。这是梁漱溟—冯天瑜共同的学术盲区，也是他们对制度史的认识不及陈寅恪之处。

再进一步，从汉唐九百年这个长时段来看，制度的因革是不是只有汲纳周制这一单线条？周制分量的加重，是不是意味着秦制色彩的减弱？魏晋以降，秦制在制度结构中居于什么位置？秦制与周制的混成与交融，是如何在这九百年中体现出来的？话说回来，我们得进一步深入探究“秦制”的核心意涵。

让我们回到秦自西陲崛起，秦穆公（《史记》写作缪公）确立霸业的那个关键历史时刻。公元前623年，秦因得戎人由余，“益国十二，开地千里，遂霸西戎”，奠定了日后秦始皇一统中国的政治根基。《史记·秦本纪》从制度优势上给出了一段精妙的记录：

（秦缪公）问曰：“中国以诗书礼乐法度为政，然尚时乱，今戎夷无此，何以为治，不亦难乎？”由余笑曰：“此乃中国所以乱也。夫自上圣黄帝作为礼乐法度，身以先之，仅以小治。及其后世，日以骄淫。阻法度之威，以责督于下，下罢极则仁义怨望于上，上下交争怨而相篡弑，至于灭宗，皆以此类也。夫戎夷不然，上含淳德以遇其下，下怀忠信以事其上，一国之政犹一身之治，不知所以治，此真圣人之治也。”①

此时的周制，在中原已有四百余年的发展历程，显然已暴露出各种弊端，由余出自三晋，成长于西戎，又天资聪慧，经两相比较，直刺周之深弊。这也是秦穆公钦服由余，想方设法要去网罗此人的缘由；最终得了由余的智谋，实际上也就是发挥了西戎之制的优势，扩展出一股后发制胜的力量。

---

① 司马迁：《史记》，中华书局，1982，第192~193页。

秦之先世，本就居于西戎之间，由余的加盟，使这股新力量进一步得以彰显。此后在秦的进一步发展壮大直至一统中国的进程中，与周制构成对待关系的这股新资源、新能量，显然在不断发酵，并与周制构成制度上的互补，形成一种制度创新优势。秦制所代表的，并非与周制全然区隔的另一种制度范式，秦制同样出自周制，是周制融化周边民族异文化资源实现创造性转化的结果。我认为赵汀阳所概括的"旋涡模式"具有一定的解释力，他说中国有着强大向心力的旋涡模式，"一个根本特性在于其强劲的卷吸力"，"故能卷入一切异己而化为一体，所以中国才得以长存"。[①] 周制转向秦制的历史过程，在一定程度上正是这一模式的体现。

自汉以后，秦制所代表的自我蜕变、去腐生肌的创新模式，依然在延续。再举一例，西汉文帝时，有燕人中行说随嫁匈奴，多年后其在与汉之来使的对话中，尖锐地揭出匈奴之俗有优于汉礼处：

汉使或言曰："匈奴俗贱老。"中行说穷汉使曰："而汉俗屯戍从军当发者，其老亲岂有不自脱温厚肥美以赍送饮食行戍乎？"汉使曰："然。"中行说曰："匈奴明以战攻为事，其老弱不能斗，故以其肥美饮食壮健者，盖以自为守卫，如此父子各得久相保，何以言匈奴轻老也？"汉使曰："匈奴父子乃同穹庐而卧。父死，妻其后母；兄弟死，尽取其妻妻之。无冠带之饰，阙庭之礼。"中行说曰："匈奴之俗，人食畜肉，饮其汁，衣其皮；畜食草饮水，随时转移。故其急则人习骑射，宽则人乐无事，其约束轻，易行也。君臣简易，一国之政犹一身也。父子兄弟死，取其妻妻之，恶种姓之失也。故匈奴虽乱，必立宗种。今中国虽详不取其父兄之妻，亲属益疏则相杀，至乃易姓，皆从此类。且礼义之敝，上下交怨望，而室屋之极，生力必屈。夫力耕桑以求衣食，筑城郭以自备，故其民急则不习战功，缓则罢于作业。嗟土室之人，顾无多辞，令喋喋而占占，冠固何当？"[②]

中行说与由余可谓异曲同工，深悉汉制之弊，提出匈奴之制可补汉礼之短。后来汉代在制度重建的过程中暗袭了中行说的观点，由此开制度史上胡俗入汉之端。按照赵汀阳之说，"中国的概念始终是多族群多文化的互化与共同构建的结果，既不是全盘汉化的同化，也不是不同文化之间的

① 赵汀阳：《惠此中国：作为一个神性概念的中国》，中信出版社，2016，第111、138页。

② 司马迁：《史记》，第2899~2900页。

互相拒斥与分隔，而是基因重组的再创造”[①]。中国制度史演进的一条大脉络，就是胡汉、华夷的交融，由此让制度的母体不断革新、不断丰满，也就是实现所谓“基因重组的再创造”。

汉唐九百年制度重建的生命力在此。这股磅礴的生命力，自秦汉直贯至隋唐。当年，陈寅恪已意识到这一重大关节点，他说：“李唐一族之所以崛起，盖取塞外野蛮精悍之血，注入中原文化颓废之躯，旧染既除，新机重启，扩大恢张，遂能别创空前之世局。”[②] 这是制度设计中“周秦角力”的又一条命脉所在。

汉唐九百年，汲纳、兼采周制如今已提上了制度史研究的议程；“取塞外野蛮精悍之血，注入中原文化颓废之躯”的融化过程，给制度史的研究提出了一项更具挑战性的重大学术课题。满眼望去，这似乎是一个学术的无人区。

2024 年夏，搁笔于清华园人文楼

① 赵汀阳：《惠此中国：作为一个神性概念的中国》，第 86 页。

② 陈寅恪：《李唐氏族之推测后记》，载《金明馆丛稿二编》，生活·读书·新知三联书店，2001，第 344 页。

目　录

上编　秦汉礼制与律令

第一篇　秦汉祠祀律令辑考 …………………………………… 003

一　律令篇名 ……………………………………………… 004

二　中央祠官所掌祭祀 …………………………………… 006

三　宗庙斋祭 ……………………………………………… 010

四　郡县祭祀 ……………………………………………… 021

五　其他 …………………………………………………… 034

结　论 ……………………………………………………… 036

第二篇　新出秦汉礼律简四题 ………………………………… 037

一　岳麓秦简秦令与胡家草场汉简《腊律》 ……………… 038

二　胡家草场汉简《葬律》 ………………………………… 043

三　胡家草场汉简《祠律》 ………………………………… 044

四　海昏侯墓汉简昌邑王“会饮仪” ……………………… 046

结　论 ……………………………………………………… 049

第三篇　秦汉郡国祠官考 ……………………………………… 050

一　秦汉中央祠官系统 …………………………………… 050

二　秦汉地方祠官系统 …………………………………… 053

结　论 ……………………………………………………… 060

第四篇　两汉大臣服丧考 …… 061
一　两汉大臣服丧诸说辨正 …… 062
二　两汉大臣服丧相关诏令疏证 …… 065
结　论 …… 070

第五篇　重建汉家秩序的两种进路
——汉末旧君名讳论辩钩沉 …… 072
一　汉末旧君名讳论辩文本辑证 …… 073
二　从汝南到徐州：论辩发生的历史场景 …… 079
三　旧君名讳与汉晋社会变动 …… 082
结　论 …… 086

下编　六朝隋唐礼学与礼议

第六篇　南朝礼制因革中的王俭"故事学" …… 091
引言　礼制因革中的"故事学" …… 091
一　王俭礼议中"故事"的运用 …… 094
二　王俭"故事学"的家学背景 …… 110
结　论 …… 114

第七篇　何佟之礼学与礼议再探 …… 117
一　何佟之礼议的经学特质 …… 118
二　庐江何氏家族中的何佟之及其对梁朝礼制的意义 …… 130
结论　何佟之与梁武帝礼制改革 …… 137
附录　何佟之朝日夕月议笺证 …… 139

第八篇　试析南北朝隋唐的改撰《论语》现象
——兼论梁武帝的制礼思路 …… 144
一　梁武帝《孔子正言》的撰述及其经世用意 …… 144

二 王勃《次论语》及其学术源流 …… 150
三 南北朝隋唐之际的经学新风 …… 155
结 论 …… 157

第九篇 “正体”与“爵土”：中古嫡孙承重礼议所见的家国关系 …… 159
一 “承重”的经义逻辑与相关争论 …… 161
二 西晋两场嫡孙承重礼议 …… 164
三 北魏嫡孙为祖母服议 …… 169
结 论 …… 176

第十篇 北朝礼议“正经”观念的凸显 …… 178
一 孝文帝礼议的“正经”观念 …… 179
二 刘芳礼议的“正经”观念 …… 195
三 北朝后期礼议“正经”规范的强化 …… 206
四 浅议“正经”与“推致”之间的张力 …… 218
结 论 …… 225

第十一篇 经义逻辑与社会关系网络：唐中宗郊天韦皇后亚献议再探 …… 226
一 “文例”与“正经”：韦后亚献议的经义逻辑 …… 229
二 女性“外神”祭祀争论的经义渊源与政治背景 …… 238
三 韦后亚献议所见的中宗朝社会关系网络 …… 249
结 论 …… 257

第十二篇 《旧唐书·礼仪志》会昌庙议错简、阙载及史源考 …… 260
一 错简问题 …… 261
二 阙载补入与事件复原 …… 271
三 史源推测 …… 274
结 论 …… 277

第十三篇　唐代三年丧三十六月说的展开 …………………………… 279
　一　王元感、张柬之论辩详析 ………………………………… 280
　二　唐人论辩的后续展开 ……………………………………… 286
　三　三年丧的情文矛盾与民间服丧实践 ……………………… 292
　结　论 …………………………………………………………… 295

后　记 ……………………………………………………………… 297

上　编

秦汉礼制与律令

第一篇　秦汉祠祀律令辑考

秦汉时期存在关于祭祀的律令，称为“祠律”、“祠令”或“祀令”等，这在传世文献与出土文献中都有证据。《史记·孝文本纪》之《索隐》、《汉书·文帝纪》颜师古注引如淳所说有“汉祠令”；《汉书·郊祀志》颜师古注引臣瓒、《续汉书·祭祀志》刘昭注引有“汉祀令”；另外，《续汉书·祭祀志》刘昭注还引有蔡邕所言“斋令”“宗庙仪”等名目。[①] 出土文献中，敦煌汉简有“祠律”标题和相关内容，[②] 里耶秦简有“律曰祠”的文字，[③] 岳麓秦简有“祠令”，[④] 湖北云梦睡虎地 M77 汉墓简牍有“祠律”标题与内容。[⑤] 除此之外，秦汉传世文献、出土文献中还有其他与祠祀相关的律令条文，未必都属于上述“祠律”“祠令”“祀令”等篇目，但因内容相关，本篇统称为“秦汉祠祀律令”。

对秦汉祠祀律令的辑佚、释证，清代以来的学者已经做了不少工作。清末民初，有薛允升《汉律辑存》、杜贵墀《汉律辑证》、张鹏一《汉律类纂》、沈家本《汉律摭遗》、程树德《汉律考》、汪之昌《汉律逸文》、孙传凤《集汉律逸文》等汉律辑佚著作，都或多或少搜集了一些祠祀律令条文。[⑥] 近年来，随着秦汉律令大量出土，不少学者指出秦汉有“祠律”等

---

① 《史记》卷一〇《孝文本纪》，中华书局，1982，第 415—416 页；《汉书》卷四《文帝纪》，中华书局，1962，第 108—109 页；《汉书》卷二五《郊祀志》，第 1269 页；《续汉书志》第七《祭祀志》，中华书局，1965，第 3162、3196 页。

② 甘肃省文物考古研究所编《敦煌汉简》，中华书局，1991，第 238 页。

③ 张春龙：《里耶秦简祠先农、祠穴、祠堤校券》，武汉大学简帛研究中心主办《简帛》第二辑，上海古籍出版社，2007，第 396 页。

④ 陈松长：《岳麓书院所藏秦简综述》，《文物》2009 年第 3 期，第 87 页。

⑤ 湖北省文物考古研究所、云梦县博物馆：《湖北云梦睡虎地 M77 发掘简报》，《江汉考古》2008 年第 4 期，第 35 页。

⑥ 参见薛允升《汉律辑存》，杨家骆主编《中国法制史料》第二辑第一册，台北：鼎文书局，1982，第 364、383、392、393、394 页；杜贵墀《汉律辑证》卷三，（转下页注）

律令篇目，并做了相关研究。彭浩、张春龙、曹旅宁指出秦有“祠律”，①李均明、刘军、高恒、谢桂华、杨华对汉代“祠律”“祠令”也有研究。②

目前为止，对秦汉祠祀律令的搜集、整理都是零散的。如今，随着新材料的发现，以及相关研究的进展，已经有了全面搜集、整理秦汉祠祀律令条文的可能性。在前人时贤的基础上，本篇试图达成三个目的：第一，整合目前所见的秦汉祠祀律令，提供一个比较完整、系统的版本；第二，对律令条文略做释证；第三，补充一些新材料，比如里耶秦简、岳麓秦简、肩水金关汉简中的一些内容。本篇搜集五部分内容：第一，律令篇名；第二，中央祠官所掌祭祀；第三，宗庙斋祭；第四，郡县祭祀；第五，其他。

一　律令篇名

秦汉祠祀律令的篇名，除了上述传世文献中出现过的“祠令”“祀令”等之外，出土简牍材料中主要有四种。其中秦代“祠律”“祠令”共两种：

（一）里耶秦简“祠律”

诸有祠□□□☑（10-74）

☑□律曰祠□☑（10-988）

（接上页注⑥）杨一凡编《中国律学文献》第四辑第一册，社会科学文献出版社，2007，第42、77、79、80页；张鹏一《汉律类纂》，杨家骆主编《中国法制史料》第二辑第一册，第677—680页；沈家本《历代刑法考》卷十九《汉律摭遗》，中华书局，1985，第869、1731、1732页；程树德《九朝律考》，中华书局，2003，第25—26、128、132页；汪之昌《汉律逸文》，杨家骆主编《中国法制史料》第二辑第一册，第696—697页；孙传凤《集汉律逸文》，杨家骆主编《中国法制史料》第二辑第一册，第713—714页。

① 参见彭浩《睡虎地秦简“王室祠”与〈赍律〉考辨》，武汉大学简帛研究中心主办《简帛》第一辑，上海古籍出版社，2006，第243页；张春龙《里耶秦简祠先农、祠穴和祠堤校券》，《简帛》第二辑，第396页；曹旅宁《里耶秦简〈祠律〉考述》，《史学月刊》2008年第8期，第39页。

② 参见李均明、刘军主编《汉代屯戍遗简法律志·上编·律令科品·祠社稷令》，刘海年、杨一凡总主编《中国珍稀法律典籍集成》甲编第二册，科学出版社，1994，第131—132页；高恒《汉简牍中所见令文辑考》，李学勤、谢桂华主编《简帛研究》第三辑，广西教育出版社，1998，第383页；谢桂华《西北汉简所见祠社稷考补》，卜宪群、杨振红主编《简帛研究》2004年卷，广西师范大学出版社，2006，第267页；杨华《秦汉帝国的神权统一——出土简帛与〈封禅书〉〈郊祀志〉的对比考察》，《历史研究》2011年第1期；杨华等《楚国礼仪制度研究》，湖北教育出版社，2012，前言第10页。

☐泰牢祠二（10-1336）

库祠卖彻钱九（16-786）

□二尺一环，环去栈高尺，以绀缯为盖，缦里☐

祠器。漆棂车以木为栈，广四尺☐（9-729）[①]

（二）岳麓秦简“祠令”

安台居室居室共令、卜祝酌又它祠令、辞式令[②]

■祠令　　甲（0129）[③]

以上两种，里耶秦简中10-988“律曰祠”，应当即“祠律”；10-74“诸有祠……”，为律令条文的格式，曹旅宁业已指出。[④] 则其中几条简文，除16-786“库祠卖彻钱九”或为祭品出卖记录之外，其他当为“祠律”的内容。岳麓秦简有“祠令”，而且条文有甲乙之分类，根据“卜祝酌有它祠令”，推测是与祝卜祭祀有关的条文，但其内容尚未公布。

汉代有“祠律”两种：

（三）敦煌汉简“祠律”

祠律（499）[⑤]

●社日众人尽坐为卿明读爰书，约京令卿=尽知之。

卖社下贱平所市一牒以上，及发养所作治饮食若涂慁社，皆不庄事=罚平一石谷赏以社（217、218）[⑥]

---

① 张春龙：《里耶秦简祠先农、祠穴、祠堤校券》，《简帛》第二辑，第396页。引文末括号内为简编号，下同。

② 陈松长：《岳麓书院所藏秦简综述》，《文物》2009年第3期，第87页；又根据陈松长《岳麓秦简中的秦令令名订补》补释，参见陈松长《岳麓秦简中的秦令令名订补》，第六届“出土文献与法律史研究”暨庆祝华东政法大学法律古籍整理研究所成立三十周年学术研讨会会议论文，上海，2016年11月，第94页。

③ 陈松长：《岳麓秦简中的秦令令名订补》，第95页。

④ 曹旅宁：《里耶秦简〈祠律〉考述》，《史学月刊》2008年第8期，第39页。

⑤ 甘肃省文物考古研究所编《敦煌汉简》，第238页。

⑥ 甘肃省文物考古研究所编《敦煌汉简》，第227页。

（四）云梦睡虎地 M77 汉墓简牍“祠律”

祠律①

以上两种，《敦煌汉简》499 号简“祠律”二字单简抬头书写，当为律名简无疑。217、218 两简文涉及社祭、出卖祭品、社的修整等内容，研究者认为或是“祠律”的具体条文。② 云梦睡虎地 M77 汉墓简牍中有“祠律”篇名和内容，尚未公布。

以上，是秦汉简牍中目前所见的四种祠祀律令的篇名及部分条文，有“祠律”“祠令”之别。虽然都是关于祠祀的法律规定，但律、令有别。大致说来，“祠律”属于律典；“祠令”（或“祀令”“斋令”等）则是经过编纂的诏令集合，在使用过程中也可能脱离诏令的面貌，变成制度章程的形式。秦汉的祠祀律令虽然属于律令，但跟后世的刑法不同，主要是关于祭祀的典章制度，在文本性质上跟先秦以来“祀典”及后世的“仪注”类文献应当更接近。

二　中央祠官所掌祭祀

本篇所谓中央祠官所掌祭祀，大致相当于《史记·封禅书》《汉书·郊祀志》所载的范围。（田天称之为“国家祭祀”。③）中央宗庙祭祀也归太常职官掌管，但因为内容比较多，所以单列“宗庙斋祭”一类，不在本部分讨论。《封禅书》《郊祀志》《续汉书·祭祀志》以及汉代一些仪注、故事类文献所记秦汉中央祠官所掌祭祀的内容，应当与祠祀律令相关条文

① 湖北省文物考古研究所、云梦县博物馆：《湖北云梦睡虎地 M77 发掘简报》，《江汉考古》2008 年第 4 期，第 35 页。

② 《敦煌马圈湾汉代烽燧遗址发掘报告》认为这些简文“是否属于祠律条文，待考”；谢桂华先生认为“简 26 为‘祠律’的标题，简 27 和简 28 疑属‘祠律’正文”，参见《敦煌马圈湾汉代烽燧遗址发掘报告》，甘肃省文物考古研究所编《敦煌汉简》，第 73 页；谢桂华《西北汉简所见祠社稷考补》，《简帛研究》2004 年卷，第 267 页。

③ 田天：《秦汉国家祭祀史稿》，生活·读书·新知三联书店，2015，第 3 页。

有许多重合，有些文献甚至应当就是取材于祠祀律令而写成的。但对于这些文本内容，目前还无法确定其性质是否为律令，所以仅录入几则比较明确属于律令的。

（五）天·地·五帝

汉法：三岁一祭［天］① 于云阳宫甘泉坛，以冬至日祭天，天神下；三岁一祭地于河东汾阴后土宫，以夏至日祭地，地神出；祭五帝于雍五畤；祭天用六彩绮席，六重，上一丈，中一幅，四周缘之。玉几，玉饰器。(《艺文类聚·礼部》《太平御览·礼仪部》引卫宏《汉旧仪》)②

这条“汉法”是西汉皇帝祭祀天、地、五帝的律令条文，根据其于云阳宫甘泉坛祭天、汾阴后土宫祭地，应当形成于西汉武帝时期。西汉元帝礼制改革后，于长安南北郊祭天地五帝，则此条律令应当实行于西汉武帝到元帝之间。

（六）南郊·北郊

祭南郊，乘大驾，奉引如故，其余群司百官大出；祭北郊，称大驾，奉引如故，其余十岁五帝鸡（翅）〔翘〕埽前后，诸军悉行者也。(《北堂书钞·仪饰部》引应劭《汉官仪》)③

史载应劭曾在东汉献帝年间“删定律令为《汉仪》”，④ 则其书当主要取材于两汉律令。现存陶宗仪、孙星衍、王仁俊三种应劭《汉官仪》辑本，

① 《艺文类聚·礼部》引《汉官旧仪》无“天”字，《太平御览·礼仪部》引《汉旧仪》有“天”字。参见孙星衍等辑《汉官六种》，周天游点校，中华书局，1990，第 57、97 页。

② 此条程树德收入《汉律考》之中。参见程树德《九朝律考》，第 25 页；卫宏撰，纪昀等辑《汉官旧仪二卷补遗一卷》，《汉官六种》，第 57 页；卫宏撰，孙星衍辑《汉旧仪二卷补遗二卷》，《汉官六种》，第 97 页。

③ 应劭撰，孙星衍校集《汉官仪二卷》，《汉官六种》，第 184 页。据校勘记，“鸡翅”当为“鸡翘”之讹。

④ 《后汉书》卷四八《应劭传》，中华书局，1965，第 1612 页。

在内容与形式上多与已知的汉律令不相类。此条记皇帝南北郊之仪，从内容来看，当取材于汉代祠祀律令。西汉南北郊制度成立于成帝建始元年，[①]则此条当实行于是年之后。

（七）日·月

天子春朝日，秋夕月，拜日东门之外，朝日以朝，夕月以夕。（《史记·孝武本纪》裴骃《集解》、《汉书·武帝纪》颜师古注引应劭[②]）

龙大轩把此条归入汉律之中。[③]《史记·孝武本纪》载："十一月辛巳朔旦冬至，昧爽，天子始郊拜泰一。朝朝日，夕夕月，则揖，而见泰一如雍礼。"[④]《汉书·武帝纪》略同。[⑤] 臣瓒曰："《汉仪注》郊泰畤，皇帝平旦出竹宫，东向揖日，其夕，西南向揖月，便用郊日，不用春秋也。"[⑥] 此条与武帝实际祭拜日月的流程相符，是在同一天中朝日夕月，而应劭则以为"春朝日，秋夕月"，则臣瓒所引《汉仪注》为武帝时章程，应劭所言则为西汉晚期以后之礼仪。颜师古以为"春朝朝日，秋暮夕月，盖常礼也。郊泰畤而揖日月，此又别仪"。[⑦] 是以西汉晚期以后儒家化的礼仪为"常礼"，武帝时的做法为"别仪"。此条出自应劭，或即其"删定律令"而撰的《汉仪》，为西汉晚期以后的律令条文。

（八）山川

《汉祀令》曰：天子行有所之，出河，沈用白马、珪、璧各一，衣以缯缇五尺，祠用脯二束，酒六升，盐一升。涉渭、灞、泾、雒佗名水如此者，沈珪、璧各一。律，所在给祠具；及行，沈祠佗山水，

---

① 《汉书》卷一〇《成帝纪》曰："（建始元年）十二月，作长安南北郊，罢甘泉、汾阴祠。"第 304 页。

② 《史记》卷一二《孝武本纪》，第 470 页；《汉书》卷六《武帝纪》，第 185 页。

③ 龙大轩：《汉代律家与律章句考》，社会科学文献出版社，2009，第 204 页。

④ 《史记》卷一二《孝武本纪》，第 470 页。

⑤ 《汉书》卷六《武帝纪》，第 185 页。

⑥ 《汉书》卷六《武帝纪》，第 185 页；《史记》卷一二《孝武本纪》，第 470—471 页。

⑦ 《汉书》卷六《武帝纪》，第 185—186 页。

先驱投石，少府给珪、璧。不满百里者，不沈。(《续汉书·祭祀志》刘昭注引《汉祀令》)[①]

此条出自《汉祀令》，当为《汉祠令》之异名，规定皇帝沉祭河流所用的祭品规格、祭品供给。有三点值得注意。第一，根据河流的大小，分为三个级别，首先是黄河，其次是渭、灞、泾、雒等名水，最后是不满百里的小河。《封禅书》称秦朝的山川等级说："霸、产、长水、沣、涝、泾、渭皆非大川，以近咸阳，尽得比山川祠，而无诸加。汧、洛二渊，鸣泽、蒲山、岳嵋山之属，为小山川，亦皆岁祷塞泮涸祠，礼不必同。"[②] 与《汉祀令》的规定虽不尽相同，但大体是相通的。第二，沉祭所用之祭品有白马、珪、璧、脯、酒、盐等物，《封禅书》载孝文帝十八年下令："其河、湫、汉水加玉各二，及诸祠各增广坛场，珪币俎豆以差加之。"[③] 可与此相参证。第三，由河流所在地和少府提供祭品。另外，条文中说"律，所在给祠具"，则除了《祀令》之外，还有与之对应的"律"，应该就是出土文献中的《祠律》或者《祀律》。至于律与令的关系，令应该是附属于律的补充条款，或者律的详细规定。

（九）社稷

《汉书·郊祀志》：(王) 莽又言"……圣汉兴，礼仪稍定，已有官社，未立官稷"。遂于官社后立官稷，以夏禹配食官社，后稷配食官稷。稷种穀树。徐州牧岁贡五色土各一斗。(颜师古注引臣瓒曰："高帝除秦社稷，立汉社稷，《礼》所谓太社也。时又立官社，配以夏禹，所谓王社也。见《汉祀令》。而未立官稷，至此始立之。世祖中兴，不立官稷，相承至今也。")[④]

关于两汉社稷的讨论甚多，本篇不打算引申，只标出《汉祀令》中一则有

① 《续汉书志》第七《祭祀志》，第 3162 页。
② 《史记》卷二八《封禅书》，第 1644—1645 页。
③ 《史记》卷二八《封禅书》，第 1652 页。
④ 《汉书》卷二五《郊祀志》，第 1269 页。

关“官社”的条文。据上引材料，《汉祀令》规定汉有太社，又有官社，也就是《礼记·祭法》所谓的“王社”。这是属于中央祠官掌管的祭祀。郡县也有社稷，将在下文讨论。

三 宗庙斋祭

此处“宗庙斋祭”，特指西汉长安、东汉洛阳之宗庙。另外，秦与西汉元帝以前还有县道、郡国之宗庙，东汉也有先皇宗庙在郡县者，列在下文“郡县祭祀”类别中，不在此列。两汉时期关于宗庙礼仪的法律规定，除了《祠律》《祠令》之外，据《续汉书·祭祀志》刘昭注引蔡邕《表志》：“建武乙未、元和丙寅诏书，下《宗庙仪》及《斋令》，宜入《郊祀志》，永为典式。”① 可知尚有《宗庙仪》《斋令》等篇目。下面分别论述：

（十）禘祫

> 礼五年而再殷祭，壹禘壹祫。祫祭者，毁庙与未毁庙之主皆合食于太祖。（《汉书·平帝纪》颜师古注引应劭）②

龙大轩《汉代律家与律章句考》把此条归入汉律之中。③ 关于禘祫，历代有许多异说，在经学与史学上争论极多。此条内容为西汉中晚期儒者对先秦礼经中“禘祫”的理解，为郑玄所继承，未必符合先秦禘祫礼的实际情况，但却因为儒家学说的影响而成了西汉晚期之后的制度。这条应该也是出自应劭“删定律令”而撰的《汉仪》，④ 为西汉晚期以后的律令条文。

（十一）岁献侍祠

> 丞相臣嘉等言：“……臣谨议：世功莫大于高皇帝，德莫盛于孝

---

① 《续汉书志》第九《祭祀志》，第 3196 页。
② 《汉书》卷一二《平帝纪》，第 358 页。
③ 龙大轩：《汉代律家与律章句考》，第 204 页。
④ 陶宗仪、孙星衍、王仁俊所辑应劭《汉官仪》都未收入此条，盖因不易确定应劭此言是否出自《汉官仪》。

> 文皇帝，高皇庙宜为帝者太祖之庙，孝文皇帝庙宜为帝者太宗之庙。天子宜世世献祖宗之庙。郡国诸侯宜各为孝文皇帝立太宗之庙。诸侯王列侯使者侍祠天子，岁献祖宗之庙。请著之竹帛，宣布天下。”制曰：“可。”①

此条程树德收入《汉律考·祠令》之中，并约简为“诸侯王列侯使者，侍祠岁献祖宗之庙”。② 此条规定，诸侯王、列侯每年要派遣使者来京师，在宗庙祭祀中“侍祠”。因为“著之竹帛，宣布天下”，在西汉文帝以后就成了“令”之一条。值得注意的是，除了京师的宗庙之外，各郡国也有宗庙，这是元帝以前的特殊情况。东汉也有少数郡国有庙。《集解》引如淳曰：“若光武庙在章陵，南阳太守称使者往祭是也。不使侯王祭者，诸侯不得祖天子也。凡临祭祀宗庙，皆为侍祭。”③ 这说明，不管是京师还是郡国，诸侯王、列侯、郡守都要派遣使者，或者自己充当使者来侍祠。

（十二）见姅变不得侍祠

> 姅，妇人污也。从女，半声。《汉律》曰：见姅变不得侍祠。(《说文·女部》)④

“姅”意为“妇人污”，即段玉裁曰：“谓月事及免身及伤孕皆是也。”⑤ 可知汉律规定，妇人来月经或即将生产时，或发生流产等特殊情况的，不得侍祠。此条亦见于《史记索隐》：“《说文》云‘姅，女污也’，《汉律》云‘见姅变，不得侍祠’。”⑥ 妇人来月经或即将生产就不得参与斋祭，这是一个由来已久的禁忌。《礼记·内则》中说：“妻将生子，及月辰，居侧室。……夫斋，则不入侧室之门。”蔡邕说：“《礼》，妻妾产者，斋则不入

---

① 《史记》卷一〇《孝文本纪》，第436页。
② 程树德：《九朝律考》，第25页。
③ 《史记》卷一〇《孝文本纪》，第437页。
④ 许慎：《说文解字》卷一二下《女部》，中华书局，1963年影印本，第264页。
⑤ 段玉裁：《说文解字注》十二篇下《女部》，中州古籍出版社，2006年影印本，第626页。
⑥ 《史记》卷五九《五宗世家》，第2100页。

侧室之门。"[①] 就是引用此文。则先秦的观念中，不仅此时妇人不能侍祠，就连在斋中的男性都不得靠近她们。

汉代也有这种禁忌。《论衡》曰："俗有大讳四。……三曰讳妇人乳子，以为不吉。将举吉事，入山林，远行，度川泽者，皆不与之交通。乳子之家，亦忌恶之。丘墓庐道畔，逾月乃入，恶之甚也。"[②] 这是说，即将生产的妇人"不吉"，要远离"吉事"，即祭祀之事。可见这种观念在先秦之礼、汉代之律、汉代民间禁忌之中，都是相通的。汉律即根据礼、俗而制定。段玉裁说"汉律与周礼相为表里"，[③] 非常深刻，可以做两种理解：第一，汉律许多内容就是继承周礼而来的；第二，汉代"礼""律"本来不甚分别，以礼为律，律即是礼。其实，不仅汉律、周礼相为表里，汉律、民俗也相为表里。

（十三）不敬

关于宗庙祭祀中的"不敬"，未见具体律令条文，但传世文献中能找到几个案例：

（1）元朔三年，（蓼）侯（孔）臧坐为太常，南陵桥坏，衣冠车不得度，国除。（《史记·高祖功臣侯者年表》）[④]

（2）（武帝后元二年）当涂侯魏不害为太常，六年坐孝文庙风发瓦免。（《汉书·百官公卿表》）[⑤]

（3）（孝昭始元六年）轑阳侯江德为太常，四年坐庙郎夜饮失火免。（《汉书·百官公卿表》）[⑥]

（4）（秺侯商丘成）延和二年七月癸巳封，四年，（孝武）后二年，坐为詹事侍祠孝文庙，醉歌堂下曰："出居，安能郁郁。"大不敬，自杀。（《汉书·景武昭宣元成功臣表》）[⑦]

---

① 《后汉书》卷六〇《蔡邕传》，第 1994 页。

② 王充：《论衡》卷二三《四讳》，上海人民出版社，1974，第 355—359 页。

③ 段玉裁：《说文解字注》十二篇下《女部》，第 626 页。

④ 《史记》卷一八《高祖功臣侯者年表》，第 899—900 页。《汉书》卷一九《百官公卿表》同，第 771 页。

⑤ 《汉书》卷一九《百官公卿表》，第 791 页。

⑥ 《汉书》卷一九《百官公卿表》，第 795 页。

⑦ 《汉书》卷一七《景武昭宣元成功臣表》，第 663 页。

这些案例，杜贵墀收入《汉律辑证》的“不如令”一类中。[①] 如果根据这些案例来逆推律令的条文，大概可以表述为：太常、詹事等主管宗庙祭祀的官员，如果有桥坏、风发瓦、失火、醉歌等情况，都属于“不敬”或“大不敬”，要受除国、免官，甚至死刑之刑罚。

（十四）不如令

关于“不如令”，也没有具体条文，但可见如下案例：

（1）元狩六年，（俞）侯（栾）贲坐为太常，庙牺牲不如令，有罪，国除。（《史记·惠景间侯者年表》；按《史记》作“庙牺牲”，《汉书·景武昭宣元成功臣表》作“雍牺牲”，《汉书·百官公卿表》作“牺牲”，三处不同。）[②]

（2）元封四年，（酂侯萧）寿成为太常，牺牲不如令，国除。（《史记·高祖功臣侯者年表》；按“牺牲不如令”，《汉书·百官公卿表》同，《汉书·高惠高后文功臣表》作“牺牲瘦”。）[③]

（3）（元鼎二年）广安侯任越人为太常，坐庙酒酸论。（师古曰：《任敖传》及《侯表》皆云“广阿侯”，今此为“广安”，此表误。）（《汉书·百官公卿表》《汉书·高惠高后文功臣表》同，《汉书·任敖传》作“酒酸不敬”。）[④]

（4）（太初三年）牧丘侯石德为太常，三年坐庙牲瘦入穀赎论。[《汉书·百官公卿表》；《汉书·外戚恩泽侯表》作“失法罔上，祠不如令，完为城旦”，两处记载不同，当以前者为确，因为据案例（2），宗庙所用的牺牲瘦，只受除国之罚，不至于完为城旦。][⑤]

---

① 杜贵墀：《汉律辑证》卷五，杨一凡编《中国律学文献》第四辑第一册，第 79 页。

② 《史记》卷一九《惠景间侯者年表》，第 1013 页；《汉书》卷一七《景武昭宣元成功臣表》，第 636 页；《汉书》卷一九《百官公卿表》，第 777 页。

③ 《史记》卷一八《高祖功臣侯者年表》，第 892—893 页；《汉书》卷一九《百官公卿表》，第 782 页；《汉书》卷一六《高惠高后文功臣表》，第 543 页。

④ 《汉书》卷一九《百官公卿表》，第 777—778 页；《汉书》卷一六《高惠高后文功臣表》，第 603 页；《汉书》卷四二《任敖传》，第 2098 页。

⑤ 《汉书》卷一九《百官公卿表》，第 784 页；《汉书》卷一八《外戚恩泽侯表》，第 690 页。

以上四则案例中，案例（1）杜贵墀《汉律辑证》归入“不如令”,[①] 程树德《汉律考》归入“牺牲不如令”;[②] 案例（2）杜贵墀归入“不如令”,[③] 程树德归入“不斋”——这是错误的，因为此条与斋无关;[④] 案例（3）（4）程树德归入“祠令”。[⑤] 各家分类标准都不同，本篇则统一归入“不如令”一类。文献中屡见“不如令”，说明存在规定宗庙祭祀所用祭品的令文。如果根据这些案例来逆推律令条文，大概可以表述为：如果在宗庙祭祀中出现牺牲瘦、酒酸等情况，太常侯者通常要受除国之罚。

（十五）乏祠

关于“乏祠”，也没有具体条文，仅见一则案例：

> （太初元年）睢陵侯张昌为太常，二年坐乏祠论。（《汉书·百官公卿表》）[⑥]

这则案例程树德《汉律考》归入“祠令”“乏祠”两类之中。[⑦] 文献中说“坐乏祠论”，乃秦汉习用的法律术语，可见当时确实有关于“乏祠”的律令条文。

（十六）擅议

> 初，高后时患臣下妄非议先帝宗庙寝园官，故定著令，敢有擅议者弃市。至元帝改制，蠲除此令。成帝时……又复擅议宗庙之命。（《汉书·韦玄成传》）[⑧]

高后时曾定著“擅议”之令，违令者弃市。元帝一度废除，成帝又恢复。

---

① 杜贵墀：《汉律辑证》卷五，杨一凡编《中国律学文献》第四辑第一册，第79页。
② 程树德：《九朝律考》，第132页。
③ 杜贵墀：《汉律辑证》卷五，杨一凡编《中国律学文献》第四辑第一册，第79页。
④ 程树德：《九朝律考》，第132页。
⑤ 程树德：《九朝律考》，第25页。
⑥ 《汉书》卷一九《百官公卿表》，第783页。
⑦ 程树德：《九朝律考》，第25、132页。
⑧ 《汉书》卷七三《韦玄成传》，第3125页。

西汉末年，刘向曾说：“及汉宗庙之礼，不得擅议，皆祖宗之君与贤臣所共定。古今异制，经无明文，至尊至重，难以疑说正也。”[①] 就是针对此条令文而发。

到了东汉时期，此条令文仍然存在：

> （明帝永平十八年）秋八月壬子，帝崩于东宫前殿。年四十八。遗诏无起寝庙，……敢有所兴作者，以擅议宗庙法从事。（李贤注曰：“《前书》曰：‘擅议宗庙者弃市。’”）（《后汉书·显宗孝明帝纪》）[②]

可见此条令文实行时间之长。在西汉中期，尚有一则相关的案例。《汉书·霍光传》中说：“丞相擅减宗庙羔、菟、蛙，可以此罪也。”据颜师古注，羔、菟、蛙即宗庙祭祀中所用的祭品。如淳曰：“高后时定令，敢有擅议宗庙者，弃市。”[③] 此即运用此条令文的实例。

（十七）盗窃

关于盗窃祭祀用品的律令，秦律中即已出现：

> 公祠未阕，盗其具，当赀以下耐为隶臣。今或盗一肾，盗一肾赃不盈一钱，何论？祠固用心肾及它肢物，皆各为一［具］，一［具］之赃不盈一钱，盗之当耐。或值廿钱，而被盗之，不尽一具，及盗不置者，以律论。（睡虎地简 25—26）[④]
>
> 何谓“祠未阕”？置豆俎鬼前未彻乃为“未阕”。未置及不置者不为“具”，必已置乃为“具”。（睡虎地简 27）[⑤]
>
> 何谓“盗埱厓”？王室祠，埋其具，是谓“厓”。（睡虎地简 28）[⑥]

以上出自睡虎地秦简《法律答问》，是对秦律的解释性文字，其中说“以

---

① 《汉书》卷二五《郊祀志》，第 1258—1259 页。
② 《后汉书》卷二《明帝纪》，第 123—124 页。
③ 《汉书》卷六八《霍光传》，第 2956 页。
④ 陈伟主编《秦简牍合集》（壹），武汉大学出版社，2014，第 204 页。
⑤ 陈伟主编《秦简牍合集》（壹），第 206 页。
⑥ 陈伟主编《秦简牍合集》（壹），第 206 页。

律论”，可见有相关的正式律条。该律规定，在祭祀之时，如果未撤时盗窃神主之前的豆俎等祭品，就要受“耐为隶臣”的刑罚。彭浩认为此即属于秦朝的《祠律》，[①] 杨华对比《唐律疏议》，认为这应该属于《盗律》。[②]

除此之外，秦律中还有如下规定：

> 盗徙封，侵食冢庙，赎耐。□□冢庙【耎（壖）】☐（121/156/156/242）[③]

其中所谓“冢庙”，学者认为是普通人家的坟墓及坟墓附近的祠堂。但本篇对此说存疑，因为一般祠堂不能称为“庙”，至于这条秦律具体所指为何，还有待新材料的出现。

关于盗窃祭品的规定，汉代也有。《史记·张释之列传》记载一个盗窃宗庙玉环的案例，“（张）释之案律盗宗庙服御物者为奏，奏当弃市”，[④] 则汉律规定，盗窃宗庙祭品，受弃市之刑。同书《吕太后本纪》《集解》引蔡邕曰：“律曰：‘敢盗乘舆服御物。’天子至尊，不敢渫渎言之，故托之乘舆也。”[⑤] 此律条“盗乘舆服御物”与“盗宗庙服御物”类似。关于此律条，还可再举一证。《尚书·微子》孔颖达《正义》说：“汉魏以来著律，皆云‘敢盗郊祀宗庙之物，无多少皆死’，为特重故也。”[⑥] 可见这条律文是汉魏以来一脉相承的。秦朝已经有相关规定，但仅“耐为隶臣”而已。汉魏律明显更重了。《唐律疏议·贼盗类》有“盗大祀神御物”条，刑罚为“流二千五百里”，比之汉魏律，又减轻了。[⑦]

关于盗窃宗庙祭品的汉代律令，出土文献中也有。敦煌悬泉汉简中有两条：

---

① 彭浩：《睡虎地秦简“王室祠”与〈赍律〉考辨》，《简帛》第一辑，第243页。

② 杨华：《睡虎地秦简〈法律答问〉第25—28号补说》，中国古文字研究会、中华书局编辑部编《古文字研究》第二十八辑，中华书局，2010，第570页。

③ 陈伟主编《秦简牍合集》（贰），武汉大学出版社，2014，第70页。

④ 《史记》卷一〇二《张释之列传》，第3316页。

⑤ 《史记》卷九《吕太后本纪》，第515页。

⑥ 《尚书正义》卷一〇《微子》，《十三经注疏》（附校勘记），中华书局，1982年影印本，第178页。

⑦ 《唐律疏议》卷一九《贼盗》，岳纯之点校，上海古籍出版社，2013，第295页。

(1) 三岁，城旦舂二岁，鬼新（薪）白粲一岁，故屯作罢者，减后作各半，前当免，日疑者□□……（A）

□□宗庙□□天下非杀人、盗宗庙【服】御物，它□告除之，具为令。臣请五月乙卯以前，诸市未……（B）（Ⅱ0216②：437）[①]

(2) 赦天下自殊死以下，非手杀人、盗宗庙服御物及吏盗受赇直金十斤，赦除之，免官徒隶。为令。赐天下男子爵人一级，女子百户牛一，酒十石，加赐鳏寡孤独者……（Ⅱ0115③：90）[②]

另外，悬泉汉简中还有一则，可以补足上述材料（1）：

(3) 诸以赦令免者，其死罪令作县官三岁，城旦舂以上二岁，鬼新（薪）白粲一岁。（Ⅱ0216②：615）[③]

综合上面三则材料，可知汉代皇帝下达大赦之令，死罪者变成为官府服役三年，城旦舂变为两年徒刑，鬼新白粲变为一年徒刑，但如果是亲手杀人、盗窃宗庙物品、官吏受贿十金以上的，不在赦免之列，因为这是极其严重的罪行，必须判死罪。

(十八) 斋令

汉代有《斋令》，见《续汉书·祭祀志》刘昭注引蔡邕《表志》："建武乙未、元和丙寅诏书，下《宗庙仪》及《斋令》，宜入《郊祀志》，永为典式。"[④] 可见汉代有《宗庙仪》《斋令》一类的律令、仪注。蔡邕所说的"建武乙未诏书"、"元和丙寅诏书"及《斋令》的具体内容，可见《后汉书·蔡邕传》所引蔡邕上表：

又元和故事，复申先典。前后制书，推心恳恻。而近者以来，更任太史。忘礼敬之大，任禁忌之书，拘信小故，以亏大典。《礼》，妻

① 胡平生、张德芳编撰《敦煌悬泉汉简释粹》，上海古籍出版社，2001，第14—15页。
② 胡平生、张德芳编撰《敦煌悬泉汉简释粹》，第15页注2引。
③ 胡平生、张德芳编撰《敦煌悬泉汉简释粹》，第15页注1引。
④ 《续汉书志》第九《祭祀志》，第3196页。

妾产者，斋则不入侧室之门，无废祭之文也。所谓宫中有卒，三月不祭者，谓士庶人数堵之室，共处其中耳，岂谓皇居之旷，臣妾之众哉？自今斋制宜如故典，庶答风霆灾妖之异。[①]

据此，可知汉代《斋令》中应当有这样的规定：

宫中有卒，三月不祭。

而蔡邕根据先秦礼书的精神，指出此条令文的不合理，并呼吁根据礼的精神来改制。至于“建武乙未诏书”“元和丙寅诏书”的内容，主要是修订《祀典》，未见《宗庙仪》《斋令》等内容，当再考。[②]

两汉关于斋戒的规定，目前尚可见到几条，比如：

(1) 斋法：食肉三十六两。(《太平御览·饮食部》引卫宏《汉旧仪》)[③]

(2) 斋则食丈二尺旋案，陈三十六肉，九谷饭。(《北堂书钞·酒食部》《初学记·器物部》《太平御览·服用部》引卫宏《汉旧仪》)[④]

(3) 凡斋，天地七日，宗庙、山川五日，小祠三日。斋日内有污染，解斋，副倅行礼。先斋一日，有污秽灾变，斋祀如仪。大丧，唯天郊越绋而斋，地以下皆百日后乃斋，如故事。(《续汉书·礼仪志》)[⑤](《北堂书钞·礼仪部》引卫宏《汉旧仪》：“大祀，斋五日；小祀，斋三日。”[⑥])

(4) 凡斋，绀帻；耕，青帻；秋貙刘，服緗帻。(《续汉志补注》引卫宏《汉旧仪》)[⑦]

---

① 《后汉书》卷六〇《蔡邕传》，第1994页。

② 《续汉书志》第八《祭祀志》，第3183页；《后汉书》卷三《肃宗孝章帝纪》，第149—150、155页。

③ 卫宏撰，孙星衍辑《汉旧仪二卷补遗二卷》，《汉官六种》，第99页。

④ 卫宏撰，孙星衍辑《汉旧仪二卷补遗二卷》，《汉官六种》，第99页。

⑤ 《续汉书志》第四《礼仪志》，第3104页。

⑥ 卫宏撰，孙星衍辑《汉旧仪二卷补遗二卷》，《汉官六种》，第99页。

⑦ 卫宏撰，孙星衍辑《汉旧仪二卷补遗二卷》，《汉官六种》，第99页。

以上四则，(1) 曰“斋法”，应该就是《斋令》一类的法律规定；(2) 与 (1) 内容类似，出处相同，只不过“食肉三十六两”变成了“陈三十六肉”，未知孰是；(3)(4) 在形式上都类似律令，其中 (3) 程树德《汉律考》归入“斋令”类别中，[1] 其是否为律令，尚不能完全确定。

汉代还有关于“斋禁”“不斋”“斋不谨”的案例：

> (1)（周泽为太常，）清洁循行，尽敬宗庙，常卧病斋宫，其妻哀泽老病，窥问所苦，泽大怒，以妻干犯斋禁，遂收送诏狱谢罪。(《后汉书·儒林周泽传》)[2]
>
> (2)（孝景）中二年，（酂）侯（萧）胜嗣，二十一年，坐不斋，耐为隶臣。(师古曰：谓当侍祠而不斋也。)(《汉书·高惠高后文功臣表》)[3]
>
> (3)（元狩五年）卫尉充国，三年，坐斋不谨弃市。(《汉书·百官公卿表》)[4]

以上三例，程树德《汉律考》将 (1)(3) 归入“斋令”，[5] 将 (2) 归入“斋令”“不斋”两类。[6] 可见相关祭祀人员在斋戒时，如果有妇人来探望，是干犯“斋禁”的，要收送诏狱治罪；若当侍祠而不斋，要耐为隶臣；若斋不谨，则要受弃市之刑。这些案例的背后，应该都有《斋令》一类的律令作为依据。

---

① 程树德：《九朝律考》，第 26 页。

② 《后汉书》卷七九《儒林周泽传》，第 2579 页。

③ 《汉书》卷一六《高惠高后文功臣表》，第 543 页。按，《史记·高祖功臣侯者年表》作“（孝景）中二年，（酂）侯（萧）胜元年。元朔二年，侯胜坐不敬，绝”。孝景中元二年萧胜嗣位，以次年孝景中元三年为元年。萧胜二十一年即元朔二年。《史记》《汉书》纪年法有所不同。《史记》不用诸侯纪年，一用汉朝年号纪年。《汉书》则年从主人，汉朝之事用汉朝纪年，诸侯年表用诸侯纪年。《史记》以嗣位之年为诸侯之元年，《汉书》以次年为元年。两书关于此事的记载并不矛盾。见《史记》卷一八《高祖功臣侯者年表》，第 892 页。

④ 《汉书》卷一九《百官公卿表》，第 776 页。

⑤ 程树德：《九朝律考》，第 26 页。

⑥ 程树德：《九朝律考》，第 26、132 页。

关于“斋禁”，居延汉简中有一支残简曰：

□犯斋三（149.50）①

所谓“犯斋”，应当就是干犯斋禁。不过此斋并非都城宗庙祭祀之斋，而是地方烽燧各种祭祀之前的斋戒。

以上主要是传世文献中的《斋令》等律令条文。在最近的出土文献中，也有一则西汉孝文帝七年有关斋戒的诏令：

●乐府卿言：斋□后殿中□□以不行……迫时入行，亲以为□常，诸侯王谒拜、正月朝贺及上计，饬钟张虡，从乐人及兴卒。制曰：可。孝文皇帝七年九月乙未下（73EJT37.1573）②

此为汉代之令。简文前段有一墨点，应为律令条文的标志。又参照张家山汉简《二年律令·津关令》的格式，可知此应为令文。其内容有“斋□后殿中”，可能属于《斋令》。后面还涉及诸侯王拜谒、正月朝贺、上计等方面的内容，比较丰富。

除此之外，出土汉简牍中关于斋的还有以下几条：

(1) 恐久与斋并幽于牢陛，臣谊顿首顿首，唯（157.26）③

(2) ☐……出粟一石食君马居斋食☐（EPT9.8）④

(3) ☐卒斋长粟二斗二升（EPW.126）⑤

(4) 斋者有毋十□☐（73EJT24：591）⑥

(5) □□□□□□□　　左后卒二人斋食兵付如意隧长□□□□□□□□□（73EJT26：230A）

① 谢桂华、李均明、朱国炤：《居延汉简释文合校》，文物出版社，1987，第251页。

② 甘肃简牍博物馆等编《肩水金关汉简》（肆），中西书局，2015，第122页。

③ 谢桂华、李均明、朱国炤：《居延汉简释文合校》，第259页。

④ 甘肃省文物考古研究所等编《居延新简》，中华书局，1994，第23页。

⑤ 甘肃省文物考古研究所等编《居延新简》，第241页。

⑥ 甘肃简牍博物馆等编《肩水金关汉简》（叁），中西书局，2013，第7页。

初元二年□□□□□□□□□□□（73EJT26：230B）[①]

（6）□小斋一□已□未□会五月朔以为会期，然士大夫结法所当得奉令安揖毋失职，方循行不辨不忧事者，白奏毋忽

如律令（526）[②]

因为简文残缺，无法确定其具体内涵。（4）有可能属于《斋令》，（2）（3）（5）为居斋期间膳食供应的相关记录，而（6）之中说“小斋一”，汉唐以来都有按照祭祀的级别不同而分为“大祀”“小祀”的规定，“小斋”可能就是小祀之斋。

（十九）祠宗庙丹书告

《说文·纟部》：缯，帛也，从纟曾声。辞，籀文缯，从宰省。杨雄以为《汉律》祠宗庙丹书告［也］[③]。[④]

段注：辞为祠宗庙丹书告神之帛。见于《汉律》者字如此作，杨雄言之。雄《甘泉赋》曰“上天之縡”，盖即谓郊祀丹书告神者。此则从宰不省者也。[⑤]

据此，杨雄（即扬雄）认为“辞”字即为《汉律》所提及的宗庙祭祀中告神所用之帛。

四　郡县祭祀

（二十）公社·里社

（高祖）因令县为公社。（《史记·封禅书》《汉书·郊祀志》同）[⑥]

---

① 甘肃简牍博物馆等编《肩水金关汉简》（叁），第63页。
② 林梅村、李均明编《疏勒河流域出土汉简》，文物出版社，1984，第66页。
③ 段玉裁依《韵会》补。参见段玉裁《说文解字注》十三篇上《纟部》，第648页。
④ 许慎：《说文解字》卷一三上《纟部》，第273页。
⑤ 段玉裁：《说文解字注》十三篇上《纟部》，第648页。
⑥ 参见《史记》卷二八《封禅书》，第1378页；《汉书》卷二五《郊祀志》，第1210页。

上文提到，《汉祀令》规定汉朝有汉社稷（太社）、官社（王社），皆为高祖所立，为中央之社。此处高祖又立县级的“公社”，估计也应当在《汉祀令》之中。李奇以为公社“犹官社”，[①] 本篇认为这是不正确的。因为据《汉祀令》，汉之官社相当于礼经所谓“王社”，是国家级的，而此“公社”是县级的，两者不同。

除了县级的“公社”，还有级别更低的“里社”：

> 高祖十年春，有司请令县常以春三月及腊祠社稷以羊豕，民里社各自财以祠。制曰：“可。”（《史记·封禅书》）[②]

《汉书·郊祀志》也记载此事，但以“三月”为“二月”，以“社稷”为“稷”。[③] 本篇认为《封禅书》作“社稷”是正确的。因为据前引《汉祀令》，汉朝只有社，未有稷，《封禅书》曰“社稷”，其实仅指“社”而言。王莽一度立官稷，光武帝时又被废除。[④]《郊祀志》之所以改“社稷”为“稷”，可能是因为前文有“或言周兴而邑立后稷之祠，至今血食天下。于是高祖制诏御史：‘其令天下立灵星祠，常以岁时祠以牛。’”[⑤] 据“后稷之祠”而改“社稷”为“稷”。但后稷之祠乃周朝所立，汉则为灵星祠，并不是“稷”。灵星祠的祭品要用牛，而非羊豕。况且上段引文“社稷”与“里社”对言，很明显是指县级的“公社”。所以，《封禅书》称“社稷”更准确。

这样，可知汉县之社祭有这样的规定：县有“公社”，政府按时以羊、豕祭祀；里有“里社”，不属于国家、郡县掌管，民间自发祭祀。这条规定很可能跟“太社”“王社”一样，都出自《汉祀令》。《北史·刘芳传》载刘芳曾引《晋祠令》说“郡县国祠社稷祠先农，县又祠灵星”。[⑥] 可知

---

① 《史记》卷二八《封禅书》，第 1378 页。

② 《史记》卷二八《封禅书》，第 1380 页。

③ 《汉书》卷二五《郊祀志》，第 1212 页。

④ 《汉书》卷二五《郊祀志》，第 1269 页。

⑤ 《汉书》卷二五《郊祀志》，第 1211 页。

⑥ 《北史》卷四二《刘芳传》，中华书局，1974，第 1547 页。

晋朝的《祠令》尚有规定郡、县、国祭祀项目的条文，其来源则当是汉朝的《祠令》或《祀令》。

（二十一）祠社稷令

《居延新简》中有关于祠社稷的诏条，如下：

（1）建武八年三月己丑朔，张掖居延都尉谌行丞事，城骑千人躬告劝农掾禹谓官县令以春祠社稷，今择吉日如牒。书到，令、丞循行谨修治社稷，令鲜明。令、丞以下当☑

掾盛、守属业、书佐官

［附］牒

●三月廿六日甲寅斋

三月廿八日丙辰直建☑（EPT20.4A、EPT20.4B、EPT20.25、EPT21.1）[①]

（2）建武五年八月甲辰朔戊申，张掖居延城司马以近秩次行都尉文书事，以居延仓长印封，丞邯告劝农掾褒、史尚谓官县以令秋祠社稷，今择吉日如牒，书到，令、丞循行谨修治社稷，令鲜明。令、丞以下当侍祠者斋戒，务以谨敬鲜洁、约省为故。褒、尚考察不以为意者辄言，如律令。

掾阳、兼守属习、书佐博

［附］牒

八月廿四日丁卯斋

八月廿六日己巳直成可祠社稷

九月八日甲辰斋。（EPF22.153A、EPF22.154、EPF22.153B、EPF22.155、EPF22.156、EPF22.157）[②]

（3）八月庚戌，甲渠候长　　以私印行候文书事，告尉谓第四候长宪等，写移檄到，宪等循行，修治社稷，令鲜明。当侍祠者斋戒，以谨敬鲜洁约省为故，如府书律令。（EPF22.158、EPF22.159、

① 甘肃省文物考古研究所等编《居延新简》，文物出版社，1990，第29—30页。

② 甘肃省文物考古研究所等编《居延新简》，第215页。

EPF22.160)[①]

(4) 令修治社稷，令鲜明。当侍祠者斋戒，谨敬鲜洁约省为故，方考行如 (EPF22.161)[②]

(5) ▨□农掾戎，谓官、县：以令祠社稷，今择吉日如牒。书到，皆修治社▨ (EPC.35)[③]

这五则诏条，(1) (2) 两则比较完整，其余的都只见部分内容。李均明、刘军称之为“祠社稷令”,[④] 高恒称为“祠令（祠社稷）”，并称这些诏条或即《祀令》,[⑤] 谢桂华采用此说，并据《敦煌汉简》“祠律”简文证成之。[⑥] 本篇认为，上引诏令未宜直接等同于汉代的《祠令》或者《祀令》。在上述诸位学者的研究基础上，本篇尝试做两点引申：

第一，根据这些诏书，可知汉代有针对地方社稷的律令。王国维曾揭示：“汉时行下诏书，或曰‘如诏书’，或曰‘如律令’。苟一事为律令所未具而以诏书定之者，则曰‘如诏书’。……苟为律令所已定，而但以诏书督促之者，则曰‘如律令’。”[⑦] 则汉代诏书用辞分为“如诏书”“如律令”两类。上面 (2) (3) 两例说“如律令”“如府书律令”，可见在诏书之外，还有关于社祭的律令规定，这才是西北烽燧社祭的根本依据。据这些诏书，可以推知相关律令的大致内容应该是：

官、县春/秋祠社稷，择吉日，令、丞循行谨修治社稷，令鲜明。令、丞以下当侍祠者斋戒，务以谨敬鲜洁、约省为故。劝农掾、史官等考察不以为意者辄言。

---

① 甘肃省文物考古研究所等编《居延新简》，第 215 页。

② 甘肃省文物考古研究所等编《居延新简》，第 215 页。

③ 甘肃省文物考古研究所等编《居延新简》，第 243 页。

④ 李均明、刘军主编《汉代屯戍遗简法律志·上编·律令科品·祠社稷令》，《中国珍稀法律典籍集成》甲编第二册，科学出版社，1994，第 131—132 页。

⑤ 高恒：《汉简牍中所见令文辑考》，《简帛研究》第三辑，第 383 页。

⑥ 谢桂华：《西北汉简所见祠社稷考补》，《简帛研究》2004 年卷，第 267 页。本篇对诸简的拼接、标点即参考上述诸位学者的论著。

⑦ 罗振玉、王国维：《流沙坠简》，何立民点校，浙江古籍出版社，2013，第 32 页。

这则律令，应该就属于汉代的《祠律》或者《祠令》。或曰地方政府社祭乃是例行活动，为何还要每次都发诏书来督促呢？其实这在汉代是很正常的。大庭脩在研究《居延汉简》有关夏至活动的几份诏书之后，说："有关夏至的例行活动，……这种日常行政命令的传达方式通过诏书得到了明确。"[①] 可见，像夏至、社祭这样的例行活动，虽然已经有明确的律令规定，中央还是会频发诏书来督促的。

中央除了频发诏书来督促社祭，上级也会检查地方祭祀的执行情况。《肩水金关汉简》（伍）中一份文书说：

> ☑尉史章再拜言：当膢、门户及社□　　□□泉毋以辨膢，谨☑
> 73EJF3：390[②]

这应该是一份上行的应书，即响应上级单位下行文书的回答。"泉"意为"钱"，"辨"通"办"。文书的内容是：一个名叫"章"的尉史说，地方上的膢、祠门户、社祭等祭祀……没有足够的钱来举行膢祭。可以推知上级的下行文书大概是检查地方之膢、门户、社等祭祀，但是地方上举行膢的资金不足。本篇推断，对于社祭之类的例行祭祀，中央会定期地发布诏令来督促，上级政府也会按时检查其执行情况。可见国家对祭祀很重视，诏令也基本上得到了落实。

第二，敦煌汉简中有一些文书，似乎可以与这些诏令互相参照：

> 状何如，此皆不以为意，欲与候长相委也。为人下常持□☑
> 队长萬已到畦审如记，候长当迎钦闲者诸吏不思☑（6A、6B）[③]

其中说"此皆不以为意"，而上引诏书曰"考察不以为意者辄言，如律令"，那么这支简有可能就是社祭中有相关人员"不以为意"，乃至与候长互相推诿，触犯了律令。此简文可与上述祠社稷诏条相参证。

---

① 大庭脩：《居延出土的诏书册和诏书断简》，徐世虹译，刘俊文主编《日本学者研究中国史论著选译》第八卷，中华书局，1992，第41页。

② 甘肃省简牍博物馆等编《肩水金关汉简》（伍），中西书局，2016，第31页。

③ 甘肃省文物考古研究所编《敦煌汉简》，第221页。

(二十二) 祠社律

●社日众人尽坐为卿明读爰书，约京令卿=尽知之

卖社下贱平所市一牒以上，及发养所作治饮食若涂堊社，皆不庄事=罚平一石谷赏以社（217、218）[①]

以上两简或许就是《敦煌汉简》中《祠律》的内容，前文谈到律令篇名时已标出，此处再次引用，并尝试释证其内容。

首先，简217抬头有墨点，是汉律令的常见格式，说明其内容很可能是律令。

其次，简文中说“若涂堊社”，乃修治社的相关规定，这可以与岳麓秦简《内史二千石共令第己》中的相关规定参证：

如下邽庙者辄坏，更为庙便地洁清所，弗更而祠焉，皆弃市。各谨明告县道令丞及吏主（0624）

令部[②]吏有事县道者循行之，毋过月归（?），当缮治者辄缮治之，不□□者□□□□有不□□[③]。(0327)[④]

这是针对县道宗庙缮治的规定，与社不同，但可以得知秦汉都有关于缮治宗庙场所的律令规定。但秦朝县道庙坏而不更治，处以弃市之刑，汉地方之社不涂堊，仅罚谷一石，因秦、汉刑罚轻重不同，宗庙、社性质不同，这个处罚要轻得多。

最后，简文曰“卖社下贱平所市一牒以上”，是关于出卖社祭祭品的；“罚平一石谷赏社”，是关于缴纳钱、物以供社祭的。这就涉及社祭祭品的

---

① 甘肃省文物考古研究所编《敦煌汉简》，第227页。

② 根据陈伟的意见，此“部”当为“都”字。参见陈伟《岳麓秦简肆校商》（三），简帛网，2016年3月29日，http://www.bsm.org.cn/show_article.php? id=2506。

③ 据朱锦程的意见，此句可补释为“不从令者赀二甲□有不□□”。参见朱锦程《读〈岳麓书院藏秦简（肆）〉札记》（一），简帛网，2016年3月25日，http://www.bsm.org.cn/show_article.php? id=2495。

④ 陈松长主编《岳麓书院藏秦简》（肆），上海辞书出版社，2015，第249页。

出入与买卖，秦汉简牍中有不少关于社祭祭品出入买卖的记、簿等文书，比如缴纳钱物以供社祭的记录：

(1) 买芯（葱）卌束，束四钱，给社。(32·16)[①]

(2) ☑第十七守候长诩敢言之□□□☑

☑□隆乃癸亥诣官封符为社☑（EPT11.9A/B)[②]

候吏所贷黍稷米计：

(以上为第一栏)

王子斉取粟五升一斗，又贷稷米□斛。

候虏张卿稷米三升，黍米二升，为社。

张俾君稷米三升，黍米二升，为社。

(以上为第二栏)

□□□☑

为稷米三升，为社。

(以上为第三栏）(364)[③]

(3) ☑诣官封符，为社市贾马☑（63·34)[④]

(4) 第三候长樊隆为社市诣官　　九月乙酉蚤食入。(EPT59.173)[⑤]

(5) ☑□出稍入钱市社具☑（EPT54.22)[⑥]

以上材料出自《居延汉简》《居延新简》《敦煌汉简》等，其中涉及社祭所用的物品，有葱、黍米等物。(3)(4)(5) 是为社市购物的记录。除了缴纳物品之外，还有入钱记录：

(1) 入钱六千一百五十

① 谢桂华、李均明、朱国炤：《居延汉简释文合校》，第 49 页。
② 甘肃省文物考古研究所等编《居延新简》，第 25 页。
③ 甘肃省文物考古研究所编《敦煌汉简》，第 233 页。
④ 谢桂华、李均明、朱国炤：《居延汉简释文合校》，第 112 页。
⑤ 甘肃省文物考古研究所等编《居延新简》，第 161 页。
⑥ 甘肃省文物考古研究所等编《居延新简》，第 132 页。

其二千四百受候长　六百（部）〔都〕吏社钱

二千八百五十受吏三月小畜计（254·1）[①]

(2)〼八（日）［月］戊午社计。(40·9)[②]

(3)〼……千八百五十·大凡社□〼（EPT51.431）[③]

(4)〼奉千二百

出钱百四社计〼

余钱千〼（180·25）[④]

(5)候长奉千二百（以上为第一栏）

出廿四□就

出卅四社

□百廿革（以上为第二栏）

出卌七檄（以上为第三栏）

余九百七十五〼（以上为第四栏）（73EJT28：67）[⑤]

(6)禽寇骍北十二月奉千二百（以上为第一栏）

□□

出三百禽寇为尉丞居

出二百七十尉丞居

出卅禽寇祭（以上为第二栏）

出五十八常平橐一

出二百小麦二石

出百一十六皂布八尺

出六十八黍米二斗（以上为第三栏）

•凡出出千卌六

余百五十四偿礼忠少它少千四百

〼（以上为第三栏）（73ETJ30：32）[⑥]

---

① 按："都吏"，《居延汉简释文合校》作"部吏"。参见谢桂华、李均明、朱国炤《居延汉简释文合校》，第420页。

② 谢桂华、李均明、朱国炤：《居延汉简释文合校》，第69页。

③ 甘肃省文物考古研究所等编《居延新简》，第88页。

④ 谢桂华、李均明、朱国炤：《居延汉简释文合校》，第288页。

⑤ 甘肃简牍博物馆等编《肩水金关汉简》（叁），第85页。

⑥ 甘肃简牍博物馆等编《肩水金关汉简》（叁），第107页。

(7) 出麦一石九斗三升少　　以禀禽寇隧卒狄捐之三月食☑(73ETJ31：33)[①]

以上七则材料，(1)(2)(3) 为社计，即社所入账的账单。(2) 为“八月戊午社计”，可见每隔一段时间都会做账一次，形成一份社计。(4)(5)(6) 则是候长奉钱的支出记录。(4) 来自《居延汉简》，但残缺严重，之前不知其具体内容；现在有 (5)(6) 来自《肩水金关汉简》(叁)，为比较完整的新材料，使我们可以具体分析一下此类文书。其中 (5) 应当是隧长奉钱一般性的支出规定，一个隧长每月奉钱 1200，其中某种项目须支出 24，社钱须支出 34，革须支出 120，檄 47，一共是 225，还剩下 975 钱。这应当是规定好的、硬性的支出，也是比较理想的情况。实际上，每个隧长每月结余不会这么多。比如 (6)，是禽寇的账单，根据 (7)，可知他是一名隧长。则 (6) 就是骍北隧的隧长名叫“禽寇”的人十二月的奉钱支出情况。奉钱一共 1200，其中支出 300 为尉丞居，270 尉丞居，30 为祭祀，即社祭，58 为常平橐一，200 购买小麦二石，116 购买皂布八尺，68 购买黍米二斗，一共是 1046，仅剩余 154 钱，此外尚有欠债。但把上面各项支出加起来，则是 1042，与简文不符合，恐怕是有误记。(4) 中要为社祭缴纳 104 钱，(5) 为 34 钱，(6) 为 30 钱，可见候长虽有为社祭交钱的义务，但数目是不固定的。

候长等吏员为社祭交钱，是为了购买祭祀用品等“祠具”，这些“祠具”有鸡、酒、黍米、盐等，比如：

(1) 对祠具：
鸡一，酒二斗
黍米二斗，盐少半升。
稷米一斗 (10·39)[②]
(2) ☑鸡一枚

① 甘肃简牍博物馆等编《肩水金关汉简》(叁)，第 127 页。
② 谢桂华、李均明、朱国炤：《居延汉简释文合校》，第 18 页。

▨盐少半升。(EPT2.31)①

(3) ▨黍米一斗　　黍米一斗　　鸡▨ (EPF22.633)②

地方吏员要为社祭交钱购置物品，但社祭之后，这些祭品是可以出卖的。《居延新简》中也有此类记录：

(1) •建始二年三月丙午社卖买▨ (EPT51.424)③

(2) ▨

□入谷钱六百，偿中舍。　　又负丞□□□。

又二百八十五，偿中舍。　　又负官簿余钱二百廿。

又二百八十三，粱粟。　　又社贷千二百七十。

又九十，黍粟计。　　受子恩还□贷二百六十。

▨　　(EPT52.185)④

其中（1）为建始二年三月社祭物品买卖的记录，（2）则有“社贷”的内容。

除了社祭之外，郡县之祭祀还有祠先农、祠灵星、祠窨、祠堤、雩祭、腊祭、膢祭等各种项目，湖南里耶秦简中有许多秦朝祠先农、祠窨、祠堤祭品出入买卖记录的校券，《居延新简》、《肩水金关汉简》（贰）、《肩水金关汉简》（叁）中有大量腊祭、膢祭钱物出入的记录，都与上述社祭钱物出入记录类似，文多不具引。⑤

以上，大致可知《敦煌汉简》的《祠律》中有关于社祭物品出入买卖的规定，这在秦汉简牍中可以找到不少地方祭祀的祭品买卖簿、计来证成

---

① 甘肃省文物考古研究所等编《居延新简》，第 2 页。

② 甘肃省文物考古研究所等编《居延新简》，第 229 页。

③ 甘肃省文物考古研究所等编《居延新简》，第 88 页。

④ 甘肃省文物考古研究所等编《居延新简》，第 103 页。

⑤ 参见张春龙《里耶秦简祠先农、祠穴、祠堤校券》，《简帛》第二辑，第 393—396 页；陈伟《里耶秦简牍校释》第一卷，武汉大学出版社，2012，第 258、259、246、248、269、286、307、236、237、280 页；甘肃省文物考古研究所等编《居延新简》，第 217、61、279、280、175、235、243、189、235、252 页；甘肃简牍博物馆等编《肩水金关汉简》（叁），第 100 页；甘肃简牍保护研究中心等编《肩水金关汉简》（贰），中西书局，2012，第 103 页。

之。对于社祭，隧长等人有从奉钱中支出一部分来购买祭品的义务，这应该是律令所规定的，有《居延汉简》《肩水金关汉简》等新旧材料作为证据。

（二十三）地方宗庙

岳麓秦简中有新公布的材料：

> 内史郡二千石官共令　第己（0316）
>
> 如下邽庙者辄坏，更为庙便地洁清所，弗更而祠焉，皆弃市。各谨明告县道令丞及吏主（0624）
>
> 吏，五日壹行庙，令史旬壹行，令若丞月行庙□□□☑（J47）
>
> 丞相议。☑（0549）
>
> 祠焉。廷当：嘉等不敬祠，当☑（0467）
>
> ●泰上皇祠庙在县道者☑［0055（2）-3］
>
> 令部吏有事县道者循行之，毋过月归（?），当缮治者辄缮治之，不□□者□□□□有不□□[①]（0327）

这是一种秦令，名为“内史郡二千石官共令　第己”，主要是关于秦朝县道宗庙的规定。综合《里耶秦简》（壹）及两汉传世文献等材料，本篇认为：秦始皇二十六年，追尊庄襄王为太上皇，并令各县道作庙，县道官吏于次年开始按时轮流循行宗庙，县令、丞一月一次，令史十天一次，总共保持五天一次的频率；西汉初年，汉高祖继承了秦朝的制度，在各王国也设立太上皇庙，之后西汉在各郡国共设立太上皇庙、高庙、孝文庙、孝武庙等 176 所；秦朝、西汉初年在各地设庙，是为了加强各地吏民对皇室的认同，强化皇族统治的合法性，西汉郡国庙还对构建刘氏“神圣家族”的传说起了一定作用；元帝永光四年，出于财政凋敝、灾异频仍、儒家礼学思想抬头、皇族统治稳固等原因，郡国庙的制度被永久废除。[②]

---

① 陈松长主编《岳麓书院藏秦简》（肆），第 249 页。

② 详见范云飞《岳麓秦简“内史郡二千石官共令第己”释证》，《简帛》第十九辑，上海古籍出版社，2019；《从“周礼”到“汉制”——公私视角下的秦汉地方宗庙制度》，《史林》2020 年第 2 期。

（二十四）祠祉司命

> 祉，以豚祠司命也。从示比声。《汉律》曰：祠祉司命。（《说文·示部》）①

《汉律》中有“祠祉司命”的文字，意为用豚祠司命。关于司命的地位，大致有两种观点：第一种认为司命为国家、郡县所祭祀的列于祀典的大神，第二种认为司命为民间小神。关于第一种说法，《礼记·祭法》中就说：

> 王为群姓立七祀，曰司命，曰中溜，曰国门，曰国行，曰泰厉，曰户，曰灶。王自为立七祀。诸侯为国立五祀，曰司命，曰中溜，曰国门，曰国行，曰公厉。诸侯自为立五祀。大夫立三祀，曰族厉，曰门，曰行。适士立二祀，曰门，曰行。庶士、庶人立一祀，或立户，或立灶。②

则司命属于“七祀”“五祀”等类别之中，是王、诸侯所立，级别是比较高的。郑注则说：

> 此非大神所祈报大事者也，小神居人之间，司察小过，作谴告者尔……司命，主督察三命。……司命与厉，其时不著。今时民家，或春秋祠司命、行神、山神，门、灶在旁，是必春祠司命，秋祠厉也。或者合而祠之。山即厉也，民恶言厉，巫祝以厉山为之，谬乎！《春秋传》曰：“鬼有所归，乃不为厉。”③

郑玄明确指出，司命等“七祀”并非大神，而是民间所祭祀的小神。在郑玄所处的时代，民间春秋祠司命。应劭则认为司命为文昌星，属于大神，

---

① 许慎：《说文解字》卷一《示部》，第8页。

② 《礼记正义》卷五五《祭法》，吕友仁整理，上海古籍出版社，2008，第1799页。

③ 《礼记正义》卷五五《祭法》，第1799—1780页。

但他又指出，民间也普遍祭祀司命：

> 《周礼》：“以槱燎祀司中司命。”司命，文昌也。司中，文昌下六星也。槱者，积薪燔柴也。今民间（独）〔犹〕[1] 祀司命耳，刻木长尺二寸为人像，行者檐箧中，居者别作小屋，齐地大尊重之，汝南余郡亦多有，皆祠以賭，率以春秋之月。[2]

应劭这段话有三点值得注意：第一，其说民间以春秋祠司命，这与郑玄相同；第二，又说“祠以賭”，所谓“賭”，就是猪，这跟《汉律》以豚祠司命的规定是一致的；第三，应劭《风俗通义·祀典》把司命与社稷、先农、风伯、雨师、灵星等郡县祭祀的神祇并列，则似乎他把司命也当成郡县祭祀的一个神。除了应劭，王充也把门户井灶等“七祀”“五祀”中的神祇与社稷、先农、灵星等郡县级别的神祇并列：

> 有臘，何帝王时？门户井灶，何立？社稷、先农、灵星，何祠？岁终逐疫，何驱？使立桃象人于门户，何旨？挂芦索于户上，画虎于门阑，何放除？墙壁书画厌火丈夫，何见？[3]

如此，《礼记·祭法》《风俗通义·祀典》以为司命是大神，《风俗通义·祀典》《论衡·谢短》等又把“七祀”等神祇与郡县祭祀项目并列，而郑玄、应劭又以司命为民间所祭之神，郑玄直接指出司命为民间小神。那么司命在汉代祠祀中到底属于什么级别呢？

本篇认为，司命的地位应该比较多样，武帝时司命即列入国家祀典之中，郡县也应当祭祀，至于民间，司命信仰也非常流行。《香港中文大学文物馆藏简牍》之中有序宁简，乃民间之祷祠记录，就把包括司命在内的民间神祇与官社、田社一同祷祠。[4] 这说明，汉代官神、民神是有相通之处的，民间小神可能成为国家祀典之中的大神；官方所祠的神祇也可能同

---

① 《续汉书·祭祀志》“独”作“犹”。

② 王利器校注《风俗通义校注》卷八《祀典》，中华书局，1981，第 384 页。

③ 王充：《论衡》卷一二《谢短》，第 199 页。

④ 参见陈松长编著《香港中文大学文物馆藏简牍》，香港中文大学文物馆，2001，第 108 页。

时活跃于民间。本篇把“祠祉司命”这条汉律归入“郡县祭祀”之中，也是一种权宜之计。但可以肯定的是，汉律中有以豚祠司命的规定，这与汉朝民间的做法是一致的，由此也可以证明上文所说汉代礼、律、俗之相互关系：周礼与汉律相为表里，汉律与民俗相为表里。

五 其他

（二十五）擅兴奇祠

> “擅兴奇祠，赀二甲。”可（何）如为“奇”？王室所当祠固有矣，擅有鬼立（位）殹（也），为“奇”，它不为。（简 161）[①]

此条为秦代律令，规定在国家“祀典”之外不得擅自兴立其他祭祀项目，否则赀二甲。彭浩、杨华认为这属于秦代的《祠律》。[②]

（二十六）宗室、列侯爵号与亲属关系

> 阴安侯列侯顷王后
>
> （《史记·孝文本纪》，《集解》引如淳曰：“顷王后封阴安侯，时吕媭为林光侯，萧何夫人亦为酂侯。”《索隐》按：苏林、徐广、韦昭以为二人封号，而乐产引如淳，以顷王后别封阴安侯，与《汉祠令》相会。今以阴安是别人封爵，非也。顷王后是代王后，文帝之伯母。代王降为郃阳侯，故云“列侯顷王后”。韦昭曰“阴安属魏郡”也。《汉书·文帝纪》略同）[③]

根据以上材料，可知《汉祠令》中有这样的规定：

---

① 陈伟主编《秦简牍合集》（壹），第 260 页。

② 彭浩：《睡虎地秦简“王室祠”与〈赍律〉考辨》，《简帛》第一辑，第 243 页；杨华：《睡虎地秦简〈法律答问〉第 25—28 号补说》，《古文字研究》第二十八辑，第 570 页。

③ 《史记》卷一〇《孝文本纪》，第 415—416 页；《汉书》卷四《文帝纪》，第 108—109 页。

顷王后封阴安侯，高帝嫂也。吕媭为林光侯，萧何夫人亦为酂侯。

则《汉祠令》中有规定宗室亲属关系、列侯爵号的内容。这可能涉及列侯的祭祀级别等问题，故入《祠令》之中。另外，西汉初期长沙王吴芮也定著于《令甲》以称其“忠”，《史记·惠景间侯者年表》曰：“长沙王者，著《令甲》，称其忠焉。”[①]《汉书·吴芮传》也有类似记载。[②] 对于此事，《集解》引邓展曰：“汉约，非刘氏不王。如芮王，故著令使特王。或曰以芮至忠，故著令也。”臣瓒曰：“汉以芮忠，故特王之。”[③] 也就是说，高祖约定非刘氏不得王，但因为长沙王特别忠心，所以特别地著于《令甲》之中。这或许是正确的。但上述所辑《汉祠令》，有专门著录西汉侯者爵号、亲属关系的内容，那么“长沙王吴芮忠”的《令甲》条文，是否也属于这一类呢，还有待研究。[④]

除此之外，居延汉简、居延新简中有两支新莽时期的简，似乎与此类似：

(1) 州牧八命，黄金印赤紱角胆之公以所仰☐ (280.2)[⑤]

(2) 上卿七命　☐ (EPT59.287)[⑥]

所谓“州牧”“上卿”，是王莽改制所定的等级制度之名。贵族命制，见于《周礼·春官宗伯》，其中说“八命作牧”，与(1)相同，而“上卿七命”则未见于典籍。这两支简文与《周礼》有关系，跟上述《汉祠令》一样，

---

① 《史记》卷一九《惠景间侯者年表》，第977页。

② 《汉书》卷三四《吴芮传》，第1894、1895页。

③ 《史记》卷一九《惠景间侯者年表》，第977页。

④ 按：关于阴安侯、林光侯、酂侯的规定属于《汉祠令》，而关于长沙王吴芮的规定则属于《令甲》。本篇认为，秦汉在诸律的律典之外，会随时把可广泛施行的诏令编为令典，并分别次序，称为《令甲》《令乙》等篇目，这从居延汉简的诏书册目录中可以看出。但也会根据其内容的不同，按照律典来编成不同篇目的令典，以方便使用。比如秦汉时期有《祠律》，还有与之相应的《祠令》；有《金布律》，还有与之相应的《金布令》；有《田律》，还有与之相应的《田令》；等等。或者根据官职来编辑令典，比如岳麓秦简中的“内史郡二千石官共令”等，就是按照官职来分类的。关于列王、列侯的爵号，有的编入《祠令》，有的编入《令甲》，应该是令典编辑过程中还没有最终完成的特殊现象。

⑤ 谢桂华、李均明、朱国炤：《居延汉简释文合校》，第470页。

⑥ 甘肃省文物考古研究所等编《居延新简》，第165页。

都是关于贵族等级的规定。至于上述“祠令”的来源，可能是皇帝的策书、诏令等文献。《史记·三王世家》载诸臣请求立三王，曰：“臣昧死奏舆地图，请所立国名。礼仪别奏。”而皇帝策书曰：“立皇子闳为齐王，旦为燕王，胥为广陵王。”[1] 这是册封皇子的策书，而所谓“礼仪别奏”，则相应的也应该有规定诸侯王礼仪规格的诏令。西汉永光五年诏书、建昭五年诏书规定高皇帝为汉太祖，孝文皇帝为太宗，孝武皇帝为世宗，[2] 随之而来的，当是其宗庙礼仪规格之规定，这些都可能编入《汉祠令》之中。再反观上述“顷王后封阴安侯，高帝嫂也”的《汉祠令》条文，或许就是出自册封诸侯的策书、诏令。

结　论

以上，本篇共辑出秦汉祠祀律令26种。其中律令篇名4种，若算上传世文献中的《汉祠令》《汉祀令》《斋令》等篇目，其实应该有7种；中央祠官所掌祭祀5种；宗庙斋祭10种；郡县祭祀5种；其他2种。目前来看，不敢说已经穷尽所有材料，但庶几可见其大概。这26则条文，性质基本为律令，其中相当部分应该就是秦汉时期的《祠律》《祠令》《祀令》等律令的条文。其他不属于此类的，因为与祠祀有关，所以也一并收入。因为受制于材料，目前还不能秦、汉分别考辨，律、令也往往不能区分。至于进一步的研究，还有待新材料的出现与公布。

① 《史记》卷六〇《三王世家》，第2110页。

② 《汉书》卷七三《韦贤附韦玄成传》，第3125页。

第二篇　新出秦汉礼律简四题

中国古代礼、法关系紧密，互相调适，彼此交融。[①] 汉初草创，礼、律仍然不分，礼仪与律令同藏于理官。[②] 律令规范各种秩序，包括礼制秩序，故传世文献可见汉代《朝律》《祠（祀）令》《斋令》等篇目，出土文献亦可见秦汉《祠律》《葬律》《腊律》《朝律》等篇题，[③] 可惜无从得知其具体内容，相关研究陷入停滞。幸运的是，近年新公布的岳麓秦简可见与礼仪有关的令文；胡家草场汉简有《腊律》《葬律》《祠律》等篇目，得见其部分条文；海昏侯墓有昌邑王“礼仪简”，包括几种行礼仪注。[④]

基于中国古代礼、法的紧密关系，以及汉初礼、律不分的状况，为论述方便，本篇将这些新出礼仪类律令、行礼仪注简牍文献统称为“礼律简”。秦汉时期如何通过律令、仪注，对各爵级、秩级、法律身份的天下吏民实行统治，从而构建新的国家秩序？经典与秦汉律令有何关系？根据最新材料，上述问题有了继续探索的可能。

---

① 关于中国古代“礼”与“法/律/刑”的语源、观念源流以及两者之间的关系，详见顾涛《礼与法的语源和“经礼为法”的观念形成》，《清华大学学报》（哲学社会科学版）2022 年第 1 期。

② 《汉书》卷二二《礼乐志》，中华书局，1962，第 1035 页；《续汉书志》第二四《百官志》刘昭注引胡广注王隆《小学汉官篇》引樊长孙与刘千秋书，中华书局，1965，第 3555—3556 页；《晋书》卷三〇《刑法志》，中华书局，1974，第 922 页。直到魏晋之际，礼典、律典才分流，参见杨英《中古礼典、律典分流与西晋〈新礼〉的撰述》，《社会科学战线》2017 年第 8 期。

③ 秦汉祠祀律令篇名见拙稿《秦汉祠祀律令辑考》，收入本书之中。另外益阳兔子山汉简亦有《朝律》《腊律》《祠律》《葬律》等篇题，见张忠炜、张春龙《汉律体系新论——以益阳兔子山遗址所出汉律律名木牍为中心》，《历史研究》2020 年第 6 期。

④ 分别是陈松长主编《岳麓书院藏秦简》（伍），上海辞书出版社，2017；荆州博物馆、武汉大学简帛研究中心编著《荆州胡家草场西汉简牍选粹》，文物出版社，2021；田天：《西汉海昏侯刘贺墓出土“礼仪简”述略》，《文物》2020 年第 6 期。下文引用标明简序，不再分别出注。

一　岳麓秦简秦令与胡家草场汉简《腊律》

《岳麓书院藏秦简》（伍）中有一条关于“县官所给祠”的令文：

> 令曰：县官所给祠，吏、黔首、徒隶给事祠所，齋者，祠未闋（阕）而敢奸，若与其妻、婢并（姘）□（者）皆弃市，其□（舍?）□（1170+1172）

令文残缺。陈伟认为“并”应读为姘。引《说文》“姘”字引《汉律》：“齐人与妻、婢奸曰姘。”“并”后之字推定为“者”。①

最近公布的胡家草场汉简《腊律》条文可与上述秦令参证：

> 若斋而与妻婢姘及奸，皆弃市。当给祠具而乏之，及鬼神置不具进，若当斋给（2471）祠而诈避者，其宗庙、上帝祠也，耐为隶臣妾；它祠，罚金十二两；它不如令者，皆罚金（2470）

秦令、汉律大同小异，可互相补足。秦令规定：县官所供给的祠祀，吏、黔首、徒隶等供事于祠祀场所的人，如果参与了斋戒，那么在祠祀的祭品尚未撤去之前有性行为，或者与妻、婢相奸，其人与妻、婢均受弃市之刑。这条汉律可翻译为：

> 如果在斋戒期间与妻、婢姘居或发生性行为，皆受弃市之刑。应当供给祠具而缺乏的，以及鬼神（之神主）放置而不一起进奉的，或者应当斋戒以侍祠而诈为躲避（不斋）的，如果是宗庙、上帝之祭祀，就耐为隶臣妾；如果是其他祠，就罚金二十两；其他不遵照律令的，皆罚金……

---

① 陈伟：《〈岳麓书院藏秦简（伍）〉校读》（续二），简帛网，2018年3月11日，http://www.bsm.org.cn。

（一）针对事项：县官所给祠

上述秦令、汉律内容丰富，有几个基本问题需要解决。第一，律令所针对的事项“县官所给祠”，其内涵、外延是什么？我们首先联想到睡虎地秦简《法律答问》中的“公祠”“王室祠”。[①] 据里耶秦简 8-461 号木牍（下文简称为“更名方”）“王室曰县官”“公室曰县官”，[②] 那么秦统一六国之后，“公祠”“王室祠”也要相应改为“县官祠”，但目前所见材料尚未看到这一提法，倒是本条令文的“县官所给祠”这一法律术语印证了根据《法律答问》和更名方做出的推论。由此可勾勒出从“公祠/王室祠”到“县官（所给）祠”的术语变化线索。

至于“公祠/王室祠/县官（所给）祠”的内涵，学者或从公与私的角度认为“王室祠”是由国家承认的正式祭祀，“公祠”是“为民所立，与众共之”的“共祠”；[③] 或从行政等级的角度，据更名方认为所谓“公祠”“王室祠”就是“县官祠”，也就是县一级的祭祀。秦及汉初的官祭下设到县一级，县以下的乡里祭祀则为半官方、半民间性质，由民间自主之。县一级的官祭才受到国家承认、法律保护，与淫祀（“奇祠”）相对。[④]

其实这两种理解并不矛盾，需合而观之。秦汉文献中的“县官”一词有多种含义，可以表示县级政府、县廷所在地，[⑤] 也可以表示“公家”“官家”“天子”。[⑥] 所谓“县官所给祠”，字面意思就是“县官”所供奉的祠祀。由于“县官”不仅可以表示县廷机构，还有“公”的含义，“县官所给祠”也可以说是国家设在县一级的官祭。从秦汉国家祠祀体系的实况来说，分布最为广泛、数量最为庞大、祭祀最为频繁的，也就是县、道的各

---

① 睡虎地秦墓竹简整理小组编《睡虎地秦墓竹简·法律答问》，文物出版社，1990，第 99—100 页。

② 陈伟主编《里耶秦简牍校释》第一卷，武汉大学出版社，2012，第 156 页。

③ 彭浩：《睡虎地秦简“王室祠”与〈赍律〉考辨》，武汉大学简帛研究中心主办《简帛》第一辑，上海古籍出版社，2006，第 239—248 页。

④ 杨华：《睡虎地秦简〈法律答问〉第 25—28 号补说》，《古礼再研》，商务印书馆，2021，第 120—123 页；《秦汉帝国的神权统一——出土简帛与〈封禅书〉〈郊祀志〉的对比考察》，《历史研究》2011 年第 5 期。

⑤ 《汉书》卷七二《龚舍传》：“使者至县请（龚）舍，欲令至（县）廷拜授印绶。舍曰：‘王者以天下为家，何必县官？’遂于家受诏。”第 3084 页。此例中“县官”表示县廷。

⑥ 《史记》卷五七《绛侯周勃世家》《索隐》：“县官谓天子也。所以谓国家为县官者，夏官王畿内县即国都也，王者官天下，故曰县也。”中华书局，2013，第 2525 页。

种祠祀。秦令“给事祠所”而参与斋戒的人，有吏、黔首、徒隶等身份，可见祭祀级别不是很高，与县级政府所供祭祀比较符合。[①] 该条令文针对的事项“县官所给祠”，主要就是国家所设、具有公共性质的、广泛分布于各县道之中、由县级政府负责供给的祠祀。

以上为“县官所给祠”的内涵讨论，再说其外延。秦汉国家官祭的最低一级也就是县级官祭，除了据传世文献就已熟知的社、五祀，据出土秦汉简牍，还有先农等祭祀。[②] 除此之外，秦朝的“县官所给祠”还包括县道宗庙。据岳麓秦简“内史郡二千石官共令　第己”、里耶秦简令史行庙文书，可知秦国在扩张过程中，往往会在新设之县立祖先宗庙，让吏民供祠，以加强对当地的统治，在这种公共礼仪空间中实现国家与吏民的互动，从而塑造与先秦时代不同国家结构。[③] 本条令文“县官所给祠”，与“内史郡二千石官共令第己”中的“弗更而祠”“祠焉”“不敬祠”“泰上皇祠庙”等“祠”，至少有部分重合。换言之，本条令文“县道所给祠”应该包括县、道宗庙在内。

（二）适用人群：吏、黔首、徒隶

该条文所适用的人群是“吏、黔首、徒隶”，这三个具有高度概括性的术语涵盖了秦汉帝国治下的各种身份的人。其中“吏”包括各级秩禄的官吏；“黔首”同于“百姓”，即编户齐民；“徒隶”则是因犯罪受罚等而被不同程度剥夺人身自由与权利的人。以黔首为水平线，吏在其上，徒隶在其下，这三者基本囊括各种法律身份。据该条文可知，秦汉时期围绕具有公共性质的国家祠祀（以县级最为普遍），通过律令手段对天下吏民的斋戒行为设定规范。

---

① 《史记》《汉书》中的“县官”大多可作“国家”“天子”理解。张家山汉简《二年律令》“县官”也大多表示“国家”“公家”，县级政府机关一般用“县道官”表示。但秦简“县官”“县道官”则无明确区分，“县官”既可表示县级政府机构，也可表示“公家”“国家”。

② 参见张春龙《里耶秦简祠先农、祠窨和祠堤校券》，《简帛》第二辑，上海古籍出版社，2007，第393—396页；田天《先农与灵星：秦汉地方农神祭祀考》，《中国国家博物馆馆刊》2013年第4期。

③ 范云飞：《岳麓秦简“内史郡二千石官共令第己”释证》，《简帛》第十九辑，上海古籍出版社，2019，第135—145页；范云飞：《从“周礼”到“汉制”——公私视角下的秦汉地方宗庙制度》，《史林》2020年第2期。

（三）从经典到律令

由此引出第三个也是最为重要的问题：秦汉时期的国家权力如何在县一级通过祠祀斋戒发挥其影响力？值得注意的是，该条文强调供奉祠祀需要斋戒的吏民不得在斋戒期间发生性行为，与礼典契合。礼仪不仅规范外在的身体行为，更强调内在的心理状态。据《礼记·祭义》，大祭祀之前需“散斋”七日，“致斋”三日。“致齐（通斋，下同）于内，散齐于外。齐之日，思其居处，思其笑语，思其志意，思其所乐，思其所嗜。齐三日，乃见其所为齐者。”郑玄注：“散齐七日，不御、不乐、不吊耳。”[①] 在“散斋”期间不可发生性行为、听音乐及吊丧。《祭统》也说：“君致齐于外，夫人致齐于内，然后会于大庙。”孔颖达解释说：“外，谓君之路寝；内，谓夫人正寝。”[②]“致斋”阶段，男女内外别处，不能共寝。斋戒期间禁绝嗜欲，防闲邪物，保持恭敬的心态，如此才能交接于神明。

该条文的若干具体规范也可在两汉找到相应案例。（1）汉武帝元狩五年（前118）充国为卫尉，“三年，坐斋不谨弃市”。[③] 所谓“斋不谨”，应该就包括本条律文的“斋而与妻婢姘及奸”，皆受弃市之刑。（2）东汉建武十二年（36）周泽为太常，“常卧病斋宫，其妻哀泽老病，窥问所苦，泽大怒，以妻干犯斋禁，遂收送诏狱谢罪”。[④] 可见东汉初，斋戒中的礼官之妻不得入斋宫（专门的斋戒之所），否则会因“干犯斋禁”而获罪。（3）律文“当给祠具而乏之”。按汉律有“乏祠”之罪，[⑤] 武帝太初二年（前103）睢陵侯张昌“坐为太常乏祠免”，颜师古注曰：“祠事有阙也。”[⑥] 据师古注，“乏祠”指礼官当祠而不祠。据该条《腊律》，似乎也可能指缺乏祠具。（4）律文“若当斋给祠而诈避者，其宗庙、上帝祠也，耐为隶臣妾”。瓒侯萧胜“坐不斋，耐为隶臣”，颜师古注：“谓当侍祠而不斋也。”[⑦] 律

---

① 《礼记正义》卷五五《祭义》，吕友仁整理，上海古籍出版社，2008，第1808页。

② 《礼记正义》卷五七《祭统》，第1871—1872页。

③ 《汉书》卷一九《百官公卿表》，第776页。

④ 《后汉书》卷七九《儒林周泽传》，第2579页。

⑤ 程树德：《九朝律考》卷一《汉律考·律令杂考下》“乏祠”条，商务印书馆，2010，第174页。

⑥ 《汉书》卷一六《高惠高后文功臣表》，第596页；又见《汉书》卷一九下《百官公卿表下》，第783页。

⑦ 《汉书》卷一六《高惠高后文功臣表》，第543页。

文“斋给祠”即斋戒以准备参与祠祀（侍祠）。若是宗庙、上帝之祭祀，诈避而不斋，则耐为隶臣妾。萧胜“坐不斋”即此律文之真实案例，且年代亦与此律文之写定时间（汉文帝时）较为接近。以上四例可证这则条文所规定的各个款项从西汉初到东汉一直被执行。

不过，经典所载礼制是对贵族行礼者的身体行为、心理状态的软性规范，并不适用于一般吏民。而传世文献所见案例都是高级官僚供奉中央祠祀之事。出土秦令、汉律的独特价值在于揭示了秦汉时期对一般吏民、徒隶供奉县级祠祀斋戒的规定。这些规定本于经典，但其行为主体、行为对象都有根本性转变，从贵族供祠自家宗庙变为天下吏民乃至徒隶供奉官方祠祀。在行为主体上，从“礼不下庶人”转变为“下庶人”；在行为对象上，则是“变家为国”，变贵族家庙为国家公祠；在规范性质上，软性的“礼”转为硬性的“刑”。

在这一从“礼”到“刑”、从经典到律令的过程中，礼仪对行礼者身体行为、心理状态的要求也自然移植到秦汉律令中。律令以严酷的弃市之刑禁止奉祠的吏民在斋戒期间发生性行为，不仅让其保持身体上的清洁，更要其保持内心的斋庄诚敬，让天下吏民以这种身心状态供奉官方祠祀，由此强化国家对吏民的垂直统治。相比于经典之礼，律令之刑的统治广度、深度、力度都大异其趣。从先秦“周礼”到秦汉律令的转变，可总结为“溶经典入律令，以律令统万民”。

（四）从《腊律》到《斋令》

最后，我们拟对秦令、汉初《腊律》与汉代其他祠祀律令的关系略做管窥。胡家草场该律篇以“腊”为名，腊祭为秦汉时代官方、民间社会各阶层共同举行的遍祭群神的热闹祭典，对国家、社会都颇有意义。[①] 或许因为腊祭的重要性，所以关于祭祀的其他规定也被纳入《腊律》。比如本条是关于斋戒的一般规定，涉及宗庙、上帝等祭，与腊祭无关。最迟到东汉，还有所谓《斋令》。蔡邕说：“建武乙未、元和丙寅诏书，下《宗庙仪》及《斋令》，宜入《郊祀志》，永为典式。”[②] 顾名思义，《斋令》应该

---

① 关于汉代腊祭，参见汪桂海《出土简牍所见汉代的腊节》，《中国历史文物》2007 年第 3 期。

② 《续汉书志》第九《祭祀志》刘昭注引蔡邕《表志》，第 3196 页。

就是关于祠祀斋戒的令篇。程树德将汉代与斋戒有关的一些规定与案例归入“斋令”之下,[1] 笔者也曾搜集传世文献与出土文献中与汉代斋戒有关的条文、案例，以充实所谓“斋令”的内容。[2] 今此条文在《腊律》中，且相关规定在两汉时代颇具持续性。或许随着律令条文的增多，律令篇目也更加细化，最终分化出《斋令》这样的专门令篇。

二　胡家草场汉简《葬律》

胡家草场汉简《葬律》有一条：

> 彻侯衣衾无过盈棺，衣衾、敛束、荒，所用次也。其杀，小敛用一特牛，●棺、开各（1571）一大牢，祖一特牛，遣一大牢。棺中之广毋过三尺二寸，深三尺一寸，袤丈一尺，厚（1564）

该条规定了汉初彻侯葬礼所用棺、衣衾等物及奠祭用牲的规格，其中提到了葬礼的小敛、棺、开、祖、遣这五个环节。丧葬礼的仪节详见于《仪礼·士丧礼、既夕礼、士虞礼》，流程非常复杂。仅其中用牲设奠的仪式就有始死奠、小敛奠、大敛奠、朝夕奠、朔月奠、荐新奠、启殡奠、迁祖奠、大遣奠等，远多于本条的五个环节。

本条律文所谓小敛、祖、遣，对应《仪礼》的小敛奠、祖奠、大遣奠，问题不大。至于小敛、祖之间的“棺”“开”，应该对应《仪礼》的大敛奠、启殡奠。首先，从仪节来说，《士丧礼》小敛环节要依次用十九套衣服将死者裹好，大敛环节再用三十套衣服依次将死者裹好，放入棺中，盖上棺盖，随后设奠，亦即大敛奠。从整个丧礼流程来说，死者入棺就在大敛环节，故汉律以“棺”指代大敛奠，是完全合理的。

其次，从词义来说，“开”“启”互训，汉律“开”为启殡环节，即将棺从殡坑中抬出，准备辞祖庙、载往葬地。更为关键的是，《既夕礼》启殡之前“请启期，告于宾”，将启殡的日期告知来宾，郑玄注“今文启

---

① 程树德：《九朝律考》卷一《汉律考·律名考》，第 32—33 页。

② 拙稿《秦汉祠祀律令辑考》，收入本书之中。

为开”，可知汉代经师相传的今文本《仪礼》“启期”作“开期”。考察《仪礼》今文本，其中“开”“启”混用，汉初文本的“启”殡也有可能写作“开”殡，律文作“开”，或许与当时经文用字习惯有关。

将汉初《葬律》规定的彻侯葬礼仪节及其规格与《仪礼》士丧礼对比，如表1所示。不难看出《仪礼》、汉律在流程顺序与词义这两方面彼此对应，明显可见古礼与汉律的内在联系。但两者也有不少差别。首先，汉律流程远较《仪礼》简略，大概因为律令与礼典仪注的文本性质不同，汉律仅对关键仪节的规格做出规定，并非巨细靡遗地描述全部流程。当然，也有可能汉人的实际丧葬仪节就比《仪礼》简单。其次，汉律奠祭用牲规格较《仪礼》为高，且五个环节的用牲规格变化规律也不尽一致，大概汉初彻侯礼仪规格比拟礼典之诸侯，与士丧礼不同。[①] 但不管怎么说，汉律与《仪礼》等经典具有内在联系，按照彻侯等爵级规范其礼仪规格，是无疑义的。

表1　胡家草场汉简《葬律》、《仪礼》奠祭对比

胡家草场汉简《葬律》		《仪礼·士丧礼、既夕礼》	
流程	规格（士）	流程	规格（彻侯）
小敛	特牛	小敛奠	一鼎：特豚
棺	大牢	大敛奠	三鼎：特豚、鱼、腊
开	大牢	启殡奠	三鼎：特豚、鱼、腊
祖	特牛	祖奠	三鼎：特豚、鱼、腊
遣	大牢	大遣奠	五鼎：羊、豕、鱼、腊、鲜兽

三　胡家草场汉简《祠律》

胡家草场汉简《祠律》：

① 《通典》构拟各爵级的小敛奠规格为：“诸侯少牢，上大夫特牲，下大夫、士特豚，皆有脯醢醴酒。”汉初《葬律》彻侯小敛奠规格甚至比诸侯还高。然此非礼经明文，而是礼家根据等差原则推致得来。参见杜佑《通典》卷八五，王文锦等整理，中华书局，2016，第2282页。

二千石吏不起病者，祠以特牛，家在长安中者，谒者致祠；千石到六百石吏，祠以少牢。(1552)

“不起病”是对死亡的讳称。汉代多见“不起病”“不起疾”“疾不起”的辞例，或简称“不起”。[①] 汉代以“不起病”为文书、律令中官员死亡的常用术语。如淳引《汉仪注》曰：“有天地大变、天下大过，皇帝使侍中持节，乘四白马，赐上尊酒十斛，牛一头，策告殃咎。使者去半道，丞相即上病。使者还，未白事，尚书以丞相不起病闻。”[②] 若有重大的灾祥殃咎，丞相须自杀谢罪，尚书上报皇帝曰“丞相不起病”。私人书信亦用“不起病”指代死亡。居延新简 233A：“少卿足下善毋恙，惠君不起病，甚癒无口，愿自爱，迫府君新视事……”[③] 即其用例。

该条律文规定了各秩级官吏的祭祀规格，但应非家内自祭，而是皇帝或上级官吏的吊祭。律文提到“家在长安中者，谒者致祠”，即皇帝遣使吊祭；若在长安外，则应是上级官吏遣使吊祭。故此，本条与《葬律》下葬之前的小敛、棺、开、祖、遣五个奠祭环节并不重合。关于吊祭用牲规格，礼经、汉制皆无明文。魏明帝吊陈群，当时议者引：“汉太傅胡广丧母，天子使谒者以中牢吊祭、送葬。”[④] 天子使谒者吊祭，符合律文“家在长安中者，谒者致祠”的规定。吊三公之母，牲用中牢（少牢），其他秩级官吏则无记载。汉末及魏初，曹操、曹丕吊祭故太尉桥玄用太牢。[⑤] 三公用太牢，与本条律文规定的二千石吏用特牛、千石至六百石吏用少牢，形成差序结构。

汉代三公以下各秩级官吏的吊祭规格，传世文献没有记载，汉碑中可见一例。《韩仁铭》曰：“迁槐里令，除书未到，疧夆（不幸）短命丧身

---

① 《史记》卷三九《晋世家》太子圉对晋惠公说：“君即不起病，大夫轻更立他公子。”第 1999 页；卷七八《春申君列传》“今楚王恐不起疾”，与“不起病”同义，第 2906 页。《汉书》卷七四《丙吉传》“上忧吉疾不起”，第 3144 页；卷九七《外戚传上》“夫人病甚，殆将不起”，第 3951 页。

② 《汉书》卷八四《翟方进传》颜师古注引如淳注，第 3424 页。

③ 马怡、张荣强主编《居延新简释校》，天津古籍出版社，2013，第 299 页。

④ 杜佑：《通典》卷八三，第 2239 页。

⑤ 《宋书》卷一七《礼志四》，中华书局，1974，第 486 页。

为……祀则祀之，王制之礼也。书到，郡遣吏以少牢祠……"[①] 按此碑立于东汉灵帝熹平四年（175），碑主韩仁先为闻喜县长，后迁槐里县令，未及上任而死。闻喜、槐里二县皆归东汉司隶校尉管辖，故司隶校尉给河南尹下达命令，让河南尹以少牢祭祀韩仁。东汉县令秩千石，其次县长四百石，其次县长三百石。[②] 韩仁临终所获之官为槐里令，秩千石，祠以少牢，正符合此条《祠律》的规定。可见从西汉初到东汉末，官员祭祀规格似乎有较强的延续性。碑文所谓"王制之礼"，应该就是指东汉当时实行的制度，也暗示汉人认为汉制符合经典所载"王制"。

四 海昏侯墓汉简昌邑王"会饮仪"

西汉海昏侯刘贺墓出土简牍有十余枚记录礼仪行事的"礼仪简"，其中昌邑王"会饮仪"简文云：

> ……反走复立（位）。王定立陛前，南乡（向）。皆复就立（位）。礼乐进，曰："请令相行乐器。"……

田天认为："所谓'礼乐'，应指乐官之长，与《仪礼》中的'乐正'相当。"[③]《仪礼》"乐正"与昌邑王行礼仪注"礼乐"职能相当，此说有一定道理。

不过，如果把"礼乐"放在两汉职官系统中考虑的话，或许还可别进一解。两汉诸王之国与礼乐祭祀有关的职官有"礼乐长""祠祀长"等。《续汉书·百官志》中"礼乐长"本注曰"主乐人"，[④] 是管理乐人的职官。此职官应该始于西汉。西汉长沙国敕庙牛镫铜器铭文曰："敕庙牛镫四，礼乐长监治。"[⑤] 徐正考认为"敕"当为"剌"，西汉第四代长沙王刘

---

① 高文：《汉碑集释》，河南大学出版社，1997，第 418 页。

② 《续汉书志》第二八《百官志五》，第 3622 页。

③ 田天：《西汉海昏侯刘贺墓出土"礼仪简"述略》，《文物》2020 年第 6 期。

④ 《续汉书志》第二八《百官五》，第 3629 页。

⑤ 高至喜：《牛镫——湖南省博物馆藏》，《文物》1959 年第 7 期。据该文介绍，同时出土有一附耳矮足铜鼎，上有"长沙元年"年号，"鼎的形制，是西汉常见的器形，又有长沙元年年号，因此牛镫的时代，当属西汉，并与长沙元年相距不会太远"。

建德谥为“剌”。[①] 由此可知西汉长沙国有“礼乐长”之职。

此外，昌邑王国也有礼乐长之职。海昏侯墓出土的一件漆瑟上有漆书铭文：“第一廿五弦瑟，禁长二尺八寸，高七寸，昌邑七年六月甲子，礼乐长臣乃始、令史臣福、瑟工臣成、臣定造。”[②] 监造这件乐器的就是礼乐长。这样说来，昌邑王“会饮仪”中的“礼乐”就是礼乐长（汉官本有省略“太”“长”的简称之例）。从职掌来说，“礼乐”请相检视乐器，也是掌管音乐之官。或许两汉王国礼乐长除了“主乐人”之外，还掌管、监治礼乐器。两汉封泥常见王国有“祝长”“太祝”“祠祀”“祠官”“后祠祀”等职，这些应该是掌管祭祀等“吉礼”的。[③] 而礼乐长或许与之有所区别，猜测应该是掌管饮酒等“嘉礼”的。总之，礼乐长不见于《汉书》，结合敕庙牛镫、海昏侯墓漆瑟铭文及昌邑王礼仪简，可知东汉王国的礼乐长源自西汉。这三种出土文献可补传世文献之不足，也可让我们对西汉王国职官制度的了解更进一步。

值得注意的是，昌邑王“会饮仪”属于仪注类文本，与律令文本在体裁、侧重点、效力等方面都有所不同。由此引出一个问题：汉代的律令与礼典仪注有何内在联系和异同。如本篇开头所言，汉初礼、律同藏，但律令重在规定各爵级、秩级乃至天下吏民、徒隶的行礼规范和礼制规格，以及违反这些规范、规格的相应惩罚措施，无法完备记录某一礼仪的仪节流程，所以礼典仪注也不可废，故东汉初年班固又撰集叔孙通《汉仪》十二篇，曹褒又“撰次天子至于庶人冠婚吉凶终始制度”一百五十篇，是为《汉礼》。[④]《隋书·经籍志》概括两汉仪注之撰述大要曰：“汉兴，叔孙通定朝仪，武帝时始祀汾阴后土，成帝时初定南北之郊，节文渐具。后汉又使曹褒定汉仪，是后相承，世有制作。”[⑤] 汉世仪注今皆亡佚，仅有若干佚

① 徐正考：《汉代铜器铭文综合研究》，作家出版社，2007，第 232 页。按：刘建德于西汉始元四年（前 83）嗣位，三十四年薨。见《汉书》卷一四《诸侯王表》，第 413 页。又见拙稿《秦汉地方祠官考》，收入本书之中。

② 江西省文物考古研究所、南昌市博物馆、南昌市新建区博物馆：《南昌市西汉海昏侯墓》，《考古》2016 年第 7 期；又见朱凤瀚主编《海昏侯简牍初论》，北京大学出版社，2020，第 24 页。

③ 拙稿《秦汉地方祠官考》，收入本书之中。

④ 《后汉书》卷三五《曹褒传》，第 1203 页。

⑤ 《隋书》卷三三《经籍志二》，中华书局，1973，第 972 页。

文可见。今汇总传世文献、出土文献所见两汉礼典仪注、与礼仪有关的律令篇目，如表2所示。

表2 两汉礼典、仪注类文献与礼仪类律令篇目

时代	礼典、仪注类文献篇目		礼仪类律令篇目
西汉	汉封禅群祀三十六篇 甘泉卤簿 元始婚仪	元始车服制度 元始南北郊群祀 元始明堂制度	傍章十八篇 祠律　葬律 祠令　朝律
东汉	班固所上叔孙通汉仪十二篇 曹褒 汉礼百五十篇 曹褒 汉礼章句 卫宏 汉旧仪四卷 卫宏 汉中兴仪一卷 刘表 新定礼 汉仪注 胡广 汉旧仪 蔡质 汉官典职仪式选用二卷 应劭 汉官仪十卷 （以上为综合类礼典、仪注） 樊儵 与公卿杂定郊祠礼仪 宗庙仪 曹充 七庙三雍大射养老诸礼仪 曹充 封禅仪 封禅仪 马第伯 封禅仪记 封禅书 封禅旧仪太山石刻记	明堂辟雍郊祀封禅礼仪 明堂图 汉汶上明堂图仪 祭六宗仪 汉祠泰社仪注 汉亲蚕仪注 汉貙刘仪注 东园秘记 汉上陵仪注 尚书令刘光条奏顺帝即位礼仪 桓帝梁献懿皇后纳聘仪 宋皇后即位礼仪 何休 冠仪约制 术氏 冠图注 郑众 婚礼谒文 崔骃 昏礼结言 应劭 汉卤簿图 蔡邕 讲学图一卷 （以上为各专项仪注）	祠令（祀令） 斋令

资料来源：《史记·孝文本纪》《汉书·文帝纪、郊祀志、艺文志》《续汉书·祭祀志》《宋书·礼志》《晋书·礼志、刑法志》《隋书·经籍志》；钱大昭《补续后汉书艺文志》、顾櫰三《补后汉书艺文志》、侯康《补后汉书艺文志》、姚振宗《后汉艺文志》、曾朴《补后汉书艺文志并考》。

不难看出，在关于礼仪的规格、规范被编入律令篇章的同时，各种或具体、或综合的礼典、仪注也不断被编撰出来。西汉昌邑王“会饮仪”等礼仪简即属于王国各专项礼仪的行礼仪注。这些专项仪注大量积累，为东汉中期以后综合性礼典、官制类书籍的出现提供了条件。① 律令、仪注并行，乃至彼此交融，律令之中亦有礼仪规范，仪注则更为具体地规范各爵

① 黄桢认为东汉中期以后随着古文经学的崛起，模仿《周礼》记述汉代官制的书籍开始活跃。黄桢：《官制撰述在汉末的兴起》，《文史哲》2021年第2期。

级、秩级的行礼流程。礼、律二者共同构成了汉朝吏民的行为规范。

结　论

综上所述，本篇所考“礼律简”包括岳麓简秦令，胡家草场汉简《腊律》《葬律》《祠律》，海昏侯墓汉简昌邑王“会饮仪”，是秦汉时代关于礼仪规范的律令、仪注类文本。这些文本与经典关系密切，有些关于礼仪规格、行礼过程的规定就从经典化出。相比于经典，这些礼律简根据秦汉时期的国家结构、统治秩序加以调整，文本性质、适用对象、撰述目的都有了根本转变。三《礼》经典是经过体系化的各级贵族所行本国、本家之礼；秦汉律令则规定了国家之内各爵级、秩级、法律身份的吏、民、徒隶在各种公私礼仪中的礼制规格、行礼规范，以及相应的惩罚措施。

具体说来，岳麓简秦令、胡家草场汉简《腊律》规训了吏、民、徒隶等各身份之人对国家公祠（“县官所给祠”）的斋戒，这种规训不仅针对身体行为，也包括心理状态。由于秦汉王朝的国家公祠广泛分布于各县、道，大量吏民皆有义务供祠，这种对天下吏民身、心全方位的规训，体现了秦汉王朝统治的广度、深度与力度。除此之外，胡家草场汉简《葬律》规范了彻侯葬礼的流程及奠祭用牲规格；《祠律》规范了六百石至千石、二千石等秩级的吊祭用牲规格；海昏侯墓汉简昌邑王“会饮仪”则规范了诸王的行礼过程。仪注与律令并行，各有侧重，是汉代礼、律的特点。凡此诸文本，或借用经典所载礼仪，或比拟经典所载贵族身份，但针对的是秦汉王朝治下的天下万民。各爵级、秩级、法律身份之人的礼仪生活都被纳入这一统治秩序之中，无一例外。

总而言之，秦汉王朝以礼、律为手段，通过规范天下万民的礼仪生活，从而对其实施垂直支配，达成“溶经典入律令，以律令统万民”的效果，强化身份秩序与国家结构，实现巩固统治的目的。

第三篇 秦汉郡国祠官考

“祠官”屡见于两汉文献，指掌管祭祀事务的职官。本篇用“祠官”泛指秦汉时期与祭祀有关的各级官吏，并着重考察秦汉的祠官系统，尤其是地方祠官的建制、名称、职能、秩禄等问题。

关于秦汉地方祠官的考察，学者已做过不少研究。陈直用出土材料与《汉书》互证，考察西汉中央及王国的太常官署；[①] 严耕望系统研究秦汉的地方行政制度，考察了与郡县祠祀事务有关的官吏；[②] 吴荣曾结合封泥资料研究西汉王国的太常官署；[③] 陈苏镇结合汉简资料考察西汉早期王国制度，对太常官署也有所涉及；[④] 董涛对秦汉祝官体系有比较全面的研究。[⑤] 本篇尝试在上述研究的基础上，就“秦汉郡国祠官”这一问题，对之前研究做一总结，并补充一些前人未及见或未留意的材料，以期对秦汉的祠官系统有一个更全面的认识。

一 秦汉中央祠官系统

秦汉中央之祠官，具载于《汉书·百官公卿表》《续汉书·百官志》，这不是本篇考察的重点，但为了论述秦汉之地方祠官系统，有必要厘清两个问题：

---

① 陈直：《汉书新证》，天津人民出版社，1959，第 88、126—127 页。

② 严耕望：《中国地方行政制度史·甲部·秦汉地方行政制度》，“中央研究院”历史语言研究所专刊之四十五 A，台北：“中央研究院”历史语言研究所，1990，第 130—131 页。

③ 吴荣曾：《西汉王国官制考实》，《北京大学学报》（哲学社会科学版）1990 年第 3 期。

④ 陈苏镇：《汉初王国制度考述》，《中国史研究》2004 年第 3 期。

⑤ 董涛：《秦汉时期的祝官》，《史学月刊》2015 年第 7 期。

（一）祠官之朝官、宫官的区别

秦汉中央祠官，分为朝官、宫官两个系统，朝官属于太常官署，宫官属于詹事官署，两者的名称、职能都有区别。据《百官公卿表》，奉常（太常）属官有太祝令、丞，有雍太祝令、丞，这是朝官。[①] 詹事属官有祠祀令、长、丞，颜师古注："皇后之官。"[②] 这是宫官。另有长信詹事，掌皇太后宫，未言有祠官。但据张家山出土汉墓竹简《二年律令·秩律》，长信詹事下应该也有祠祀之官：

> 大（太）卜、大（太）史、大（太）祝……（**四六一**）……长信祠祀、……祠祀……（**四六二**）……秩（**四六三**）各六百石，有丞、尉者半之。……（**四六四**）[③]

其中提到"大（太）祝""长信祠祀""祠祀"等。其中太祝属奉常，为中央朝官；"长信祠祀"为长信詹事属官，为皇太后宫之宫官，此则材料可补《百官公卿表》之阙；至于"祠祀"，应属奉常。[④]

东汉之祠官，也有朝官、宫官之别。《续汉书·百官志》"太常"之下有太祝令、丞，这是朝官；[⑤] 本注曰："有祠祀令一人，后转属少府。"[⑥] 于少府之下，又有祠祀令一人，六百石。本注曰："典中诸小祠祀。"这是宫官。[⑦]

东汉太常之太祝令、丞为朝官，少府之祠祀令、丞为宫官。但本注说太常属官本有祠祀令，后转属少府，这是错误的。王先谦指出："案后汉太常属官明有太祝令、丞，此东西京官名偶同，且武帝已改庙祀矣。本注

---

① 《汉书》卷一九上《百官公卿表上》，中华书局，1962，第 726 页。
② 《汉书》卷一九上《百官公卿表上》，第 734 页。
③ 引文中括号中加粗者为简编号，本篇同。彭浩、陈伟、工藤元男主编《二年律令与奏谳书》，上海古籍出版社，2007，第 270 页。
④ 前引书于"祠祀"下按曰："祠祀，奉常属官，主祭祀。汉高祖置。"参见彭浩、陈伟、工藤元男主编《二年律令与奏谳书》，第 287 页。
⑤ 《续汉书志》第二十五《百官二》，中华书局，1965，第 3572 页。
⑥ 《续汉书志》第二十五《百官二》，第 3574 页。
⑦ 《续汉书志》第二十六《百官三》，第 3595 页。

误也。"[①] 亦即朝官、宫官是两个不同的系统，两者互不交涉。从西汉到东汉，太常之太祝令、丞一脉相承，这是朝官；西汉詹事属官之祠祀与东汉少府属官之祠祀令、丞，也一脉相承，这是宫官。并非太常属官之祠祀令"后转属少府"。朝官与宫官分属两个系统，何"转属"之有？

如果不分清朝官、宫官两个系统，在面对具体材料时，就往往会混淆名实。厘清太常属官与詹事、少府属官的区别，对我们展开下一步讨论是有必要的。

（二）祠官名称的变化

秦汉祠官之名称，《百官公卿表》说："景帝中六年（前 144）更名太祝为祠祀，武帝太初元年（前 104）更曰庙祀，初置太卜。"[②] 对于这条记载，我们保留一定程度的怀疑，有学者也做过相关考察，[③] 我们再补充四点：

其一，秦封泥官印中有"祝印"，[④] 应为奉常太祝属官之印。同时还有"祠祀"之印。[⑤] 睡虎地秦墓出土 6 号木牍有"为惊□□（祠祀）若大发毁，以惊居反城中故"，[⑥]"祠祀"此处作"祀屋"解，但也可见"祠祀"为当时习语。则秦时"祝"与"祠祀"是并存的。

其二，张家山汉墓竹简《二年律令·秩律》除了上引材料外，涉及祠官的还有：

> 大（太）医、祝长及它都官长，……（四六五）……秩各三百石，有丞、尉者二百石，乡部百六十石。……（四六六）[⑦]
>
> 长信詹事、和〈私〉官长、詹事祠祀长、詹事厩长，月氏（四六七）[⑧]

---

① 王先谦：《汉书补注》卷一九上，书目文献出版社，1995 年影印本，第 275—276 页。

② 《汉书》卷一九上《百官公卿表上》，第 726 页。

③ 李炳泉：《〈汉书·百官公卿表上〉"奉常"条疏证》，《潍坊学院学报》2011 年第 5 期。

④ 傅嘉仪编著《秦封泥汇考》，上海书店出版社，2007，第 4 页。

⑤ 傅嘉仪编著《秦封泥汇考》，第 7 页。

⑥ 陈伟主编《秦简牍合集》（壹），武汉大学出版社，2014，第 637 页。

⑦ 彭浩、陈伟、工藤元男主编《二年律令与奏谳书》，第 290 页。

⑧ 彭浩、陈伟、工藤元男主编《二年律令与奏谳书》，第 291 页。

其中提到了“祝长”等都官长和“詹事祠祀长”，再结合前面出现的“大（太）祝”“长信祠祀”“祠祀”等职官，可以推知，“大（太）祝”属奉常，“祝长”为太祝之下的祝官之长，这是朝官；“詹事祠祀长”“长信祠祀”分别为皇后、皇太后之宫官。还有一个“祠祀”，其名称不同于“詹事祠祀”“长信祠祀”等宫官，应该是与“太祝”“祝长”并存的朝官。

其三，据《百官公卿表》，“太祝”先后易名为“祠祀”“庙祀”，但出土封泥官印中，屡见“太祝”“祝长”“祠祀”等职官，却从未见“庙祀”之印，很让人怀疑武帝改“祠祀”为“庙祀”的记载是不实的。

其四，东汉太常属官有太祝令、丞，若武帝改“祠祀”为“庙祀”，则此改变在东汉官制中竟毫无反映，反而改用了最初的“太祝”，这是很值得怀疑的。

因此，我们怀疑《百官公卿表》所载“太祝”名称变为“祠祀”，再变为“庙祀”，可能并非史实。验之出土材料，“祝”“祠祀”之官往往并存，其职掌可能也有区别。简单地根据出土文献中是“祝”还是“祠祀”来断其年代，可能并不谨慎。相反，如果我们认同“太祝”“祝长”“祠祀”等职掌不同，可能同时并存，问题就会简单许多。

二　秦汉地方祠官系统

厘清了秦汉中央祠官系统中的两个问题，我们就可以接着研究地方祠官之设置。下面分王国、郡县两个方面来考察。

（一）王国祠官

西汉王国是否有奉常（太常）官署，文献中并无明确记载。陈直、吴荣曾据出土封泥中的王国奉常（太常）属官，证西汉王国有奉常（太常）。[①] 张家山汉墓出土之《二年律令·秩律》中有“汉中大夫令、汉郎中、奉常，秩各二千石”，陈苏镇说：

> 《秩律》二千石条在中大夫令和郎中令前冠以“汉”字，肯定是

---

① 陈直：《汉书新证》，第126—127页；吴荣曾：《西汉王国官制考实》，《北京大学学报》（哲学社会科学版）1990年第3期。

> 为了表明此处的中大夫令和郎中令仅指汉官，不包括王国官。其他不冠“汉”字者，若汉与王国皆有，应兼指汉官和王国官。若是王国所无，则当仅指汉官。[①]

据此，则《二年律令》所记之“奉常”是仅指汉官呢，还是汉与王国皆有呢？我们认为西汉王国有奉常。《百官公卿表》说西汉初年，诸侯王国“群卿大夫如汉朝”；[②] 临淄出土一方西汉官印曰“奉常之印”，[③] 应该就是西汉初年齐国的奉常之印。

西汉王国奉常属官之祠官，也多有封泥材料来佐证。比如长沙国有“长沙祝长”印两方（《考古》《湖南》），[④] 楚国有“楚祠祀印”一方（《大汉》），[⑤] 中山国有“中山祠祀”印一方（《满城》），[⑥] 齐国有“齐太祝印”（《齐鲁》）、“齐祠祀印”（《齐鲁》）、“祠官”（《临淄》）印各一方。[⑦] 另外，《封泥考略》记有“□祠□长”半通印。[⑧] 此封泥为簠斋所藏，陈介祺是山东潍坊人，颇疑其文当为“齐祠祀长”，若如此，也当为齐国太常属官。

这些祠官之印，或曰“祝长”，或曰“太祝”，或曰“祠官”，或曰“祠祀”，不同王国之间名称不同，同一国内也有不同，可能是不同王国制度之不同，同一国内之职官也无定名，或者职官随时代而变，或者就是不同的职官。

至于东汉的王国，应该是没有太常官署的。《续汉书·百官志》具载东汉王国官制，未见太常。与礼乐祭祀有关的职官有“礼乐长”，本注曰“主乐人”；以及“祠祀长”，本注曰“主祠祀”，其秩禄“皆比四百石”。[⑨] 东汉王国“礼乐长”之职或许渊源于西汉，有出土实物资料为证。汉铜器

---

① 陈苏镇：《汉初王国制度考述》，《中国史研究》2004 年第 3 期。
② 《汉书》卷一九上《百官公卿表上》，第 740 页。
③ 周晓陆主编《二十世纪出土玺印集成》，中华书局，2010，第 507 页。
④ 周晓陆主编《二十世纪出土玺印集成》，第 323、324 页。
⑤ 周晓陆主编《二十世纪出土玺印集成》，第 325 页。
⑥ 周晓陆主编《二十世纪出土玺印集成》，第 495 页。
⑦ 周晓陆主编《二十世纪出土玺印集成》，第 501、462 页。
⑧ 吴式芬、陈介祺：《封泥考略》，浙江人民美术出版社，2013，第 173 页。
⑨ 《续汉书志》第二十八《百官五》，第 3629 页。

铭文《敕庙牛镫》曰：

> 敕庙牛镫四，礼乐长监治。[①]

此处“礼乐长”即王国职官。徐正考以为，“敕”当为“剌”，西汉长沙国第四代王刘建德即谥“剌”，通“烈”。此牛镫即剌庙之物。[②] 另外，西汉海昏侯国也有“礼乐”之职。[③] 可证东汉王国“礼乐长”应该承袭西汉之制。

至于“祠祀长”，则无明确的佐证。《封泥考略》提及汉铜印有“沛祠祀长”，[④] 但具体时代不明，可能是西汉的沛郡、沛县，也可能是东汉的沛国。陈直以为“当为景帝时郡国诸庙陵寝中特设之祠祀令，亦当属于太常”，[⑤] 董涛则认为是沛国职官。[⑥] 因文献不足，目前还不能确论。

（二）郡县祠官

秦汉时期郡县祠官，文献无明确的记载。《百官公卿表》奉常属官有雍太祝令、丞，[⑦] 因雍为秦国旧都，祠所林立，故特设祠官，直属于奉常，并不是真正意义上的郡县祠官。秦封泥有“雝祠丞印”一方，[⑧]“雝”即“雍”，可与《百官公卿表》互证。上述“沛祠祀长”铜印，不确定为郡县祠官，抑或王国祠官，但沛郡因为有高祖庙，在两汉时确有祠官。《水经注·济水注》引《东观汉记》：“（盖）延令沛修高祖庙，置啬夫、祝、宰、乐人，因斋戒祠高庙也。”[⑨]《后汉书·盖延传》所记略与此同，李贤注曰：“高祖庙在今徐州沛县东故泗水亭中，即高祖为亭长之所也。啬夫，

---

① 徐正考：《汉代铜器铭文综合研究》，作家出版社，2007，第406页。

② 徐正考：《汉代铜器铭文综合研究》，第232页。按：刘建德于西汉始元四年（前83）嗣位，三十四年薨。见《汉书》卷一四《诸侯王表》，第413页。

③ 详见拙稿《新出秦汉礼律简四题》，收入本书之中。

④ 吴式芬、陈介祺：《封泥考略》，第173页。

⑤ 陈直：《汉书新证》，第88页。

⑥ 董涛：《秦汉时期的祝官》，《史学月刊》2015年第7期。

⑦ 《汉书》卷一九上《百官公卿表上》，第726页。

⑧ 傅嘉仪编著《秦封泥汇考》，第10页。

⑨ 杨守敬、熊会贞疏《水经注疏》卷八《济水注疏二》，段熙仲点校，陈桥驿复校，江苏古籍出版社，1989，第784页。

主知庙事。”[①] 则沛在东汉时有高祖庙之祠官。

除了雍、沛之外，其他郡县的祠官还要再做考察。

郡县常设的祠官，文献没有明确记载。郡县的守、令、长本身应即兼具祠官的职能。郡县祭祀可以分为两类：一为社稷、先农、灵星、雩祭等岁时常祀，一为境内山川或其他神祇的特殊祭祀。下面分别考察。

1. 岁时常祀

岁时常祀是由守、令、长主持的：

> （高祖）因令县为公社。下诏曰：“吾甚重祠而敬祭。今上帝之祭及山川诸神当祠者，各以其时礼祠之如故。”[②]
>
> 其后二岁，或曰周兴而邑邰，立后稷之祠，至今血食天下。于是高祖制诏御史：“其令郡县立灵星祠，常以岁时祠以牛。”[③]

第二则材料讲高祖使郡县立灵星祠，《北史·刘芳传》引《郊祀志》，与《封禅书》及今本《郊祀志》略有不同：“高祖五年制诏御史，其令天下立灵星祠，牲用太牢，县邑令长侍祠。”[④] 颇疑其引之书实为《续汉书》之《祭祀志》：“汉兴八年……于是高帝令天下立灵星祠……牲用太牢，县邑令长侍祠。”[⑤] 则明确说是由县邑之令长主持祭祀。刘芳又引《晋祠令》云：“郡、县、国祠社稷、先农，县又祠灵星。”[⑥] 并强调此类祭祀“恒隶郡县”，[⑦] 乃是地方祭祀，不同于太常官署主管的中央祭祀。

除此之外，《封禅书》还说：

> 高祖十年春，有司请令县常以春［二］月及腊祠社稷以羊豕，民里社各自财以祠。制曰：“可。”[⑧]

---

① 《后汉书》卷一八《盖延传》李贤注，第 687 页。
② 《史记》卷二八《封禅书》，中华书局，1982，第 1378 页。
③ 《史记》卷二八《封禅书》，第 1380 页。
④ 《北史》卷四二《刘芳传》，中华书局，1974，第 1547 页。
⑤ 《续汉书志》第九《祭祀下》，第 3204 页。
⑥ 《北史》卷四二《刘芳传》，第 1547 页。
⑦ 《北史》卷四二《刘芳传》，第 1547 页。
⑧ 《史记》卷二八《封禅书》，第 1380 页。

可见汉高祖令郡县立社稷、灵星诸祠，郡县主之，也应该是郡县官吏主持祭祀。西汉县乡里求雨、止雨之祀，也由各级官员主持，并没有专门的祠官。董仲舒《春秋繁露》记载了当时求雨的场景：

> 雨太多，令县邑以土日，塞水渎，绝道，盖井，禁妇人不得行入市。令县乡里皆扫社下。县邑若丞合史、啬夫三人以上，祝一人；乡啬夫若吏三人以上，祝一人；里正父老三人以上，祝一人，皆斋三日，各衣时衣。①

其中之“祝”，董涛认为明显不属于常设官吏，而是由巫者临时充任。② 另外，关于郡县求雨之祭，张家山汉墓出土之《奏谳书》也可以印证我们的观点：

> 五月中天旱不雨，令民孪，武主趣都中。信行离乡，使舍人小簪袅逌守舍，武发逌孪。（八二）③

其中“武”为淮阳郡新郪县的从狱史，征发一个名为“逌”的人参加求雨的“孪”，即雩祭。可见郡县此类的岁时常祀是由各级官吏操办的，并未见专门的祠官。

东汉亦复如是，《祭祀志》说：“郡县置社稷，太守、令、长侍祠，牲用羊豕。”④ 可见整个秦汉时期，岁时常祀都是由地方官吏操办，郡县之守、令、长主持，并没有专门的祠官。

2. 山川祭祀

山川祭祀较为复杂，从西汉到东汉有比较大的变化，即本来由国家控制、属于中央祠官掌管的祭祀，逐渐下放到地方，变为由郡县守令主持的地方祭祀。

---

① 苏舆：《春秋繁露义证》，钟哲点校，中华书局，1992，第437页。
② 董涛：《秦汉时期的祝官》，《史学月刊》2015年第7期。
③ 彭浩、陈伟、工藤元男主编《二年律令与奏谳书》，第354页。
④ 《续汉书志》第九《祭祀下》，第3200页。

从秦到汉初，国家祭祀注重名山大川，着力把各地山川的祭祀纳入中央祠官的职权。我们试看史料：

> 诸此祠皆太祝常主，以岁时奉祠之。至如他名山川诸鬼及八神之属，上过则祠，去则已。郡县远方有神祠者，民各奉祠，不领于天子之祝官。①

可见秦时祭祀分为中央与地方两种：凡“领于天子之祝官（即奉常属官）”的，即为中央祭祀；领于郡县的，则为地方祭祀。对于各地重要的山川神祇，国家会留意把它纳入中央祭祀系统。

西汉继承了秦朝的做法：“始名山大川在诸侯，诸侯祝各自奉祠，天子官不领。及齐、淮南国废，令太祝尽以岁时致礼如故。”《正义》曰：“齐有泰山，淮南有天柱山，二山初天子祝官不领，遂废其祀，令诸侯奉祠。今令太祝尽以岁时致礼，如秦故仪。”② 则西汉朝廷在有意地把五岳等山川纳入中央祭祀系统，主管其祀的，为太祝，乃太常属官。

东汉发生了大的变化，五岳四渎等山川祭祀由中央下放到地方，由郡县守令主持。《申鉴·时事》说：

> 圣王先成民而后致力于神。民事未定，郡祀有阙，不为尤矣。必也举其重而祀之，望祀五岳四渎。其神之祀，县有旧常。若今郡祀之，而其祀礼物从鲜可也。③

这段提到“郡祀”的概念，很值得注意。荀悦把五岳四渎的祭祀也归为“郡祀”，可见在东汉时期，五岳四渎等山川之祀已经属于郡县之地方祭祀了。关于这一点，《风俗通义·山泽》也有说明：“岱宗庙在博县西北三十里，山虞长守之。……皆太守自侍祠，若有秽疾，代行事。”④ 又说“河堤

---

① 《史记》卷二八《封禅书》，第1377页。

② 《史记》卷二八《封禅书》，第1380—1381页。

③ 孙启治校补《申鉴注校补》，中华书局，2012，第84—85页。

④ 王利器校注《风俗通义校注》卷一〇《山泽》，中华书局，1981，第447页。

谒者掌四渎，礼祠与五岳同”。[①] 说明东汉之岱庙由山虞长守之，四渎之庙由河堤谒者守之，祭祀则由所在地之郡守主持，与西汉有很大不同。

关于两汉之际山川祭祀的这个变化，我们可证之以碑刻资料《西岳华山庙碑》：

> 高祖初兴，改秦淫祀。大（太）宗承循，各诏有司，其山川在诸侯者，以时祠之。孝武皇帝修封禅之礼，思登假之道，巡省五岳，禋祀丰备。……建武之元，事举其中，礼从其省，但使二千石以岁时往祠。[②]

碑文很明确地指出了，东汉光武帝改五岳四渎之祀由郡守主持。另外，《桐柏淮源庙碑》中说“大（太）常定甲，郡守奉祀”，[③] 可见郡国山川之祠皆备案于中央之太常官署，并由太常评定等级，但实际主持祭祀者，则为郡县之长官。

综上，秦汉郡县山川之祠，一般由守、令、长主持，操办祭祀者则为其他地方官吏，一般没有常设的祠官。严耕望指出，县邑之户曹有时也兼管祭祀事务：“户曹既主民户及礼俗事，遂推而至于祠祀亦职之。……盖古者每有所获，必先报神，故主赋之吏兼职祠祀耳。”[④] 但户曹亦非专职之祠官。

3. 郡县专职祠官

秦汉郡县是否全无专职祠官呢？也不尽然。碑刻文献中时见掌守祠庙的专职官吏。比如《嵩山少室石阙铭》记少室山庙有“监庙掾”和“庙佐”之职；[⑤]《孔子庙置守庙百石孔龢碑》说“臣请鲁相为孔子庙置百石卒史一人，掌领礼器，出王家钱，给大酒享，他如故事”，[⑥] 则东汉孔子庙有守庙之官，其秩禄、职掌都比较明确；《济阴太守孟郁修尧庙碑》说

---

① 王利器校注《风俗通义校注》卷一〇《山泽》，第 457 页。

② 董治安主编《两汉全书》第三十五册，山东大学出版社，2009，第 19962 页。

③ 董治安主编《两汉全书》第三十五册，第 19948 页。

④ 严耕望：《中国地方行政制度史·甲部·秦汉地方行政制度》，第 130 页。

⑤ 董治安主编《两汉全书》第三十五册，第 19862 页。

⑥ 董治安主编《两汉全书》第三十五册，第 19905 页。

“（孟府君）使府内百石□称吴讳升字三君守卫园陵，兴置屋□”，[①] 则济阴尧庙亦有守庙之吏，秩亦百石；《无极山碑》说“祠宫置吏”，立碑人有“祠祀掾□贤廉香□掾和□□□□□、祠仁德掾樊淑、史吴宜、小吏吴黑”，[②] 其中出现了祠祀掾、史之职。此碑立于东汉光和四年（181）之常山国元氏县。两年之后元氏县又立《白石神君碑》，立碑人有“祠祀掾吴宜、史解征”，[③] 则元氏县之祠祀掾、史到此时还存在，而且两年之间，吴宜由祠祀史升为祠祀掾。

以上皆为县之专职祠官，虽然名称不同，但皆由县之卒史充任，秩多为百石，职责为掌守县境内之神庙。但这些专职祠官往往因事而设，并非常设之官。

结　论

综上所述，我们对秦汉郡国祠官做了一个大致的考察。西汉王国有太常官署，下设有“祠祀”“祝长”“太祝”等职，为王国之祠官。其名称各国略有不同，同一国内，祠官名称也不统一。东汉王国无太常官署，但设有礼乐长、祠祀长之职。郡县之祠官，雍有太祝令、丞，沛有祠祀长。除此之外，郡县一般没有常设的祠官。岁时祭祀主要由各级官吏操办，守、令、长主持。郡县山川之祭祀，从秦、西汉到东汉有比较大的变化。秦、西汉时期五岳四渎多属于中央祭祀，领于太常官署。东汉初年，五岳四渎属郡县祭祀，备案于太常，由郡守主持祭祀。县中偶有专职祠官，多由百石卒史充任，掌守神庙，往往因事而设，并非常置之官。

---

① 董治安主编《两汉全书》第三十五册，第 19975 页。

② 董治安主编《两汉全书》第三十五册，第 20068—20069 页。

③ 洪适：《隶释》卷三，中华书局，1985 年影印本，第 47 页。按：此碑《两汉全书》亦录，但碑后之题款则失载，未知何故。

第四篇 两汉大臣服丧考

两汉大臣为父母服丧多久？朝廷是否允许朝臣归家服丧？史籍对这些问题的记载多有矛盾，学者也莫衷一是。本篇认为，只有把服丧主体和服丧对象进行分类讨论才有意义。服丧主体可以分为皇帝及宗室成员、公卿二千石刺史等“大臣”、普通吏民等三类，服丧对象可以分为皇帝、亲属、“旧君”、长官、老师等五类。

本篇所要研究的，是两汉“大臣”为父母服丧的情况。之所以选取这一类型，是因为两汉律令之中针对“大臣”之服丧的条款比较多，其前后变化与相互矛盾之处也多，情况相对复杂，相关的研究虽然不少，但至今也没有定论，所以很有再考证一番的必要。本篇所谓“大臣”，指的是公卿、二千石、刺史等高级官僚。[①]

---

① 在汉朝诏令及群臣对有关三年丧之律令的讨论中，经常用“大臣”来全部或部分地指称律令所针对的群体。如“初听大臣、二千石、刺史行三年丧”（《后汉书》卷五《孝安帝纪》，中华书局，1965，第 226 页），此处“大臣”与“二千石”“刺史”并列；另外“复断大臣二千石以上服三年丧”（《后汉书》卷五《孝安帝纪》，第 234 页），此处“大臣二千石以上”指二千石及以上的所有高官；还有“大臣得行三年丧”（《后汉书》卷四六《陈忠传》，第 1560 页），直接用“大臣”指代“公卿、二千石、刺史”。此外，对于西汉高祖、文帝以及东汉初光武帝时针对对象不明确的律令，时人及后人也一概以“大臣”称之，如“高祖受命，萧何创制，大臣有宁告之科”（《后汉书》卷四六《陈忠传》，第 1561 页）、“文帝遗诏以日易月，于后大臣遂以为常”（《后汉书》卷五《孝安帝纪》李贤注，第 226 页）、“建武之初，新承大乱，凡诸国政，多趣简易，大臣既不得告宁”（《后汉书》卷四六《陈忠传》，第 1561 页）等。这些“大臣”，也应该都是指“公卿、二千石、刺史”。总之，在关于两汉的文献中，“大臣”有广狭二义。狭义的“大臣”一般单指公卿将相，如上文“大臣、二千石、刺史”中之“大臣”。广义的“大臣”则包括二千石及以上所有官员，前面所举的把“公卿、二千石、刺史”统称为“大臣”的例子，就是明证。要之，西汉的“大臣”一般指公卿将相等朝廷执政大臣，西汉末到东汉，“大臣”多兼指刺史、郡国守相等二千石级别之官员。

一　两汉大臣服丧诸说辨正

关于两汉大臣的丧服，古今学者的研究已比较充分，我们略做梳理，可分为以下几类：

（一）两汉丧服无定制说

此派观点最早可追溯到北魏李彪，他说“其朝臣丧制，未有定闻”。[①]清代学者赵翼也大致持此种观点。[②] 这种观点并非不正确，但过于笼统。

（二）“以日易月”说

持此观点的有唐代李贤[③]，宋代洪适[④]、王楙[⑤]、袁梦麟[⑥]等人。这种观点的主要内容是：①汉文帝《短丧诏》规定丧服“以日易月”，即以三十六日代替三年丧的三十六月；②“以日易月”不仅是针对皇帝的“国恤”而言，而且还规范了普天下吏民的“家丧”。

---

① 《魏书》卷六二《李彪传》：“汉初，军旅屡兴，未能遵古。至宣帝时，民当从军屯者，遭大父母、父母死，未满三月，皆弗徭役。其朝臣丧制，未有定闻。至后汉元初中，大臣有重忧，始得去官终服。暨魏武孙刘之世，日寻干戈，前世礼制复废而不行。”中华书局，1974，第1388页。

② 赵翼《廿二史札记》卷三“两汉丧服无定制”条云：“汉文帝临崩诏曰：‘令到，吏民三日释服’。……后世谓之‘以日易月’……且此专指国丧而言，非令天下臣民，凡父母之丧，皆以日易月也。乃自有此制，大臣不行三年丧遂为成例。……盖本无必当行丧之制，故欲行丧者，皆须自乞。亦无不许行丧之制，故乞身者，亦多得请也。惟其无定制，听人自为轻重，于是徇名义者宁过无不及。……可见两汉丧服，本无定制，故转此以立名。”赵翼著，王树民校证《廿二史札记校证》，中华书局，2013，第68—69页。

③ 《后汉书》卷五《孝安帝纪》：“（元初三年十一月）初听大臣二千石刺史以上服三年丧。”李贤注：“文帝遗诏以日易月，于后大臣遂以为常，至此复尊古制也。”第226页。则李贤认为自西汉文帝遗诏“以日易月”之后，大臣为父母服丧都遵守三十六日的国制。

④ 洪适《司隶校尉鲁峻碑跋》：“予尝考汉代风俗相承，虽丁私艰，亦多以日易月，鲜有执丧三年者。故元初诏书，始听大臣二千石行三年丧。至建光元年，复禁不许。”《隶释》卷九，中华书局，1985年影印本，第101页。

⑤ 王楙《野客丛书》卷一三“汉人居丧”条：“汉人居丧率多以日易月，罕有终三年之制者。其制自文帝始。文帝遗诏，令臣子勿久丧，已葬则除。自后因而弗改，习以成俗。”王文锦点校，上海古籍出版社，1991，第190页。

⑥ 徐天麟《东汉会要》卷七“服制”条引袁梦麟之说云：“汉兴，略因此意以立法，故大臣有告宁之科，所以崇孝道、厚风俗也。自文帝遗诏以日易月，于是遵以为常。”上海古籍出版社，1978，第110页。原书中没有说明引自袁梦麟何书，疑此论出自袁梦麟《汉制丛录》。

此说法的两个方面都有问题。首先，文帝《短丧诏》只说葬后服丧三十六日，所谓“以日易月”云云，只是后人的误会。颜师古、盛世佐、王先谦都有辨正。[①] 其次，文帝《短丧诏》只是针对皇帝的“国恤”，并不及于吏民。阎若璩《潜丘札记》中就有说明。[②] 说到“国恤”，文帝遗诏的影响一直存在，唐代更减为二十七日。但这并不影响后世三年丧的逐渐推行。

（三）《短丧诏》影响说

持此观点的有清代学者阎若璩[③]、赵翼[④]，现当代学者杨树达[⑤]、韩国河[⑥]等。这种观点认为：文帝的《短丧诏》虽然可能并非“以日易月”，但其对普通吏民还是有影响的。西汉以来之所以不服三年丧，就是因为文帝把“短丧”作为“国制”，不仅“国恤”要短丧，“家丧”也要短丧。

这种观点也有问题。虽然文帝《短丧诏》对两汉服丧确有一定影响，[⑦] 但《短丧诏》的内容很明确，只是针对“国恤”，并不及于私丧。虽然也有学者看到了这一点，比如阎若璩、赵翼，但他们还是以为，出于“上行下效”，两汉，尤其是西汉时期，人们之所以不服三年丧，就是因为文帝的短丧诏。

---

① 《汉书》卷四《文帝纪》，中华书局，1962，第134页；盛世佐：《仪礼集编》卷二四，四库全书本；王先谦：《后汉书集解》卷三六《陈忠传》，中华书局，1984年影印本，第547页。另外，当代学者范志军对此问题有过综合说明，参见范志军《汉代丧礼研究》，博士学位论文，郑州大学，2006，第110—112页。

② 阎若璩《丧服翼注》：“然文帝之意，则诏天下为己而服，非诏天下以尽为其亲而服。是文帝固未尝教天下以薄其亲也。”《潜丘札记》卷四，四库全书本，第859册，第492页。范志军对此也有辨正，参见范志军《汉代丧礼研究》，博士学位论文，郑州大学，2006，第108—109页。

③ 阎若璩《丧服翼注》：“然此诏之后，天下不复有丧三年者矣。呜呼！岂非上有所好者，下必有甚焉者与？又岂非天下之人只从其意而不从其令与？”《潜丘札记》卷四，第492页。

④ 赵翼著，王树民校证《廿二史札记校证》卷三“两汉丧服无定制”条，第68—69页。

⑤ 杨树达《汉代婚丧礼俗考》云：“文帝有短丧之令……然成哀之世，实已渐有行三年之丧者……及王莽当国，始盛倡三年丧制。”上海古籍出版社，2000，第156—158页。则以为西汉之所以罕有服三年丧者，乃汉文帝《短丧诏》影响之故。

⑥ 韩国河《秦汉魏晋丧葬制度研究》：“短丧制，为汉文帝所倡，是丧葬制度中的一大改革，后人大加推崇及赞扬，可惜仅仅行西汉一世，东汉又兴三年之丧。……但是，短丧之制并没有得到彻底地执行，许多人仍服三年之丧。”陕西人民出版社，1999，第57页。则以为“短丧制”不仅针对“国恤”，也是针对“家丧”。

⑦ 比如西汉的翟方进就以“不敢逾国家之制”为理由而只服三十六日丧。（这也是此种观点经常引用的证据。）《汉书》卷八四《翟方进传》，第3416—3417页。

此观点的一个预设是：汉初以来的社会上本来是有三年丧之习俗的。就是因为文帝遗诏的规定，再加上“上行下效”，导致两汉人多不服三年丧了。但这个前提是不能成立的。[①] 终西汉之世，罕有服三年丧者，应该是经学学术影响未及之故。即使没有文帝《短丧诏》，西汉人仍鲜有行三年丧者。

（四）被统治阶级服丧说

持此观点的有沈文倬等。[②] 这种观点认为：两汉的统治阶级，包括皇帝、宗室、公卿、二千石、刺史等，是很少服三年丧的。但西汉末到东汉时，作为被统治阶级的下层官吏和庶民却多有服三年丧者，而且“统治阶级”对“被统治阶级”的服丧行为是颇为鼓励的。

此观点仍有下列问题：①仍是以为西汉时期，在普通吏民中存在服三年丧的习俗；②把皇帝、宗室、公卿二千石等大臣统称为“统治阶级”，不妥；③认为统治阶级自己不服三年丧，却鼓励普通吏民服三年丧，也未必符合史实。

首先，公卿二千石等“大臣”应该区别对待。大臣并非不服三年丧，实际上，深受儒学影响的大臣是积极推行三年丧的，只不过朝廷出于维护官僚制度的考虑，一般不允许大臣服丧。其次，三年丧之所以能逐渐推行，就是因为公孙弘等儒者之身体力行和积极推广。最后，所谓二千石以上的大臣，也是普通吏民出身，在成为二千石以前可能已经服过三年丧了，不能因为二千石服三年丧者很少就认为其不服。

梳理了前人时贤的研究，我们发现，关于两汉的服丧情况，人们多关注汉文帝的《短丧诏》及其影响，很多人也意识到了西汉鲜有服三年丧者、东汉则三年丧盛行这一史实，但却少有人专门考察“大臣”的父母之

---

① 根据之前学者的研究，可知“三年丧”是逐渐推行的，一开始可能只是地方性习俗、儒家经典的理想制度。关于三年丧的起源与推行，参见丁鼎《“三年之丧”源流考论》，《史学集刊》2001 年第 1 期。

② 沈文倬：“一种情况：皇帝、诸侯王、列侯、公卿是不实行三年之丧的。……另一种情况：公卿以下的中下级官吏以至民间是实行三年之丧的。……在制度上，三年丧制是普遍存在的。不仅从中下级官吏以至民间实行这种制度上证明其存在，即如汉文帝废除为皇帝久丧，还是承认过去‘重服久临，以罹寒暑之数。’……汉文帝以后在少数人中间实行短丧，并不是废除三年之丧这个制度，它不会影响经传的流行。”沈文倬：《汉简〈服传〉考论》，《宗周礼乐文明考论》，浙江大学出版社，1999，第 153—155 页。

丧。另外，西汉虽少见服丧三年者，但时人到底服丧多久？是否有专门的丧假？东汉人虽喜服丧，但朝廷是否允许大臣告假归丧？这些都是有待研究的问题。

二　两汉大臣服丧相关诏令疏证

要回答上述问题，我们打算从两汉相关诏令入手。从西汉到东汉早期，史籍所载此类律令主要有以下三条：

> A. 高祖受命，萧何创制，大臣有宁告之科，合于致忧之义。
>
> B. 孝文皇帝定约礼之制。
>
> C. 光武皇帝绝告宁之典。①

东汉中晚期，最值得我们注意的就是安帝、桓帝时关于大臣服丧之诏令的反复无常：

> D.（元初三年，116）丙戌，初听大臣、二千石、刺史行三年丧。②
>
> E.（建光元年，121）庚子，复断大臣二千石以上服三年丧。③
>
> F.（永兴二年，154）二月辛丑，初听刺史、二千石行三年丧服。④
>
> G.（延熹二年，159）三月，复断刺史、二千石行三年丧。⑤

根据以上所引七则史料，我们大致得知：西汉高祖允许大臣告宁服丧，但具体时限不明；文帝遗诏短丧，此举对大臣服丧也产生了一定影响，但具体影响范围也不明。光武帝禁止大臣告宁服丧，但大臣遭忧是否有一定假

---

① 具见于《后汉书》卷四六《陈忠传》，第1560页。字母编号为笔者所加，下同。
② 《后汉书》卷五《孝安帝纪》，第226页。
③ 《后汉书》卷五《孝安帝纪》，第234页。
④ 《后汉书》卷七《孝桓帝纪》，第299页。
⑤ 《后汉书》卷七《孝桓帝纪》，第304页。

期？东汉安帝、桓帝时，诏令屡次变更，对大臣服丧又有何影响？这些都是悬而未决的问题。

另外，史书所载的这些条令是否真实？有没有其他材料作为佐证？如果这些记载是真实的，那么又在多大程度上得到执行？下面，我们根据传世史料中的相关记载，再辅以出土汉简，对以上七则材料进行考察。

第一则，“高祖受命，萧何创制，大臣有宁告之科，合于致忧之义。”《后汉书集解》此条下引惠栋之说曰：“汉律，不为亲行三年服，不得察举。”[①] 惠栋此解，乃出自《汉书·扬雄传》注引应劭曰“汉律以不为亲行三年服不得选举”。[②] 则惠栋以为高祖时的“宁告之科”，其内容就是“不为亲行三年服不得选举”。或说此条“汉律”并不知作于何时。[③] 我们认为这两种说法都不准确。《后汉书·刘恺传》有“元初中，邓太后诏长吏以下不为亲行服者不得典城选举”，则应劭所谓“汉律”，应该就是指邓太后在元初年间的诏书而言。惠栋把这条“汉律”归入高祖的“大臣有宁告之科”之下，以及有人以为这条律不知出于何时何帝，都是不准确的。

根据这个“宁告之科”，我们知道西汉初大臣遭丧是有假期的，但假期长短则不明。《魏书·李彪传》中说：“汉初，军旅屡兴，未能遵古。至宣帝时，民当从军屯者，遭大父母、父母死，未满三月，皆弗徭役。其朝臣丧制，未有定闻。”[④] 则北魏时人已不知西汉初年大臣的服丧情况了，只知道宣帝时民有大丧，可以三月之内免于徭役。汉简之中关于军民告宁归丧的记载不少，姑且选列两条：

> 父母及妻不幸死者已葬卅日，子、同产、大父母、父母之同产十五日之官。（三七七）[⑤]

---

① 王先谦：《后汉书集解》卷三六《陈忠传》，第 547 页。

② 《汉书》卷八七《扬雄传》颜师古引应劭注，第 3569 页。

③ 杨天宇认为“此条‘汉律’制定于西汉还是东汉，出于何帝，则不可考”。杨天宇：《略论汉代的三年丧》，《郑州大学学报》（哲学社会科学版）2002 年第 5 期。

④ 《魏书》卷六二《李彪传》，第 1388 页。

⑤ 陈伟、彭浩、工藤元男主编《二年律令与奏谳书》，上海古籍出版社，2007，第 238 页。按，此条律令出自《二年律令·置后律》，在《奏谳书》中，有一条“律”与此相关：“诸有县官事，而父母若妻死者，归宁卅日；大父母、同产十五日。”不如文中所引律令详细，但也可以互证。见陈伟、彭浩、工藤元男主编《二年律令与奏谳书》，第 374 页。

第卅八隧长蒲母死诣官宁三月。☐（59·39）[①]

则军民丧假从十五日到三个月不等，这可能是宣帝以前的制度。至于大臣丧假长短，则无法考知。

第二则，“孝文皇帝定约礼之制。”汉文帝遗诏规定，既葬之后，臣民为自己服丧三十六日。《汉书》翟方进为丞相，遭后母忧，行服三十六日，起视朝事，以为“不敢逾国家之制”。[②] 翟方进以行服三十六日为“国家之制”，似乎举国上下，不管是臣民为皇帝服丧，还是为双亲服丧，都只是三十六日。但《汉书》记载此事，似乎他为后母服丧三十六日的做法在当时并不普遍。而且所谓“国家之制”云者，其实乃指“国丧之制”，其对象只是针对天下人服先帝之丧，而不是吏民服父母之丧。翟方进此乃以“国丧之制”要求自己为后母服丧的非常之举。关于文帝《短丧诏》，前文辨之已详，此处不赘。

第三则，“光武皇帝绝告宁之典。”东汉陈忠说：“建武之初，新承大乱，凡诸国政，多趣简易，大臣既不得告宁，而群司营禄念私，鲜循三年之丧，以报顾复之恩者。”[③]《后汉书·刘恺传》又有“旧制公卿二千石刺史不得行三年丧，由是内外众职并废丧礼”。[④]《刘恺传》中之“旧制”是何时之旧制？陈忠所言“光武皇帝绝告宁之典”又是在何范围内实行？综合上述两条记载，可知光武皇帝所绝的“告宁之典”，仅限于公卿二千石刺史等“大臣”；且《刘恺传》所说之“旧制”，也应该就是光武皇帝时的“绝告宁之典”。有以上两则材料作为佐证，本条记载应该是可信的。

根据史料，我们相信此条法令也是得到执行的。据《后汉书·邓彪传》，章帝初年，“（邓彪）后仕州郡，辟公府，五迁桂阳太守。永平十七年，征入为太仆。数年，丧后母，辞疾乞身，诏以光禄大夫行服。服竟，拜奉车都尉，迁大司农”。按：邓彪丧后母之时为太仆，属九卿，于光武皇帝旧制，当不得行服，欲行服须得通过“辞疾乞身”这一非常手段才

---

① 谢桂华、李均明、朱国炤：《居延汉简释文合校》，文物出版社，1987，第106页。

② 《汉书》卷八四《翟方进传》，第3416—3417页。

③ 《后汉书》卷四六《陈忠传》，第1560页。

④ 《后汉书》卷三九《刘恺传》，第1307页。

行。可见光武之“旧制”确实推行过。[①]

第四则，“（元初三年）初听大臣、二千石、刺史行三年丧。”《后汉书》此条之下，李贤注曰：“文帝遗诏以日易月，于后大臣遂以为常，至此复尊古制也。”[②] 按：元初三年之诏令，并非对文帝“以日易月”之遗诏的拨乱反正，而是对光武皇帝“绝告宁之典”的改革。另，李贤所说“以日易月”，也是不对的，前文已辨，此处不赘。

这条法令的制定也有其过程。《后汉书·刘恺传》“元初中，邓太后诏长吏以下不为亲行服者不得典城选举，时有上言牧守宜同此制。……太后从之”。[③] 可见此法令之得以制定，主要是邓太后之力，而且从元初初年就开始酝酿。另外，同书《陈忠传》“元初三年有诏，大臣得行三年丧，服阕还职”，[④] 也可以与此则材料互证。

第五则，“（建光元年）复断大臣二千石以上服三年丧。”关于这个变化，《后汉书·陈忠传》中说：“至建光中，尚书令祝讽、尚书孟布等奏，以为：‘孝文皇帝定约礼之制，光武皇帝绝告宁之典，贻则万世，诚不可改。宜复建武故事。’忠上疏曰……宦竖不便之，竟寝忠奏而从讽、布议，遂著于令。”[⑤] 则陈忠等人是支持大臣服三年丧的，但因为祝讽、孟布等人的阻挠，元初三年的法令最终被废除。当然，废除元初三年之律令的根本原因，是邓氏家族的失势。

根据史料，我们认为本年的禁令是得到贯彻的。《后汉书·桓焉传》载：“永宁中，顺帝立为皇太子，以（桓）焉为太子少傅，月余，迁太傅，以母忧自乞，听以大夫行丧。逾年，诏使者赐牛酒，夺服，即拜光禄大夫，迁太常。”[⑥] 按：元初七年（120）夏四月丙寅，立皇子保为皇太子，是为顺帝，改元永宁，大赦天下。据《桓焉传》，此时以桓焉为太子少傅，当与立太子同时。月余，迁为太子太傅，当为五月。又遭母忧，不知日

---

① 《后汉书》卷四四《邓彪传》，第 1495 页。另外，东汉时期的夺服之例还有赵憙、耿恭、张酺等，参见《后汉书》卷二六《赵憙传》，第 915 页；卷一九《耿恭传》，第 723 页；卷四五《张酺传》，第 1532—1533 页。

② 《后汉书》卷五《孝安帝纪》，第 226 页。

③ 《后汉书》卷三九《刘恺传》，第 1307 页。

④ 《后汉书》卷四六《陈忠传》，第 1560 页。

⑤ 《后汉书》卷四六《陈忠传》，第 1560—1561 页。

⑥ 《后汉书》卷三七《桓焉传》，第 1257 页。

月，当亦在永宁元年。逾年而夺服，当在建光元年（121）。是年冬十一月庚子，复断大臣二千石以上服三年丧。则夺桓焉之服，当在建光元年十一月法令变更之时。法令甫变，即禁大臣行服，虽在服者亦夺之，可见此法令的贯彻程度。

第六则，“（永兴二年）初听刺史、二千石行三年丧服。”根据《后汉书集解》，此处的“初”字似误。根据前面元初三年已有“初听大臣、刺史、二千石行三年丧”，则此处应为“复听刺史、二千石行三年丧服”。①

我们相信，这条法令也得到了贯彻。《后汉书·霍谞传》载，“（霍谞）仕郡，举孝廉，稍迁金城太守。……遭母忧，自上归行丧。服阕，公车征，再迁北海相，入为尚书仆射”。② 按：霍谞为母行丧在梁冀遭诛之前。桓帝时听大臣行三年丧之时段为 154 年至 159 年，而梁冀之诛正在 159 年，则霍谞之母卒年应在 154 年之后。此亦足可证明桓帝时此法令是确实推行的。然霍谞仍需“上归行丧”，说明即使法令许可，大臣亦不能自行离官奔丧，须得到皇帝许可才行。

第七则，“（延熹二年）复断刺史、二千石行三年丧。”这则材料是可信的。延熹九年（166），荀爽被举为郎中，其对策中就说：“今之公卿及二千石，三年之丧，不得即去，殆非所以增崇孝道而克称火德者也。”③ 可见此禁令颁布数年之后，大臣有父母之丧就不得擅去而服丧。桓帝时期此次法令的兴废，可能与梁氏家族的起落有关。

但与三十余年前安帝时期的法令相比，此次禁令似乎不如之前严格，正史之中也偶见请辞归丧的大臣。比如胡广，灵帝初年，“（胡广）时年已八十，……及母卒，居丧尽哀，率礼无愆”。④ 按：胡广继母卒时其为司徒，代陈藩为太傅，时已断大臣行三年丧之礼，而胡广以三公之重而能为继母居丧，且“率礼无愆”，不合律令。或时法令已弛，或胡广只居丧而未行三年服，或带职行服，亦未可知。又，崔寔曾为梁冀故吏，梁冀诛后，免官，遭禁锢数年。后黄琼荐之，为辽东太守。时已废大臣行三年丧

---

① 王先谦：《后汉书集解》卷七《孝桓帝纪》，第 124 页。

② 《后汉书》卷四八《霍谞传》，第 1617 页。

③ 《后汉书》卷六二《荀爽传》，第 2051 页。

④ 《后汉书》卷四四《胡广传》，第 1510 页。

之令，而崔寔仍可上疏求归葬行丧，[①] 则桓帝之后虽有法令，大臣仍可得到皇帝允许，行三年之丧。然章帝之时，邓彪须“辞疾乞身”方能以光禄大夫行丧，崔寔则可直接以“归葬行丧”为理由请求离职，前后已有宽严之不同。又参以上述胡广以司徒之位而为继母服丧之事，则似乎桓帝之后东汉朝廷对大臣行三年丧之事已渐渐宽容、认可。

安帝、桓帝时允许大臣服三年丧的时期，加起来也不过十年，则在东汉的其他时间，应该都是不允许的。但大臣遭丧是否有丧假呢？旧说多以为没有丧假，[②] 我们认为这是不准确的。东汉顺帝时左雄上疏云：“臣愚以为守相长吏，惠和有显效者，可就增秩，勿使移徙，非父母丧不得去官。其不从法禁，不式王命，锢之终身，虽会赦令，不得齿列。若被劾奏，亡不就法者，徙家边郡，以惩其后。”[③] 其说“守相长吏”“非父母丧不得去官”，且此次上疏在永建之初（126 年之后），在建光元年（121）“复断大臣二千石以上服三年丧”之后。据此，即使在不允许大臣服三年丧的时期，“守相长吏”有父母丧时还是可以去官归葬并服丧的，不过这只是短暂的假期，并非可以离职归家服丧三年。

关于大臣的丧假，还有一则辅证：《晋书·礼制》载，“太康七年（286），大鸿胪郑默母丧，既葬，当依旧摄职”。[④] 此处所云“依旧”，当是依汉法之旧，汉代关于大臣三年丧之律令，至此方改。据此，我们得知东汉光武帝之后，大臣有三年之忧，假期至“既葬”为止。然汉人自卒至葬，时间长短不一，有的长达一年以上，不知是均为既葬以后才复职，或者是根据先秦儒典，以“三月而葬”为准，因为文献不足，此处存疑。

结　论

总而言之，关于两汉大臣的服丧实践，前人已经做过很多研究，考证

---

① 《后汉书》卷五二《崔寔传》，第 1730—1731 页。

② 廖伯源云：“故可谓东汉之大臣无丧假为常制。至于无行政责任之官员如郎官，则似有丧假。除上文所述两次予大臣三年丧假外，东汉大小官员之丧假似无长达三年者，故官员欲为父母行三年之丧者，除上书辞职外，唯有弃官归家一途。”《汉官休假杂考》，《秦汉史论丛》，中华书局，2008，第 279—280 页。

③ 《后汉书》卷六一《左雄传》，第 2018 页。

④ 《晋书》卷二〇《礼制中》，中华书局，1974，第 634 页。

方面的工作已比较充分。虽然各家的观点可能还不无问题，但总结起来，下面这些结论应该可信：

其一，西汉高祖时，大臣有父母之忧，可以告宁服丧，但却不是服满三年，因为西汉时服丧三年的风气并未兴起，终西汉之世，真正实践儒家三年丧者寥寥数人而已。[①] 时人服丧虽不长至三年，但也不短至三十六日，应该介于两者之间。军民丧假从十五日到三个月不等。大臣丧假的长短则未闻。

其二，东汉之初，“光武皇帝绝告宁之典”，自是，高祖时的律令被废除，公卿二千石等大臣没有了服三年丧的法律依据，但短期的假期应该还是有的，此假期似到既葬为止。旧说东汉大臣无丧假，不确。

其三，东汉安帝、桓帝时曾短暂允许“大臣”服三年丧，但时间很短，总共十年而已，其余时段应该仍延续光武帝之命。此规定之执行在一定程度上比较严格。但东汉中晚期以后，法禁稍弛，服丧之风也渐盛，公卿大臣、郡国守相偶有上疏请求离职服丧者，也或被允许。

---

① 西汉时服三年丧者，据史籍所载，有武帝时公孙弘、成帝时薛修、哀帝时河间惠王良以及原涉等。参见《汉书》卷五八《公孙弘传》，第 2619 页；卷五三《河间献王刘德传附刘良传》，第 2412 页；卷八三《薛宣传》，第 3394 页；卷九二《游侠原涉传》，第 3714 页。

第五篇　重建汉家秩序的两种进路

——汉末旧君名讳论辩钩沉

东汉末年，著名学者应劭、张昭等人围绕是否须为本郡历任太守（“旧君”）避讳展开一场论辩，并结集为《汝南君讳议》（或名《旧君讳议》）一书。该论辩始于汝南郡，其后波及范围渐广，王朗、陈琳、孔融、郑玄等人都曾或多或少参与其中。可以说，汉末第一流的学者、才士以及后来在三国时代举足轻重的政治人物共同讨论相关话题，其意义不可谓不重大。但因诸人之议残佚埋晦，未经钩沉，学者在论述中国古代避讳史时虽亦略及之，[1] 但未能充分考察这场论辩的历史背景、挖掘其学术意义，遂使这段汉末思想学术史上的大事因缘湮晦不彰。

幸运的是，《北堂书钞》录有郑玄佚篇《论旧君名讳》和《孔融集》的两条相关佚文。郑玄该佚篇此前未被学者注意，并为各种志在全面论列郑玄著述的研究所忽略。[2] 经研究得知，郑玄、孔融之文与应劭、张昭所辩为相关议题，是汉末旧君讳论辩的不同侧面。在这些材料的启发下，本篇将郑、孔佚文与应、张论辩合参，辑证并疏释文义，考辨诸人行迹与彼

---

① 周广业：《经史避名汇考》卷三《序例》，徐传武、胡真校点，上海古籍出版社，2015，第 101 页；陈垣：《史讳举例》，中华书局，2012，第 192 页；王建：《中国古代避讳小史》，中国长安出版社，2015，第 61—62 页；卞仁海：《中国避讳学史》，中国社会科学出版社，2017，第 61—62 页。

② 严可均辑《全上古三代秦汉三国六朝文·全后汉文》卷八三《孔融》、卷八四《郑玄》皆阙收两者，中华书局，1958 年影印本，第 919—924、925—928 页。除此之外，其他志在全面搜讨郑玄著述的论著有：王利器《郑康成年谱·著述》，齐鲁书社，1983，第 227—268 页；《齐文化丛书》编辑委员会编《郑玄集》之《郑玄文集》，以及其所附安国撰《郑玄年谱》附录《郑玄著述表》，齐鲁书社，1997，第 750—753 页；杨天宇《郑玄著述考》，《洛阳师范学院学报》2002 年第 1 期；耿天勤主编《郑玄志》第二编附《郑玄著述表》，山东人民出版社，2009，第 115—120 页；董治安主编《两汉全书》第二十五至二十七册，山东大学出版社，2009。以上论著皆阙收郑玄《论旧君名讳》一文。

此间的人际关系，尽量还原这场论辩的历史场景，再结合汉代以来的避讳传统与汉末社会变动的历史背景，尝试抉发这场论辩的历史与学术意义。

一　汉末旧君名讳论辩文本辑证

《隋书·经籍志》史部仪注类有《汝南君讳议》二卷，不题撰人名氏。[①] 学者早已指出此书其实就是应劭、张昭等人关于旧君名讳的论辩。“旧君”即前任地方长官，此议题为是否要为“旧君”避讳。《三国志》张昭本传载：“弱冠察孝廉，不就，与（王）朗共论旧君讳事，州里才士陈琳等皆称善之。”裴松之注：“时汝南主簿应劭议宜为旧君讳，论者皆互有异同，事在《风俗通》。”[②] 唐初修《春秋左传正义》又引“汝南应劭作《旧君讳议》”云云，[③] 可知《汝南君讳议》即应劭《旧君讳议》，盖一书而二名。为行文方便，下文统称为《汝南君讳议》。

该书内容又被采入应劭《风俗通义》。裴松之称这场论辩“事在《风俗通》”，今本《风俗通义》残缺，唐代马总《意林》引《风俗通义》有“彭城孝廉张子矫议云”一条，即其佚文。[④] 可见这场论辩中的各方议论既被应劭汇入《风俗通义》，又有别行之《汝南君讳议》。唐初《汝南君讳议》犹存，此后不再见于各种目录，保存在《风俗通义》中的同样内容也逐渐残佚，这场论辩也随之变得扑朔迷离。

在这场论辩目前仅存的佚文中，只有张昭的驳议相对完整，是我们进行分析的基础，故不避繁复，录其原文如下：

---

① 《隋书》卷三三《经籍志二》，中华书局，1973，第970页。

② 《三国志》卷五二《吴书·张昭传》，中华书局，1982，第1219页。

③ 《春秋左传正义》卷二六，阮元校刻《十三经注疏》清嘉庆刊本，中华书局，2009年影印本，第4138页。按阮刻本作“旧名讳议”，《校勘记》曰宋本“名”作“君”，是也。今径改。

④ 王天海、王韧校释《意林校释》，中华书局，2014，第419页。相关考辨又见钱大昕《廿二史考异》卷三四《隋书二》，陈文和等校点，凤凰出版社，2016，第657页；周广业《经史避名汇考》，第101页；姚振宗《隋书经籍志考证》，刘克东、董建国、尹承整理，王承略、刘心明主编《二十五史艺文经籍志考补萃编》第十五卷，清华大学出版社，2014，第752页。《三国志》及《意林》之文皆被收入王利器校注《风俗通义校注·佚文·讳篇》，中华书局，1981，第560页。张昭字子布，姚振宗认为《意林》所引“张子矫”当为“张子布”之讹，周广业认为“矫”谓张昭议与应劭异趣。今按《风俗通义》为应劭编集，称张昭为“张子”，称其驳议为“矫议”，周说优。

客有见大国之议，士君子之论，云起元建武已来，旧君名讳五十六人，以为后生不得协也。取乎经论，譬诸行事，义高辞丽，甚可嘉美。愚意褊浅，窃有疑焉。盖乾坤剖分，万物定形，肇有父子君臣之经。故圣人顺天之性，制礼尚敬，在三之义，君实食之，在丧之哀，君亲临之，厚莫重焉，恩莫大焉，诚臣子所尊仰，万夫所天恃，焉得而同之哉？A. 然亲亲有衰，尊尊有杀，故礼服上不尽高祖，下不尽玄孙。B. 又《传记》四世而缌麻，服之穷也；五世袒免，降杀同姓也；六世而亲属竭矣。C. 又《曲礼》有不逮事之义则不讳，不讳者，盖名之，谓属绝之义，不拘于协，况乃古君五十六哉！D. 邾子会盟，季友来归，不称其名，咸书字者，是时鲁人嘉之也。何解臣子为君父讳乎？E. 周穆王讳满，至定王时有王孙满者，其为大夫，是臣协君也。F. 又厉王讳胡，及庄王之子名胡，其比众多。夫类事建议，经有明据，传有征案，然后进攻退守，万无奔北，垂示百世，永无咎失。今应劭虽上尊旧君之名，而下无所断齐，犹归之疑云。《曲礼》之篇，疑事无质，观省上下，阙义自证。文辞可为，倡而不法，将来何观？言声一放，犹拾沈也，过辞在前，悔其何追！①

首先，我们从张昭驳议中剥离出应劭的议论。张昭所谓“大国之议，士君子之论”，即裴松之注“时汝南主簿应劭议宜为旧君讳，论者皆互有异同”，是应劭在担任汝南郡主簿期间与本郡士人之间的论辩。（但当张昭驳议时，应劭已不在汝南主簿任上，详见下文考证。）应劭认为，自东汉建武元年以来，共有五十六任太守，本郡后生在起名时，皆不得与这五十六位“旧君”同名。②

① 《三国志》卷五二《吴书·张昭传》裴注，第1219—1220页。为方便下文讨论，笔者对张昭论据用字母做了编号。

② 所谓“后生不得协”，协，同也。严耕望考得东汉汝南太守共32位；潘保宇增补郭公、荆寓、鲍众、孙训4位，减杜畿、田豫、刘虔3位，共33位；刘伟倩相比于潘保宇增张彪1位，阙鲍众、孙训2位，共32位。今综合三家之说，可知东汉汝南太守姓名流传至今者共34位，仍不及应劭所列旧君56人之数。参见严耕望《两汉太守刺史表》，北京联合出版公司，2020，第127—130页；潘保宇《两汉豫州官吏统计与分析》，硕士学位论文，郑州大学，2007，第36—41页；刘伟倩《东汉时期的汝南郡》，硕士学位论文，华中师范大学，2019，第20—30页。

汉代长吏、僚佐之间可称君臣，东汉士人尤其重视旧君、故吏伦理，积极为旧君服丧，并对冒丧求荣之举十分鄙视。[①] 应劭在《风俗通义》中亦对为旧君服丧违礼之事多所论辩，其中一例为汝南周乘被太守李张推举为孝廉，李张突然去世，周乘不为之服丧，反而迫不及待地应举做官。应劭引《孝经》“资于事父以事君”与《国语》“民生于三，事之如一，父生之，师教之，君食之，非父不生，非食不长，非教不知”[②] 之义，批评周乘“去丧即宠”，最终也无所成就。[③] 在旧君讳议中，应劭更进一步，认为不仅要为旧君服丧，还要为本郡历任五十六位旧君避讳，生子不得与之同名，以敦厚君臣之伦。张昭并不反对旧君伦理，他也檃栝《国语》“在三之义，君实食之”与《仪礼·丧服》“在丧之哀，君亲临之”。可见尊重旧君伦理，是论辩各方的共同前提。

张昭反对应劭无节制地为所有前任长吏避讳，认为此论不仅义理不通，在实际操作上也有困难，并举出六条经史理据。就经义而论。A. 据《仪礼·丧服》，只需为五服之内的亲属服丧，高祖以上、玄孙以下无服（郑玄：“服之数尽于五。”[④] ）。B.《礼记·大传》也说：“四世而缌，服之穷也；五世袒免，杀同姓也。六世，亲属竭矣。”这两条都说明礼有等差限断，为旧君避讳也应如此。C.《礼记·曲礼上》又说：“逮事父母，则讳王父母；不逮事父母，则不讳王父母。”如果幼年无知无识之时即丧父母，就不须为祖父母避讳。根据南朝经学家庾蔚之的解释，祖、孙辈之间的恩义是通过中间的父母为桥梁而建立起来的，所以不识父母，就不讳祖父母。[⑤] 张昭由此推论，旧君如果与本郡吏民“属绝”，就不嫌同名，更不必说避五十六任太守之讳了。丧服学之“属绝”一般指血缘上的，张昭则将其引入君臣伦理的范畴。张昭大概认为，本郡太守与吏民之间的君臣

① 关于汉代旧君、故吏之间的君臣关系，以及为旧君服丧行为及相关论辩，参见伊沛霞（Patricia Ebrey）《东汉的二重君主关系》，范兆飞编译《西方学者中国中古贵族制论集》，生活·读书·新知三联书店，2018，第1—17页；甘怀真《中国中古时期的君臣关系》《汉唐间的丧服礼与政治秩序》，《皇权、礼仪与经典诠释：中国古代政治史研究》，华东师范大学出版社，2008，第188—224、280—314页。

② 徐元诰：《国语集解·晋语一》，王树民、沈长云点校，中华书局，2002，第248页。

③ 王利器校注《风俗通义校注·十反》，第234页。

④ 《仪礼注疏》卷三一《丧服》，阮元校刻《十三经注疏》清嘉庆刊本，第2404页。

⑤ 《礼记正义》卷三《曲礼上》，阮元校刻《十三经注疏》清嘉庆刊本，第2708页。

关系发生于其任期内，在此期间的本郡新生儿不得与太守同名；离任之后，君臣“属绝”，新生儿更不曾与前任太守缔结君臣关系，所以不嫌同名。张昭又进而举出三条史证。D.《春秋》隐公元年鲁、邾会盟，经文不称邾子克之名，而称“邾仪父”；闵公元年公子季友自齐归鲁，经文不称其名，而称“季子”。据《公羊传》，可知《春秋》对邾子克、季友两人寓褒奖之意，所以不称名，并非臣子为君父避讳。（或许应劭立论时以此作为为旧君讳的论据，所以张昭辩驳之。）E、F两条，周穆王姬满与后世王孙满同名，周厉王姬胡与周釐王姬胡齐同名，这都是与先祖同名的显例。既然可与先祖同名，自然也不嫌与前任长官同名。张昭这两条证据最为有力，为其他文献所重点引录：

昔者周穆王名满，晋厉公名州满；又有王孙满，是同名不讳。（《春秋左传正义》引应劭《旧君讳议》）

彭城孝廉张子矫议云：“若君臣不得相袭作名，周穆王讳满，至定王时有王孙满；厉王讳胡，庄王之子名胡。”（《意林》引《风俗通义》）

不难看出，应劭、张昭所斤斤置辩者，在于君臣是否可以同名（“相袭作名”）。两人区别在于，应劭认为地方长官即使离任乃至去世，其与当地吏民之间的君臣关系仍在持续；张昭认为长官离任，君臣“属绝”，就可以“同名不讳”。

除了应、张之辩，孔融、郑玄也讨论过旧君名讳议题。《北堂书钞》收录了两人论辩的佚文：

《孔融集》云：晋有献、武之议，尊卑之序，以讳为首也。

《孔融集》云：在家永有攸讳，齐称五皓，鲁有（卿）〔乡〕对也。①

郑玄《论旧君名讳》云：《传》曰“先君献、武废二山”，二山，具、敖也；而《传》又书“四时具，然后为年”，此〔临〕文不讳之

① 虞世南编纂《北堂书钞》卷九四《礼仪部·讳》，第二册，学苑出版社，1998年影印本，第97页上栏。

验也。诸公之名不避（其）〔甚〕多。[①]

《北堂书钞》文本舛讹颇甚，《论旧君名讳》乃郑玄佚篇，却为明代陈禹谟校勘本所脱，虽经严可均、王引之据影宋本校订而得以复原，但文字仍有脱讹，至今仍未被研郑学者所注意。

分析两人论辩，可知孔融主张为旧君讳。孔融的主要证据为《左传》桓公六年："晋以僖侯废司徒，宋以武公废司空，先君献、武废二山。"据杜预注可知，晋僖侯名"司徒"，所以改司徒为中军；宋武公名"司空"，所以改司空为司城；鲁献公名"具"，武公名"敖"，所以废具山、敖山之名，而改以两山所在之乡名称之。[②] 又《国语》范献子聘于鲁国，问具山、敖山，鲁国人以二山所在之乡名回答（"鲁人以其乡对"），范献子因自己犯鲁国之讳而深感惭愧。[③] 另外，齐桓公名小白，所以博戏中的五白讳称"五皓"，亦是同类之例。[④] 孔融所谓"齐称五皓，鲁有乡对"，即指此二例而言，"卿"为"乡"之讹。以此二例推之，即使是世代久远的旧君，也应为之避讳。

郑玄则显然与孔融异议。《左传》虽说"先君献、武废二山"，但《春秋》隐公六年"秋，七月"，无事而书，《公羊传》解释说："《春秋》编年，四时具，然后为年。"显然犯了鲁献公"具"的名讳，可见"临文不讳"。郑玄与孔融引证相同，却对孔融之论有所纠驳。郑玄又说"诸公之名不避（其）〔甚〕多"，可见他对《春秋》经传犯鲁国历代先公名讳之例有所搜讨，其成果今已不得而见。有趣的是，《隋书·经籍志》有郑玄所撰《春秋十二公名》一卷，[⑤] 唐初已佚。按十二公之名明白载于《史记·鲁周公世家》，郑玄何必专门为之撰一卷之书？推测其中必有对十二公名讳的相关考辨，或许就有《春秋》经传犯先公名讳的内容。《册府元龟》汇集历代名讳，有言："鲁庄公名同，《春秋》曰'同盟于幽'；襄公

① 虞世南编纂《北堂书钞》卷九四《礼仪部·讳》，第二册，第 97 页下栏。

② 《春秋左传正义》卷六，第 3803 页。

③ 徐元诰：《国语集解·晋语九》，第 445 页。

④ 王利器集解《颜氏家训集解》卷二《风操》："凡避讳者，皆须得其同训以代换之：桓公名白，博有五皓之称；厉王名长，琴有修短之目。"中华书局，1993，第 65 页。

⑤ 《隋书》卷三二《经籍志一》，第 929 页。

名午，书曰‘陈侯午卒’之类是也。”[1] 此或即北宋初年所见汉唐经义之孑遗。[2]

郑玄不仅因“临文不讳”而主张不避旧君讳，也确实反对无限断地为旧君讳。《礼记·檀弓》曰“舍故而讳新”，郑注：“故，为高祖之父当迁者也。《易说》帝乙曰：‘《易》之帝乙为成汤，《书》之帝乙六世王。’天之锡命，疏可同名。”[3] 所谓《易说》，即《易纬·乾凿度》之别称，其中说商汤即帝乙，而其六世孙为祖乙，同名为“乙”，可见五世之上的先祖亲尽，其庙当迁毁，其名也不再避讳，所以不嫌同名。所谓“天之锡命，疏可同名”，即郑注《易纬》之言。[4] 可见郑玄主张为旧君避讳当以五服为限断，与孔融所言“永有攸讳”（始终有所避讳）矛盾，也与应劭要为五十六任旧君避讳立异。其《论旧君名讳》显然是针对孔融所做的驳议。

值得注意的是，郑、孔之论与应、张之辨是否为同一场论辩？抑或仅是围绕《春秋》经义的纯经学讨论？书缺有间，无法确切论断。但郑玄《论旧君名讳》与应劭《旧君讳议》在篇题上显示出十分紧密的联系。且郑玄注《檀弓》，强调“天之锡命，疏可同名”，关注的是君民同名问题，与应劭所谓“后生不得协”一样，焦点都在是否可以同名上。诸经所论避讳，主要为避免在语言使用上触犯君讳，其对象为物，而非人名。将避讳焦点转移到同名问题，是汉代才有的传统（详下）。不管怎么说，郑玄聚焦于同名问题讨论旧君讳，至少是基于汉制而对汉末旧君名讳论辩这一当时热点问题的回应。从这一点来说，将郑、孔之论与应、张之辨联系起来讨论，是合理且必要的。

如上所述，在辑证汉末旧君名讳论辩相关佚文之后，可知应劭主张为历任旧君避讳，后生不得与之同名。张昭驳之，认为应有所限断，君臣“属绝”即可不避，王朗、陈琳赞同张昭。孔融论点与应劭相合，主张“永有攸讳”，强调尊卑之序。郑玄又反驳孔融，认为临文不讳，五世之

---

① 《册府元龟》卷三《帝王部·名讳》，周勋初等校订，凤凰出版社，2006，第 34 页。

② 宋人多揭举《春秋》经传不避先公名讳之义，见胡安国《春秋传》卷首《论名讳札子》，王丽梅校点，岳麓书社，2011，第 9 页；《杨时集》卷二〇《答胡康侯其五》，林海权整理，中华书局，2018，第 542—543 页；周密《齐东野语》卷四《避讳》，张茂鹏点校，中华书局，1983，第 58 页。

③ 《礼记正义》卷一〇《檀弓下》，第 2842 页。

④ 疏文“易纬”误作“汤纬”，阮刻本失校，今径改。

外、已祧迁之祖则可与之同名。关于旧君名讳问题，应劭、孔融隐然与其他人对立，形成两个阵营。

二 从汝南到徐州：论辩发生的历史场景

参与汉末旧君名讳论辩的应劭、张昭、王朗、陈琳、孔融、郑玄等人生于同世，但并非同乡，也未曾仕于同朝。这场论辩在何种历史机缘之下被触发，以何种信息渠道传播，又何以吸引这些人共同参与？为解决这些问题，我们将考察诸人的行迹与关系网络，尝试复原这场论辩的历史场景。

这场论辩发轫于汝南郡，应劭时任该郡主簿，故裴注曰“时汝南主簿应劭议”。考《后汉书》应劭本传，灵帝时举孝廉，辟车骑将军何苗掾；中平三年（186）举高第，再迁；六年（189）拜太山太守；初平二年（191）率郡人抗击黄巾；兴平元年（194）因迎接曹操之父曹嵩不利，致使曹父为徐州刺史陶谦所杀，北奔袁绍，终于冀州。[1] 其任汝南郡主簿之事，不见于本传，应在其早年。

应劭在汝南主簿任上立议为旧君讳，应是该郡郡议。两汉郡、县都有议曹，为门下之职，负责谋议。东汉郡主簿地位甚高，为亲近之吏，相当于中央朝廷的尚书令。[2] 由此看来，郡主簿应该负责主持郡廷的议论，就像尚书令主持朝议一样。两汉行政注重议论，集思广益，此举不仅见于中央，也见于郡、县。张昭，彭城（今江苏徐州）人，其驳议开头曰“客有见大国之议，士君子之论”，自称为“客”，尊称汝南郡为“大国”。裴注所谓“论者互有异同”，张昭所谓“大国之议”，都是指汝南郡议。故此这场论辩结集名为《汝南君讳议》。

随后，这一议题从汝南传播至其他地域，其信息传播渠道仍需考辨。汉末士大夫交游结党之风盛行，也经常借由为名士奔丧送葬的机会举行大规模集会，士人之间盛行清谈，所谈内容除了人物评价，也有学术思想。[3]

---

① 《后汉书》卷四八《应劭传》，中华书局，1965，第1609—1615页。

② 严耕望：《中国地方行政制度史——秦汉地方行政制度》，上海古籍出版社，2007，第124—126、129、229页。

③ 参见余英时《汉晋之际士之新自觉与新思潮》，《士与中国文化》，上海人民出版社，2003，第254—258、282页。

士人群体更是通过举主长官与门生故吏建立超越地方郡县的全国关系网络，[①] 彼此声气相通。一些热门议题很容易在士大夫的交游、集会中散布出去，引起更大范围的讨论。

这一议题很可能就是应劭从汝南带出去的。应劭中平六年（189）至兴平元年（194）任太山太守。徐、兖之域人文荟萃，水路纵横，士人之间的联系十分热络，比肩汝、颍。《意林》引《风俗通义》曰“彭城孝廉张子矫议”，可知张昭时为彭城孝廉。考《三国志》张昭本传，张昭驳议得到了王朗（东海人）、陈琳（广陵人）的赞同，三人皆徐州籍，应有较多接触机会。张昭与本州王朗等人友善，“弱冠察孝廉，不就，与朗共论旧君讳事，州里才士陈琳等皆称善之”。汉末大乱，张昭渡江而南。孙策创业，张昭事之。[②] 孙策经营江东，始于兴平二年（195）；[③] 在此之前，张昭主要生活于徐州彭城。又王朗被徐州刺史陶谦察举为茂才，任为治中，王朗从家乡东海来到州治彭城。初平元年（190）三月，董卓挟献帝迁都长安，陶谦在王朗与别驾赵昱的劝说下遣使奉承王命，献帝任命王朗为会稽太守。[④] 长安、彭城间隔千余里，彭城、会稽之间亦有千里，其间使命往还，迁延年月。建安元年（196），孙策克会稽，王朗败走。[⑤] 据裴松之引《王朗家传》，可知王朗已“居郡四年”，[⑥] 则王朗于初平四年（193）到任会稽，在此之前的数年则在彭城。至于陈琳行迹，史传所载甚简，只知其曾为何进主簿，何进遇难（189）之后，陈琳避难冀州，投奔袁绍；官渡战后（200），又归曹操。[⑦] 陈琳投冀州之前，途经徐州乡里，在彭城与张昭、王朗等人盘桓，可能性很大。由此推之，在应劭任太山太守期间（189—194），至少在王朗赴任会稽之前（193）的数年间，张昭、王朗、陈琳等人很有可能会聚徐州彭城。

再结合孔融、郑玄二人行迹，这场论辩的历史场景更加明晰。郑玄晚年于家乡北海高密讲学，初平元年（190）孔融任北海相，对郑玄礼敬有

---

① 伊沛霞：《东汉的二重君主关系》，范兆飞编译《西方学者中国中古贵族制论集》，第16页。
② 《三国志》卷五二《吴书·张昭传》，第1219页。
③ 《三国志》卷四六《吴书·孙策传》，第1102页。
④ 《三国志》卷一三《魏书·王朗传》，第406—407页。
⑤ 《资治通鉴》卷六二《汉纪五十四》，中华书局，1956，第1985—1987页。
⑥ 《三国志》卷一三《魏书·王朗传》，第407页。
⑦ 《三国志》卷二一《魏书·王粲附陈琳传》，第600页。

加，“屣履造门”，亲自拜访，举荐辟用，并教命高密县为郑玄特立一乡，曰“郑公乡”。[①] 次年（191），青州黄巾起义，[②] 郑玄至徐州避乱，建安元年（196）自徐州还高密。[③] 此时孔融亦来徐州避乱，郑玄或即追随而至。[④] 这样说来，190—191 年，孔融、郑玄在北海过从甚密，容有商量讨论之机会。至少在 191—193 年，郑玄、孔融、张昭、王朗（或许还包括陈琳）同在徐州彭城陶谦幕下，诸贤相会，得以从容讲习。可惜书缺有间，使今人对汉末思想学术史上的这一段特殊机缘难以详究，洵为憾事。

当郑玄等人在彭城之时，应劭在太山，虽不在一处，但彼此之间仍有交流。孔融对应氏家族颇为推崇，孔融、应劭在北海、太山期间，行事亦相闻。孔融作《汝颍优劣论》曰：“汝南应世叔，读书五行俱下；颍川士虽多聪明，未有能离娄并照者也。”[⑤] 应世叔即为应劭之父应奉。相传孔融在郡，欲杀一人，引应劭为先例：“往者应仲远为泰山太守，举一孝廉，旬月之间而杀之。夫君人者，厚薄何常之有！”[⑥] 可见孔融对应劭的家学、行事都持肯定态度，其在旧君名讳问题上与应劭同调，也就不足为奇了。除此之外，初平三年（192）徐州刺史陶谦与北海相孔融、太山太守应劭、博士郑玄等人联名奏记于河南尹朱儁，请求讨伐李傕、郭汜。[⑦] 此时孔融、郑玄正在陶谦帐下避难，应劭虽不在彭城，但地域相邻，与陶谦幕府必然存在某种信息沟通渠道。

值得一提的是，孔融虽尊崇郑玄，但对其学术与政治理念并无深刻认

---

① 《后汉书》卷三五《郑玄传》，第 1208 页；又见卷七〇《孔融传》，第 2263 页。按史传不载孔融到任北海的具体年份，据本传“在郡六年，刘备表领青州刺史”，其后即“建安元年（196），为袁谭所攻”，似乎孔融初平元年到六年（190—195）在北海任上。《后汉书》卷七〇《孔融传》，第 2264 页。王利器《郑康成年谱》（第 124—136 页）亦将孔融到任、尊礼郑玄之事系于初平元年，今从之。

② 《资治通鉴》卷六〇《汉纪五十二》，第 1925 页。

③ 《后汉书》卷三五《郑玄传》，第 1209 页。

④ 司马彪《九州春秋》载：“黄巾将至，融大饮醇酒，躬自上马，御之涞水之上。……连年倾覆，事无所济，遂不能保障四境，弃郡而去。后徙徐州，以北海相自还领青州刺史，治郡北陲。”可见孔融不敌黄巾，暂时避于徐州，后又返回青州。郑玄自青州来徐州，自徐州返青州，或即始终追随孔融，得其保护也。见《三国志》卷一二《魏书·崔琰传》裴注所引，第 371 页。

⑤ 俞绍初辑校《建安七子集》卷一《孔融集》，中华书局，2005，第 29 页。

⑥ 《三国志》卷一一《邴原传》裴注引《邴原别传》，第 352 页。

⑦ 《后汉书》卷七一《朱儁传》，第 2312 页。

同。如司马彪评孔融："至于稽古之士，谬为恭敬，礼之虽备，不与论国事也。高密郑玄，称之郑公，执子孙礼。及高谈教令，盈溢官曹，辞气温雅，可玩而诵。论事考实，难可悉行。"[①] 可见西晋史家对孔、郑关系表里不一已有正确认识，两人观点容或有所不同，十分正常。再观孔、郑二人关于旧君名讳的异论，郑以《春秋》经传犯讳之例驳孔，毋宁说理所当然。

数年之后的建安二年（197），曹操遣孔融持节拜授袁绍为大将军，[②] 此时袁绍邀郑玄来冀州，[③] 应劭、陈琳时已在袁绍幕内。当此之时，郑、应、孔、陈四人或能相聚于袁绍府中。郑、应两人初次见面，应劭试探拜郑玄为师："故太山太守应仲远，北面称弟子何如？"郑玄拒绝："仲尼之门考以四科，回、赐之徒不称官阀。"[④] 当时两人都已步入暮年，学名亦皆震于天下，应劭所谓称弟子云者，不过是想缔结师弟之虚名，并无拜师之实，故郑玄拒之。四人是否会再议起旧君名讳之旧题，则未可知。此年王朗丢失会稽，被困曲阿，得与张昭再次相见。[⑤] 应劭等四人与张昭二人南北悬绝，故旧君名讳论辩不太可能集中发生于该年。

总而言之，汉末旧君名讳论辩始于汝南郡议，被应劭带到徐、兖之域。在汉末社会动荡、士人奔散的特殊机缘下，发生于191—193年徐州彭城的可能性最大。此时青、兖诸州黄巾起义，徐州相对安稳，孔融、郑玄前来避难，应劭又近在太山，诸贤相会，声气相通，围绕这一议题的辩论得以延续。这是旧君名讳论辩的历史场景，也是汉末思想学术史一个久为人所遗忘的切片。

三 旧君名讳与汉晋社会变动

应劭发起旧君名讳论辩，是在汉代避讳传统的基础上，对汉末社会结构变动做出的回应。汉末社会动荡，秩序崩解。在上层社会，外戚、宦官

---

① 《三国志》卷一二《魏书·崔琰传》裴注引司马彪《九州春秋》，第371页。
② 《后汉书》卷七四《袁绍传》，第2389页。
③ 《后汉书》卷三五《郑玄传》，第1211页；王利器：《郑康成年谱》，第183页。
④ 《后汉书》卷三五《郑玄传》，第1211页。
⑤ 《三国志》卷一三《魏书·王朗传》裴注引《汉晋春秋》曰："孙策之始得朗也，谴让之。使张昭私问朗，朗誓不屈，策忿而不敢害也，留置曲阿。"第408页。

极大挤压了士大夫群体的政治空间；在民间社会，四处爆发的黄巾起义亦对地方豪族主导的乡里社会造成冲击。应劭作为汝南世家大族出身的人物，他提出为本郡五十六任太守避讳，是想借此巩固本郡旧君与吏民之间的君臣伦理，重建以郡为单位的地方社会，强化从乡里州郡到国家天下的社会、政治秩序。应劭之所以提出这一论点，与汉代避讳方式密不可分。

汉代吏民不得与历代皇帝同名。曹魏时期，王肃议已经亲尽迁毁之先祖则不再避讳（“已祧不讳”）说：

> 按汉氏不名讳，常曰“臣妾不得以为名字”，……今可太祖以上去墠乃不讳；讳三祖以下［未］尽亲如礼，唯《诗》、《书》、临文、庙中不讳；自此以后，虽百代如汉氏故事，臣妾唯不得以为名字，其言事不讳。①

王肃所议魏朝避讳之法，太祖曹操之前已经迁毁之先祖不再避讳；三祖（太祖曹操、高祖曹丕、烈祖曹叡）以下尚未亲尽，则按礼制避讳，但《诗》《书》不讳，临文不讳，庙中不讳；除此之外，不管多少代之前的皇帝，臣妾都不得与之同名，其他别无所讳。由此推之，王肃所言“汉氏故事”，臣妾不得以历任皇帝之名为名。可知应劭实际上把“汉氏故事”移入郡的君臣伦理场域，本郡吏民不仅不得与历任皇帝同名，也不得与本郡历任太守同名。应劭此举，是一种“变郡为国”的行为，意在强化郡内君臣秩序。

汉代还有“讳榜”，条列历任皇帝名讳，为避免犯讳提供保障。东晋王彪之等人曾议皇帝生母名字不上“讳榜”，② 南齐尚书仆射王俭亦曾议历代皇帝训讳列于“朝堂榜题”。③ 可见当时朝堂之上有条列皇室名讳的榜题。至于讳榜的起源，南齐王慈说：“朝堂榜志，讳字悬露，义非绵古，事殷中世。”任昉又说：“直班讳之典，爰自汉世，降及有晋，历代无爽。”④ 王慈

---

① 杜佑：《通典》卷一〇四《礼典·凶礼二十六》，王文锦等点校，中华书局，2016，第2724页。按“尽亲”前当阙“未”字，今补。

② 杜佑：《通典》卷一〇四《礼典·凶礼二十六》，第2722页。

③ 《南齐书》卷九《礼志上》，中华书局，1972，第148页。

④ 《南齐书》卷四六《王慈传》，第802—803页。

所谓“中世”，即任昉所谓“汉世”，可见讳榜之制，起于汉代。①

从日常统治的角度而言，讳榜对臣民心理潜移默化的影响不可谓不巨。汉代百姓为子女起名皆须避讳，可见讳榜公布的范围当不止朝堂，普通吏民亦得朝夕瞻视，时时警醒，以免触犯。对这种被统治的心理任昉描写得十分细腻：“名讳之重，情敬斯极，故悬诸朝堂，搢绅所聚，将使起伏晨昏，不违耳目，禁避之道，昭然易从。”② 历任皇帝训讳列于榜题，朝臣目能见而口不能言，耳目渐染，潜移默化，君臣伦理亦因此得以深入人心。这种日常统治的技术虽然细微，其效用却十分深切。应劭主张为五十六任太守避讳，则亦必然在郡中悬挂备列五十六位旧君名讳的“讳榜”。若此举得行，对于抟成郡内君臣忠义之感、巩固地方社会秩序，亦将起到不可忽视的作用。

应劭此论固然与汉末地方文化之兴盛、乡里意识之觉醒有关。汝、颍地区文化发达，人士济济，前揭孔融《汝颍优劣论》即为显证，此地人士建设地方秩序的心愿当尤为迫切。但应劭此论不能以地方分裂主义视之，应劭、孔融等人所汲汲建设的地方社会、乡里秩序，与汉朝天下秩序并不矛盾，反而相济相成。在家之孝，可移作事君之忠；对旧君之忠，可移作对新君之忠，亦可移作对天子之忠。由此观之，巩固旧君伦理、地方秩序，即是提振王权、整顿天下纲纪。所以前揭汝南周乘不顾旧君之恩，冒丧应举，结果“明试无效，亦旋告退”，应劭认为其不忠于旧君，也无所效验于新职。③ 又如吴匡为弘农太守，正在班诏劝耕的时候听闻旧君黄琼之丧，于是去职奔讣，应劭认为吴匡不顾劝民耕桑这样的“国之大事”，只顾旧君之“私恩”，是非礼之举。④ 不难看出，应劭确实重视旧君伦理，但敦于旧君，正所以忠于职事，国事重于私恩。应劭之所以发起旧君名讳之议，孔融之所以赞成之，两人分别是汝南、鲁国的大族名士，他们在汉末秩序崩解之际，正是借助此举重建地方社会，巩固基于汉制的宗亲长官统率下的郡域行政体系与君臣伦理，以达成其维护汉朝统治、提振天下纲

① 东晋南朝人多以汉代以来为“中世”，王建认为讳榜最早出现于晋代，似乎不妥。参见王建《中国避讳小史》，第102—103页。

② 《南齐书》卷四六《王慈传》，第803页。

③ 王利器校注《风俗通义校注·十反》，第234页。

④ 王利器校注《风俗通义校注·愆礼》，第145—147页。

纪的目的。

同样激于汉末丧乱，但救世之理念有不同表现。应劭、孔融推阐“汉氏故事”，将同名之讳引入郡内，希望通过强化地方社会的旧君伦理，渐次及于天下。两人基于由世家大族主导的地方社会结构，对汉朝体制有深刻的认同。郑玄、张昭等人则根据“舍故而讳新”（《檀弓》）、五服属绝则不讳的经义，对应劭、孔融加以反驳，将宗族中的五服秩序引入郡一级的地方社会。相比于应、孔对地方社会旧君伦理的重视，郑、张更倾向超越时代与地域、更具普适性的基于五服制度的礼仪限断。

魏晋以降，在以五服制度为基础的宗庙迁毁制度下，“已祧不讳”成为共识。前揭王肃议曹魏避讳，就已经主张太祖以上亲尽祧迁之祖不再避讳。西晋太康八年（287）十月，王济、羊璞等人议君臣同谥，曰：“宜依讳名之义，但及七庙祖宗而已，不及迁毁之庙。”[①] 孙毓《七庙讳字议》也称：“按《礼》，士立二庙，则讳王父以下，天子诸侯皆讳群祖，亲尽庙迁，乃舍故而讳新。”[②] 可见魏晋以来的皇室讳法，不再为七庙祖宗之外的亲尽祧迁之祖避讳。相比于无所限断的“汉氏故事”，此法蕴含家族伦序。

不仅如此，在士人群体中极为重要的旧君伦理，也随着汉末秩序的崩解而趋于空壳化。张昭驳应劭，已有君臣“属绝”则不嫌同名之论。蜀国谯周认为：“大夫受畿内采邑，有家臣，……秦汉无复采邑之家臣，郡县吏权假斩缞，代至则除之。”[③] 谯周认为郡县官长与僚佐之间的君臣关系存在于长吏任职期间，如果官长在任上去世，属吏应为之服丧，但只能持续到继任者来到之时。相比于应劭致力于“变郡为国”，谯周刻意强调秦汉以来的郡县与先秦诸侯之国、大夫采邑有本质不同，其君臣关系不可一概而论。观两人论点之差异，可窥汉末世变对学者思想的影响。

魏晋时代，故吏为旧君服丧“代至则除”成为定制。《魏令》规定：“官长卒官者，吏皆齐缞，葬讫而除之。”《晋丧葬令》曰：“长吏卒官，吏皆齐缞以丧服理事，若代者至，皆除之。”[④] 以律令将士人所奉行的旧君

---

① 《晋书》卷二〇《礼志中》，第643—644页；又见杜佑《通典》卷一〇四《礼典·凶礼二十六》，第2710—2711页。

② 杜佑：《通典》卷一〇四《礼典·凶礼二十六》，第2719页。

③ 杜佑：《通典》卷九九《礼典·凶礼二十一》，第2634页。

④ 杜佑：《通典》卷九九《礼典·凶礼二十一》，第2634页。

伦理的场域限定在国家公义之下，若国家所命长官到任，属吏也必须解除对旧君的丧服，转而与新任长官缔结君臣关系。晋惠帝元康年间，国子博士谢衡说："今之官长，皆自外来，假借一时，共相临尹，去则在外，体远事绝，恩轻义疏。至于死亡，隔限远路，或有难故，不得时往，奔赴之义，无所犯也。"河内太守孙兆说："今之郡守内史，一时临宰，转移无常，君迁于上，臣易于下，犹都官假合从事耳。"[①] 可见在士人观念中，郡县官长与属吏之间随任迁转，关系无常，恩义淡薄，基于旧君伦理构建郡县地方社会秩序，已不太可能。应劭在汉末所构之念，已成绝响。

汉末秩序崩解之后，以世家大族为根干的社会秩序随着魏晋王朝的缔造而得以重组。九品中正取代乡举里选，地方社会让位于门阀士族，经学讨论的重点也从国家纲纪转为家族伦理。[②] 以避讳而论，相比于应劭等人所讨论的旧君名讳，六朝人更热衷于议论家内私讳，此为读史者所熟知，本篇不再赘言。

结论

综上所述，汉末旧君名讳论辩发轫于汝南郡议，应劭认为本郡吏民须避五十六任太守之讳，所生子女不得与之同名。随着应劭迁任太山太守，这一议题也被带到徐、兖之域。至少在191—193年，郑玄、孔融、张昭、王朗（或许还包括陈琳）等人相会于徐州彭城，同在徐州牧陶谦幕下。此时应劭在太山，彼此之间声气相通，很有可能就在此期间诸人共同研讨这一议题。张昭驳应劭，孔融支持为旧君讳，郑玄又驳孔融，由此留下一系列议文。今搜讨群书，仍能得其大概。这场论辩有汉末第一流的学者、文士、政治家参与，规格与水平极其之高，深度也颇为可观，是汉末扰攘之际特殊机缘所促成的发生于徐兖地区的学术活动，也是汉末思想学术史的

① 杜佑：《通典》卷九九《礼典·凶礼二十一》，第2632页。

② 学者对汉晋士族学术风向之转变论之颇详，参见陈寅恪《崔浩与寇谦之》，《金明馆丛稿初编》，生活·读书·新知三联书店，2001，第147—148页；钱穆《略论魏晋南北朝学术文化与当时门第之关系》，《中国学术思想史论丛》（三），台北：东大图书有限公司，1981，第139页；余英时《汉晋之际士之新自觉与新思潮》，《士与中国文化》，第341页；伊沛霞《东汉的二重君主关系》，范兆飞编译《西方学者中国中古贵族制论集》，第17页；任慧峰、范云飞《六朝礼学与家族之关系再探》，《孔子研究》2016年第3期。

一个珍贵切片。

论辩参与者以旧君名讳为切入点，为当时社会动荡、秩序崩解的局面寻求解决之道。但因为观念各异，所以论点不同。应劭、孔融希望通过加强旧君伦理来巩固郡级地方社会，从而重建汉家的天下秩序。郑玄、张昭等人则基于经义，更为强调超越地域的家内五服伦序及其限断。随着汉晋时世之变移，社会结构重组，士族学术的重点也从国家漂移至家族，六朝士族更重家讳，汉末旧君名讳问题再无人提及，遂被湮没于历史之中。经此钩沉索隐，或能对汉末社会与思想学术有更为丰富立体的认识。

下　编

六朝隋唐礼学与礼议

第六篇　南朝礼制因革中的王俭“故事学”

引言　礼制因革中的“故事学”

历代礼制皆有“因”“革”两种趋势，钱穆将汉唐间制度流变总结为“汉唐因革论”。其中以“因”为常，以“革”为变。① 自今人看来，“革”似更为突出；然而若回到历史现场，各种国家礼典日复一日、年复一年地周期性举行，作为“日常事务”而非“事件”存在于王朝的日常统治之中。今人更习惯于关注作为“事件”的礼制之“革”，而往往忽略更为根本的作为“日常”的礼制之“因”。中古礼制自汉魏以来陈陈相因，沿循既久，积淀形成数量众多的“故事”与惯例，日常礼仪性事务只凭成例即可顺利进行。只有遇到疑难问题，才会激起讨论，形成朝堂礼议，此乃礼制之“变”。“观水有术，必观其澜”，在突发的“事件”之后，是更为丰富的“日常”，借由分析中古礼议之“变”，可进窥作为历史实态的礼制之“常”。

王应麟曾引朱熹之言曰：“六朝人多精于礼。当时专门名家有此学，朝廷有礼事，用此等人议之。”② 但议礼之人的学术根基各有不同，或倾向于“因”，或倾向于“革”。中古议礼者或凭经注之学进身，在成为官僚之前只是布衣之士；或出身于累世高门，从小濡染礼仪典章、进退揖让，对

---

① 钱穆：《中国史学名著》，生活·读书·新知三联书店，2005，第163—165页。关于“汉唐因革论”的进一步阐发，参见顾涛《汉唐礼制因革谱》，上海书店出版社，2018，第3—8页。

② 王应麟著，翁元圻等注《困学纪闻》，栾保群、田松青、吕宗力校点，上海古籍出版社，2008，第586页。

朝章国故等所谓"掌故""故事"极为熟悉。家族门第、进身途径不同，往往导致学术风格、议礼倾向的不同。正如乔秀岩所说，中古议礼者之中有坚持因循旧例的"礼官"，也有具有理论思考能力的"学者"，许多礼议不过是两类人之间的技术性争论。[①] 这对理解中古礼议很有启发。

重经典者倾向于据经正礼，重旧制者倾向于因循故事，由此引出"故事学"的概念，即在中古礼制论议中非常实用的朝仪典章、汉晋旧制之学，史书中也常用"掌故学""仪注学"等名称，为表述方便，本篇且用更为习见的"故事学"一词。南北朝时期以故事学专门名家之人甚多，比如南朝江蒨"尤悉朝仪故事"，[②] 孔休源"谙练故实，自晋、宋起居注诵略上口"，[③] 许懋"尤晓故事，称为仪注之学"，[④] 孔奂"博物强识，甄明故实"，[⑤] 等等。北朝擅故事学者则比如邓渊"明解制度，多识旧事"，[⑥] 裴修"斟酌故实，咸有条贯"，[⑦] 等等。以上仅举其较著者，不难看出中古时代的议礼者中确乎有以谙练旧制见长的故事学专家，王俭便是其中的典型代表。

邢义田曾从"经常"与"权变"的角度研究汉代的"故事"，分析"故事"与律令的区别、故事的典藏、故事的歧异与选择、不遵故事与故事的改变、便宜和便宜从事、便宜从事的限度等方面。其研究主要属于法制史范畴，尚未充分讨论礼制层面的"故事"与"故事学"。[⑧] 闫宁分析"故事""故事学"在中古礼制建设中发挥的作用，总结出"故事"九种不同的含义。[⑨] 闫宁指出中古的知识精英对"故事"投入了相当的热情与精力，这对开启中古礼制研究中"故事学"的探索很有启发意义。本篇聚焦于南朝王俭，从"故事学"的视角分析其议礼风格。

---

① 乔秀岩：《如何理解晋代庙制争议》，乔秀岩、叶纯芳：《学术史读书记》，生活·读书·新知三联书店，2019，第 171 页。

② 《梁书》卷二一《江蒨传》，中华书局，1973，第 335 页。

③ 《梁书》卷三六《孔休源传》，第 520 页。

④ 《梁书》卷四〇《许懋传》，第 575 页。

⑤ 《陈书》卷二一《孔奂传》，中华书局，1972，第 284 页。

⑥ 《魏书》卷二四《邓渊传》，中华书局，1974，第 635 页。

⑦ 《魏书》卷四五《裴骏传》，第 1021 页。

⑧ 邢义田：《治国安邦：法制、行政与军事》，中华书局，2011，第 380—449 页。

⑨ 闫宁：《中古礼制建设概论：仪注学、故事学与礼官系统》，台北：花木兰文化出版社，2016，第 22—26 页。

关于王俭的学术，历来有褒贬两种评价。褒之者认为王俭长于经学、宏起儒风。比如南齐任昉称其“经师人表，允资望实”，并高度评价王俭振兴南朝经学的作用：“自咸洛不守，宪章中辍，贺生（贺循）达礼之宗，蔡公（蔡谟）儒林之亚，缺典未补，大备兹日。至若齿危发秀之老，含经味道之生，莫不北面人宗，自同资敬。”① 萧子显在《南齐书》中称其“长礼学，谙究朝仪”，② 又综论中古学术变迁，把王俭当作南齐儒学复兴的关键人物：“永明纂袭，克隆均校，王俭为辅，长于经礼，朝廷仰其风，胄子观其则，由是家寻孔教，人诵儒书，持卷欣欣，此焉弥盛。”③《南史》承袭此说，更强调其经学成就：“先是宋孝武好文章，天下悉以文采相尚，莫以专经为业。俭弱年便留意《三礼》，尤善《春秋》，发言吐论，造次必于儒教，由是衣冠翕然，并尚经学，儒教于此大兴。”④ 唐初虞世南称王俭“宪章攸出，礼乐之盛，咸称永明宰相得人，于斯为美”。⑤

贬之者则认为王俭违背经典、曲从世俗。比如隋人牛弘说“江南王俭，偏隅一臣，私撰仪注，多违古法”。⑥ 唐初王绩评王俭《礼论》说：“观其制作，动多自我，周孔规模，十不存一，恐不足以尘大雅君子之视听也。”⑦ 清代王鸣盛对王俭变节篡宋之举持猛烈抨击的态度，政治上的评价影响及于学术，认为王俭“专以学术为佞谀之资”，⑧ 可谓责之过甚。陈寿祺讨论王俭之谅闇奏议，认为其“卒哭成事，群庙之主各反其庙，则四时之祭皆即吉”的观点是“阿世之论，殊谬”，⑨ 对王俭礼学也颇致不满之意。褒贬不同，看似矛盾，实则各得一偏之见，其关键所在，乃是双方都忽略了王俭学术的“故事学”特性。

---

① 萧统编，李善注《文选》卷四六《王文宪集序》，中华书局，1977 年影印本，第 655、653 页。

② 《南齐书》卷二三《王俭传》，中华书局，1972，第 436 页。

③ 《南齐书》卷三九《刘瓛陆澄传》，第 687 页。

④ 《南史》卷二二《王俭传》，中华书局，1975，第 595 页。

⑤ 赵蕤：《长短经》，《丛书集成初编》，商务印书馆，1935，第 45 页。

⑥ 《隋书》卷八《礼仪三》，中华书局，1973，第 156 页。

⑦ 王绩：《王无功集》，《丛书集成新编》第五十九册，台北：台湾新文丰出版公司，2008，第 359 页。

⑧ 王鸣盛：《十七史商榷》卷六〇“王俭首倡逆谋”条，王永平等点校，中华书局，2010，第 744 页。

⑨ 陈寿祺：《五经异义疏证》，王丰先点校，中华书局，2014，第 70 页。

陈寅恪说："王俭以熟练自晋以来江东之朝章国故，著名当时。……故掌故学乃南朝一时风尚也。……盖俭之所撰集乃南朝前期制度之总和，既经王肃输入北朝，蔚成太和文治之盛。"① 陈氏尤其强调王俭的"掌故学"与江东"朝章国故"之学，此即本篇所谓故事学。如此看来，陈氏认为齐、梁之间有一个礼制变革，而王俭则为南朝前半期高门世族中议礼定制的典型代表。而王俭之所撰集的学术成果"乃南朝前期制度之总和"，这尤为陈氏的重要论断。本篇在陈氏的基础上，从学术风格、家世背景两方面入手，具体考察王俭礼学的特点，以及其在南朝礼制因革中的意义。

一　王俭礼议中"故事"的运用

关于王俭礼议，明代梅鼎祚、张溥，清代吴汝纶、严可均、马国翰都曾搜集整理，以今所见王俭礼议考之，以上诸人所辑尚有部分遗漏。今系统搜检王俭礼议遗文，呈其全貌如表 1。

据表 1 可知，现存王俭礼议 36 则，略可析为 41 个具体礼制问题，对于每个问题的议论，王俭基本是援引经注或"故事"两类理据。然而所谓"经学""故事学"并不是脱离人而存在的客观外在之物，王俭的学术根基与风格如何，关键还是看他对经义、故事的择从及其论证的逻辑方式。

只有遇到通行惯例无法解决的问题，才会产生礼议，也就是从"日常事务"中产生了"事件"。王俭面对这些事件，权衡经义与故事，有不同的择从方式。首先是"因循"，即遵照惯例、故事，不再改作。表 1 中 41 个礼制问题，王俭主张"因循"者 28 例，从屡次出现的"率由旧章""依旧""因循"等语，即可看出其整体倾向。其次是"从省"，这不过是另一种因循，对于经义上有讲究的郊、殷先后等问题，在实际执行中则遵循惯例，不做区别。"从省" 2 例，分别是吉 1 中的郊殷先后、郊与明堂问题。再次是"推致"，即面临既无经据、又无先例的难题时，根据尊卑等差、品级隆杀的原则，从经文、情理比推义例，以求新解。皮锡瑞将其总

① 陈寅恪：《隋唐制度渊源略论稿》，商务印书馆，2011，第 16 页。

表 1　王俭礼议 36 则取证分析

年代	礼类	篇题[1]	理据		因革	出处[2]
			经注	故事		
元徽四年（476）	嘉 $_1$	公府长史朝服议		①《晋令》②《晋官表注》③旧事	因循（率由旧章）	宋志
	嘉 $_2$	公府长史朝服又议		①晋律令旧制	因循（申明旧典）	宋志 南齐、南史本传 通典·职官二
升明三年（479）	嘉 $_3$	以金辂为大辂议[3]	（间接理据） ①《左传》贾逵、杜预注	（间接理据） ①汉魏禅让故事②魏晋禅让故事③东晋元帝始建大辂故事④荀万秋以金根为金辂	因循	南齐·舆服志 通典·嘉礼九
	嘉 $_4$	金貂议		①汉景六年梁王入朝故事②左思《魏都赋》③晋《百官表》	因循	南史本传
	嘉 $_5$	百僚敬齐公议		①郑冲《劝进表》	因循	
	嘉 $_6$	世子礼秩议	①《春秋》曹世子来朝		推致	
	嘉 $_7$	世子宫议		①汉代鲁国灵光殿前例	因循	
建元元年（479）	凶 $_1$	朝堂讳训议	①《礼》天子、诸侯讳群祖	①晋孙毓议②宋司马道敬议	因循（依旧）	南齐志
	吉 $_1$	郊殷议	（郊、殷先后）①《礼记·王制》②《春秋》僖二年③《礼纬·稽命征》		从省（不以先殷后郊为嫌）	南齐志 通典·吉礼一、三、四
			（南北郊配飨）	①《史记》赵绾、王臧欲立明堂事②汉祀汾阴五畤事③魏文帝、明帝郊天、明堂事	因循（晋、宋因循）	

续表

年代	礼类	篇题	理据		因革	出处
			经注	故事		
建元元年（479）	吉$_1$	郊殷议	（明堂配飨）①《礼》及《孝经援神契》	①魏文帝黄初二年故事②魏明帝太和元年故事	因循	
			（郊与明堂）①马融	①蔡邕《独断》②近代从省	从省	
			（郊日）①《郊特牲》②卢植③郑玄	①汉魏以来故事	因循	
			（牲色）①《郊特牲》②《白虎通义》	①缪袭言曹魏故事	因循（一依晋、宋）	
建元二年（480）	凶$_2$	国臣为太子妃服议[4]	①《礼》庶人为国君齐衰②诸侯之大夫妻为夫人服繐衰七月		推致	南齐志
	凶$_3$	宫臣为太子妃服议	①《礼记·文王世子》	①汉魏以来故事②庾翼丧妻故事	因循	南齐志 南史本传
	凶$_4$	太子妃铭旌议	①《仪礼·士丧礼》		推致	南齐志
	凶$_5$	太子妃建旒议		①大明旧事	改制	南齐志 通典·凶礼六
	凶$_6$	太子迎车驾临丧议	①《礼记·服问》	①旧章	因循（率由旧章）	南齐、南史·文惠太子传
	凶$_7$	太子妃朔望不设祭议		①宋江夏王妃故事②桓玄及宋高祖长沙、临川二国故事③宋懿后时旧事	因循	南齐志

续表

年代	礼类	篇题	理据		因革	出处
			经注	故事		
建元三年（481）	凶$_8$	太子妃丧遇闰议	①《尚书》②《春秋》③《穀梁》④《公羊》⑤《左氏》⑥吴商		推致	南齐志 南齐·文惠太子传 通典·凶礼二十二
	凶$_9$	答褚渊难丧遇闰议	①《春秋》襄二十八年②郑、射、王、贺、成休甫注		推致	南齐志 通典·凶礼二十二
	凶$_{10}$	答王逡之问[5]	①《礼记·奔丧》及郑注	①天朝权制	因循	南齐志 南史·萧子良传
建元四年（482）	凶$_{11}$	昭皇后迁祔设奠议	①贺循②范甯		推致	南齐志
	凶$_{12}$	昭皇后迁祔设虞议	①范甯②贺循	①世中改葬之俗②晋朝故事③宋朝故事	因循	
	嘉$_8$	单拜录尚书优策议		①中朝以来故事	因循	南齐·褚渊传 通典·职官三
	凶$_{13}$	司空掾属礼敬议	①《仪礼·丧服》		推致	南齐·褚渊传
	凶$_{14}$	司空府史应服议		①中朝士孙德祖故事	因循	
	凶$_{15}$	三公輀车议			不详	

续表

年代	礼类	篇题	理据		因革	出处
			经注	故事		
建元四年（482）	吉$_2$[6]	谅闇亲奉蒸尝奏	①《春秋》逾年即位②《左传》文元年③《左传》襄元年④《大戴礼记》及《孔子家语》⑤《左传》襄十五年、十六年⑥《礼记·曾子问》⑦《左传》僖三十三年	①汉世权典②晋、宋因循故事③晋武帝故事④江左以来惯例	因循（晋、宋因循，同规前典）	南齐志 通典·吉礼十一
	吉$_3$	世祖嗣位二郊明堂间岁祀议		①秦国、秦朝故事②汉高祖故事③汉武帝元鼎四年故事④汉成帝故事⑤汉哀帝、平帝故事⑥汉平帝元始五年故事⑦东汉光武帝建武二年故事⑧魏晋因循故事⑨晋明帝太宁三年故事⑩晋简文帝咸安二年故事宋元嘉三十年故事	因循（二代明例，差可依仿）	南齐志 南史本传 通典·吉礼一
	嘉$_9$	国子生容饰议[7]		①晋代故事	因循	通典·吉礼十二、嘉礼二
永明元年（483）	吉$_4$	立春在郊后无烦迁日启[8]	①《礼记·郊特牲》②《易纬·乾凿度》③卢植④郑玄⑤王肃⑥《礼记·祭法》⑦《左传》桓五年	①中朝以来故事②景平元年故事③元嘉十六年故事④晋成帝咸康元年故事	因循（近世明例）	南齐志 南史本传 通典·吉礼一
	吉$_5$	日蚀不废社祠议	①《礼记·曾子问》	①初平四年士孙瑞议	因循（前准）	南齐志 通典·军礼三

续表

年代	礼类	篇题	理据		因革	出处
			经注	故事		
永明二年（484）	吉6	南郊明堂异日议	①《春秋感精符》	①前汉郊堂异日之制②后汉郊堂异日之制③魏晋故事（反对）④宋朝故事（反对）⑤汉魏北郊亲奉故事⑥晋泰宁之诏⑦晋咸和八年故事⑧晋康帝遵用之制⑨宋氏因循之制⑩汉制车服之仪	因循（宋氏因循，未遑厘革。）（车服之仪，率遵汉制。）	南齐志
永明三年（485）	吉7	释奠释菜议	①《周礼》②《礼记·学记》③《礼记·文王世子》	①中朝以来故事②陆纳、车胤、范甯、范宣、喻希议③元嘉立学裴松之议	因循	南齐志 通典·吉礼十二
	吉8	亥日籍田议			改制（经记无文）	南齐志 通典·吉礼五
永明五年（487）	嘉10	皇孙南郡王冠议	①《仪礼·士冠礼》及郑注②《大戴礼记·公冠》③《礼记·冠义》及郑注④《春秋》之义⑤《礼记·文王世子》	①中朝以来故事	因循	南齐志 通典·嘉礼一
永明六年（488）	嘉11	服章议		①汉代故事	因循（依汉）	南齐·舆服志
不详	凶16	王子妇为贵妃服议			推致	南史·萧子敬传
	嘉12	无子立孙启	（礼无其文）	①荀颉无子立孙②何琦之论	因循	南齐·江敩传

注：[1] 上列收录王俭礼议之书六种，前四种皆拟有篇题，《汉魏六朝百三家集选》与《汉魏六朝百三家集》篇题相同，《礼义答问》《丧服古今集记》无篇题，故共有《南齐文纪》《汉魏六朝百三家集》《全齐文》三种篇题，各有出入，今择善而从，若皆未尽善，则另拟之。

[2]《宋书·礼志》简称为“宋志”，《南齐书·礼志》简称为“南齐志”，《南齐书·王俭传》《南史·王俭传》分别简称为“南齐本传”“南史本传”。

[3]《全齐文》据《通典》卷六四录，脱首句“宜用金辂九旒”。《礼义答问》据《南齐书·舆服志》录。

[4]《南齐书》卷一〇《礼志》作“建元三年”，“三”当为“二”字之误，今定此议在建元二年（480）。

[5]《全齐文》录《南齐书·礼志下》之文，作“答王逡之问”，又录《南史·萧子良传》之文，作“穆太妃小祥南郡王应不相待议”。按此实为一文，《南齐书》《南史》繁简不同。

[6] 谅闇服丧为凶礼，而宗庙蒸尝为吉礼，此议认为卒哭即吉，可以亲奉蒸尝，故定为吉礼。

[7] 因无原文，仅见梗概，故《全齐文》等诸编皆未录，今录于此。

[8]《全齐文》录，题作“立春在郊无烦迁日启”。此议之主旨为“立春在郊后无烦迁日”，疑《全齐文》所拟之题目阙“后”字。

资料来源：梅鼎祚辑《南齐文纪》卷三，中国国家图书馆编《原国立北平图书馆甲库善本丛书》第944册影印明崇祯刻本，国家图书馆出版社，2014；张溥辑《汉魏六朝百三家集》卷七五《齐王俭集》，景印文渊阁《四库全书》第1414册，台北：台湾商务印书馆，1986；张溥编，吴汝纶选《汉魏六朝百三家集选·王文宪集选》，吉林人民出版社，1998；严可均辑《全上古三代秦汉三国六朝文·全齐文》，中华书局，1958年影印本；马国翰辑《玉函山房辑佚书·礼义荅问、丧服古今集记》，广陵书社，2004年影印本。

结为“即无明文可据，皆可以意推补”的“礼家之通例”。①“推致”8例，分别是嘉^{6}、凶^{2}、凶^{4}、凶^{8}、凶^{9}、凶^{11}、凶^{13}、凶^{16}，多集中于凶礼类，因为中古社会的特殊性，丧礼、丧服经常遇到各种前所未有的特殊状况，不得不比经推例、缘情制礼以求权变。② 最后是“改制”，即否定故事，据经改制，仅有2例，分别是凶^{5}、吉^{8}，且皆记载简略，未明其详。（另有凶^{15}“不详”1例。）“因”“从省”占比73%，已然是绝对多数。虽然王俭大多数礼议都会引用经典为证，但在铺陈经义之后，最终还是归于旧制。那些只引故事、不引经注的论议，自不必说是因循；而同时引用了经注、故事的论议，也基本上最终折中于旧制，仍是选择了因循，比如表1所列的嘉^{3}、凶^{1}、吉^{1}、凶^{3}、凶^{6}、凶^{10}、凶^{12}、吉^{2}、吉^{4}、吉^{5}、吉^{6}、吉^{7}、嘉^{10}皆是如此。

然而不可否认的是，王俭礼议中同样引用了不少经注，这就不得不辨析经典证据在王俭论证过程中所起的作用。下面以金辂之争（嘉^{3}）、公府长史朝服之辨（嘉^{1}）、郊日之议（吉^{4}）、谅闇吉禘议（吉^{2}）为例，来对此略做说明。

（一）以金辂为大辂议

首先说王逡之、王俭围绕“金辂”的论争。此则礼议虽极为简短，但颇能反映王俭、王逡之两种不同的礼学风格，以及两人观念中“经学”与“制度”之间的张力。且此议发生于宋齐禅代之际，王俭此时议礼颇多，也最为关键，因为禅代时王俭所定礼制，基本上成了此后齐朝礼制的大经大法，是南朝前半期礼制的重要组成部分。本篇于此时礼议中选取一则进行详细分析，以略见王俭礼学之特性。

宋升明三年（479），加齐王萧道成九锡，赐大辂、戎辂各一。但是乘黄五辂之中，并无大辂、戎辂，只有根据《周礼》体系而制作的“五辂”：玉辂、金辂、象辂、革辂、木辂。此问题的关键，就是如何把《周礼》“五辂”体系跟“九锡”体系中的“大辂”与“戎辂”联系起来。今所见

① 皮锡瑞：《经学通论》，中华书局，1954，第21—23页。

② 张焕君总结为“礼制与人情的调适，经典与社会的互动”。参见张焕君《礼制与人情的调适——以魏晋时期前母的服丧问题为中心》，《山西师大学报》（社会科学版）2011年第1期。

王俭之议甚为简略："宜用金辂九旒。"[①] 以"五辂"中的金辂作为"九锡"中的大辂，甚为简单，也甚为斩截。《通典》所载略同。[②] 与此同时，还有左丞王逡之之议：

> 大辂，殷之祭车，故不登周辂之名，而《明堂位》云"大辂，殷辂也"。注云"大辂，木辂也"。《月令》"中央土，乘大辂"。注云"殷辂也"。《礼器》"大辂繁缨一就"。注云"大辂，殷之祭天车也"。《周礼》五路，玉路、金路、象路、革路、木路。则周之木辂，殷之大路也。周革路建大白，以即戎，此则戎路也。意谓国之大事，在祀与戎，故锡以殷祭天之车，与周之即戎之路。祀则以殷，戎必以周者，明郊天义远，建前代之礼，即戎事近，故以今世之制。《明堂位》云"鲁君孟春乘大路，载十有二旒日月之章，祀帝于郊"。夫必以大辂以锡诸侯，良有以也。今木路，即大路也。[③]

王逡之以"五辂（路）"中的木路为大辂，[④] 与王俭不同。本篇重点分析其之所以得出此结论的逻辑推演过程。禅代之际之所以要赐大辂、戎辂，其经义依据出自《左传》僖公二十八年，周襄王册命晋文公为"侯伯"（诸侯之长），赐以"大辂之服，戎辂之服"。[⑤] 魏晋禅代，遂成故事。而王逡之显然并未考虑此前禅代故事对大辂、戎辂如何处理，而是直探经义，使用经义构建的方法，对当以何种车与为"大辂"做了一番新的探讨。

王逡之所引经义，主要是《礼记》之《明堂位》《月令》《礼器》三篇及其郑注。首先需要辨正的是，王逡之所引与今所见经注略有出入。《明堂位》作"大路，殷路也"，郑注"大路，木路也"，用"路"而非"辂"。[⑥]《月令》"中央土""乘大路"两文悬绝，并非如王逡之所引那样连接起来。郑注："大路，殷路也。车如殷路之制，而饰之以黄。"[⑦] 除了

① 《南齐书》卷一七《舆服志》，第 335 页。
② 杜佑：《通典》卷六四《礼二十四》，王文锦等点校，中华书局，2016，第 1779 页。
③ 《南齐书》卷一七《舆服志》，第 335 页。
④ "路""辂"相通，下同。
⑤ 杨伯峻编著《春秋左传注》（修订版），中华书局，2009，第 463 页。
⑥ 《礼记正义》卷四一《明堂位》，吕友仁整理，上海古籍出版社，2008，第 1265—1266 页。
⑦ 《礼记正义》卷二四《月令》，第 684—685 页。

用字不同之外，经文也有截取拼接。王逡之对经注最为关键的截割拼接，则是《礼器》“大路繁缨一就”，郑注：“大路繁缨一就，殷祭天之车也。《周礼》王之五路，玉路繁缨十有二就，金路九就，象路七就，革路五就，木路翦繁鹄缨。”[①] 据郑此注，木路乃“翦繁鹄缨”，与大路“繁缨一就”仍有所不同。而《周礼·春官·巾车》曰：“木路，前樊鹄缨。”郑注曰：“前，读为缁翦之翦。翦，浅黑也。木路无龙勒，以浅黑饰韦为樊，鹄色饰韦为缨。不言就数，饰与革路同。”[②] 则木路与革路同为五就，而非大路之“繁缨一就”。可见对于《礼器》之“大路”，郑玄并不认为就是“木路”。而王逡之在引用郑注之时，只截割“大辂，殷之祭天车也”一句，明显断章取义，未必符合郑玄的原意。

经过上述分析可知，在郑注《明堂位》中，呈现出“大辂=殷辂=木路”的结构，此正是王逡之以《周礼》五路之木路为“大辂”的核心依据。而在郑注《礼器》中，大路繁缨一就=殷祭天之车≠木路翦繁鹄缨，且郑注《周礼·春官·巾车》之中，木路、革路同为五就，与“大路繁缨一就”迥然异物。但王逡之有意地忽略，甚至删削了这些不利证据，而只截取郑注中强调“大辂”即“殷辂”即“木路”的部分，最后得出“大辂”即相当于《周礼》五路体系之“木路”的结论。

总结王逡之的逻辑推演过程，可示意如下：

《左传》周襄王赐晋文公之“大辂”	=	《明堂位》《月令》《礼器》之“大辂”	=	殷祭天车之“大辂”	=	《周礼》“五路”之“木路”	=	宋齐禅代九锡之“大辂”

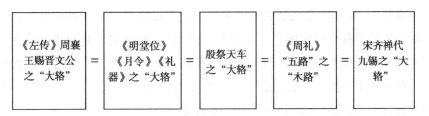

①《左传》周襄王赐晋文公之“大辂”=②《明堂位》《月令》《礼器》之“大辂”=③殷之祭天车“大辂”=④《周礼》“五路”之“木路”=⑤宋齐禅代九锡之“大辂”

以上五者，于经传之中各有其语境，也各有其体系，王逡之却将其断章牵合，建构为同一系统。王逡之的逻辑推演方式，是典型的经义逻辑的拼接

---

① 《礼记正义》卷三二《礼器》，第968页。

② 孙诒让：《周礼正义》卷五二《春官巾车》，汪少华点校，中华书局，2015，第2596页。

与推致，亦即融汇不同性质的材料，将其放入同一平面之中，作为构建经义的原材料。再经过拼接剪裁，以形成一个自足自洽的经义体系。为了此体系的完整与自洽，经学家不惜割裂原文，甚至删削一些反面证据。且此体系完成之后，即是抽象的，而非历史的。故经学家构建经义，往往并不从历史现实出发，也较少使用前代旧制、“故事”等作为证据。王逡之论证“大辂”即“木路”，即可作为典型例证。

王俭“以金辂为大辂”，其逻辑推演方式，则与王逡之处于两极，并非经学推理的，而是历史的。今所见王俭礼议，仅剩这一句结论，并无论证过程，所以我们要参稽史事，前后勾连，才能得知王俭此论之理据。众所周知，汉魏以来并无《周礼》“五路”系统的车驾，只有作为汉制之金根车等。而汉魏禅代、魏晋禅代，都免不了要有一个“加九锡”的环节，而“九锡”之中必有“大辂”与“戎辂”。那么汉魏、魏晋禅代之际“九锡”之大辂，是用什么来充当的呢？据《通典》可知，“魏武王受汉献帝命，乘金根车，驾六马，设五时副车”，“晋武帝承魏陈留王命，乘金根车，驾六马，备五时副车”，[①] 可见汉魏禅代、魏晋禅代，都是用金根车，驾六马。又“东晋元帝始建大辂、戎辂各一，因金根车饰”，又“宋孝武大明中，尚书左丞荀万秋改造五辂。……以金根为金辂”，[②] 可见金根车在晋宋时代被改造成了金辂。而宋齐禅代之际，关于齐王所受之九锡之“大辂、戎辂”，应该用什么形制的车来充当，王逡之按照经传的记载，认为当时的木辂最符合经传所言“大辂”。王俭则显然承袭汉魏故事，认为应以金根车（也就是晋宋以后的金辂）来赐齐王。王俭、王逡之两人的区别，就在于前者据汉晋故事，后者拟合群经经义。一者重“故事”，一者重“经义”，这是两人结论不同的根本原因。

王俭“以金辂为大辂”亦并非全无经义支持。《左传》僖公二十八年“大辂之服、戎辂之服”，贾逵注曰：“大辂，金辂。”[③] 杜预亦从贾注。[④] 则以金辂为大辂，贾、杜已如此理解，王俭所议与贾、杜之注相同，且魏

---

① 杜佑：《通典》卷六四《礼二十四》，第 1772 页。

② 杜佑：《通典》卷六四《礼二十四》，第 1772—1773 页。

③ 刘文淇：《春秋左氏传旧注疏证》，中国科学院历史研究所第一、二所资料室整理，科学出版社，1959，第 423 页。

④ 杜预集解《春秋经传集解》，上海古籍出版社，1988，第 384 页。

晋故事也如此执行。在魏晋禅代故事形成之前，尚有王莽受九锡之礼的先例，其时只说“鸾路乘马”“戎路乘马”，还没有形成“大辂、戎辂”的体系。[①] 大概汉魏禅让、魏晋禅让故事，才据《左传》之文，形成了大辂、戎辂的标准配置。贾、杜以大辂为《周礼》“五路”之金路，但魏晋时期还没有根据《周礼》“五辂”体系建立其王朝的舆服制度，只有继承自汉朝的金根车。东晋时期才建造五辂系统，以金根车为金辂。杜预本人即参与《晋律》之制定，对于汉晋故事非常熟悉，他以“大辂”为“金辂”，应当也是根据魏晋实际情况而做出如此注释。王俭即遵循魏晋故事，而与贾、杜之注暗合。钱锺书曾论劝进文多仿《左传》语，[②] 而由此事可知中古禅代，亦多用《左传》经义。

总的来说，贾逵之所以以“金辂”为“大辂”，其制度背景，即汉代以金根车（与金辂近似）为天子最尊之车。杜预承袭贾注，也极有可能是参考魏晋禅代的实际制度，以“金辂”（即当时的金根车）为周襄王赐晋文公之“大辂”。王俭则继承魏晋禅代、晋宋禅代之故事，以金辂为大辂。虽有贾、杜之经注支持，但王俭未必就据此立论；且王俭与贾、杜的共同制度背景，即两汉以来的金根车传统。晋、宋虽据《周礼》而造五辂，但以金根车为金辂，还是不脱汉魏故事的框架。只有在汉魏故事这个背景之中，才能看出王俭此议的内在精神。

再反观王逡之牵合《礼记》等经文及郑注，以木辂为大辂，实际上降低了“九锡”之“大辂”的规格。王逡之的议礼方法，是牵合经传以及郑注进行经义逻辑推理；王俭则遵从汉晋之旧制，以“五辂”中的金辂为“九锡”体系中的“大辂”，是主要从现实角度来考虑的。从这个例子不难看出，王逡之议礼具有经学家牵合群经、建构体系的倾向，王俭则主要从现实情况考虑，具有比较明显的“故事学”倾向。

（二）公府长史朝服议

能佐证王俭具有遵从汉晋旧制之“故事学”倾向的例证，还有王俭、沈俣之二人关于刘宋公府长史朝服、朱衣之争。据晋制，公府长史应服朝服，而刘宋改为朱衣，王俭认为不合旧制，于元徽四年（476）提议改制，

---

① 《汉书》卷九九上《王莽传上》，中华书局，1962，第4075页。

② 钱锺书：《管锥编》（三），生活·读书·新知三联书店，2000，第369页。

遭到沈俣之的反对。王俭、沈俣之二人往复两个回合，最终众人参详，并同沈俣之之议，王俭之议遂寝。表1所列“公府长史朝服议”“公府长史朝服又议”即系于此时。此次议论，王俭的意见虽未得以实行，但从中可以看出王俭的礼学倾向。

先看问题背景及王俭的观点。所谓“朝服”，即群臣上朝的正式礼服，礼经所载，乃玄冠、素裳、缁带、素韠之制。晋宋时期，对“朝服”形制又有具体规定，此不赘。[①] 而“朱衣”则简于朝服，并非上朝的正式礼服。晋代制度，公府长史服朝服，刘宋大明以来则改服朱衣。[②] 之所以如此，乃因其时制度卑狭，诸事从简，故百官朝服多不具，乃至出现了“凡应朝服者，而官不给，听自具之”的现象。[③] 刘宋公府长史、公府司马、令史皆无朝服。王俭此时为司徒右长史，竟不得具朝服，心中肯定不满，故起而抗议。

王俭此议的经过及结果，史传有简明的概括：“《晋令》，公府长史着朝服，宋大明以来着朱衣。俭上言宜复旧，时议不许。”[④] 简而言之，王俭是要借晋朝制度以反对宋朝之新制。在其《公府长史朝服议》一篇中，王俭的理据主要有三类：其一，《晋令》，盖即晋之《服制令》，又可简称为“令”；[⑤] 其二，《晋官表注》，与《晋令》规定相同；其三，旧事，亦晋朝故事。[⑥] 可见王俭所资的，主要是晋朝旧制，而晋朝制度又是汉晋累积而成的制度之总和，这是王俭的学术根基所在。

沈俣之与王俭针锋相对，两人进行了两个回合的辩难。沈俣之首先说明历代礼制皆有因革，不必皆同前代。继而说“俭之所秉，会非古训”。[⑦]

---

① 《宋书》卷一八《礼志五》，中华书局，1974，第518页。

② 据《宋书·礼志》，“江左公府长史无朝服，县令止单衣帻。”与汉晋旧制相左。(《宋书》卷一八《礼志五》，第510—511页。) 然而其言“江左”，容易让人以为是从东晋开始就实行的制度。而《南齐书·王俭传》《南史·王俭传》并作“宋大明以来着朱衣”，《通典》所载亦同。(《南齐书》卷二三《王俭传》，第433页；《南史》卷二二《王俭传》，第591页；杜佑：《通典》卷二〇《职官二》，第524页。) 可见所谓公府长史无朝服、着朱衣之制，乃是宋大明年间所定，而非“江左”以来的制度。

③ 《宋书》卷一八《礼志五》，第517页。

④ 《南齐书》卷二三《王俭传》，第433页。

⑤ 《宋书》卷一八《礼志五》：“晋立《服制令》，辨定众仪，徐广《车服注》，略明事目，并且行于今者也。”第493页。

⑥ 《宋书》卷一八《礼志五》，第511页。

⑦ 《宋书》卷一八《礼志五》，第511页。

这一批评确实击中了王俭的要害，因为王俭的学术特点，正是博采汉晋旧制而不拘于经义。从王俭此议也可看出，他所举三证，皆是晋朝旧制，而非经义依据。沈俣之又进而把王俭的议论推到了“弃盛宋之兴法，追往晋之颓典”的政治高度。沈氏认为王俭不认同宋朝依据经典所改定的新制，反而认同晋朝旧制，本来相对纯粹的礼制争论，到这里就变成了政治问题。

接下来王俭反驳沈俣之，也主要从政治的高度展开论述。他说：“岂得因外府之乖谬，以为盛宋之兴典，用晋氏之律令，而谓其仪为颓法哉。”[①]点出了宋朝制度，本皆承袭晋之律令，只不过于仪注略做恢复古礼的表面功夫而已。既然宋朝在律令上全用晋朝旧制，则不可谓晋仪为颓法。且宋改晋旧，也导致宋朝仪注内部出现了自相矛盾之处。王俭再次强调其所议只是“申明旧典，何改革之可论”，[②] 自己仅仅遵循汉晋旧制，并不想大动干戈，改制礼乐。这句话可谓王俭礼学与礼制思想的精髓所在，观王俭此后的诸多礼议，大多遵从汉晋旧制，而少有改作。对于宋齐诸儒依据礼经古典所进行的改制，王俭大多不以为然。

沈俣之再次反驳王俭，依然从政治高度出发：“帝乐五殊，王礼三变，岂独大宋造命，必咸仍于晋旧哉!”[③] 在此处，沈俣之把宋孝武帝改制当作宋朝礼乐异于往代前王的特色，赋予了其极高的政治意义。且从礼制的角度来说，王俭既从《晋令》，又不能把宋之舆服制度全部恢复为汉晋旧制，也显得驳杂不纯。在这两层原因之下，群臣皆不从王俭之议。

总而言之，王俭所秉持的学术传统，是汉晋相承之旧制，所以在“大辂”之议中，王俭从汉魏以来的禅代故事，以金辂（金根车）为“大辂”，而不同于王逡之通过经义构建推导出来的木路。在公府长史朝服问题上，王俭想恢复《晋令》公府长史服朝服之制，而反对沈俣之所坚持的刘宋打着经义复古的名号而新创的服朱衣之法。以上所举两例虽小，但在王俭现存礼议中却极有代表性。通过王俭与沈俣之、王逡之的对比，即不难看出王俭的学术根基乃在汉晋旧制，其礼学有“故事学”倾向。

---

① 《宋书》卷一八《礼志五》，第511页。

② 《宋书》卷一八《礼志五》，第511页。

③ 《宋书》卷一八《礼志五》，第511页。

（三）郊日议

永明元年（483）当南郊，而立春在郊日之后。时人拟将郊日延迟到立春之后，王俭以为不必。其议如下：

> A. 案《礼记·郊特牲》云“郊之祭也，迎长日之至也，大报天而主日也”。《易说》“三王之郊，一用夏正”。卢植云“夏正在冬至后，《传》曰启蛰而郊，此之谓也”。然则圜丘与郊各自行，不相害也。郑玄云“建寅之月，昼夜分而日长矣”。王肃曰“周以冬祭天于圜丘，以正月又祭天以祈谷”。《祭法》称“燔柴太坛”，则圜丘也。《春秋传》云“启蛰而郊”，则祈谷也。谨寻《礼》《传》二文，各有其义，卢、王两说，有若合符。
>
> B. 中朝省二丘以并二郊，即今之郊礼，义在报天，事兼祈谷，既不全以祈农，何必俟夫启蛰。史官唯见《传》义，未达礼旨。又寻景平元年正月三日辛丑南郊，其月十一日立春，元嘉十六年正月六日辛未南郊，其月八日立春，此复是近世明例，不以先郊后春为嫌。……谓无烦迁日。①

此议可分为 A、B 两段，中间有逻辑上的断裂。王俭的主要目的是论证郊天兼有“祭天”“祈谷”双重内涵，南郊无妨在立春之前。A 段牵引经注，说明经学体系中南郊、圜丘二者之不同，好似有主张郊、丘分立的倾向，但此倾向到段末戛然而止。可见王俭对经学理论上的南郊、圜丘之异非常清楚，但他对“中朝省二丘以并二郊”这个既成事实持默认态度，又以此为前提展开后续论述，而不是在阐明经义的基础上改造制度。前面铺陈大量经注，并不是为了论证其结论，因为根据经义推导出的结果，跟其最终结论恰恰相反：经义推理显示郊、丘有异，王俭则立足于旧制，坚持郊、丘合一。

B 段才据中朝省并郊丘的旧制，开始其真正的论证。首先辨析《左传》“启蛰而郊”一语，其本意是启蛰之后才开始农事活动，南郊以祈谷，

---

① 《南齐书》卷九《礼志上》，第 122 页。字母为笔者所加。

所以也要启蛰之后才能举行。启蛰即惊蛰，古之惊蛰在雨水前，为夏正正月之中气，汉代改为雨水后，为夏正二月节气。[①]《左传》“启蛰”乃古之节气，在雨水之前，立春之后。郊天在启蛰之后，当然也在立春之后。永明元年郊天原定日期为正月上辛，即正月初二辛亥日。[②] 而立春在正月初二之后，如此郊天就在立春之前，不符合“启蛰而郊”了。王俭认为郊丘合一之后，郊天的目的兼有“报天”“祈谷”两者，不专为祈谷而设。既然不专为祈谷，自然就不必等到“启蛰”之后才能郊天。王俭接下来又援引宋景平元年、元嘉十六年两次郊天都在立春之前作为先例，证明郊天不必在立春后，最终得出“无烦迁日”的结论。

此议还涉及“《传》意”与“礼旨”之别。王俭批评持迁日之说者“唯见《传》意，未达礼旨”，即批评其溺于经传所载之经义，而未达随时变化之“礼旨”。在王俭看来，根据经注推导出来的结论，只是固化冷硬的“《传》意”，跟现实中的礼制实践有很大距离。而真正切近实用的“礼旨”，则蕴藏于前代因循既久的旧制、故事之中。此议博引经注，并不是为了佐证自己的结论，反而是要廓清烦琐的“《传》意”，使真正的“礼旨”凸显出来。王俭以遵循汉晋旧制为主，而不是通过经义推理改造现实制度。

（四）谅闇吉禘议

另一个典型例证是建元四年（482）“谅闇亲奉蒸尝奏”（吉 2），此议大量引用经典证据，具见表 1。王俭此议乃杂采晋朝谅闇议奏而成，各种经证也多檃栝晋人之说。[③] 王俭认为卒哭之后即可行宗庙四时吉祭的直接依据，其实是汉、魏、晋相承的“故事”。刘宋国子助教苏玮生说：“求之古礼，丧服未终，固无祼享之义。自汉文以来，一从权制，宗庙朝聘，莫不皆吉。”[④] 宋明帝泰豫元年有司奏：“魏、晋以来，卒哭而祔则就吉。”[⑤] 可见自汉文帝“短丧诏”以来，历魏、晋数百年间，都是卒哭即行宗庙吉

---

① 杨伯峻编著《春秋左传注》（修订版），第 106—107 页。

② 陈垣：《二十史朔闰表》，古籍出版社，1956，第 70 页。

③ 晋朝谅闇奏议主要见于《通典》卷八〇，另散见于《宋书·礼志》及《通典》卷四九、五〇。

④ 杜佑：《通典》卷五〇，第 1381 页。

⑤ 《宋书》卷一七《礼志四》，第 468 页。

祭，此即王俭立论的基础。

王俭也引用了不少经注，但并不足以构成有效的论证。根据《春秋》等经说的内在体系，三年终丧始行吉禘才是更为合理的做法。王俭罗列的晋人使用过的经证，在晋、宋以来关于谅闇吉祭的诸多论议中，已经频遭反驳，未必站得住脚。王俭自己肯定也清楚这一点，所以他并未根据这些经义立论，而是以汉晋"故事"作为根基。王俭此议开头就强调汉世之"权典"，又说"晋、宋因循，同规前典"，最后结论就是"依旧"。[①] 可见他始终是在"前典""故事"的语境中主张因循旧制，而非立足经义、推理出自己的结论。前揭清人陈寿祺评价王俭此议曰"阿世之论，殊谬"。王俭之所以获此恶评，根本原因在于其议礼引经并非从经义体系内部生发结论，而是以汉晋旧制等"故事"为基础，再旁采经文，多方迁就。牛弘说王俭"多违古法"，王绩说他"周孔规模，十不存一"，皆是因为这一点。

以上就大辂之辨、公府长史朝服之议、郊日之辨、谅闇吉祭四个案例，来说明王俭虽然也会同时使用经注、故事两种理据，但往往是据故事得出结论，经注并非不可或缺的论据，甚至只是点缀。分析表1可知，王俭面对礼制难题时，绝大多数情况下都因循先例，在同时引用经注、故事的情况下，从未有过据经改制的现象。这种因循保守的故事学风格，与随后的南朝后半期（尤其是梁武帝时期）热情高涨的制礼作乐、复兴古礼的风气，形成了鲜明对比。

二　王俭"故事学"的家学背景

王俭议礼的故事学特色与其世传家学相关，王俭对于南朝礼制因革的意义也不能脱离其家族而单独考虑。六朝学术与家族紧密联系，陈寅恪说："故论（东汉以后）学术，只有家学之可言，而学术文化与大族盛门常不可分离也。"[②] 中古高门大族中，琅邪王氏累世簪缨，首屈一指，李延

① 《南齐书》卷九《礼志上》，第132—133页。

② 陈寅恪：《崔浩与寇谦之》，《金明馆丛稿初编》，生活·读书·新知三联书店，2001，第148页。

寿论曰：“观夫晋氏以来，诸王冠冕不替，盖亦人伦所得，岂唯世禄之所专乎。”[①] 可见两晋以来王氏人物盛美。苏绍兴备述琅邪王氏的家族学术成就，强调其世传礼学“对朝仪旧事，了如指掌，且著之载籍，以为家学。于是王氏一族，遂多详悉故实，深为当道者倚重，成为保持禄位之一重要依凭”。[②] 何德章认为进入南朝以来的琅邪王氏为了维持地位，更积极地与现实政治发生联系。[③] 详悉故实的家学传统，与积极靠拢当朝权势的政治倾向，使琅邪王氏对于南朝礼制因革有着举足轻重的地位。

琅邪王氏对于中古礼学传承、国家礼制因革的重要意义，在东晋王彪之家族中得到充分体现。史载王彪之“博闻多识，练悉朝仪，自是家世相传，并谙江左旧事，缄之青箱，世人谓之‘王氏青箱学’”。[④] 其曾孙王准之“究识旧仪，问无不对，……撰《仪注》，朝廷至今遵用之”。[⑤] 王彪之、王准之家族的朝仪之学，自晋至宋，世代相传，专门成学，且作为国家公制的《仪注》竟出自私家之学，足可见士族门第在典章故事学传承上的重要意义。[⑥]

琅邪王氏中王俭一族世代相传的故事学，比之王彪之、王准之家族并不逊色，甚至犹有过之。王俭之父王僧绰“好学，练悉朝典”，[⑦] 王俭叔父王僧虔也颇熟悉礼制，史称其“雅好文史，解音律，以朝廷礼乐多违正典，人间竞造新声，……上表请正声乐”，[⑧] 则王僧虔于宋齐禅代之际，对朝廷礼乐典章之正定颇为热心。若再往上追溯，王俭之祖王昙首，兄弟分财之时，昙首“唯取图书而已”，[⑨] 可见其累代学门，传承有素。王俭的学术根基，也就是以汉晋旧制为基础的故事学，并非无所师承，乃是传习家

① 《南史》卷二四《列传第十五》，第667页。

② 苏绍兴：《两晋南朝琅邪王氏之经学》，《两晋南朝的士族》，台北：联经出版事业公司，1987，第221—240页。

③ 何德章：《读〈南齐书·王融传〉论南朝时期的琅邪王氏》，武汉大学历史系魏晋南北朝隋唐史研究室编《魏晋南北朝隋唐史资料》第十三辑，武汉大学出版社，1994，第95—96页。

④ 《宋书》卷六〇《王准之传》，第1623—1624页。

⑤ 《宋书》卷六〇《王准之传》，第1624—1625页。

⑥ 参见任慧峰、范云飞《六朝礼学与家族之关系再探》，《孔子研究》2016年第3期。

⑦ 《南史》卷二二《王僧绰传》，第589页。

⑧ 《南史》卷二二《王僧虔传》，第602页。

⑨ 《南史》卷二二《王昙首传》，第587页。

业，所以王俭议定齐初礼制才能“识旧事，问无不答”。王俭之孙王承，“时胄腴贵游，咸以文学相尚，罕以经术为业，惟承独好之，……在学训诸生，述《礼》《易》义”。[①] 王昙首、僧绰、俭、暕、承五世皆以学术著称，其中僧绰、俭以朝仪典章之学名世，承则侧重经学。俭、暕、承祖孙三代都曾任国子祭酒，史称“三世为国师，前代未之有也，当世以为荣”，[②] 王俭一门执掌儒林，为齐、梁学界领袖，其世代累积的学术之盛，于兹可见。

王俭家族的故事学对于南朝礼制因革具有重要意义，以至于当时有“衣冠礼乐尽在是矣”的极高评价。任昉《王文宪集序》载袁粲赞叹少年王俭“衣冠礼乐在是矣”。[③] 而这个评价亦见于《南史》对王昙首一族的赞语：“王昙首之才器，王僧绰之忠直，其世禄不替也，岂徒然哉。仲宝（王俭字）雅道自居，早怀伊吕之志，竟而逢时遇主，自致宰辅之隆，所谓衣冠礼乐尽在是矣。”[④] 大概就是引用当年袁粲称述王俭之判语“衣冠礼乐在是矣”。任昉所载袁粲对王俭少年时的论赞，又被《南史》袭用，可见此乃一时名判，不然不会被如此反复引用以为称美。且此语亦被后世借用，比如隋仁寿二年（602）献皇后崩，牛弘定其丧礼仪注，杨素赞叹曰：“衣冠礼乐尽在此矣，非吾所及也。”[⑤] 益可见其流传之广。与这个评判辞义相近者，盖前有《左传》昭公二年韩宣子聘鲁所称“周礼尽在鲁矣”一语，天子礼乐，尽存于诸侯之国，这是极高亦极特殊的评价，可见在当时观念中，国家礼制典章之学，已几乎只存于高门世族之中，为王俭这样的士族代表人物所掌控。

若将琅邪王氏家学与东晋南朝庐江何氏家学比较，更可见王俭之家学传统的特色。魏晋南朝的庐江何氏九世传经，诞生了七位礼学家，尤以何佟之、何胤最为著名。[⑥] 据统计，“何佟之于齐梁两代议礼共计二十二则，……直接引用《周礼》十则，《仪礼》四则，《礼记》十则，《大戴

① 《梁书》卷四一《王承传》，第585页。
② 《梁书》卷四一《王承传》，第585页。
③ 萧统编，李善注《文选》卷四六《王文宪集序》，第654页。
④ 《南史》卷二二《王昙首传》，第612页。
⑤ 《隋书》卷四九《牛弘传》，第1309页。
⑥ 顾涛：《重新发掘六朝礼学——论何佟之的经学地位》，刘玉才、程苏东主编《国学研究》第三十九卷，北京大学出版社，2017，第258页。

礼记》一则，郑玄注二十则，概括《周礼》大义二则，此外尚引用《尚书》一则，《春秋左传》一则，前朝议礼史料五则，司马彪《礼仪志》一则”，[①] 可见何佟之引据经注甚多，史事甚少；王俭则恰恰相反，大量引用汉晋以来的旧制、故事，以故事学为学术根基。

王、何两人的差异不仅表现为引据经注、故事的数量不同，更表现为两人论证方式的不同。今以两人都曾议论过的牲色问题为例，对此略做说明。表1吉1，王俭论郊天牲色，引《郊特牲》、缪袭，说明周牲色骍，曹魏牲色白，据《白虎通义》，三王祭天，一用夏正，曹魏建丑，故牲色白。南齐建寅，用夏正，故应遵循周朝及晋、宋故事，牲色用骍。[②] 王俭面临的主要疑难，就是周朝以来的牲色用骍的传统中，曹魏用白这一特例。用建寅、建丑之别解释通曹魏特例之后，就可以放心地沿袭这一传统了。何佟之则不然，十六年后的建武二年（495），何佟之又面临牲色问题，其议：“周礼以天地为大祀，四望为次祀，山川为小祀。周人尚赤，自四望以上牲色各依其方者，以其祀大，宜从本也。山川以下，牲色不见者，以其祀小，从所尚也。”[③] 与王俭形成鲜明对比的是，何佟之对周、汉以来的牲色传统并不措意，而是截断众流、廓清一切，回到“周礼”本源，分别天地、四望、山川等不同祭祀等级，四望以上牲色各从其方，山川以下从本朝所尚。这是从礼仪本身的结构出发，以经义推理的方式议定所面临的难题。王俭则是立足周、魏、晋、宋的历史传统，牵杂经注作为此传统的辅证，再沿循这一传统。[④]

何胤与何佟之同宗，曾向梁武帝建“正郊丘”之议，我们可通过一则饶有趣味的事例来看何胤对于“故事”“先例”的态度。梁武帝派遣王果向何胤宣诏，何胤不愿出仕，竟邀王果弃官同游。“果愕然曰：‘古今不闻此例。’胤曰：‘《檀弓》两卷，皆言物始。自卿而始，何必有例。’”[⑤] 此即可见何胤对“例”、故事的轻视态度。他极力主张“正郊丘”，反对王俭

① 顾涛：《重新发掘六朝礼学——论何佟之的经学地位》，《国学研究》第三十九卷，第254页。

② 《南齐书》卷九《礼志上》，第120页。

③ 《南齐书》卷九《礼志上》，第139页。

④ 关于何佟之南北郊牲色议的具体分析，详见拙稿《何佟之礼学与礼议再探》，收入本书之中。

⑤ 《梁书》卷五一《处士何胤传》，第737页。

所默认的“郊丘合一”之晋宋故事，也就不难理解了。何胤廓清旧例、回归经典的风格，与王俭沿袭汉晋旧制、前代故事的礼学路数，适成鲜明对比。

王、何两家族皆是南朝望族，在礼学造诣及现实影响等方面，可谓双峰并峙，但他们之于南朝礼制因革的意义，却迥乎不同。王俭卒于南齐，是南朝前半期礼制的总结者；何佟之则由齐入梁，在梁朝《五礼仪注》的修撰工作中大放异彩，是南朝后半期礼制的奠基者。何胤的“正郊丘”也在梁朝得以实现。王、何两家族不仅体现了不同学术风格，更体现了南朝前后两半期礼制的深刻变迁。

除了家学渊源，王俭本人所结成的政治、学术团体，也成为其议礼的强大后盾。讨论王俭礼学，不可不知孔逷、何宪二人，史载“孔逷……好典故学。与王俭至交。……俭为宰相，逷尝谋议帷幄”，“时人呼孔逷、何宪为王俭三公”。[①] 至于何宪，史载其“以强学见知”。[②] 可见王俭朝堂议论，“好典故学”的孔逷与“强学”的何宪当为得力助手。王俭选用孔逷、何宪为自己的亲密幕僚，则其重视汉晋旧制、前朝典故的故事学特色，殆非偶然，乃是有意经营的学术倾向，且有自己的幕僚团队支撑。

在家族、家学以及政治、学术团体这两方面的支持下，王俭学术之于南朝礼制因革的重要意义由此凸显。陈寅恪认为王俭著述“乃南朝前期制度之总和”，这与“衣冠礼乐尽在是矣”的评价有异曲同工之妙。在此前提下，陈氏认为王俭族人王肃北奔，把作为“南朝前期制度之总和”的礼制带到了北朝，故北魏、北齐制度上接汉、晋、宋、齐，乃隋唐制度最重要之源。在陈氏关于隋唐制度渊源的宏大体系中，王俭、王肃是关键人物，王俭之于南朝礼制因革的意义尤为重要。

结　论

陈寅恪将隋唐制度析出三个渊源，除了西魏、北周之源外，汉魏两晋南朝之制度可分为两截，一者为汉魏制度流变至两晋、宋、齐，而为北

① 《南齐书》卷三四《虞玩之传》，第611页。
② 《南齐书》卷三四《虞玩之传》，第611页。

魏、北齐所吸收者，这是东晋及南朝前半期之制度；一者为梁朝创设、陈朝继承之制，即南朝后半期的制度。[①] 通过分析王俭礼议，可知其学术以因循旧制的故事学为根基，而非以经义推理、改造现行制度为特色，这正是南朝前半期礼制因革的整体风格：国家礼仪的日常运作以“因”为主，虽偶有复兴古礼之举，但尚未形成大规模的制礼作乐运动。王俭继承其家门世传之故事学，是汉晋以来、南朝前半期朝仪典章、国家礼制的集大成者，且于南齐政权有佐命之功，鞅掌选举、学术之职，在当时处于士林领袖的地位，又据家学而为南齐礼制议定了许多关键问题，使其延续了汉晋旧制的传统。

而齐梁之际，南朝礼制在整体上发生了比较大的变动，由以“汉晋旧制”为基础的宋齐制度变为据经义体系而改造的梁陈新制，其集中表现，就是梁武帝时期编撰完成的皇皇巨著《五礼仪注》。参与编撰《五礼仪注》的基本是专家经学之士，其纂修宗旨，就是据经学体系而改造汉晋旧制，使南朝前半期的宋齐旧制一转而为后半期的梁陈新制。与南朝礼制变迁相伴而生的，还有制礼观念的转型，所以王俭的故事学才获致牛弘、王绩的违经背古之讥。可见制礼观念从宋、齐到南朝后半期、隋唐之际的变化，由以王俭为代表的故事学风格转变为梁陈以来的循谨经证风格，进而形成隋唐时代重“经证”轻“事证”、重“经义”轻“故事”的议礼规范。这个问题已溢出本篇的范围，此处不赘。[②]

总而言之，不管是因循还是改制，“制度”的核心因素都是“人”。因循旧例不一定就是机械的，追求理论化、体系化也不一定就是理想的，如何活用“故事”以解决现实难题，或如何编织经义以弥缝制度危机，无不体现人的智力活动，也无不彰显人的学术风格。侯旭东主张在人/事关系中认识制度：“返归古代王朝的语境，回到人（无论是圣人、君王还是官员、百姓）/事关系，甚至天道/人事关系中，顺时而观，去认识制度的产生、实态及其变化。”[③] 此观点对重新反思所谓“制度”“制度史”研究具有很大启发，而礼制与其他“制度”最大的不同，就是与学术的关系更加

---

① 陈寅恪：《隋唐制度渊源略论稿》，第3—4页。

② 详见拙稿《经义逻辑与社会关系网络：唐中宗郊天韦皇后亚献议再探》，收入本书之中；《唐代东都庙议的经义逻辑》，《文史》2021年第1辑。

③ 侯旭东：《“制度”如何成为了“制度史”》，《中国社会科学评价》2019年第1期。

密切，礼制变动不仅是人事活动，也是一场场学术议论。故从“人”到“学术”再到“礼制”，把抽象的“礼制”还原到具体的人事关系，还原到人与学术的维度，还原到典章、故事的层面，可以构成研究中古礼制的一条新思路。

第七篇　何佟之礼学与礼议再探

关于南朝礼制之演进，学界已做出不少探索。礼制是由大量典章故事、经义理据组成的复合物，由人在具体情境中通过礼议而运作。应从具体的议礼人物、礼议事件入手，在个案研究的基础上把握南朝礼制因革之大势。我们已对活跃于宋、齐两代的礼家王俭的礼议做过研究，王俭继承其家门世传的朝仪典章、故事之学，是南朝前半期国家礼制的集大成者。就南朝前半期礼制的整体风格而言，国家礼仪的日常运作以因循为主，虽偶有复兴古礼之举，但尚未形成大规模的制礼作乐运动。[①] 主导齐末梁初议礼与制礼的重要人物，首推庐江何氏家族的何佟之。若欲考察南朝礼制在齐梁之际历史情景中的展开，有必要对此时议礼、制礼、治礼的代表人物何佟之做详尽的个案分析。

学界对东晋南朝庐江何氏家族及其门第多有探讨，[②] 具体到礼学层面，顾涛从三个方面论证何佟之在汉唐间礼学与礼制中的地位：主持修撰梁朝《五礼仪注》；在修礼、议礼中表现出精湛的经学修养；庐江何氏家族两百五十余年九世传经的积累，在何佟之身上集中表现出来。又列出何佟之礼议二十二则，并说明何佟之议礼有尊经尊郑的特点，但还缺乏对何佟之礼议取证与推理过程之逻辑方式的具体分析。[③] 何佟之礼议是关于其礼学、

---

① 范云飞：《南朝礼制因革中的王俭“故事学”》，收入本书之中。

② 张宪华：《东晋南朝时期庐江何氏研究》，《安徽史学》1993年第4期；孟聚：《魏晋南朝时期的何氏家族》，中国魏晋南北朝史学会编《魏晋南北朝史研究》，湖北人民出版社，1996，第200—214页；王朋兵：《两晋南朝庐江何氏家族之兴盛述论》，朱万曙主编《古籍研究》2008卷上，安徽大学出版社，2008，第152—158页；王永平：《东晋南朝庐江何氏与诸皇族之婚媾及其仕宦考述》，《东晋南朝家族文化史论丛》，广陵书社，2010，第131—195页。

③ 顾涛：《重新发掘六朝礼学——论何佟之的经学地位》，刘玉才、程苏东主编《国学研究》第39卷，北京大学出版社，2017，第258—259页。

经学仅有的材料，因此，对这些礼议进行文本细读，抽绎其推理论证的逻辑链条，分析其学术特点，并与同时期的礼家对比，就成了理所当然且必不可少的工作。

一 何佟之礼议的经学特质

今所见何佟之礼议，或仅存只言片语，或为平文大义，无甚疑难。今从中挑选内容充实、理据丰富、推理方式复杂的四则礼议，分别是南北郊牲色议、朝日夕月议、明堂配飨议、禘祫及功议，进行重点分析，以期对其礼学、经学特色有更为深切的认识。

（一）南北郊牲色议

先看何佟之的南北郊牲色议。南齐建武二年（495），何佟之奏议认为，据《周礼·牧人》及郑注，"阳祀"当用骍色（赤红色）牺牲，"阴祀"当用黝色（黑色）牺牲。其中南郊祭天、宗庙为阳祀，北郊祭地、社稷为阴祀。而当时南北郊都用玄色之牲，明堂、宗庙、社稷都用赤色之牲，与礼制不合，应当改定。对此，刘绘反驳说，《论语·雍也》云："犁牛之子骍且角，虽欲勿用，山川其舍诸?"山川地祇，为阴祀，为何用骍犊？这岂不跟所谓阳祀用骍犊、阴祀用黝牲矛盾?[①]

刘绘出自经学世家彭城刘氏，曾佐何胤撰治礼仪，经学造诣颇为不浅,[②] 他确实一针见血地击中了何佟之的要害，即《周礼》与《论语》之间的经义矛盾。何佟之回应说：

> 《周礼》以天地为大祀，四望为次祀，山川为小祀。周人尚赤，自四望以上牲色各依其方者，以其祀大，宜从本也。山川以下，牲色不见者，以其祀小，从所尚也。则《论》《礼》二说，岂不合符?[③]

何佟之主要借助《周礼》郑注的分级、分类建立等差序列。《周礼·牧人》

① 《南齐书》卷九《礼志上》，中华书局，1972，第139页。

② 《南齐书》卷四八《刘绘传》，第841页。

③ 《南齐书》卷九《礼志上》，第139页。

把祭祀分为阳祀、阴祀、望祀、时祀四类。郑玄填充这四类的具体项目：阳祀包括南郊祭天、宗庙，阴祀包括北郊祭地、社稷，望祀包括五岳、四镇、四渎，时祀包括山川以下至四方百物。[①]《周礼·肆师》又标举大祀、次祀、小祀之等级，郑注据此填充各个等级的具体名目。[②] 这两处分类、分级本来互不相关，何佟之则将其巧妙地联系起来，并与祭祀牲色关联，由此形成如表1所示的差序结构：

表1　祭祀等级与牲色结构

《周礼·肆师》及郑注	《周礼·牧人》及郑注	何佟之
大祀（天地、宗庙）	阳祀、阴祀（南郊、北郊）	阳祀用骍牲，阴祀用黝牲
次祀（日月星辰、社稷、五祀、五岳）	望祀（五岳、四镇、四渎）	各从其方色
小祀（司命、司中、风师、雨师、山川、百物）	时祀（山川以下至四方百物）	从各朝所尚

如表1所示，在何佟之所构建的差序结构中，阳祀、阴祀中的天地、宗庙之祀为大祀，应该按照阳祀用骍、阴祀用黝的规范用牲；望祀为次祀，按照各从其方色的规范；而山川为小祀，从各朝所尚即可。周朝尚赤色，山川小祀就用赤色之牲，所以《论语》才有骍犊"山川其舍诸"之说。这样一来，《论语》《周礼》就再无矛盾。至于郑玄本人如何解释《周礼》与《论语》之间的矛盾，因文献不足，今已不得而知。不过，何佟之立足于经义理论体系，又使用与郑玄相似的等差序列的思维方式补足郑学的罅隙，就目前对郑学的认识水平来看，何佟之的解决方案与郑学体系最为契合。

实际上，何佟之此议并非前无所承。早在曹魏青龙五年（237），明帝与群臣议改正朔、定牲色，就触及这一问题：

> （魏明帝诏：）天地至尊，用牲当同以所尚之色，不得专以阴阳为别也。今祭皇皇帝天、皇皇后地、天地郊、明堂、宗庙，皆宜用白。

① 《周礼注疏》卷一三《牧人》，阮元校刻《十三经注疏》清嘉庆刊本，中华书局，2009，第1558页。

② 《周礼注疏》卷一九《肆师》，阮元校刻《十三经注疏》清嘉庆刊本，第1658页。

> 其别祭五郊，各随方色，祭日月星辰之类用骍，社稷山川之属用玄，此则尊卑方色，阴阳众义畅矣。[①]

魏明帝一心想改正朔、大改牺牲服章之色。其诏书中提到“阳祀用骍，阴祀用黝”，即郑玄之说，但明帝并不采用郑说，而是另外构建了一个牲色体系：首先，天地大祀“至尊”，应该从各朝所尚之色；其次，五郊次于天地，应各从其方色；最后，日月星辰、社稷山川又次之，可遵用阳祀用骍、阴祀用黝之原则。不难看出，魏明帝的牲色体系与何佟之相似而相反。魏明帝推崇各朝所尚，以便为改革牺牲服章之色张本；何佟之则认为大祀超越各朝所尚，小祀可从各朝所尚。何佟之熟读《礼论》，对此前礼议应十分熟悉，其议与魏明帝之诏具有互文关系，前后相隔二百余年而彼此呼应。魏明帝改定礼制，多依郑学，如郊丘分立之类是也；至于天地牲色，为了满足自己改正朔、易服色的愿望，则自郑学出而又颠倒之。何佟之则严格按照郑学的等差序列的推理方式议定礼制，无怪乎其与魏明帝相似而相反。

除了何佟之，南朝其他礼学家也未尝没有尝试弥缝郑学体系中《周礼》与《论语》的经义罅隙。南齐建元元年（479）讨论南北郊牲色，王俭主要遵循晋、宋故事，一切用骍，这是明显的因循“故事”的特色。[②]皇侃解释《雍也》此章则认为，虽然没有证据表明山川为阳祀（实际上应为阴祀），但山川所用牲色随其方位而变，如果是南方山川，则应用赤色之牲，也就可以用骍犊了。这一解释颇为牵强，因为《论语》所说“山川”并不限于南方。[③]若将何佟之此议与魏明帝、王俭、皇侃等人的对比，更能看出何氏的礼学特质：何氏既不过分推崇各朝所尚，也不一味因循“故事”，也不满足于解通一经一句之义，而是排比相关经文以融贯之，将

---

① 《宋书》卷一四《礼志一》，中华书局，1974，第332页。

② 关于王俭的南北郊牲色议，详见拙稿《南朝礼制因革中的王俭“故事学”》，收入本书之中。

③ 皇侃：《论语义疏》卷六《雍也》，高尚榘点校，中华书局，2013，第131页。孙诒让反驳何佟之，转而采信惠士奇的解释：既然骍色之牲可用于祭天，那么山川之神自然也不会嫌弃，并不是说山川祭祀一定要用骍色之牲。其说亦迂曲难通，不如何佟之贴近郑义。参见孙诒让《周礼正义》卷二三《地官·牧人》，汪少华整理，中华书局，2015，第1110页。

各条经义安排进一个等差序列中，并解决现实问题。

（二）朝日夕月议

永元元年（499），何佟之据郑玄之说，认为应该春分朝日、秋分夕月。此议尤能体现何佟之的思维方式，但义理复杂，文本舛错亦甚。今择要分析如下。①

何佟之首先说明在郑学体系中春分朝日、秋分夕月的理由：

> 《周礼·典瑞》云“王搢大圭，执镇圭，藻藉五采五就以朝日”。马融云“天子以春分朝日，秋分夕月”。②《觐礼》“天子出拜日于东门之外”。[《玉藻》“玄端而朝日于东门之外”。]③ 卢植云“朝日以立春之日也”。郑玄云“端当为冕，朝日春分之时也”。……马、郑云用二分之时，卢植云用立春之日。佟之以为日者太阳之精，月者太阴之精。春分阳气方永，秋分阴气向长。天地至尊用其始，故祭以二至，日月礼次天地，故朝以二分，差有理据，则融、玄之言得其义矣。④

他指出郑玄、卢植之别：郑玄以春分朝日，卢植以立春朝日。三《礼》并无朝日夕月具体日期的明文，故致郑、卢之异。郑玄为何认为春分朝日？为此，何佟之构建了一个天地与日月的等差序列：冬至为阳气之始，夏至为阴气之始；春分阴阳平分，阳气渐长，秋分阴阳也平分，阴气渐长。天地作为至尊的祭祀对象，应该在阴阳二气初始之时祭祀，所以冬至祭天于圆丘，夏至祭地于方泽。而日月等级次于天地，只能在阴阳二气平分且渐长之时祭祀，所以春分朝日，秋分夕月。何佟之的等差结构如表2所示：

---

① 朱明数对郑玄“朝日夕月”的经义结构及清代学者的接受与重构有过分析，故此，本篇对清人关于“朝日夕月”的讨论仅约略及之，重点分析何佟之对马融、郑玄、卢植等人的择从，以及其对郑学的发挥。参见朱明数《清代经学研究中的诠释与构建——以清儒对郑玄及其礼说的理解为焦点》，博士学位论文，北京大学，2020。

② “春分朝日，秋分夕月”是郑玄的观点，而何佟之引为马融之说。详见本篇附录《何佟之朝日夕月议笺证》。

③ 此处有脱文，今据文义径补。详见本篇附录《何佟之朝日夕月议笺证》。

④ 《南齐书》卷九《礼志上》，第140页。

表 2 天地日月祭祀时序等差结构

等级	祭祀对象	祭祀时间	意义	祭服
至尊	天	冬至	阳气之始	大裘无饰
	地	夏至	阴气之始	
其次	日	春分	阳气方永	玄冕三旒
	月	秋分	阴气向长	

这样一来，何佟之就通过构建礼制的等差序列，解释了马融、郑玄所主张的春分朝日、秋分夕月的观点，反驳了卢植立春朝日之说。

顺带一提，马融、郑玄“春分朝日，秋分夕月”的经义来源，除了上述何佟之所构造的等差序列解释方法之外，从现存经传注疏中仍能寻得蛛丝马迹，今尝试论之。《尚书·尧典》：“寅宾出日，平秩东作。日中，星鸟，以殷仲春。”伪孔《传》解释说：“日中谓春分之日。”以“日中”为“春分”。《正义》引郑玄云：“寅宾出日，谓春分朝日。……寅饯纳日，谓秋分夕日。”[①] 这应是郑玄《尚书注》之佚文。据此，《尧典》“寅宾出日”明确是在春分，郑玄又把“出日”与《周礼·典瑞》《仪礼·觐礼》《礼记·玉藻》《大戴·保傅》《大戴·朝事》等篇之“朝日”“迎日”等同起来，由此确定了春分朝日、秋分夕月的体系。

实际上，把《尧典》“寅宾出日”与其他经典中的“迎日”“朝日”联系起来并不始于郑玄，早已见于《尚书大传》：“古者帝王躬率有司、百执事，而以正月朝迎日于东郊，以为万物先而尊事天也；祀上帝于南郊，所以报天德。……迎日，谓春分迎日也。《尧典》曰寅宾出日，此之谓也。”[②] 郑玄曾注《尚书大传》，对此说应非常熟悉，其春分朝日、秋分夕月之说，应该就是受《尚书大传》把“朝日夕月”与“寅宾出日”联系起来的启发。实际上，《尚书大传》此说当为西汉以来今文家经师间流传颇广的一则经说，不仅为马融、郑玄所接受，蔡邕《独断》、韦昭《国语

---

① 《尚书正义》卷二《尧典》，阮元校刻《十三经注疏》清嘉庆刊本，第 254 页。

② 皮锡瑞认为每年有两次迎日，分别是正月（立春）、春分。卢植所谓春朝朝日在立春，指的是正月那次。马融、郑玄说在春分，指的是仲春那次，这样就能兼顾卢、郑两说。但皮锡瑞又以郑说不符《尚书大传》，则是错误的。参见《尚书大传疏证》卷七《周传·略说》，吴仰湘编《皮锡瑞全集》第一册，中华书局，2015，第 327—328 页。

注》也都相信此说。[①] 池田秀三认为郑玄虽然多使用古文经本，但多相信今文经说，于此可添一例证。[②]

据何佟之之议可知，魏文帝下诏根据郑玄“春分朝日”制定礼制，又议定“秋分夕月”之礼。再参以《宋书·礼志》及《通典》，可知魏、晋都依据汉魏经学家“春分朝日、秋分夕月”之制，东晋以来，此礼遂废，刘宋亦未能恢复。直到此时经何佟之倡议，才得以复原。[③] 总结上文所述，郑玄、何佟之“春分朝日、秋分夕月”的经义逻辑与历史进程如图1所示。

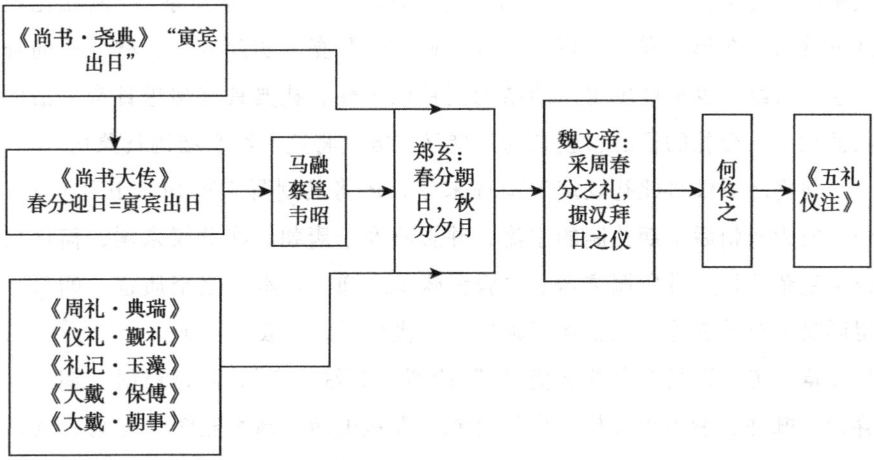

图1　何佟之“朝日夕月”经义—历史逻辑链条

值得注意的是，在从郑玄到何佟之的这条朝日夕月经义—历史逻辑链条之外，还有另外一条逻辑链。曹魏秘书监薛循认为秋分之夕，月在东，若西向拜月，颇为不伦，朝日应在仲春朔日，夕月应在仲秋朏日（每月初三）。[④]

---

① 蔡邕：《独断》卷上，《左氏百川学海》第三册甲集三，《四部丛刊三编·子部》，上海涵芬楼影印瞿氏铁琴铜剑楼藏明弘治癸亥刊本，商务印书馆，1936，第13页；徐元诰：《国语集解·周语上第一》，王树民、沈长云点校，中华书局，2002，第33页。

② 池田秀三「鄭学の特質」渡邉義浩編『両漢における易と三礼』汲古書院、2006、291頁。

③ 何佟之：“佟之谓魏世所行，善得与夺之衷。晋初弃圆丘方泽，于两郊二至辍礼，至于二分之朝，致替无义。江左草创，旧章多阙，宋氏因循，未能反古。”《南齐书》卷九《礼志上》，第140—141页。又参见《宋书》卷一四《礼志一》，第348—349页；杜佑《通典》卷四四《礼四》，王文锦等点校，中华书局，1988，第1231—1232页。

④ 《南齐书》作“仲秋之朔”，《通典》作“仲秋之朏”，“薛循”作“薛靖”。按当以“朏”为是。详见本篇附录《何佟之朝日夕月议疏证》。

当时淳于睿反驳说，据《祭义》“祭日于东，祭月于西，以别外内，以端其位”，东向拜日、西向拜月乃是具有义理基础的固定结构，不能因月之实际方位而改变西向之定位。何佟之也引《礼器》“大明生于东，月生于西，此阴阳之分，夫妇之位也”，说明日、月分东、西，乃是固定的礼义结构，跟日、月的实际方位并无关系。[①]

无独有偶，就在何佟之此议的八年前，北魏太和十五年（491）八月，孝文帝与群臣议朝日夕月，也提出了与薛循同样的问题：秋分月在东而西向拜，与事实不合，且《周礼》并无“秋分夕月”的明文。于是游明根等人从薛循之说，以仲秋朏日夕月，遂改汉魏经师的礼学体系。[②] 两相比较即可看出，在淳于睿、何佟之看来，相比于月亮的实际方位，秋分西向拜月这一由经义逻辑推理得出的结构更具优先性。礼典具有超越日常生活的象征意义，行礼的目的，就是通过展演的方式将这一经义结构具象化。

何佟之不仅将此礼议定于南齐末年，还将其制写入梁朝《五礼仪注》中，成为南朝后半期礼制的主流，并影响及于唐朝。在此议末尾，何佟之设定皇帝朝日夕月所服之服：“服无旒藻之饰，盖本天之至质也，朝日不得同昊天至质之礼，故玄冕三旒也。近代祀天，着衮（三）〔十二〕[③] 旒，极文章之美，则是古今礼之变也。”所谓“玄冕三旒”，乃是根据《周礼·弁师》郑注，衮冕十二旒、鷩冕九旒、毳冕七旒、缔冕五旒、玄冕三旒。[④] 何佟之认为郊天之礼最为质朴，所以天子祭服无旒藻之饰；朝日夕月比郊天次一等，与之相应，祭服的装饰也要高一等，所以用玄冕三旒。唐初显庆元年（656），太尉长孙无忌等奏议说：“又检《新礼》，皇帝祭社稷服绣冕，四旒，三章。祭日月服玄冕，三旒，衣无章。”其所谓“《新礼》”，或许为唐初所修礼典，其中规定的朝日夕月之服正是玄冕三旒，不仅与何佟之观点相同，而且还继承了其祀天至质无文、日月社稷以次渐增旒数的礼义结构。本篇推测，何佟之于南齐末年议朝日夕月时所表达的观点，在数年后主持修撰《五礼仪注》时得以写入礼典中，成为南朝后半期之国家定制，并被唐初所修礼典接受。进言之，何佟之的礼学思想当通过修撰

① 《南齐书》卷九《礼志上》，第141页；杜佑：《通典》卷四四《礼四》，第1231页。

② 《魏书》卷一〇八之一《礼志一》，中华书局，1974，第2749页。

③ “三”当为“十二”之误，详见本篇附录《何佟之朝日夕月议笺证》。

④ 《周礼注疏》卷三二《弁师》，阮元校刻《十三经注疏》清嘉庆刊本，第1845页。

《五礼仪注》而成为南朝后半期的新制，并汇入隋唐制度的巨流。何佟之礼议虽多在齐梁之际，但其意义则在梁、陈乃至隋、唐以后。

透过南北郊牲色议、朝日夕月议，可见何佟之在经典正文所不及、而实际礼典又不可或缺之处，采用等差序列的经义逻辑推理方式，推次礼仪的等差结构，补足经文的罅隙。在何佟之看来，礼论的体系性、结构的完整性，更高于汉晋以来的旧制、故事。以这种思维方式议礼，使何佟之的礼议带有浓重的经学推理色彩。又因何佟之在梁初主持修撰《五礼仪注》，这种具有经学推理色彩的礼学，也在南朝后半期的礼制中留下痕迹，并影响隋唐制度。

（三）明堂配飨议

需要说明的是，何佟之议礼虽有经义推理的结构性、体系性特点，但并非完全不顾现实，而是不屈从现实，不以因循故事为主。他也会通过严密的经义推理的方式来满足现实政治需要，这在两次明堂配飨议的前后变化中体现得尤其明显。

第一次明堂配飨议发生于南齐隆昌元年（494），郁林王萧昭业甫即位，追尊其父萧长懋为世宗。有司奏议应以世祖萧赜（高祖萧道成之子、萧长懋之父）配飨明堂。国子助教谢昙济认为据《祭法》“周人禘喾而郊稷，祖文王而宗武王”，应该“祖宗两配，文武双祀”，也就是世祖萧赜、世宗萧长懋两人配飨。但萧长懋仅由萧昭业追尊为帝，谢昙济明显是为了逢迎时主。助教徐景嵩、光禄大夫王逡之也认为应以萧长懋配飨明堂，许是出于同样目的。①

在此情况下，何佟之说：“周之文、武尚推后稷以配天，谓文皇宜推世祖以配帝。虽事施于尊祖，亦义章于严父焉。”② 他反对以萧长懋配飨明堂，但在表述上极有策略。他认为应该以世祖萧赜配飨明堂，又说这是文皇（萧长懋）推世祖（萧赜）以配，以符合“严父”之义。所谓“严父”出自《孝经·圣治章》：“人之行莫大于孝，孝莫大于严父，严父莫大于配天，则周公其人也。昔者周公郊祀后稷以配天，宗祀文王于明堂以配上帝。”在何佟之以《孝经》为立论基础的语境中，“严父”就是以帝王自

① 《南齐书》卷九《礼志上》，第128页。
② 《南齐书》卷九《礼志上》，第128页。

己的父亲宗祀明堂。但何佟之把“严父”之义推给了萧昭业之父萧长懋，而非萧昭业自己。在何佟之看来，萧长懋并未真正即位，与周公类似，所以应比拟周公之“严父”。萧昭业则相当于成王，就不需“严父”，只需“尊祖”。这样一来，对萧长懋来说有“严父”之义，对当朝皇帝萧昭业来说则有“尊祖”之义，同时也使明堂礼制符合经义，[①] 可谓一箭三雕，非常高明。

第二次明堂配飨议在永元二年（500），此时东昏侯萧宝卷在位。隆昌元年，南齐帝系仅有萧道成—萧赜—萧长懋—萧昭业单传，此时则又有萧鸾一系，萧宝卷为萧鸾之子。此前何佟之认为只应萧赜一人配飨明堂，此时却认为应由萧赜、萧鸾两人配飨，观点发生了变化。他引用《祭法》及郑注而议曰：

> 窃谓先皇宜列二帝于文祖，尊新庙为高宗，并世祖而泛配，以申圣主严父之义。先皇于武皇，伦则第为季，义则经为臣，设配飨之坐，应在世祖之下，并列，俱西向。[②]

他区分作为明堂祭祀之礼的“祖”“宗”与作为宗庙祖先的“祖”“宗”。在此前提下，他认为应尊萧鸾为高宗，并由世祖萧赜、高宗萧鸾两人配飨，泛配五帝。萧鸾为萧赜堂弟，且曾为萧赜之臣，故座次应在其下。国子博士王摛反对，认为周只有文王配飨明堂，何佟之以萧赜、萧鸾两人配飨，与礼制不符。王摛援引《孝经》周公制礼，郊祀后稷以配天，宗祀文王于明堂以配上帝；又《周颂·思文》小序说“后稷配天”，《我将》小序说“祀文王于明堂”，可见只有文王配飨明堂，没有武王。[③] 何佟之认为王摛所引《孝经》“宗祀文王于明堂以配上帝”乃是周公居摄时制定的临时之礼，而《祭法》所谓“祖文王而宗武王”，则是成王即位后制定的正统礼制。

何佟之用周公、成王时代不同解释《孝经》《祭法》之间的矛盾，实

① 《南齐书》卷九《礼志上》，第128—129页。
② 《南齐书》卷九《礼志上》，第129页。
③ 《南齐书》卷九《礼志上》，第129页。

际上导源于郑玄。针对《孝经》“孝莫大于严父，严父莫大于配天，则周公其人也”一句，《群书治要》引郑玄佚注曰：“莫大于尊严其父。尊严其父，莫大于配天，生事敬爱，死为神主也。尊严其父，配食天者，周公为之。”皮锡瑞解释说，武王未受命，周礼定于周公，所以《孝经》专举周公。[①] 在郑玄看来，文王为周公之父，武王为周公之兄，周公既然“严父”，自然只能以其父文王配飨，而不包括武王。何佟之延续这一思路，进一步反诘：如果“宗祀文王于明堂”是成王之礼，那么应该说“严祖”，而不应说“严父”。由此可见，认为“宗祀文王于明堂”乃周公所制之礼，是郑玄之义，又为何佟之继承。郑注《孝经》在南北朝时期早已不再流行，少为学者所习，而何佟之仍能引申郑注之义，可见何氏精通郑学。

何佟之又引郑玄说：“四时迎气于郊，祭一帝，还于明堂，因祭一帝，则以文王配。明一宾不容两主也。享五帝于明堂，则泛配文、武。”此文不见于今本郑玄经注，皮锡瑞定为《郑志》佚文。在郑玄看来，明堂祭祀以天神为宾，以祖先为主。在明堂举行的四时迎气之礼级别较低，天神只有一位（五帝之一），如果以文王、武王两人配飨，就是一宾而二主，不合礼仪。如果享五帝于明堂，天神有五位，就可以用文王、武王二人泛配，五宾二主，合乎礼仪。[②] 这也就是《祭法》所谓“祖文王而宗武王”之意。

对比前后两次明堂配飨议，隆昌元年，何佟之把未曾即位的萧长懋比拟为周公，已经即位的萧昭业比拟为周成王，据《孝经》“严父”之义，以萧赜配飨，如此则萧长懋“严父”、萧昭业“尊祖”，与当时情形最为贴切。永元二年，南齐帝系分为萧赜、萧鸾两支，两支都有正统性，且分别具有世祖、高宗的“祖”“宗”庙号，于是据《祭法》“祖文王而宗武王”之义，两人皆配飨。

不难看出，何佟之的核心证据就是《孝经》与《祭法》，他两次明堂礼议最为关键的两步论证分别是：第一，《孝经》为周公所制之礼，彰显周公“严父”之义，《祭法》则为成王所制之礼；第二，成王所制《祭法》以文王、武王为主，五帝为宾，二主“泛配”五宾。这两步推理，前

① 皮锡瑞：《孝经郑注疏》卷下，吴仰湘点校，中华书局，2016，第69—72页。

② 《郑志疏证》，吴仰湘编《皮锡瑞全集》第三册，第424—426页。

者见于《孝经》郑注佚文，后者见于《郑志》佚文，两处佚文又与《祭法》郑注若合符契（见表3）。而何佟之能综合运用《孝经》郑注、《礼记》郑注、《郑志》等经学材料，可见他对郑玄体系理解之深入，并将其运用到具体的礼典改定中，以适应现实需要。

表3 郑玄、何佟之明堂配飨礼论对照

项目	郑玄		何佟之	
所据经典	《孝经》	《祭法》	《孝经》	《祭法》
行礼时间	周公之时	成王之时	郁林王之时	东昏侯之时
配飨祖先	宗祀文王	祖文王、宗武王	以萧长懋配	以萧赜、萧鸾配

换言之，何佟之前后两次明堂配飨议观点不一致，这并不能说明他违背经义，恰恰相反，这适足以说明何佟之对经学理论体系深造自得。何佟之的明堂配飨理论，与郑玄基于《孝经》《祭法》所建立的周公、成王的明堂配飨制度，两者具有一一对应的同构关系。何佟之并非不顾现实，但他针对现实情况所做的礼议，有精密的经义体系作为支撑。

（四）禘祫及功议

梁朝天监三年（504），何佟之议论宗庙禘祫之祭是否应该有功臣配享，尤能体现其经学体系。自两汉以来，禘祫之礼就是二千年来礼家聚讼不休的一大关键，郑玄、王肃等汉魏经师观点针锋相对，后世学者也各立门户，彼此不同。根据何佟之在禘祫若干基本问题上的择从，就不难看出他所服膺的礼学体系了。何佟之议曰：

> 禘于首夏，物皆未成，故为小。祫于秋冬，万物皆成，其礼尤大。《司勋》列功臣有六，皆祭于大蒸，知祫尤大，乃及之也。近代禘祫，并及功臣，有乖典制。宜改。[①]

此议虽简短，但能看出何佟之对于禘祫之礼的三个基本观点：①禘、祫不同；②祫大于禘；③禘于首夏，祫于秋冬。而这三点恰恰是郑玄关于禘祫

① 《隋书》卷七《礼仪志二》，中华书局，1973，第131页。

的基本主张，今将何佟之、郑玄观点比较如表4所示。

表4　何佟之、郑玄禘祫论对比

何佟之	郑玄
禘、祫不同	三年一祫，五年一禘，百王通义。（郑玄《驳五经异义》）
祫大于禘	禘，大祭也，大于四时而小于祫。（《毛诗》郑笺）
禘于首夏，祫于秋冬	周改先王夏祭之名为礿，故禘以夏；先王祫于三时，周人一焉，则宜以秋。（郑玄《鲁礼禘祫志》）

资料来源：陈寿祺《五经异义疏证》，王丰先点校，中华书局，2014，第54页；《毛诗正义》卷一九《周颂·雝》，阮元校刻《十三经注疏》清嘉庆刊本，第1284、1329页。

考虑到汉魏以来诸儒关于禘祫的各种异论，何佟之礼议的经学特质将更加凸显。关于禘祫异同，刘歆、贾逵、杜预、王肃、郑众、马融等人都倾向于认为禘、祫为一祭之二名，郑玄则以禘、祫不同作为立论基础。至于禘、祫大小，马融、王肃、袁准等人又以为禘大祫小，而郑玄则在祫大禘小的前提下建立其禘祫体系。[①] 何佟之在关于禘祫的诸多基本理论上都与郑玄一致，可见他的经学不尚驳杂，而是专守一家。

至于何佟之此议所引《周礼·司勋》以“大蒸”（蒸、烝通，下文不再另做说明）为祫祭，是否与郑学相符，则存有争议，今尝试析之。《司勋》曰：“凡有功者，铭书于王之大常，祭于大烝，司勋诏之。”郑注：“（有功者）死则于烝先王祭之。”经文所谓“大烝”，指的是作为四时常祭的冬祭之烝，抑或指代祫祭，郑玄并未明言。贾公彦《周礼疏》说：“必祭功臣在冬之蒸祭者，蒸者，众也，冬时物成者众，故祭功臣。”[②] 则显然以“大烝”为冬时常祭。但何佟之直接把大烝理解为祫祭，与贾《疏》不同，这是否意味着违背郑注呢？

其实不然。魏晋南朝以来的学者都认为在郑学体系中，此处的大烝指代祫祭。唐代韦挺等人说：“故《周礼》六功之官，皆配大烝而已。先儒皆取大烝为祫祭。高堂隆、庾蔚之等多遵郑学，未有将为时享。……梁初

---

① 关于汉魏晋南北朝经师关于禘祫的各种说法，参见陈寿祺《五经异义疏证》，第54—67页。

② 《周礼注疏》卷三〇《司勋》，阮元校刻《十三经注疏》清嘉庆刊本，第1818页。

误禘功臣，左丞何佟之驳议，武帝允而依行。降洎周、齐，俱遵此礼。”[①]可见不仅唐人认为在郑学体系中，《司勋》“大烝”就是祫祭，高堂隆、庾蔚之等著名的郑学信徒也都如此理解，无怪乎何佟之直接将“大烝”理解为祫祭。宋代刘敞对以《司勋》之“大烝”为祫祭做了进一步论证：“烝，常祀，无言大者。大烝，其禘祫与？文二年‘大事于太庙，跻僖公者，祫也’，而《外传》谓之烝。此其一隅矣。”[②]可见高堂隆、庾蔚之、何佟之、韦挺、刘敞等人对以“大烝”为祫祭都无异议。

再反过来看贾公彦《周礼疏》以“大烝”为四时常祭，其实并非郑义，而是导源于马融《周礼注》。据《大唐郊祀录》所引马融注之佚文：“烝，冬祭也。臣有功德，则书其功于司马，为主祭之。”[③]不难看出，虽有“疏不破注”之例，但贾《疏》此处对郑注的理解并不符合魏晋以来郑学学者的主流认识，毋宁说更接近马融之学。而何佟之以《周礼·司勋》“大烝”为祫祭，更能接续魏晋以来的郑学传统。

如上所述，何佟之在关于明堂、禘祫等国家礼典重大项目、关键问题的礼议中，都从经学理论体系出发，经过经义推衍得出自己的结论，尤其能传承郑玄的一家之学。这与王俭以因循汉晋“故事”为主的议礼特点，形成鲜明对比。

二 庐江何氏家族中的何佟之及其对梁朝礼制的意义

已知何佟之议礼注重经义理论的体系性与结构性，往往折中于郑学，与因循故事、曲从现实的制礼策略形成对比。接下来对何佟之这种议礼风格为何能在齐梁之际发挥巨大作用、并得以主持梁礼修撰略做解释。关于东晋南朝学术及学风的论述，首推唐长孺区分“南学”“北学”的“经典

① 《旧唐书》卷二六《礼仪志六》，中华书局，1975，第996页；又见于杜佑《通典》卷五〇《礼十》，第1410页。

② 刘敞：《七经小传》，项阳整理，朱维铮审阅，上海书店出版社，2012，第453页。

③ 王泾：《大唐郊祀录》卷九，《续修四库全书》第八百二十一册影印“适园丛书”本，上海古籍出版社，2002，第333页。又据孙诒让《周礼正义》，《群书治要》也引马注佚文曰“冬祭曰烝”，参见孙诒让《周礼正义》卷五七《夏官·司勋》，第2852页。

图式”。唐长孺认为东晋南朝学术有侨、旧之别，北来侨人高门接续魏晋汝颍、河洛新学风，崇尚清谈玄学；江南土著士人则继承汉儒专家经学，未染玄风。[①]

但具体到何佟之，“经典图式”遇到了困难。就学风来说，何佟之明显符合汉儒专家经学之风。但庐江何氏郡望庐江潜县，在今安徽霍山县东北，南渡后侨居江南，家族墓地与寓居地在吴之西山，[②]跟典型的三吴世家尚有距离。越智重明认为东晋南朝南人、北人之分以三国时期魏、吴边界为基准，出身于原吴国疆界之内者为南人，之外者则为北人。扬州庐江郡潜县地属曹魏、（统一之前的）西晋，而同州同郡之寻阳县则原属吴国，故两晋之际的潜县何充为北人，寻阳周访、陶侃为南人。[③]毛汉光认为庐江何氏与三吴地区的吴兴武康沈氏、会稽山阴孔氏等，都因靠近都城建康而得以在晋室南渡后抬升门第，则又强调其与南方世家的相似点。[④]可见每个家族都有自己的特殊性，不能简单地归入侨、旧或南、北的阵营。

我们认为，中古时代个人的学术倾向往往有其家学渊源，也是基于特定情境的选择所致，不能一概归之于地域出身。换言之，相比于“南”“北”出身，家族与个人所选择的策略，可能对其学风有更为直接的影响。我们不如暂时搁置关于东晋南朝学风的“经典图式”，回到当时的历史场景，[⑤]概观东晋南朝庐江何氏家族的命运，并重点考察齐梁之际庐江何氏家族成员在学术上的选择。

关于庐江何氏九世传经的家学积累，顾涛已有详尽论述，本篇不赘。唯需强调的是，庐江何氏是依赖南渡政权而获得政治地位并抬升门第的。庐江何氏家族最早见于历史记载的人物是魏晋之际的何桢，但何桢官至光禄大夫，其子何恽官至豫州刺史，孙何叡官至安丰太守，都是品秩不甚高

---

① 唐长孺：《读〈抱朴子〉推论南北学风的异同》，《魏晋南北朝史论丛》，中华书局，2011，第359—368页。胡宝国对唐长孺的“经典图式”又有更进一步的论述，具体参见胡宝国《从南京出土的东晋南朝墓志推论侨旧之别》，《将无同：中古史研究论文集》，中华书局，2020，第240—241页。

② 《梁书》卷五一《处士何胤传》，中华书局，1973，第738页。

③ 越智重明『魏晋南朝の貴族制』研文出版、1982、175-176、230頁。

④ 毛汉光：《中国中古社会史论》，上海书店出版社，2002，第63页。

⑤ 孙正军：《搁置历史理解的经典图式》，魏斌等：《重绘中古史的可能性》（笔谈），《文史哲》2020年第6期。

的散官、地方官。且何桢以来，主要凭军功、吏干上升，在整个曹魏、西晋时期，庐江何氏的家族门第都较低。直到东晋时何桢之曾孙何充，情况才有所改观。何充为王导妻之姊子，与琅邪王氏有姻亲关系，经王导荐举，何充得以进入东晋中央政局的舞台中心，官至尚书令，居宰相之位。[①] 庐江何氏此前虽然门第不高，但毕竟是一支有力的地方势力，王导有意拉拢、利用都城建康附近的大族。

归根结底，庐江何氏一族的发达从东晋何充开始，是南渡政权起用地方大族的结果。何充之后，庐江何氏门第大大抬升，其后何尚之、何偃父子并处权要，门第进一步提升，虽然不能与王、谢等一流高门相比，但也颇以门第自矜，有“高胄”“荫华”“甲族”“素族”之称。[②] 前揭张宪华、孟聚、王永平之文指出庐江何氏并非一流高门，而是通过与皇室、门阀联姻及事功、实务得以上升的新兴门第；[③] 王朋兵、王永平之文指出何氏家族从何充开始才借助南渡政权得以迅速崛起。[④] 这些论断是符合史实的。

换言之，正因为庐江何氏缺少王、谢高门“平流进取，坐至公卿”的资本，为了抬升门第，他们在婚宦、学术、信仰等方面的策略就显得尤为重要。从历史上看，何氏家族成员的选择颇为多样化。何氏门第抬升主要仰赖长于吏干的何充、何尚之、何偃、何昌㝢、何敬容等家族成员，以及与东晋南朝皇族联姻的外戚，学者论之详矣，此不赘。

门第抬升之后，何氏成员还需信仰、学术方面的策略来维持家门不坠。其一是奉佛，何氏自何充、何尚之以来累世奉佛，家族成员大多崇信佛教、舍宅建寺。[⑤] 其一是玄学，事之者如何尚之、何偃、何戢祖孙三

---

① 《晋书》卷七七《何充传》，中华书局，1974，第 2028—2031 页。

② 《南史》卷一一《郁林王何妃传》，中华书局，1975，第 331 页；《梁书》卷五一《处士何点传》，第 732 页；《南史》卷三〇《何点传》，第 787 页。

③ 张宪华：《东晋南朝时期庐江何氏研究》，《安徽史学》1993 年第 4 期；孟聚：《魏晋南朝时期的何氏家族》，《魏晋南北朝史研究》，第 200—214 页；王永平：《东晋南朝庐江何氏与诸皇族之婚媾及其仕宦考述》，《东晋南朝家族文化史论丛》，第 145 页。

④ 王朋兵：《两晋南朝庐江何氏家族之兴盛述论》，《古籍研究》2008 卷上，第 152 页；王永平：《东晋南朝庐江何氏与诸皇族之婚媾及其仕宦考述》，《东晋南朝家族文化史论丛》，第 132 页。

⑤ 《梁书》卷三七《何敬容传》：“何氏自晋司空充、宋司空尚之，世奉佛法，并建立塔寺；至敬容又舍宅东为伽蓝。”第 534 页。

代;[①] 另外，何点、何胤兄弟精通佛教义学，也与玄学相通。[②] 其一是经学，何胤、何佟之是齐梁之际的大儒，两人先后主持齐梁两朝的制礼工作，顾涛已有论述，此不赘。[③] 其一是典章故事之学与史学，何宪精熟典章故事，是南齐王俭的亲信幕僚;[④] 何之元是史学专家，撰有《梁典》三十卷。[⑤] 不难看出，庐江何氏家族的学术选择非常多元：通脱的玄学清谈与循谨的专家经学，风格差异甚大；追求理想化、体系性的经学，与注重随时而变的典章故事之学，两者也彼此悬绝。但各种学术选择并非不可兼容，多元的学术取向使家族在变动的时代有更强的适应性。

从庐江何氏家族成员的隐逸行为，可以看出他们多元而又协调的选择。何氏的隐逸传统比较突出，隐者辈出，计有何琦、何子平、何求、何点（“大山”）、何胤（“小山/东山”，何求、何点、何胤三兄弟又被称为“何氏三高”）、何炯、何遁等人。[⑥] 其中何炯的事例颇能体现家族策略在

---

① 何尚之“雅好文义，从容赏会”，宋文帝以其为丹阳尹，“立宅南郭外，置玄学，聚生徒”，慕名来学者甚众，时称“南学”。(《宋书》卷六六《何尚之传》，第 1734 页。) 何偃与颜峻“以文义赏会，相得甚欢”，又“素好谈玄，注《庄子·消摇篇》传于世”。(《宋书》卷五九《何偃传》，第 1608—1609 页。) 何戢“美容仪，动止与褚渊相慕，时人呼为‘小褚公’”，颇有名士风度。(《南齐书》卷三二《何戢传》，第 584 页。)

② 何点曾于吴中石佛寺建讲。(《梁书》卷五一《处士何点传》，第 733 页。) 何胤曾于虎丘西寺讲经论，注《百法论》《十二门论》各一卷。(《梁书》卷五一《处士何胤传》，第 738—739 页。)

③ 顾涛:《重新发掘六朝礼学——论何佟之的经学地位》,《国学研究》第三十九卷，第 258 页。

④ 《南史》卷四九《何宪传》，第 1213—1214 页。

⑤ 《南史》卷七二《文学何之元传》，第 1789—1790 页。关于何之元及其学术，参见王仲《何之元与〈梁典〉》,《安徽史学》1992 年第 2 期；金仁义《何之元仕宦考略》,《安徽史学》2018 年第 4 期。

⑥ 东晋何琦似乎是庐江何氏家族可考的最早的隐者，他“养志衡门，不交人事，耽玩典籍，以琴书自娱。不营产业，节俭寡欲，丰约与乡邻共之”。(《晋书》卷八八《孝友何琦传》，第 2293 页。) 宋朝何子平“学义坚明，处之以默，安贫守善，不求荣进，好退之士，弥以贵之”。(《宋书》卷九一《孝义何子平传》，第 2258 页。) 何求隐居吴郡虎丘山，其弟何点“不入城府，而遨游人世，不簪不带，或驾柴车，蹑草屦，恣心所适，致醉而归，士大夫多慕从之，时人号为‘通隐’”。何点老年娶孔嗣女，孔嗣也是隐者。(《梁书》卷五一《处士何点传》，第 732—733 页。) 何点弟何胤于齐梁之际隐于东山，“世号点为大山；胤为小山，亦曰东山”。(《梁书》卷五一《处士何胤传》，第 735 页。) 何求、何点、何胤三兄弟“发迹虽异，克终皆隐，世谓何氏三高”。(《南史》卷三〇《何尚之附何胤传》，第 789 页。) 何炯详下。何遁为何点从弟，“以东篱门园居之，(孔) 稚珪为筑室焉”。(《梁书》卷五一《处士何点传》，第 732 页。) 史称“退让士也”，事迹不详。(《南史》卷四九《何宪传》，第 1214 页。)

仕宦与隐逸之间的平衡。何炯是何胤从弟，也恬退不愿仕进，从叔何昌宇劝说："求、点皆已高蹈，汝无宜复尔。且君子出处亦各一途。"[①]可见隐逸虽然可以为家族和个人带来声誉，但如果只隐逸而不仕宦，也会使家族衰落。何求、何点兄弟就因为隐逸而"禄所不及""温饱无资"。[②]同一家族之人，出处各不相同，但又有一定的配合、互助关系。何敬容热心仕宦、强于吏干，对清谈玄虚之风非常反感，[③]但这并不妨碍他为归隐东山的从兄何胤所亲爱。[④]

总的来看，家族成员在婚宦、学术、信仰等方面有多元化的选择，更利于庐江何氏在变动时代的存续。好比生物种群越有基因多样性，越能适应环境变化，中古家族也是如此。庐江何氏郡望并非汝颍、河洛的核心区，南渡之初门第不高，与侨人高门之间存在差距，又非江南世家。这种处境更能促使何氏成员因应历史情境的变化，有意或无意地做出颇为多样的选择。南、北或侨、旧学风之别的经典图式，对于庐江何氏家族就稍嫌不惬了。

何佟之之所以能在梁初主导议礼、制礼工作，与梁武帝的制礼观念有很大关系。何佟之这种体系化、理论化的经学特色，就恰好在齐梁之际遭逢历史机遇，与同宗的何胤一起，被梁武帝所重视，得以主持梁礼修撰。顾涛指出何胤、何佟之先后主持《五礼仪注》之修撰，两人学养、经历相仿。[⑤]何胤比何佟之低一辈，但年岁更长，成名更早，是梁武帝钦定的"儒宗"，他在梁初学术界的地位自然无可置疑。梁武帝甫即位，就手敕征之，累征不至，梁武帝又派遣何子朗、孔寿等六人就何胤受学。[⑥]梁武帝之所以如此重视何胤，大概是因为何胤的经学素养与梁武帝的改制理念相契。何胤虽不应征，但根据郑玄礼学体系，提出了改革西晋以来郊丘合一局面的"正郊丘"建议。[⑦]三年之后，何佟之再次提出圆丘祭天、南郊祈

① 《南史》卷三〇《何尚之附何炯传》，第794页。

② 《南史》卷三〇《何尚之附何炯传》，第794页。

③ 何敬容曾言："昔晋代丧乱，颇由祖尚玄虚，胡贼殄覆中夏。今东宫复袭此，殆非人事，其将为戎乎?"《梁书》卷三七《何敬容传》，第533页。

④ 《南史》卷三〇《何尚之附何敬容传》，第799页。

⑤ 顾涛：《重新发掘六朝礼学——论何佟之的经学地位》，《国学研究》第三十九卷，第258页。

⑥ 《梁书》卷五一《处士何胤传》，第737—738页。

⑦ 《梁书》卷五一《处士何胤传》，第737页。

谷的分别，经梁武帝裁定，区分了冬至祭天、启蛰祈谷两种祭祀。[①] 即此一例，可见何胤、何佟之与梁武帝在制礼观念上的契合。

以王俭做对比，我们可以通过一个饶有趣味的事例来看何胤对“故事”“先例”的态度。梁武帝派遣王果向何胤宣诏，何胤不愿出仕，竟邀王果弃官同游。“果愕然曰：‘古今不闻此例。’胤曰：‘《檀弓》两卷，皆言物始。自卿而始，何必有例。’”[②] 即可见何胤颇为轻视“例”、故事。他极力主张“正郊丘”，反对王俭所默认的“郊丘合一”的晋宋故事，也就不难理解了。何胤廓清旧例、回归经典的风格，与王俭沿袭汉晋旧制、前代故事的礼学路数，适成鲜明对比。何胤的这种风格与何佟之一致，也得到了梁武帝的极力赏识。何胤虽未应征仕梁，但可以说何佟之在某种意义上替补了何胤在梁朝的位置，通过主持修撰梁礼而发挥自己的历史作用。

梁武帝之所以尽量罗致何胤、何佟之修撰礼典，当是两何的经学积累、制礼观念与梁武帝相契之故。最能反映梁武帝制礼观念的，首推《五礼仪注》。闫宁对《五礼仪注》的修撰过程有详尽考证，他注意到天监元年（502）何佟之请求继续南齐《五礼仪注》未竟的事业，梁武帝下诏说：“顷之修撰，以情取人，不以学进；其掌知者，以贵总一，不以稽古，所以历年不就，有名无实。”[③] 闫宁认为所谓“不以学进”，指的是南齐时代大儒刘瓛以及明山宾、严植之、贺玚、陆琏、司马褧等五礼学士未能参与《五礼仪注》之修撰，五人皆是当时的经学名家。所以梁初修礼，就以何佟之主持其事，上述五位学者分掌五礼。这使《五礼仪注》虽然由齐、梁递修，但梁礼与齐礼颇为不同。[④]

不难看出，梁武帝即位之初为《五礼仪注》定下的基调是“稽古”，选用专家经学之士修撰，与南齐时代王俭主持下的《五礼仪注》大为不同。梁朝参与修撰者诸如何佟之、沈约、明山宾、严植之、贺玚、陆琏、司马褧、伏暅、缪昭、张充、周捨、庾於陵、徐勉等人，大多为经学、礼

① 《隋书》卷六《礼仪志一》，第 108—109 页。
② 《梁书》卷五一《处士何胤传》，第 737 页。
③ 《梁书》卷二五《徐勉传》，第 381 页。
④ 闫宁：《齐梁〈五礼仪注〉修撰考》，《古代礼学礼制文献研究丛稿》，商务印书馆，2018，第 177—217 页。

学专家，几乎囊括了当时第一流的经学家。[①] 据徐勉的《修五礼表》以及梁武帝诏书，可知普通六年（525）《五礼仪注》修成之后，君臣上下对它期待甚高。徐邈称“郁郁文哉”“焕乎洋溢”“悬诸日月”“颁之天下”“皇世大典”，虽然不乏溢美之词，但也可以看出他把梁朝《五礼仪注》当成超越前代的旷世大典。[②]

更值得注意的是梁武帝随后的诏书：

> 诏曰：“经礼大备，政典载弘，今诏有司，案以行事也。”又诏曰：“勉表如此。因革允厘，宪章孔备，功成业定，于是乎在。可以光被八表，施诸百代，俾万世之下，知斯文在斯。主者其按以遵行，勿有失坠。”[③]

梁武帝把《五礼仪注》称为“经礼”，很值得玩味。所谓“经礼”，相当于“礼经”，汉儒以《仪礼》为经礼，《礼记》为传记；郑玄则确立了《周礼》的经礼地位。[④] 除了专指某一部礼经，“经礼”还经常表示更具权威性的、超越具体仪节的“礼”。比如《礼器》所说“经礼三百，曲礼三千”，《中庸》“礼仪三百，威仪三千”，汉儒纬书《孝经说》“礼经三百，威仪三千”，《春秋说》《礼稽命征》同，《礼说》“有正经三百，威仪三千”。[⑤] 虽有“经礼”“礼经”“礼仪”“正经”等名目不同，但都强调相比于具体的仪节制度（“曲礼”“威仪”），还有更高层次、更有权威的“经礼”。[⑥] 梁武帝把《五礼仪注》之撰成称为“经礼大备”，显然是把这部

① 各人之履历学养，参见闫宁《齐梁〈五礼仪注〉修撰考》，《古代礼学礼制文献研究丛稿》，第 193—202 页。

② 《梁书》卷二五《徐勉传》，第 379—383 页。

③ 《梁书》卷二五《徐勉传》，第 383 页。

④ 刁小龙：《郑玄礼学及其时代》，博士学位论文，清华大学，2008；罗健蔚：《郑玄会通三〈礼〉研究》，博士学位论文，台湾大学，2015。

⑤ 《礼记正义》卷一《曲礼上第一》，阮元校刻《十三经注疏》清嘉庆刊本，第 2660 页；赵在翰辑《七纬（附论语谶）》卷十八《礼稽命征》，钟肇鹏、萧文郁点校，中华书局，2012，第 298 页。

⑥ 黄以周总结曰：“经礼者，曲礼之纲；曲礼者，经礼之目。”最为透彻。黄以周：《礼说》卷六“周礼仪礼非古名”条，詹亚园、韩伟表主编《黄以周全集》第十册，上海古籍出版社，2013，第 174 页。

礼典当作超越前代递修之礼典、悬绝于旧制故事、定于一尊、传于万世的旷世大典。吴丽娱、刘安志指出唐人把《大唐开元礼》看作超越具体仪注的“经”，视作关于礼的一般性原则规定，在官修目录中将之归入经部。[①] 而梁武帝把《五礼仪注》视为“经礼”，显然已经开了这一观念的先河。

除此之外，梁武帝还借重经典，为《五礼仪注》做了华丽的包装。在他的这篇诏文中，随处可见对《尧典》“允厘百工，庶绩咸熙”“光被四表”，《论语》“文王既没，文不在兹乎”，《左传》“奉以周旋，弗敢失队”的明征暗引。虽说汉以来诏敕引经早成惯例，但仍能看出梁武帝希望《五礼仪注》接续经典正统、获得经典加持的愿望。

梁武帝如此高自标置《五礼仪注》的“经礼”性质，又屡用经典之文对其进行包装，应该是为了借重经典的权威性来确立本朝礼制的正统性。诏书所言“俾万世之下，知斯文在斯”，就是为了在长程的历史评价中谋求超轶北朝、也超轶前代的统治合法性。为了达成这一目的，自然不能再因循前代故事，只能“稽古”、网罗专家经学之士以经义为基础集体撰礼，并为这一礼典赋予“经礼”的地位。从梁初《五礼仪注》的修撰人选与君臣态度，已经能初步看出梁武帝“据经修礼”“以礼为经”的操作。

概言之，庐江何氏家族既非典型的侨人高门，也不是江南世家，南渡之初门第不高，主要通过婚宦抬升门第，又在信仰、学术等方面维持门第。何氏家族成员在东晋南朝这样的变动时代采取了多样化的策略：或强于吏干，或恬退隐逸；或崇奉佛教，或祖述虚玄；或谨守专家经学，或熟习典章故事。同一家族之内的不同成员，在婚宦、学术上的取径差异颇大，但又有一定的协调关系，保障了家族能因应历史的各种变化。而何胤、何佟之所从事的体系性、理论性较强的专家经学，就在齐梁之际与梁武帝的制礼观念、经学观念高度契合，对梁初以来的南朝后半期礼制发挥巨大影响。

结论　何佟之与梁武帝礼制改革

综上所述，我们在何佟之参与过的众多礼议中，挑选内容较为丰富、

---

① 吴丽娱：《唐礼摭遗——中古书仪研究》，商务印书馆，2002，第 470—480 页；刘安志：《关于〈大唐开元礼〉的性质及行用问题》，《中国史研究》2005 年第 3 期。

论证较为复杂的南北郊牲色议、朝日夕月议、明堂配飨议、禘祫及功议，抽绎其经义推理的逻辑过程，总结其思维方式，认为何佟之非常擅长构建礼制的等差序列，以此融贯群经，弥缝经义罅隙，在不违经义的同时，也满足现实政治需求。顾涛已指出何佟之议礼多引证郑注，其遵从郑玄一家之学之处甚多。本篇则进一步指出，何佟之议礼的经义逻辑构建方式，与郑玄更是深相冥契。

关于郑玄的解经方式，曹元弼早已指出是"本《周礼》以提其纲"。[①]经过百年来学者的不断研究，郑玄具有以《周礼》为纲构建礼学体系的解经特点，几乎没有疑义。[②] 池田秀三认为郑玄礼学的特质除了"体系性"之外别无他物，也就是以《周礼》为经礼而统合三《礼》，乃至统合五经，构建以《周礼》为基干的礼制系统。礼是尊卑差等制度的具象化，祭祀的等级性尤其明显。[③] 乔秀岩以"结构取义"为"郑学第一原理"，包括探索经文的上下结构关系，尤其对于同型并列句，往往理解为尊卑上下等级之差序。[④] 根据学界对郑玄解经方式的一般认识，可以总结为"等差序列"，也就是根据《周礼》构建一个有尊卑上下之等差的礼制结构，并以此结构贯通群经，对经文做出"随文求义"式的解读。对于经文隐晦难明之处，则根据礼制结构的等级差序以推排补充。如果说构建礼制的等差序列是郑玄的基本解经方式之一，应无大过。何佟之议礼注重经义理论的体系性与结构性，往往折中于郑学，与因循故事、曲从现实的制礼策略形成对比。何氏深造于郑学而自得之，其议礼方式对齐、梁以来的礼制造成深远影响。

将何佟之与我们讨论过的王俭进行对比，更能凸显两人各自的特色。王俭、何佟之两人时代接近，年龄相仿，却拥有不同的议礼风格，继承不同的学术传统。王俭议礼以因循"故事"为特色，主要擅长朝仪典章、汉

---

① 曹元弼：《礼经校释》卷一，《续修四库全书》经部礼类第九十四册。

② 具体研究参见史应勇《郑玄通学及郑王之争研究》，巴蜀书社，2007，第 165—174、198—212 页；刁小龙《郑玄礼学及其时代》，博士学位论文，清华大学，2008；罗健蔚《郑玄会通三〈礼〉研究》，博士学位论文，台湾大学，2015。

③ 池田秀三「鄭学の特質」渡邉義浩編『両漢における易と三礼』汲古書院、2006、287-304 頁。

④ 乔秀岩：《郑学第一原理》，乔秀岩、叶纯芳：《学术史读书记》，生活·读书·新知三联书店，2019，第 105—134 页。

晋旧制之学，倾向于因循，不事改作。何佟之议礼则呈现出体系化、理论化经学的特色，擅长基于经注文本，结合现实，依托郑玄礼学体系，构造差序结构，用以解决现实礼制问题。前者重“故事”，后者重“经义”；前者比较务实，后者比较循谨；前者贴近南朝现实，后者追求经义理想；前者主宰于宋、齐两代，后者崛起于天监之世。

王俭等高门华胄累代仕宦，对于朝仪典章、前朝故事极为熟悉，所以自然以其素所擅长的朝仪故事之学为基础来议论礼制，这些人主导下的礼制整体上呈现出因循魏晋的特点。庐江何氏家族则因南渡以来未获第一流高门的地位，家族成员在婚宦、学术、信仰上采取了多元化的选择，很好地适应了各种变化，使家族门第抬升并得以维持。

梁朝初年，武帝选拔当时的第一流经学专家集体修撰《五礼仪注》，使梁朝礼典建立在经典权威的基础之上，与此前所因循之礼迥然有别。以何佟之为代表的专家经学之士之所以能继王俭而起，主导梁初的议礼、制礼工作，是因为庐江何氏家族成员的学术选择契合于梁武帝的制礼观念、经典观念。《五礼仪注》撰成后，梁武帝将它抬高到“经礼”的位置，与经典比肩。如小林聪所言，梁武帝主持修撰的新礼，洗练地构筑了以天子为顶点的礼制秩序；[①] 以新撰之礼为“经礼”，使自己成为经典的守护者、圣人的代言人；又通过经典知识选拔士人，构筑以自己为核心的统治集团。[②] 庐江何氏家族的何胤、何佟之的经学特色与梁武帝的制礼观念、经学观念相契，得以主持齐梁之际的礼制议论与礼典撰作，其所议论之礼制也最终汇入隋唐制度之中。

附录　何佟之朝日夕月议笺证[③]

盖闻圣帝明王之治天下也，莫不尊奉天地，崇敬日月，故冬至祀天于

---

① 小林聡「泰始礼制から天監礼制へ」『唐代史研究（“儀礼と帝権”2004 年度夏期シンポジウム特集）』8 号、2005 年 8 月。

② 详见拙稿《试析南北朝隋唐的改撰〈论语〉现象——兼论梁武帝的制礼思路》，收入本书之中。

③ 以《南齐书·礼志》为底本，较以《宋书·礼志》《通典·礼典》等。《南齐书》卷九《礼志上》，第 140—141 页。

圆丘，夏至祭地于方泽，春分朝日，秋分夕月，所以训民事君之道，化下严上之义也。故《礼》云“王者必父天母地，兄日姊月”。①《周礼·典瑞》云“王搢大圭，执镇圭，藻藉五采五就以朝日”。马融云“天子以春分朝日，秋分夕月”。②《觐礼》“天子出拜日于东门之外”。[《玉藻》“玄端而朝日于东门之外”。]③ 卢植云“朝日以立春之日也”。郑玄云“端当为冕，朝日春分之时也”。《礼记·朝事议》云“天子冕而执镇圭，尺有二寸，率诸侯朝日于东郊，所以教尊尊也”。④ 故郑知此端为冕也。《礼记·保傅》云“三代之礼，天子春朝朝日，秋暮夕月，所以明有敬也”。⑤ 而不明所用之定辰。马、郑云用二分之时，卢植云用立春之日。佟之以为日者太阳之精，月者太阴之精。春分阳气方永，秋分阴气向长。天地至尊用其始，故祭以二至，日月礼次天地，(敬)〔故〕朝以〔二〕分，⑥ 差有理

① 《后汉书》卷六三《李固传》李贤注引《春秋感精符》：“人主日月同明，四时合信，故父天母地，兄日姊月。”第2074页。《宋书》卷一四《礼志一》：“《白虎通》：‘王者父天母地，兄日姊月。’此其义也。”第348页。按：今本《白虎通义》中并没有这一句。陈立疏证《白虎通疏证》卷一《爵》：“爵所以称天子何？王者父天母地，为天之子也。”吴则虞点校，中华书局，1994，第2页。何佟之所引此句的最早出处应该就是《春秋感精符》，至于“《礼》云”，不知何指。

② 《周礼·典瑞》：“王晋大圭，执镇圭，缫藉五采五就，以朝日。”郑注：“天子常春分朝日，秋分夕月。”(《周礼注疏》卷二〇《典瑞》，阮元校刻《十三经注疏》清嘉庆刊本，第1676页。) 按：据此可知“春分朝日，秋分夕月”乃是郑玄的观点，而何佟之引马融之说，盖因马、郑二说相同，何佟之仅举其一。

③ 《仪礼·觐礼》：“天子乘龙，载大旆，象日月、升龙、降龙，出，拜日于东门之外，反祀方明。”郑注：“此谓会同以春者也。”《礼记·玉藻》：“天子玉藻，十有二旒，前后邃延，龙卷以祭。玄端而朝日于东门之外，听朔于南门之外，闰月则阖门左扉，立于其中。”郑注：“端当为“冕”，字之误也。玄衣而冕，冕服之下。朝日，春分之时也。”按：何佟之所引《觐礼》之后的卢植说，不知是何出处。不过其后所引郑玄之说，并非郑玄的《觐礼》之注，而是郑玄的《礼记·玉藻》之注，可见何佟之引《觐礼》之后，必然还引了《玉藻》“玄端而朝日于东门之外”一句，而今本脱落。又按朱彬《礼记训纂·玉藻》“玄端而朝日于东门之外”句引卢注：“朝日，以立春之日也。”可见朱彬也认为何佟之所引的这一句，应该是卢植的《玉藻》之注，而非《觐礼》之注。由此益信此处有脱文，今据文义径补。参见朱彬《礼记训纂》卷一三《玉藻》，饶钦农点校，中华书局，1996，第444页。

④ 《大戴礼记·朝事》：“然后天子冕而执镇圭尺有二寸，藻藉尺有二寸，搢大圭，乘大辂，建大常，十有二旒，樊缨十有再就，贰车十有二乘。率诸侯而朝日于东郊，所以教尊尊也。”

⑤ 《大戴礼记·保傅》：“三代之礼，天子春朝朝日，秋暮夕月，所以明有别也。”

⑥ 《南齐书》校勘记：“(敬)〔故〕朝以〔二〕分 据殿本改。按南监本、毛本、局本作‘敬朝以二分’，《通典·礼典》作‘朝敬故以二分’。”

据，则融、玄之言得其义矣。

汉世则朝朝日，暮夕月。① 魏文帝诏曰："《觐礼》天子拜日东门之外，反礼方明。《朝事议》曰天子冕而执镇圭，率诸侯朝日于东郊。以此言之，盖诸侯朝，天子祀方明，因率朝日也。汉改周法，群公无四朝之事，故不复朝于东郊，得礼之变矣。然旦夕常于殿下东向拜日，其礼太烦。今采周春分之礼，损汉日拜之仪，又无诸侯之事，无所出东郊，今正殿即亦朝会行礼之庭也，宜常以春分于正殿之庭拜日。其夕月文不分明，其议奏。"②

魏秘书监薛循③请论云："旧事朝日以春分，夕月以秋分。案《周礼》朝日无常日，郑玄云用二分，故遂施行。秋分之夕，月多东潜，而西向拜之，背实远矣。谓朝日宜用仲春之朔，夕月宜用仲秋之（朔）〔朏〕④。"⑤

---

① 《汉书》卷二五上《郊祀志上》："十一月辛巳朔旦冬至，昒爽，（师古曰：昒爽，谓日尚冥，盖未明之时也。昒音忽。）天子始郊拜泰一。朝朝日，夕夕月，（师古曰：以朝旦拜日为朝。下朝音丈昭反。）则揖；而见泰一如雍郊礼。"第1231页。《汉书》卷二五下《郊祀志下》："（王）莽又颇改其祭礼，曰：'……其旦，东乡再拜朝日；其夕，西乡再拜夕月。……'"第1265—1266页。《通典》卷四四《礼四》："汉武帝立二十八年，始郊太一，朝日夕月，改周法。其后常以郊泰畤，质明，出行竹宫，东向揖日。其夕，西向揖月。即为郊日月，又不在东西郊，虽朝夕常于殿下东面拜日。群公无四朝之事。"第1231页。按：何佟之所谓"汉世则朝朝日，暮夕月"太简，今据《汉书·郊祀志》《通典》补证之。

② 《宋书》卷一四《礼志一》："魏文帝诏曰：'汉氏不拜日于东郊，而旦夕常于殿下东面拜日，烦亵似家人之事，非事天郊神之道也。'"第348页。《通典》卷四四《礼四》："魏文帝诏曰：'天子拜日东门之外，礼方明也。而汉仪烦亵似家人之事，非尊天之道。'"第1231页。按：魏文帝此诏，《宋书·礼志》《通典》所载皆太简略，然而综合这两处载的魏文帝诏书，可以断定这跟何佟之所引的魏文帝此诏，乃是同一诏，而且何佟之所引最为详细，从中可以看出其推论的逻辑，是全尊郑玄之说的。

③ 《通典》"薛循"作"薛靖"，《魏书·礼志》作"薛谓"。杜佑：《通典》卷四四《礼四》，第1231页；《魏书》卷一〇八之一《礼志一》，第2749页。

④ 《南齐书》何佟之所引薛循之议作"仲秋之朔"，《通典》作"仲秋之朏"。按当以"朏"为是，理由有二。第一，《魏书·礼志》孝文帝诏书曰："昔秘书监薛谓等尝论此事，以为朝日以朔，夕月以朏。卿等意谓朔朏、二分，何者为是?"游明根认为"考案旧式，推校众议，宜从朏月"。两处都作"朏"，而非"朔"。第二，之所以不用秋分之夕，是因为此时月亮往往在东方，而朔日无月，无法拜月而祭，朏日傍晚，月亮正好在西方，宜于西向拜月。故当以《通典》作"朏"为是。参见《南齐书》卷九《礼志上》，第141页；杜佑《通典》卷四四《礼四》，第1231页；《魏书》卷一〇八之一《礼志一》，第2749页。

⑤ 杜佑《通典》卷四十四《礼四》："秘书监薛靖论云：'按《周礼》朝日无常日，郑玄云用二分。秋分之时，月多东升，西向拜之，背实远矣。朝日宜用仲春之朔，夕月宜用仲秋之朏。'"第1231页。

淳于睿驳之，引《礼记》云“祭日于东，祭月于西，以端其位”。[①]《周礼》秋分夕月，并行于上世。[②] 西向拜月，虽如背实，亦犹月在天而祭之于坎，不复言背月也。佟之案《礼器》云“为朝夕必放于日月”。郑玄云“日出东方，月出西方”。[③] 又云“大明生于东，月生于西，此阴阳之分，夫妇之位也”。郑玄云“大明，日也”。[④] 知朝日东向，夕月西向，斯盖各本其位之所在耳。犹如天子东西游幸，朝堂之官及拜官者，犹北向朝拜，宁得以背实为疑邪?[⑤]

佟之谓魏世所行，善得与夺之衷。晋初弃圆丘方泽，于两郊二至辍礼，至于二分之朝，致替无义。江左草创，旧章多阙，宋氏因循，未能反古。[⑥] 窃惟皇齐应天御极，典教惟新，谓宜使盛典行之盛代，以春分朝于殿庭之西，东向而拜日，秋分于殿庭之东，西向而拜月，此即所谓“必放日月，以

---

① 《礼记·祭义》：“祭日于坛，祭月于坎，以别幽明，以制上下。祭日于东，祭月于西，以别外内，以端其位。”

② 按：淳于睿驳薛循，引用《礼记·祭义》“以端其位”，这算是一个理由。但其又引《周礼》“秋分夕月”，实际上《周礼》中并无明文，这是《周礼·典瑞》的郑注之文。

③ 《礼记·礼器》：“是故昔先王之制礼也，因其财物而致其义焉尔，故作大事必顺天时，为朝夕必放于日月，……”郑注：“日出东方，月生西方。”

④ 《礼记·礼器》：“大明生于东，月生于西。此阴阳之分，夫妇之位也。”郑注：“大明，日也。”

⑤ 杜佑《通典》卷四四《礼四》：“淳于睿驳之，引《礼记》云‘祭日于东，祭月于西，以端其位’。《周礼》秋分夕月，并行于上代。西向拜月，虽如背实，亦犹月在天而祭之于坎，不复言背也。犹如天子东西游幸，其堂之官及拜官，犹北向朝拜，宁得以背实为疑?”第1232页。按：“犹如天子东西游幸”一句，其实是下文何佟之的议论，可见《通典》这一段的史源，正是何佟之此议。由于何佟之顺着淳于睿的思路反驳薛靖，所以《通典》就不做区分，直接把淳于睿、何佟之两人的议论拼接在了一起，全都作为淳于睿的驳议。这样虽然不符合历史实情，但是在驳论逻辑上是通顺的，而且文辞大为精简。

⑥ 《宋书》卷一四《礼志一》：“（曹魏）明帝太和元年二月丁亥（朔），朝日于东郊，八月己丑，夕月于西郊，此古礼也。……吴时郎陈融奏东郊颂，吴时亦行此礼也。晋武帝太康二年，有司奏：‘春分依旧请车驾祀朝日，寒温未适，可不亲出。’诏曰：‘礼仪宜有常；如所奏，与故太尉所撰不同，复为无定制。间者方难未平，故每从所奏。今戎事弭息，唯此为大。’案此诏，帝复为亲朝日也。此后废。”第348—349页。《通典》卷四四《礼四》：“明帝太和元年二月丁亥朔，朝日于东郊。八月己丑，夕月于西郊。始得古礼。晋因之。武帝太康二年，有司奏：春分朝日，寒温未适，不可亲出。诏曰：‘顷方难未平，今戎事已息，此礼为大。’遂亲朝日。”第1231页。按：《通典》这段的史源即《宋书·礼志》。据《宋书》《通典》以及何佟之之说，可知曹魏、西晋都是春分朝日、秋分夕月，至东晋、刘宋而此礼废。

端其位”之义也。使四方观化者，莫不欣欣而颂美。〔服无〕旒藻之饰，[①] 盖本天之至质也，朝日不得同昊天至质之礼，故玄冕三旒也。[②] 近代祀天，着衮（三）〔十二〕旒，[③] 极文章之（义）〔美〕，[④] 则是古今礼之变也。礼天朝日，既服宜有异，顷世天子小朝会，着绛纱袍、通天金博山冠，斯即今朝之服次衮冕者也，窃谓宜（依）〔服〕此拜日月，[⑤] 甚得差降之宜也。佟之任非礼局，轻奏大典，寔为侵官，伏追惭震。[⑥]

---

① 《南齐书》校勘记：“〔服无〕旒藻之饰　据《通典·礼典》补。”

② 《周礼·夏官·弁师》：“弁师掌王之五冕，皆玄冕，朱里，延，纽，五采缫十有二，就皆五采玉十有二，玉笄，朱纮。”郑注：“……此为衮衣之冕十二斿，则用玉二百八十八。鷩衣之冕缫九斿，用玉二百一十六。毳衣之冕七斿，用玉百六十八。希衣之冕五斿，用玉百二十。玄衣之冕三斿，用玉七十二。”按：何佟之所谓朝日夕月当用玄冕三旒，出自《周礼·弁师》郑注。

③ “三”当为“十二”之误，理由有二：第一，据《周礼·弁师》及郑注可知，衮冕没有三旒的，只有十二旒的；第二，《通典》引何佟之此议正作“衮冕十二旒”。参见《周礼注疏》卷三二《弁师》，阮元校刻《十三经注疏》清嘉庆刊本，第 1845 页；杜佑《通典》卷四四《礼四》，第 1232 页。

④ 《南齐书》校勘记：“极文章之（义）〔美〕　据《通典·礼典》改。”

⑤ 《南齐书》校勘记：“窃谓宜依此拜日月　按《通典·礼典》‘依’作‘服’。”

⑥ 《通典》卷四四《礼四》：“齐末东昏侯永元元年，何佟之议：‘王者兄日姊月，马、郑用二分，卢植用立春。佟之以为日者太阳之精，月者太阴之精。春分阳气方永，秋分阴气向长。天地至尊，故用其始，而祭以二至；日月次天地，朝敬故以二分，差有理据，则融、玄得义矣。今损汉仪，上采周礼春分之义，又无诸侯之事，无所出于东郊，今正殿即朝会行礼之廷，宜常以春分正殿之廷拜日。其夕月文不分明。佟之谓魏代所行，善得与夺之衷。今请以春分朝于殿廷西，东向而拜日；秋分夕于殿廷东，西向而拜月。此所谓正于日月以端其位。服无旒藻之饰，盖本天至质，朝日不得同昊天至质之礼，故以玄冕三旒。近代祀天，服衮冕十二旒，极文章之美，则是古今礼变。礼天朝日，服宜有异，顷代天子小朝会，服绛纱袍、通天金博山冠，斯即今朝之服次衮冕者也。窃谓宜服此拜日月，甚得差降之宜。’”第 1231—1232 页。按：《通典》所引何佟之此议大为简略，仅保留核心观点。

第八篇 试析南北朝隋唐的改撰《论语》现象

——兼论梁武帝的制礼思路

自先秦汉魏以来，学者就着意搜集整理孔子言行，产生了《论语》、《孔子家语》（以下简称《家语》）、《孔丛子》（以下简称《孔丛》）以及定州汉简《儒家者言》等古籍。① 宋代以来，受理学影响、语录体启发，搜集孔子言行之书渐多，以宋代杨简《先圣大训》、薛据《孔子集语》、明代潘士达《论语外篇》、清代孙星衍《孔子集语》为代表，一直延续到当代。② 从《论语》《家语》《孔丛》到宋以来的类纂孔言之书，晋唐数百年间，似乎颇为沉寂。

实际上，从南北朝后期到隋唐之际，还有梁武帝《孔子正言》（以下或简称《正言》）与王勃《次论语》，但两书久佚，难于论考，古今学者皆以为憾。③ 本篇将钩稽经史小学、类书中的相关材料，结合这一时段的学术思想脉络与政治背景，尝试证明这两书与当时经学风气的关系，阐释其政教内涵和现实目的，庶几填补《论语》《家语》《孔丛》与宋以来类纂孔言之书之间的学术史阙环。

一 梁武帝《孔子正言》的撰述及其经世用意

南北朝隋唐时期《论语》注疏甚多，至于打破《论语》篇章次第，甚

---

① 何直刚：《〈儒家者言〉略说》，《文物》1981 年第 8 期；李学勤：《竹简〈家语〉与汉魏孔氏家学》，《孔子研究》1987 年第 2 期。

② 当代同类之书有：姜义华、张荣华、吴根梁编《孔子：周秦汉晋文献集》，复旦大学出版社，1990；李启谦、骆承烈、王式伦编《孔子资料汇编》，山东友谊出版社，1991；郭沂编撰《子曰全集》，中华书局，2017。

③ 严可均：《孙氏孔子集语序》，郭沂校注《孔子集语校注》，中华书局，2017，第 1 页；郭沂编撰《子曰全集》，前言第 1 页。

至越出《论语》文本范围而搜集整比孔言之书，首推梁武帝《孔子正言》。梁武帝著述甚富，关于儒家经典的著作就有二百余卷，《孔子正言》即其中一种。[①] 此书作者、撰述时间、内容、撰述目的、流布情况，仍多隐晦不明之处，今考证如下。

先说作者与撰述时间。历代书志皆将此书题为梁武帝所撰，似乎并无疑问。然而历代帝王所谓御撰之书，往往是臣工所为，故此问题不得不辨。《艺文类聚》载有梁武帝《撰〈孔子正言〉竟述怀诗》：

> 志学耻传习，弱冠阙师友。爱悦夫子道，正言思善诱。删次起贲沈，杀青在建酉。孤陋乏多闻，独学少击叩。仲冬寒气严，霜风折细柳。白水凝涧溪，黄落散堆阜。康哉信股肱，惟圣归元首。独叹予一人，端然无四友。[②]

《孔子正言》书成之后，梁武帝作诗述怀，并与文士唱和。据《陈书》江总本传，“梁武帝撰《正言》始毕，制《述怀诗》，总预同此作，帝览总诗，深相嗟赏”。[③] 其中“孤陋乏多闻，独学少击叩”等语，乃甘苦自知之言。此诗称“康哉信股肱，惟圣归元首”，暗用《尚书·益稷》之言“元首明哉！股肱良哉！庶事康哉！”，意为国家“庶事”由股肱大臣办理；又暗用《尚书·说命中》：“惟天聪明，惟圣时宪，惟臣钦若，惟民从乂。”孔传将“惟圣时宪”解释为“圣王法天以立教”。[④] 其诗将《孔子正言》之撰作表述为圣王效法天道，只能归于“元首”一人，可见梁武对此书赋予极大意义。

该诗又说“独叹予一人，端然无四友”，所谓“四友”，张华《博物志》载周文王“四友”南宫括、散宜生、闳夭、太颠，孔子“四友”颜渊、子贡、子路、子张。[⑤]“予一人”为天子自称，梁武帝显然以周文王自

---

① 《梁书》卷三《武帝纪下》，中华书局，1973，第 96 页。
② 欧阳询：《艺文类聚》卷五五《杂文部一》，汪绍楹校，上海古籍出版社，1982，第 985 页。
③ 《陈书》卷二七《江总传》，中华书局，1972，第 343 页。
④ 《尚书正义》卷一〇《说命中》，阮元校刻《十三经注疏》清嘉庆刊本，中华书局，2009，第 370 页。
⑤ 范宁校证《博物志校证》卷六《人名考》，中华书局，2014，第 71 页。

比。没有“四友”的辅助，只有“予一人”亲力亲为。该诗前半部分铺陈撰作之艰辛，最后又强调此书乃皇帝亲力亲为的“惟圣时宪”之事，可知《孔子正言》并非浮滥挂名之作，梁武帝对其相当倾注心血。

关于该书撰作的具体过程，所幸亦有史料可征：“高祖撰《五经讲疏》及《孔子正言》，专使（孔）子祛检阅群书，以为义证。”[①] 可知梁武所撰诸书，虽然也有孔子祛等当时优秀经学家的协助，但他们只承担检阅群书、搜集资料的工作，至于义理、主旨，则为梁武钦定。概言之，《孔子正言》虽由梁朝君臣合作完成，但发心创意，始于梁武；撰述主旨，亦定于梁武；书成之后，梁武亦颇为珍重自得。可见此书并非寻常挂名之“御撰”，可在一定程度上说是梁武帝的个人著述。

关于《孔子正言》的成书年代，《述怀诗》曰“删次起实沈，杀青在建酉”，姚振宗考证为起于大同六年（540，庚申），七年（辛酉）杀青。[②] 八年，梁武帝又撰成《孔子正言章句》，并且“诏下国学，宣制旨义”。[③] 可知梁武帝以《正言》为经，又作章句以解释之。至于“宣制旨义”云者，则是命国学之学者为此书大旨撰作义疏，以供士子讲学考试之用，并为该书专门设置国子《正言》生以习之。《孔子正言》有正文，有章句，有旨义，在国学中有专门学生研习以供选举，其在梁朝的地位已与“五经”无异。

《孔子正言》已佚，但内容与性质仍可推知。《隋书·经籍志》载《孔子正言》二十卷，梁武帝撰，属经部《论语》类。[④]《隋志》二级分类之下还有三级分类。《论语》类小序说：“其《孔丛》《家语》，并孔氏所传仲尼之旨。《尔雅》诸书，解古今之意。并五经总义，附于此篇。”[⑤] 可

---

① 《梁书》卷四八《儒林孔子祛传》，第 680 页。

② 姚振宗：《隋书经籍志考证》第一册，刘克东、董建国、尹承整理，王承略、刘心明主编《二十五史艺文经籍志考补萃编》第十五卷，清华大学出版社，2014，第 355 页。谭洁认为据《陈书·戚衮传》，戚衮十九岁受策梁武帝《孔子正言》，太建十三年（582）年六十三岁卒，则十九岁当大同四年，由此反推《孔子正言》538 年已撰成，反对姚振宗之说。参见谭洁《萧衍著述摭录》，陶新民主编《古籍研究》2006 卷下，安徽大学出版社，2006，第 275—285 页。按太建十三年为公元 581 年，由此逆推戚衮十九岁时应为大同三年（537）。谭洁则分别误作 582 年、538 年。又按萧衍本人自述似乎更可信，戚衮传曰其十九岁时对策《孔子正言》云云，或有误记，本篇从姚说。

③ 《陈书》卷二四《袁宪传》，第 312 页。

④ 《隋书》卷三二《经籍志一》，中华书局，1973，第 937 页。

⑤ 《隋书》卷三二《经籍志一》，第 939 页。

知《论语》类之下，又细分为①《论语》类、②《孔丛》类、③《尔雅》类、④五经总义类四个小类。其中②包括《孔丛》《家语》《孔子正言》三种，《孔丛》《家语》皆为纂辑孔子言行之书，《孔子正言》也不应例外，究其名实，应当是搜集《论语》以及其他书籍中的孔子言行、加以整比训释的著作。

除此之外，还有《孔子正言》两则佚文作为内证。第一，《经典释文》引《论语·里仁》“事君数，斯辱矣”的注释：“何云色角反，下同，谓速数也。郑世主反，谓数己之功劳也。梁武帝音色具反。”[①] 何晏读“数”为入声，解为促、速；郑玄读“数”为上声，解为动词；梁武帝读为去声。[②] 第二，《论语·公冶长》“千乘之国，可使治其赋”，《经典释文》解“赋”字曰“梁武云：《鲁论》作傅”，[③] 再次引用梁武帝的注解。关于这两则佚文所属何书，朱彝尊认为梁武帝别有注解《论语》的已佚之书，即为这两则佚文的出处。[④] 此说不确。梁武帝之著述，《梁书》本纪备载之，并未见有关《论语》的其他任何书目。且《隋志》《旧唐志》《新唐志》等史志目录也未载梁武帝有任何专门训解《论语》之书。程树德认为《经典释文》所引或即《孔子正言》之文，极有见地。[⑤] 除了《孔子正言》，很难解释它们还可能出现在梁武帝别的著述中。

梁武帝撰述此书有明确的现实目的。他通过对孔子“正言”做出权威注解，把对圣人之言的解释权掌握在自己手里，从而巩固自己在思想学术领域的权威地位。梁武帝还用此书选拔次等士族、寒人，以落实自己的用人政策，从而进一步巩固皇权。此书并非寻常学术著作，而是如上文所

---

① 陆德明：《经典释文》卷二四，中国国家图书馆藏宋刻宋元递修本。

② 卢文弨认为梁武帝读“数”为去声，与“屡”通。卢文弨：《经典释文考证》，《丛书集成初编》第一千二百零四册据抱经堂丛书本影印，商务印书馆，1935，第 290 页。

③ 陆德明：《经典释文》卷二四。“傅”原作“传”，据卢文弨改。参见卢文弨《经典释文考证》，第 290 页。

④ 朱彝尊撰，林庆彰等主编《经义考新校》卷二一二《论语类》，上海古籍出版社，2010，第 3886 页。另，朱彝尊将《孔子正言》列入“拟经类”，于该书条目下别无所考，只列刘知幾《史通·杂记》篇之言：“梁武帝令殷芸编诸小说，及萧方等撰《三十国史》，乃刊为正言。”见林庆彰等主编《经义考新校》卷二七八《拟经类》，第 5024 页。似乎认为《孔子正言》与萧方等《三十国史》的“正言”相关，实则大谬，姚振宗早有辩驳，所谓萧方等“刊为正言”，乃取诸小说刊定为正文，与梁武帝《孔子正言》无涉。参见姚振宗《隋书经籍志考证》第一册，第 356 页。

⑤ 程树德：《论语集释》卷八《里仁下》，程俊英、蒋见元点校，中华书局，1990，第 283 页。

言，要置于国学，用来选士。《隋书·百官志》云："旧国子学生，限以贵贱，帝欲招来后进，五馆生皆引寒门俊才，不限人数。大同七年，国子祭酒到溉等又表立《正言》博士一人，位视国子博士。置助教二人。"[①] 可见《孔子正言》甫一撰作完成，到溉就建议为之置博士一人、助教二人。另据《南史》到溉本传可知，还置有学生二十人。贺琛又请加置博士一人。助教、学生是否相应翻倍，则未可知。[②]

大同八年颁布《孔子正言章句》并撰成"旨义"之后，梁朝正式以此选士。袁宪即于是年被召为国子《正言》生，受学一年之后，其父袁君正与国子博士周弘正命袁宪与名儒谢岐、何妥辩论经义。袁宪虽年仅十五岁，但机锋往复，众人敬服。[③] 袁宪等人所辩论的，应该就是关于《孔子正言》的经义。除此之外，戚衮十九岁策试《孔子正言》，得高第；[④] 张讥十四岁通《孝经》《论语》，受学于周弘正，大同年间召补国子《正言》生。[⑤] 以上三人皆是因《孔子正言》而选进之士，其中袁宪、张讥两人都从周弘正受学，且袁宪召为国子《正言》生后，明确可知由周弘正主持辩论，则大同七年梁武帝为《孔子正言》所置的国子博士，很可能就是梁末大儒周弘正。不过周氏本传只载其曾为国子博士，未说是何科目。[⑥] 周弘正博通群经，尤以《易》学知名，但于《论语》也是专家，入陈后为东宫讲授《论语》《孝经》，撰有《论语疏》十一卷。[⑦] 而《孔子正言》又以《论语》为撰述基础。这样看来，周弘正或许就是国子《正言》博士。

上述袁宪、戚衮、张讥等人入国子学研习《孔子正言》之时，皆年未及弱冠，说明当时把《正言》当作难度比《论语》高不了多少的经典，大概主要供十四岁至二十岁的少年学习，以期尽早发现可用之才。这也说明《孔子正言》的章句、旨义并非烦琐义疏，而是清通易懂、便于传习的大义。

---

① 《隋书》卷二六《百官志上》，第724页。《通典》亦引用这则材料，但省略了到溉表立《正言》博士的内容。见杜佑《通典》卷二七《职官九》，王文锦等点校，中华书局，1988，第766页。

② 《南史》卷二五《到溉传》，中华书局，1975，第679页。

③ 《陈书》卷二四《袁宪传》，第312页。

④ 《陈书》卷三三《儒林戚衮传》，第440页。据第146页注②，戚衮本传所载年龄或许有误。

⑤ 《陈书》卷三三《儒林张讥传》，第443页。

⑥ 《陈书》卷二四《周弘正传》，第307页。

⑦ 《陈书》卷二四《周弘正传》，第309—310页。

尤其值得注意的是，此前国子学皆以门阀选拔学生，而梁武帝所设五馆则引用“寒门俊才”，且不限人数。其于此时推出《孔子正言》，应该也是为选拔寒门俊才别开一途。如所周知，南北朝皇权集中，寒士崛起，这两个趋势相辅相成。南朝前期，占据尚书机构领导职位、执掌国政者多为南渡侨人；梁武帝多用江南“寒士”为中书舍人，用人政策为之一变，南朝侨、旧结构也发生转折。[①] 与之相应，梁武帝也以个人才学取代门第，提倡“才学主义”的取士观念，为寒人入仕开辟道路，是隋唐科举制度的先驱和直接渊源。[②] 皇帝与寒士在权力结构上相依为援，在制礼观念上声气相通。而《孔子正言》之问世，一方面为皇帝选用寒士打开方便之门，另一方面在制礼观念与意识形态领域强化了“圣言”的权威，可谓一举两得。

前文已提及梁武帝撰作《孔子正言》有“惟圣时宪”、自己作为圣王效法天道的意义，又以此书选士，可见梁武帝希望借由国家力量，确立《孔子正言》方驾六经的地位与权威性。概言之，《孔子正言》既是梁武帝用于选拔寒门士族的工具，也是其所构造的意识形态国家机器的组成部分。[③]

---

① 周一良：《南朝境内之各种人及政府对待之政策》，《魏晋南北朝史论集》，商务印书馆，2020，第 68—70 页；祝总斌：《两汉魏晋南北朝宰相制度研究》，北京大学出版社，2017，第 188—189、307—308 页。

② 宫崎市定：《九品官人法研究》，韩昇、刘建英译，中华书局，2008，第 19 页；唐长孺：《南北朝后期科举制度的萌芽》，《魏晋南北朝史论丛续编》，中华书局，2011，第 141—148 页；谷川道雄：《隋唐世界帝国的形成》，马云超译，九州出版社，2020，第 152 页。

③ 《孔子正言》似乎并非梁朝纂类整理孔子之言的孤例。《隋书》卷三二《经籍志一》经部《论语》类著录《孔丛》七卷，题孔鲋撰。附注：“梁有《孔志》十卷，梁太尉参军刘被撰，亡。”第 937 页。刘被生平不详，《孔志》的内容也难以确知。所幸《册府元龟》中尚存两条线索。其一曰：“汉孔鲋，为陈胜博士，撰《论语义疏》三卷。”其二曰：“刘被为太尉参军，撰《论语孔志》十卷。”附注曰：“述孔鲋《义疏》。”《册府元龟》卷六〇五、六〇六《学校部（九）·注释一》，周勋初等校订，凤凰出版社，2006，第 6973、6989 页。所谓《论语义疏》，姚振宗已辨其误。但姚氏认为刘被据《孔丛》而撰《义疏》，又引申为《论语孔志》十卷，则又为无据之言。见姚振宗《隋书经籍志考证》第一册，第 352—353 页。窃以为此《论语义疏》当为《孔丛》之误。“丛”“义”形近而讹，“孔”“疏”形近而讹，“孔丛”形讹且又误倒为“义疏”，后人不知者遂妄改为“论语义疏”。虽《册府》这两条舛误颇甚，但仍能看出刘被《孔志》乃是为申述《孔丛》而撰，故《隋志》附注《孔丛》之下，又与《孔子正言》一样，归入《论语》类《孔丛》小类。除此之外，《隋书》卷三二《经籍志一》在《孔子家语》条目下附注曰：“梁有《当家语》二卷，魏博士张融撰，亡。”第 937 页。张融《当家语》内容、性质不明。姚振宗认为此书可能跟王肃《圣证论》类似，是平议《家语》之是非者，有元行冲《释疑论》为证。此说近是。参见姚振宗《隋书经籍志考证》第一册，第 354 页。

就经典观而言，梁武帝突破了《论语》的文本结构，以孔子之言为核心撰作《孔子正言》，赋予此书“惟圣时宪”的意义，认为是圣王（他自己）改撰的经典；又为之作章句、旨义，立于国学、选拔士人，把此书抬到了与“五经”相等的地位。梁武帝再造经典，向天下臣民传达这样的信息：自己是经典的守护者，也是圣人的代言人，自己与经典合二为一。在经典（包括原本的经典与自己所改撰的新经典）的基础上，梁武帝绕过经典的文本形式与烦琐的义疏科段，回归“正言”本身的权威，以构建梁朝统治合法性的意识形态基础。就这样，梁武帝改经、拟经，以经取士，通过选拔寒门士人巩固皇权，他借助《孔子正言》构筑了一个统治逻辑的闭环。在他的统治逻辑中，其所改撰的经典在政治层面发挥经世功能。

二　王勃《次论语》及其学术源流

继《孔子正言》之后，突破《论语》篇章结构的，还有唐初王勃《次论语》一书。[①] 关于其书内容与主旨，杨炯《王勃集序》介绍说：

> 君又以幽赞神明，非杼轴于人事；经营训导，乃优游于圣作。于是编次《论语》，各以群分，穷源造极，为之诂训。仰贯一以知归，希体二而致远。为言式序，大义昭然。[②]

所谓“编次《论语》”，指该书的撰作方式，史志所载《次论语》，则为其书名。据“各以群分”，可知该书将《论语》篇、章重新排序而改编之。《论语》各篇之间、篇内各章之间大多并无内容、义理上的联系，王勃则“群分”而“编次”之，重新归类，又从而“为之诂训”。所谓“次论语”之“次”，即“编次”之意。据旧、新《唐志》所载该书卷数，推测本应为五卷十篇，流传过程中析为十卷。从杨炯“编次《论语》”一语推测，

① 《旧唐书》卷四六《经籍志上》载作五卷，中华书局，1975，第 1981 页；《新唐书》卷四七《艺文志一》载作十卷，中华书局，1975，第 1444 页。

② 祝尚书：《杨炯集笺注》，中华书局，2016，第 281 页。对原书标点有所调整。

王勃此书的取材范围应该仅限于《论语》，而不旁及其他，与《孔子正言》或许有所不同。

关于王勃《次论语》的内容与性质，还可通过史志目录之著录情况加以印证。《旧唐志》以毋煚《古今书录》为本，《古今书录》导源于《开元群书四部录》，反映开元间官方藏书。[①]《旧唐志》隐含三级分类，比如经部《论语》类以何晏《论语集解》起首，接着大体按年代顺序著录郑玄、王肃等人注解，王勃《次论语》五卷即在此类之末，本篇称之为“注解类”；其下又以东晋徐邈《论语音》起首，是为“音义类”；其下又以郑玄《论语释义》起首，是为“义注类”；其下又以郑玄《论语篇目弟子》起首，是为“名氏谱类”；其下又以王弼《论语释疑》起首，是为“论难类”；最后则为“义疏类”。值得注意的是，王勃《次论语》被归入《论语》注解类，与郑玄、王肃等注并列，按照时代顺序排在最后。[②] 这说明《次论语》只是对《论语》加以“群分”“编次”，并未增删；王勃又“为之诂训”，既然加以训解，则可归入注解类。[③]

欲探明王勃《次论语》的经学史意义，就不得不提与之同时的另一部著作——魏徵《类礼》。魏徵认为《礼记》编次不合理，于是重编为《类礼》二十卷，“以类相从，削其重复，采先儒训注，择善从之”。[④] 不难看出，魏徵《类礼》与王勃《次论语》的编撰体例几乎相同，都是不满《礼记》《论语》本来的篇章结构，于是重新分类，或“以类相从”，或“各以群分”，再训解经文。《旧唐志》载魏徵《次礼记》二十卷，[⑤]《新唐志》于《次礼记》下注曰“亦曰《类礼》”。[⑥] 可知《类礼》又名《次礼记》，与《次论语》之“次”，皆为重新编次、改撰之意，两书显然是同一学术理念的产物。

《次礼记》《次论语》有共同的学术渊源，即隋末大儒王通。魏徵是王

---

① 马楠：《〈新唐书艺文志〉增补修订〈旧唐书经籍志〉的三种文献来源》，《唐宋官私目录研究》，中西书局，2020，第50—51页。

② 《旧唐书》卷四六《经籍志上》，第1981—1982页。

③ 《新唐书》卷五七《艺文志一》，王勃《次论语》附于经部《论语》类的唐人著述小类，第1444页。

④ 《旧唐书》卷七一《魏徵传》，第2559页。

⑤ 《旧唐书》卷四六《经籍志上》，第1973页。

⑥ 《新唐书》卷五七《艺文志一》，第1434页。

通的学生，王勃为王通之孙。关于王通《续六经》与魏徵《类礼》在思想观念上的一脉相承，吴丽娱认为，为了区别于上古国家，隋唐要建立帝制时代的王道正统观和新标准，需要批判流于章句浮辞的传统经学，实践经典的终极理念、追求终极意义，改撰新经典。王通《续六经》、魏徵《类礼》只是开端，其后还有中唐以后新经学的兴起。在隋唐之际大变革的背景下，新的经学风气与新的意识形态国家机器，两者紧密相关，前者为后者提供了经典支撑与理论依据。[①] 另外，王通《中说》为拟《论语》之书，学者认为从《中说》可看出王氏七世相传的经世济民之道，王勃继承祖父王通《中说》等学问，并对王通的学术精神有极为深刻的认同。[②]

这样说来，魏徵、王勃的学术理念都导源于王通。王通《续六经》《中说》是续经、拟经之书，远远超越义疏对经典的诠释界限。魏徵、王勃的《次礼记》《次论语》则与之相副，打破原有的篇章结构，通过改撰编次而回归经典本身。我们甚至可以大胆推测，《次礼记》《次论语》可能本来就在王通的著述计划中，由弟子、子孙续成之。《礼记》为礼乐之准绳，《论语》为圣言之渊薮，故唐初成此两书，可能大有深意。据说《类礼》的次第伦叙有“先后缓急、轻重大小之义”“经权常变之宜”，应该是对制礼作乐、治国理政具有现实指导意义的书。[③] 以此推之，《次论语》或亦有以孔子之言指导现实政治的用意。

如上文所述，梁武帝《孔子正言》已开重新编次孔言之先河，梁武帝与王通在学术上未必全无关系。首先，王通先祖在晋、宋时代仕于南朝，[④] 其家学与南朝学术渊源颇深。唐长孺指出王通经学与北朝章句义疏、名物训诂的治经传统相去甚远，反而近于重视义理的南学。[⑤] 祝总斌也强调王通家传经学属南学而非北学。[⑥] 其次，梁武帝撰成《孔子正言》（541）距

① 吴丽娱：《从王通〈续六经〉到贞观、开元的改撰〈礼记〉——隋唐之际经典意识的变化》，《中华文史论丛》2017 年第 3 期，第 39—40 页。

② 池田恭哉『南北朝時代の士大夫と社會』研文出版、2018、301-310 頁。

③ 金恕：《类礼义疏序》，曾枣庄主编《宋代序跋全编》卷四四《书（篇）序》，齐鲁书社，2015，第 1179 页。

④ 关于王通家世，参见守屋美都雄《六朝门阀：太原王氏家系考》，梁辰雪译，中西书局，2020，第 151—167 页；李小成《文中子考论》，上海古籍出版社，2008，第 21—31 页。

⑤ 唐长孺：《魏晋南北朝隋唐史三论》，中华书局，2011，第 447—449 页。

⑥ 祝总斌：《关于王通〈续六经〉与〈中说〉》，《中华文史论丛》2015 年第 2 期。

离王通出生仅四五十年,[①] 且《孔子正言》撰成后在南朝广为传习，至盛唐开元年间犹存。[②] 隋朝统一后，南朝经学大盛,[③] 王通生长于此时，极有可能亲见其书，从而启发了自己重新编次孔子之言的学术思想。最后，更重要的是，梁武帝改经、拟经与王通续经有相似的撰述意旨。一般认为王通续经有荡清章句义疏、为大一统新时代奠定新经学基础的用意。[④] 梁武帝也有制礼作乐、确立正统、传之万世的雄心，典型证据是他把自己主持修撰的一代巨典《五礼仪注》称为“经礼”，与“五经”比肩,[⑤] 这与他把《孔子正言》抬升为经典颇为类似。梁武帝改经、拟经的学术理念，在从《孔子正言》到王通、再到王勃《次论语》等书的展开脉络中，仍可约略寻出端倪。

从隋唐之际到盛唐，王通、魏徵、王勃秉持的经典观念仍传承不辍。玄宗曾命元行冲等人为魏徵《类礼》撰义疏五十卷。[⑥] 书成之后，玄宗欲立于学官，却因张说反对而不果，元行冲愤而作《释疑论》以申明己意。[⑦] 吴丽娱认为魏徵《类礼》与元行冲《类礼义疏》“摒弃前人专重章句训诂的旧义疏学，从而追求经典本意，直达古人的原始精神和境界”，在学术精神上一脉相承。[⑧]

巧合的是，元行冲正是修撰《旧唐志》的底本《开元群书四部录》的主持者。[⑨] 元行冲既撰《类礼义疏》，又主撰《开元群书四部录》，则该目

---

① 王通生卒年记载不一，具体参见李小成《文中子考论》，第 53—59 页。

② 《孔子正言》著录于《隋志》；《孔子正言》《次论语》两书见于《旧唐志》《新唐志》，且均不见于《崇文总目》。根据《隋志》《旧唐志》《新唐志》的文献来源，可知两书应亡佚于开元至北宋初年之间。参见马楠《〈新唐书艺文志〉增补修订〈旧唐书经籍志〉的三种文献来源》，《唐宋官私目录研究》，第 49—80 页。

③ 皮锡瑞：“天下统一，南并于北，而经学统一，北学反并于南，此不随世运为转移者也。”皮锡瑞：《经学历史》，周予同注释，中华书局，2008，第 193 页。

④ 李小成：《文中子考论》，第 142—143 页；又见吴丽娱《从王通〈续六经〉到贞观、开元的改撰〈礼记〉——隋唐之际经典意识的变化》，《中华文史论丛》2017 年第 3 期。

⑤ 《梁书》卷二五《徐勉传》，第 383 页。详见拙稿《何佟之礼学与礼议再探》，收入本书。

⑥ 《类礼》共五十篇，盖以一篇为义疏一卷。王溥：《唐会要》卷三六，上海古籍出版社，1991，第 759 页。

⑦ 《旧唐书》卷一〇二《元行冲传》，第 3178—3182 页。

⑧ 吴丽娱：《从王通〈续六经〉到贞观、开元的改撰〈礼记〉——隋唐之际经典意识的变化》，《中华文史论丛》2017 年第 3 期，第 6 页。

⑨ 《旧唐书》卷一〇二《元行冲传》，第 3178 页；《新唐书》卷一九九《儒学马怀素传》，第 5682 页。

录当能体现其学术思想。果不其然，王勃《次论语》就被置于《旧唐志》经部《论语》注解类，与其他古注、集解并列，不因其对《论语》重新编次而被区别对待，仍被视为经典。

至于《旧唐志》经部礼类之《小戴礼记》古注小类，则著录如下书目：

《小戴礼记》二十卷（戴圣撰，郑玄注）。
又三十卷（王肃注）。
又三十卷（孙炎注）。
又十二卷（叶遵注）。
《礼记宁朔新书》二十卷（司马伷序，王懋约注）。
《次礼记》二十卷（魏徵撰）。①

魏徵《次礼记》置于郑玄等古注之后，也不因其"改撰"而有所轩轾。元行冲《释疑论》开篇论述《礼记》学术史，与上述《旧唐志》的著录适可形成对应：

小戴之《礼》，行于汉末，马融注之，时所未睹。卢植分合二十九篇而为说解，代不传习。郑因子干，师于季长。属党锢狱起，师门道丧，康成于窜伏之中，理纷拿之典，志存探究，靡所咨谋，而犹缉述忘疲，闻义能徙，具于《郑志》，向有百科。章句之徒，曾不窥览，犹遵覆辙，颇类刻舟。王肃因之，重兹开释，或多改驳，仍按本篇。又郑学之徒，有孙炎者，虽扶玄义，乃易前编。自后条例支分，箴石间起。马伷增革，向逾百篇；叶遵删修，仅全十二。魏公病群言之错杂，紬众说之精深。经文不同，未敢刊正；注理睽误，宁不芟砻。成毕上闻，太宗嘉赏，赉缣千匹，录赐储藩。②

元氏上文所列《礼记》诸注本，除了马融、卢植注不传之外，其他郑玄、

---

① 《旧唐书》卷四六《经籍志一》，第 1973 页。
② 《旧唐书》卷一〇二《元行冲传》，第 3178—3179 页。

王肃、孙炎、司马伷、叶遵、魏徵诸书，与《旧唐志》之著录一一对应。《旧唐志》之所以如此著录的微旨，也必须与《释疑论》参证方得彰显：诸家注本对小戴原本的分篇次第大多皆有改撰，比如卢植分合二十九篇，郑玄分为百科，王肃遵从小戴原本次第，孙炎又改易前编，司马伷则增革上百篇，叶遵又删修只保留十分之二。一直到魏徵，更是对《礼记》做出了大刀阔斧的改撰，重编为《类礼》。

由此可知《旧唐志》对诸书条目并非简单罗列，而是想借此构建一种经学史叙事：对经典进行改撰编次是可以的，这无损于经典的权威，反而会因为次第更加合理而强化经典的权威性，更能由此跃出传统经学章句义疏的文字牢笼，为接近经典本初的意义提供新的途径。若无《释疑论》，《旧唐志》如此编排的深意终将湮晦而不彰矣！《旧唐志》经部《论语》类中，《次论语》被置于《论语》诸种古注之后，也大概是要表达类似的思想：虽然重加编次，但无损于其作为《论语》所具有权威性，反而对此前烦琐的义疏有摧陷廓清之效，通过合理的编次、简明的训解，更易进入圣言的堂奥。

总而言之，梁武帝改经、拟经于前（包括以《五礼仪注》为“经礼”、立《孔子正言》于国学以取士）；王通拟经、续经于后（包括《中说》及《续六经》）；魏徵、王勃又继承王通的学术理念，重新编次《礼记》《论语》，撰成《次礼记》《次论语》；元行冲又在唐玄宗的支持下撰《类礼义疏》，作《释疑论》为之辩护，又据此学术观念修撰《开元群书四部录》，呈现于《旧唐志》中，王勃《次论语》也在《旧唐志》中归入经部《论语》类。他们打破经典的文本形式，跳出烦琐章句，回归经典与圣言本身，也在隋唐时代持续发挥影响。

三　南北朝隋唐之际的经学新风

从南北朝后半期到隋唐之际，政权从分立走向统一，学术也从分裂走向融合。经学得风气之先，早做内部调整，以呼应时代巨变。在南北朝隋唐的经典诠释实践中，有两种截然相反的经典观念：一种是义疏学中的科段解经法，认为经文的文本结构、篇章组织有一定不可易之序，且其中蕴含义理，[①] 但这种解经法因不敷实用而渐趋衰亡，[②] 皇侃《论语义疏》关于《论语》篇章次第的科段之说亦后继乏力；另一种则是本篇所述的重新编次孔言之书。前者注重文本形式，后者强调回归孔子“正言”本身。若着眼于文本形式与结构，只能越来越追求纸面说理之圆融、说理形式之精巧，对于实际的治国理政、制礼作乐作用不大；跳出科段，回归孔言，则更易把握经文大义，从而更好地发挥经学的经世功能。

两种经典观念相持，后者渐占上风。这种冲破烦琐的章句义疏之学、改撰经典、回归原典的理念，遂浸然扇动经学史的新风。以“改撰《礼记》”为例，吴丽娱指出从王通《续六经》到魏徵《类礼》，是摒弃旧义疏学、追求经典本意、直达古人原始精神和境界的尝试，有为中古王朝新撰“经典”、引领国家和社会变革的用意，这也是中唐至北宋经学新风气的源头。[③]

据上文论证，可知梁武帝《孔子正言》、王勃《次论语》都跃出了《论语》原本篇章次序的藩篱，通过回归孔言本身而更方便地领会其原初精神。王勃继承王通家学，王通之弟王绩称颂乃兄之学“依经正史”，[④] 批评王俭《礼论》“周、孔规模，十不存一”，[⑤] 可见其家学蕴含着回归周、孔原典的学术理念。这一理念又先后为魏徵、元行冲继承，他们皆有意于抛弃烦琐章句、回到经典原文，为现实政治提供指导。而究其渊源，梁武帝《孔子正言》对孔言的搜集整理早已导夫先路。梁武帝、王勃两书通过

---

① 义疏的重要文体特征之一就是科段，参见牟润孙《论儒释两家之讲经与义疏》，《注史斋丛稿》，中华书局，2009，第147—151页；乔秀岩《义疏学衰亡史论》，生活·读书·新知三联书店，2017，第17页；高亮《两晋南北朝隋唐义疏研究》第五章“义疏科段研究”，博士学位论文，山东大学，2020，第270—321页。另外，焦桂美也早已注意到皇侃《论语义疏》把《论语》二十篇之篇序理解为绝对的前后相次关系，并对其主观随意性做出批评。参见焦桂美《〈论语集解义疏〉篇序初步研究》，《广西社会科学》2008年第11期。

② 乔秀岩认为唐初《五经正义》受隋朝二刘学术风貌的影响，力主排斥附会。从南北朝到隋唐，义疏学逐渐衰亡。乔秀岩：《义疏学衰亡史论》，第142—144页。

③ 吴丽娱：《从王通〈续六经〉到贞观、开元的改撰〈礼记〉——隋唐之际经典意识的变化》，《中华文史论丛》2017年第3期。另外，吴丽娱认为还有以何承天《礼论》为代表的打破家法壁垒的实用经学传统，这种传统与义疏学交融，体现于《五经正义》，经学开始走向统一，并间接导致中唐以后的经学变古风气。吴丽娱：《〈礼论〉的兴起与经学变异——关于中古前期经学发展的思考》，《文史》2021年第1辑。

④ 夏连保校注《王绩文集》卷一《游北山赋并序》，三晋出版社，2016，第25页。

⑤ 夏连保校注《王绩文集》卷四《重答杜使君书》，第193页。

对《论语》内外的孔言再加编次，回归经典，改撰经典，乃至再造新经典，以敷用于现实世界。

通过回归、改撰而再造的新经典，以及其所反映的学术理念之变，在南北朝后半期及唐朝的治国理政、制礼作乐中发挥了巨大效用。这一时期的皇帝、学者以新的观念整合经典，构建新的意识形态，以彰显王朝正统性，促成皇权与低级士族结合。他们所面临的主要压力，就是汉魏以来的大量“故事”、旧制，以及经学中逐渐烦琐的章句义疏。皇帝、学者越过前代故事、章句义疏而回归经典本身，直接体认经典原文与圣人本意，这是一种“回归原典”运动，更是以“回归原典”的形式对原有的经典诠释方式进行更新迭代。[①] 至于中唐之后对“大义”的追求、对经学原典的进一步回归，乃至此后的宋学，都可看作这一理念的自然生长。宋代以来，理学影响下的类编孔子言行之书渐出渐多，梁武帝、王勃两书实为其不祧之祖宗。

结　论

综上所述，自孔子之后二千余年，类纂孔子言行的学术传统绵延不绝，相关著述迭出不穷。晋唐数百年间，这一传统并未中断，经学新风因应时代巨变，梁武帝《孔子正言》、王勃《次论语》二书应时而出，是南北朝到隋唐之际回归经典、改撰经典、再造新经典的代表。梁武帝突破《论语》原有的文本结构而编次孔子言行，以成《孔子正言》一书，并为之撰作章句，立于国学，比肩“五经”，以此选拔寒门士族，施于有政，达成塑造正统意识形态、巩固皇权的目的。在梁武帝推动的南朝经学新风的渐染下，王通继之而起，拟经、续经，家人弟子承其学术理念与现实抱负，王勃、魏徵分别改撰《论语》《礼记》，编为《次论语》、《次礼记》(《类礼》)，元行冲又因唐玄宗授意而撰作《类礼义疏》。这一系列学术活

① 林庆彰认为中国经学史上每隔数百年就会有一次“回归原典运动”，其中唐中叶至宋初就有一次：“唐中叶以后，因为政治、文化等方面的问题，学者为恢复传统儒家思想的主导性，强调要回归《易》《诗》《书》《春秋》等原始儒家经典，从经典中领会圣人之道，和揣摩经典的写作技巧，以提升写作水平。”林庆彰：《中国经学史上的回归原典运动》，《中国文化》2009 年秋季号，第 8 页。

动对中晚唐“新经学”及宋学之兴起，可谓不无启示作用。

综观各时代改撰经典、类纂孔子言行的活动，既有学术上的先后承继关系，又与各时代的思想风潮、现实需要相呼应。这类学术活动可粗略划为四期：先秦汉魏时代的《论语》《家语》《孔丛》《儒家者言》等书，是对最初文献的原发整理期；梁武帝《孔子正言》、王勃《次论语》则是以改撰经典、再造经典的方式因应世变，传成一种治国理政之术、制礼作乐之具；宋明儒者承其绪，又受理学、语录体书籍的影响而类纂孔子言行，以究先圣大义；从清代到现代，考据学兴起，现代学术体系建立，此举仍在继续，但搜辑资料、考辨文献的色彩更重。这四期之中，以《孔子正言》《次论语》为代表的第二期是不可或缺的一环，而长期湮晦不彰，故不得不特为表出之，以祈请学界注意。

第九篇 “正体”与“爵土”：中古嫡孙承重礼议所见的家国关系

在中国传统思想观念中，家与国无疑占据极为核心的位置。一方面，《大学》塑造了修身、齐家、治国、平天下的家国结构，从家到国，顺推同构，成为自古至今的主流家国理念；但另一方面，国家权力寻求对所有臣民的垂直统治，家庭、宗族等组织也因此与国家权力之间产生竞争关系。[①] 在中古士族社会时代，国与家（士族家庭、宗族）表现出尤为复杂的张力。彼时盛行的君父、忠孝先后等论题，即为家、国关系在伦理上的表现。[②] 丧服制度是中国古代家族结构的外在表现。在家、国紧张关系下，家庭伦理与结构面临诸多困境，其直观表现就是彼时大量的丧服礼议。

中古时代家国关系的一个关键问题，就是相对于国家权力而言，士族家庭是否具有一定程度的独立性与自主性。士族家庭独立性的外在表现是嫡嫡相传的“传重”之义。家庭世代所传之“重”因何而来？是祖、父与子、孙之间的血缘本身即蕴含“传重”之义？抑或家庭必须具有国家所封赏的“爵土”才有“重”可传？由此引出两种理念，一者为国家本位（爵土）的传重观，一者为家庭本位（血缘）的传重观。这两种理念集中表现于中古时代的数场礼议，并产生激烈碰撞。《通典》载录“孙为祖持

---

① 吕思勉先生说：“宗法盛行之时，国家之下，宗亦自为一阶级。……殊不知国家之职，正在削平各种阶级，使人人直属于国。”对家、国之间的紧张关系有深刻揭示。《中国社会史》，《吕思勉全集》第十四册，上海古籍出版社，2016，第 208 页。

② 参见唐长孺《魏晋南朝的君父先后论》，《魏晋南北朝史论拾遗》，中华书局，2011，第 235—250 页。冯尔康认为南北朝时期的家国关系从先家后国、先孝后忠变为先国后家、先忠后孝。参见冯尔康《南北朝的宗族结构与士族社会特质论纲》，《中国宗族制度与谱牒编纂》，天津古籍出版社，2011，第 86 页。池田恭哉亦认为北朝的忠孝先后论与南朝相反，在“忠孝不两立”的场合，北朝士大夫一般选择“忠”。池田恭哉『南北朝時代の士大夫と社會』研文出版、2018、153-167 頁。

重议”“孙为庶祖持重议”“为高曾祖母及祖母持重服议”等相关礼议，其中后者又详见于《魏书·礼志》。[①] 本篇将其统称为“嫡孙承重”礼议，认为参与的学者、官僚围绕这些议题对家国关系做了深入探讨，并开出隋唐以来家国关系的新可能。

学界对中古家庭史研究已取得丰硕成果，强调家庭、宗族之别，认为彼时士族家庭以核心家庭、主干家庭等小家庭为主。[②] 中古士族嫡庶之别与本篇论题相关，大体上江左士族不讳庶孽，河北则严于嫡庶之分。[③] 在宗族观念上，学者对大宗本位的宗法主义、小宗本位的宗法主义有深入揭示，对本篇尤有启发。[④] 冯茜对丧服中的“嫡孙承重”问题做过专门研究，重点关注宋代以来士庶家庭继承法在“嫡系”与“行辈”之间的消长。[⑤] 至于中古时代的嫡孙承重礼议，其中蕴含对家国关系的深入思辨，仍有胜义等待发掘。本篇将从有关“承重”的宗法、丧服经义逻辑分析入手，对中古嫡孙承重礼议的理路与症结做出完整推导，结合中古时代的历史发展

---

① 杜佑：《通典》卷八八、八九，王文锦等点校，中华书局，2016，第 2408—2414、2431—2433 页；《魏书》卷一〇八之四《礼志四》，中华书局，1974，第 2793—2795 页。为节省篇幅，下文分析三场礼议，不再一一注明出处。

② 参见《中国社会史》，《吕思勉全集》第十四册，第 198 页；杜正胜《传统家族试论》，黄宽重、刘增贵主编《家族与社会》，中国大百科全书出版社，2005，第 1—87 页；冯尔康《中国宗族史》，上海人民出版社，2009，第 93—163 页；谷川道雄《六朝时期的宗族——与近世宗族的比较》，《中国中世社会与共同体》，马彪译，上海古籍出版社，2013，第 261—276 页；王利华：《中国家庭史》第一卷《先秦至南北朝时期》，人民出版社，2013，第 439—447 页。关于中古宗族与家庭史研究更全面的综述有：常建华《二十世纪的中国宗族研究》，《历史研究》1999 年第 5 期；常建华《近世宗族与中古世家大族的比较》，《宋以后宗族的形成及其地域比较》，人民出版社，2013，第 20—26 页。

③ 唐长孺：《读颜氏家训后娶篇论南北嫡庶身份的差异》，《山居存稿续编》，中华书局，2011，第 242—255 页。

④ 常建华对宋以来宗法观念、尤其是明代祠堂祭祖与礼制之关系有较为全面论述，其中涉及大宗宗法、小宗宗法之争。参见常建华《明代宗族研究》，上海人民出版社，2005，第 408—413 页；常建华《明代宗族组织化研究》，故宫出版社，2012，第 52—55、148—153、188—199 页。井上徹指出宋代以来有复兴大宗、复兴小宗两种宗法主义；钱杭区分了狭义宗法、狭义宗子与广义宗法、广义宗子，前者对应大宗谱法，后者对应小宗谱法。参见井上徹《中国的宗族与国家礼制》，钱杭译，上海书店出版社，2008；钱杭《血缘与地缘之间：中国历史上的联宗与联宗组织》，上海社会科学院出版社，2001，第 184—219 页；钱杭《中国宗族史研究入门》，复旦大学出版社，2009，第 110—112 页；钱杭《宗族的世系学研究》，复旦大学出版社，2011，第 229—256 页。

⑤ 冯茜：《经典、习俗与礼法——对丧服“嫡孙承重”的历史考察》，（台北）《汉学研究》第 38 卷第 4 期，2020 年。

脉络，尝试揭示中国古代家国关系如何从紧张走向协调。

一　“承重”的经义逻辑与相关争论

在分析中古时代嫡孙承重礼议之前，有必要对经学上的“承重”之义进行分疏。相关经义主要集中在宗法、丧服两个领域。首先，“承重”与宗法上的大宗、小宗有关。《礼记·丧服小记》与《大传》皆曰：“别子为祖，继别为宗，继祢者为小宗。”此为区分大宗、小宗的核心理据，为治礼者所熟知，此处不赘。简言之，大宗有一，小宗有四。诸侯嫡子累代相承为国君，诸侯“别子”（庶子）受爵为大夫，或他国之人始来此国为大夫，或庶人崛起为大夫，皆别开一宗，成为一宗初祖，并有爵土，为后世子孙嫡嫡相传，百世不迁，是为“大宗”。小宗有四，有继高祖之小宗、继曾祖之小宗、继祖之小宗、继祢之小宗，小宗五世则迁。

大宗之所以能“百世不迁”，是因为开宗始祖获得爵土，需要累世传承，不可断绝。清代秦蕙田说：“有世禄者，皆卿大夫也。……卿大夫则有圭田以奉祭，有采地以赡族，盖其禄受之于君，传之于祖，故大宗百世不迁，而立后之法重焉。”[①] 黄以周说：“惟（诸侯）第二子以下有爵为大夫者，而后可为后世之祖，郑注所谓始爵为祖，如鲁三桓、郑七穆，是矣。”[②] 又说：“国君之庶昆弟必爵为大夫而始立大宗，别子之为大夫士者皆可立为大宗，此适庶之分也。”[③] 两人都强调诸侯之子作为“别子”而开“大宗”的条件是获得卿大夫士之爵，亦即“始爵为祖”。[④] 吕思勉认为：“然则当时之宗子，必皆有土之君，故能收恤其族人。”[⑤] 十分深刻地指出了爵土是成为“大宗”的必要条件。相比之下，小宗之成立并不需要爵土

---

① 秦蕙田：《辨小宗不立后》，魏源编《皇朝经世文编》卷五九《礼政下》，魏源全集编辑委员会编校《魏源全集》第十六册，岳麓书社，2004，第 283 页。

② 黄以周：《礼书通故》第八《宗法通故》，王文锦点校，中华书局，2007，第 291—292 页。

③ 黄以周：《礼书通故》第八《宗法通故》，第 296 页。

④ 需要注意的是，黄以周虽指出获得爵土是成为“大宗”的必要条件，不过他也认为并非只有大宗才可“传重”，小宗亦有“重”可传。相比之下，清代凌廷堪等礼学家认为大宗有爵土，可传重，小宗无爵土，不可传重，被黄以周反驳。黄以周：《礼书通故》第九《丧服通故》，第 330—331 页。

⑤ 《中国社会史》，《吕思勉全集》第十四册，第 196 页。

作为支撑，只需祖、祢相继的血缘关系。换言之，大宗是绝对的，小宗是相对的；大宗是爵土本位的，小宗是血缘本位的；大宗爵土相承，百世不迁，小宗血缘相继，五世则迁。

大宗、小宗皆有“正体”之义。所谓“正体”，即从祖、祢到子、孙嫡系相传的血缘正脉。《丧服小记》曰：“尊祖故敬宗，敬宗，所以尊祖、祢也。”（《大传》亦有相似之言。）郑玄注曰：“宗者，祖、祢之正体。”[①]“宗”之所以为“宗”，正是依托于此血缘正脉（“正体”）之累代传承。大宗累代宗子继承始祖以来的“正体”，自不待言；继高祖之小宗宗子，继高、曾、祖、祢之“正体”；继曾祖之小宗宗子，继曾、祖、祢之“正体”；继祖之小宗宗子，继祖、祢之“正体”；继祢之小宗宗子，继祢之“正体”。小宗是相对的，小宗“正体”也是相对的。郑玄说：“凡正体在乎上者，谓下正犹为庶也。”[②] 相对于继祖之嫡的“正体”，继祢之嫡只能称为“下正”。由此类推，大宗、四小宗之间的“正体”构成等差关系。

其次，凡是继先祖“正体”的嫡子，去世之后，父亲要为其服三年丧。《丧服》曰父为长子三年，《传》曰：“正体于上，又乃将所传重也。”郑注：“此言为父后者，然后为长子三年，重其当先祖之正体，又以其将代己为宗庙主也。”[③] 也就是说，嫡子继先祖“正体”，具备“传重”之义，所以父亲应为其服重丧。正常情况下，孙为祖父母服期丧（《丧服》）。但若父亲早死，祖、孙之间直接“传重”，那么嫡孙也应为祖服斩衰三年。按《丧服》，臣为君之祖父母服期，《丧服传》由此推例：“父卒，然后为祖后者服斩。”由郑注可知，在诸侯国君继承上，若嫡孙之祖有废疾，不堪为君，嫡孙之父本应继承君位而先死，所以嫡孙直接从曾祖继承君位。国君世系本有嫡嫡相传的爵土之“重”，祖、祢虽未为君，但嫡孙毕竟从他们那里继承“正体”，所以应为祖服斩，臣降一等，为君（嫡孙）之祖服期。《丧服小记》又曰：“祖父卒，而后为祖母后者三年。”已知父卒为母三年，同理，在“嫡孙承重”的情况下，祖父卒，嫡孙应为祖母服三年。换言之，嫡孙后祖，也应为祖服三年。以上是“嫡孙承重”为祖父母

---

① 《礼记正义》卷三二《丧服小记》，阮元校刻《十三经注疏》清嘉庆刊本，中华书局，2009，第3240页。

② 《礼记正义》卷三二《丧服小记》，阮元校刻《十三经注疏》清嘉庆刊本，第3240页。

③ 《仪礼注疏》卷二九《丧服》，阮元校刻《十三经注疏》清嘉庆刊本，第2381页。

服三年丧的经义依据。

当然，如果不继“正体”，就不具备“承重”的资格。如上所述，父为长子三年，因为父本身就继其祢之“正体”，其长子（嫡子）至少继祖、祢之“正体”。但《丧服小记》《大传》《丧服传》都强调“庶子不为长子斩”，因为庶子之长子“不继祖与祢”。也就是说，庶子不继祢，其长子（嫡子）也就不继祖之“正体”（只继祢之“次正”），也就不具备父亲为己服三年的资格。

问题在于，小宗是相对的，“正体”也是相对的，到底嫡嫡相传几代以上，才因承袭“正体”而获具“传重”的资格、父亲才会为之服三年丧呢？经师对此说法不一。马融认为，必须五世之嫡才有继“正体”而“传重”的资格。换言之，某人身为继曾祖之小宗宗子，是四世之嫡，其长子为继高祖之小宗宗子，是五世之嫡，长子死，某人才得以为之服斩衰三年。（马季长注《丧服》云：“此为五世之适，父乃为之斩也。”[①]）庾蔚之、孔颖达、贾公彦则认为四世之嫡即可。（《礼记正义》引庾氏云：“用恩则祢重，用义则祖重。父之与祖，各有一重，故至己承二重，而为长子斩。若不继祖，则不为长子斩也。”孔颖达认同庾氏说。[②] 贾公彦《仪礼疏》曰：“己身继祖与祢，通己三世，即得为长子斩，长子唯四世，不待五世也。”[③]）清代学者程瑶田、黄以周申说郑玄之意，认为三世之嫡即可。[④]

不难看出，经师所谓五世之嫡、四世之嫡、三世之嫡诸种异说，分别对应继高祖、继曾祖、继祖之小宗宗子。大宗，继高祖、继曾祖、继祖、继祢之小宗，构成了从爵土到血缘逐级递迁的光谱，光谱的两端分别是大家族、小家族两种家族理念。愈往后，家族规模越小，血缘意味愈重；愈往前，家族规模愈大，爵土相传的意味愈重。马融认为五世嫡传的大家族才可言“传重”，郑玄则认为祖孙三代的小家庭即可言“正体”与“传重”。

以上对经学中的“承重”之义进行了分析。简言之，“嫡孙承重”表面上是个丧服问题，本质上则为宗法理论中大家族、小家族两种理念的碰

---

① 《礼记正义》卷三二《丧服小记》，阮元校刻《十三经注疏》清嘉庆刊本，第3241页。
② 《礼记正义》卷三二《丧服小记》，阮元校刻《十三经注疏》清嘉庆刊本，第3241页。
③ 《仪礼注疏》卷二九《丧服》，阮元校刻《十三经注疏》清嘉庆刊本，第2381页。
④ 黄以周：《礼书通故》第八《宗法通故》，第297页。

撞。将大家族理念推到极致，则必认为只有爵土相传、世袭罔替的大宗家族才有“重”可传，我们姑且将其称为“大宗承重论”；将小家族理念推到极致，则必认为祖孙三代的小家庭亦有嫡系血脉传承之“正体”，我们姑且将其称为“小宗承重论”。中古时代的数场嫡孙承重礼议，亦可归结为这两种理念的碰撞。

二 西晋两场嫡孙承重礼议

《通典》所载数场嫡孙承重礼议，有两场发生于西晋初期。第一场“孙为祖持重议”参与者有庾纯、刘智、刘宝、王敞、吴商、成洽，附有杜佑的评论。第二场“孙为庶祖持重议”参与者有刘智、杜琬、王敞、束皙，附有南朝庾蔚之的评论。按庾纯、刘智、束皙三人，《晋书》有传，刘智著有《丧服释疑论》，是晋初著名礼家。[①] 余人生平不详，只知刘宝曾任愍怀太子之中庶子，[②] 杜琬为博士，[③] 吴商、成洽曾参与魏嘉平元年（249）的出母服议，[④] 吴商又于晋惠帝元康二年（292）任国子助教，[⑤] 两人盖为自魏入晋之礼家。

两场礼议的具体背景不得而详。魏晋人议礼往往并非空谈经义，而是针对士族家庭实际行礼所遇疑难，或咨询礼家，或提请朝廷裁决，由此产生议论。彼时实行九品中正制，士族家庭失礼，会导致中正降品，影响仕途，所以于礼有疑，往往郑重议之。这两例似亦不应例外，惜《通典》未详载，只能略做推测。在“孙为祖持重议”中，刘宝曰：“若荀太尉无子，养兄孙以为孙，是《小记》所谓为祖后者也。”王敞曰“荀太尉秩尊，其统宜远，亲庙有四”云云。按晋初“荀太尉”只有荀顗，据《晋书》本传

① 《晋书》卷四一《刘寔附弟刘智传》，中华书局，1974，第1198页。《隋书》卷三二《经籍志一》作《丧服释疑》二十卷，注曰“亡”，中华书局，1973，第920页。《通典》引作《释问》《释疑》《释疑答问》等，共十余条，皆为关于魏晋时人行礼所遇各种丧服疑难之问答。

② 杜佑：《通典》卷七二，第1952页。

③ 杜佑：《通典》卷八八，第2413页。

④ 杜佑：《通典》卷九四，第2533页。

⑤ 杜佑：《通典》卷六〇，第1674页。

可知荀顗无子，以兄孙荀徽为嗣。[1] 第一场礼议或许就是针对荀顗家从孙后祖问题而展开的，两场礼议都重点讨论嫡孙（为祖后者）是否应为祖“持重”服三年丧。

其中一种观点认为，嫡孙（为祖后者）为祖持重的必要条件是有世袭爵土，也就是所谓“大宗承重论”。此论以庾纯、刘宝、杜琬为代表。庾纯曰：

> 古者所以重宗，诸侯代爵，（原注：代，国讳，改焉。下同。）士大夫代禄，防其争竞，故明其宗。今无国士代禄者，防无所施。又古之嫡孙，虽在仕位，无代禄之士，犹承祖考家业，上供祭祠，下正子孙，旁理昆弟，叙亲合族，是以宗人男女长幼，皆为之服齐缞。今则不然，诸侯无爵邑者，嫡之子卒，则其次长摄家主祭，嫡孙以长幼齿，无复殊制也。又未闻今代为宗子服齐缞者。然则嫡孙于古则有殊制，于今则无异等。今王侯有爵土者，其所防与古无异，重嫡之制，不得不同。至于大夫以下，既与古礼异矣，吉不统家，凶则统丧，考之情理，俱亦有违。按律无嫡孙先诸父承财之文，宜无承重之制。

庾纯认为在先秦“宗法与封建相维”的时代，诸侯、士大夫有世爵世禄，需要嫡嫡相传，宗子担负“承重”的特殊任务，有叙亲合族的功能。嫡孙为宗子，自然有为祖持重之义。但魏晋时代，宗法早已不存，一般士族家庭并无爵土可传，按照彼时的继承习惯法，嫡孙的继承顺位亦在叔父之后，以嫡孙“承重”而为祖服重服，已不合情理。庾纯认为，必须王侯有爵土嫡嫡相传者，嫡孙才有承重之义。换言之，爵土是承重的必要条件，而爵土又是大宗的特权。王侯爵土为国家所封赏，庾纯所秉持者，可谓国家本位的“大宗承重论”。

杜琬在参与“孙为庶祖持重议”时，对这一理念表述得尤为清晰：

> 曾祖是庶，而祖父是嫡，又是嫡孙矣。若庶祖无嫡可传，则非正体乎上传重之义也。既无大夫士之位，无嫡统之重，孙为庶人，父虽

---

① 《晋书》卷三九《荀顗传》，第1152页。

亡而有诸父，其孙生不主养，祭非所及，而所摄一家之重，居诸父之右，祖无重可传，而孙以重自居，为父长子而以嫡孙继祖，推情处礼，于义为乖。凡祖是庶而父为长，宜服齐缞。

如杜琬所言，必须具备“士大夫之位”，才有“嫡统之重”，如果祖是庶祖，那么祖本身就“无嫡可传”。前文引郑注：“凡正体在乎上者，谓下正犹为庶也。”如此说来，庶祖无“正体”，只有“次正”。祖既然“无重可传”，孙也不能“以重自居”。杜琬与庾纯一样，都认为对于一般的士族家庭，并无爵土之“重”可传，嫡孙的继承顺位不能先于叔父，丧服也不可重于叔父。

刘宝也不认可嫡孙为祖承重服斩，不过他的论证更具技巧性。《丧服传》所言：“父卒，然后为祖后者服斩。”根据郑注，此句应理解为：“（嫡孙之）父卒，然后为（wéi）祖后者（嫡孙）（为所后之祖）三年。”①刘宝则将其读为：“（己之）父卒，然后（己）为（wèi）祖后者（也就是己之嫡子、祖之嫡孙）三年。”（刘宝：“《传》称者此‘祖后’，谓父之长子、祖之嫡孙也。己上厌于父，父亡然后乃下为长子斩，非孙上为祖斩也。”）这样说来，刘宝并不承认嫡孙后祖而承重，只承认嫡子承重。刘宝认为父可为嫡子服三年，但嫡孙不可为祖服三年。像荀颛那样以从孙为嗣，应该参照为人后者为所后之父三年之例，不可比拟为“嫡孙承重”。（刘宝：“夫人情不殊，祖所养孙犹子，而孙奉祖犹父，古圣人称情以定制，为人后者无复父祖之差，同三年也。”）换言之，刘宝认为以孙后祖、嫡孙承重本就不应成立，为人后者、所后之人不管实际昭穆关系是父子还是祖孙，都应参照父子之例。

刘宝的意见会导致祖孙之间昭穆紊乱，遭到王敞、吴商、成洽等人的反驳。诸人的反驳角度和意见不尽一致。王敞认为不可立孙辈为后，而应立子辈为后，如此可以避免昭穆紊乱。吴商坚持嫡孙承重、为祖服斩，成洽也承认嫡孙承重，但认为只需为祖服周，此论又遭到吴商反驳。

与国家本位的“大宗承重论”针锋相对，另一观点为家庭本位的“小宗承重论”。吴商、刘智、王敞、束皙皆持此论。刘智《丧服释疑论》

---

① 《仪礼注疏》卷三一《丧服》，阮元校刻《十三经注疏》清嘉庆刊本，第2400页。

(《通典》引作《释疑》) 曰：

> 问者曰：“礼，孙为祖后三年者，以其当正统也。庶子之长孙，既不继曾、高祖，此孙为庶祖承重三年不？”答曰：“继祖者，不唯谓大宗也。按《丧服传》与《小记》皆云：‘庶子不为长子三年，不继祖与祢也。’两举之者，明父之重长子，以其当为祢后也。其所继者，于父则祢，于子则祖也。父以己当继祖，故重其服，则孙为祖后者，不得轻也。然则孙为祖后，皆三年矣。且甲，众子也，生乙。乙生景（引者按：即“丙”，避唐讳而改，下同）而乙先卒，景为长子孙而后甲。甲亡，景为甲三年。则甲是庶子，无嫡可传，若不三年，则景为乙之嫡子，而阙父卒为祖后之义也。”

刘智明确表示，继祖承重并非大宗的特权。假设有甲、乙、丙祖孙三人，甲为庶子，自然无继祢之义，乙为甲之嫡子，丙为乙之嫡子，则乙有继祢（甲）之义，丙有继祖（甲）、祢（乙）之义。若乙先死，丙为甲后，以孙后祖。甲虽“无嫡可传”，然而凡是孙为祖后者，皆应为祖三年。换言之，刘智认为即便是祖孙三代的小家庭也有“正体”相传，与上文所述郑玄、程瑶田、黄以周观点相同。前揭杜琬对刘智做出反驳，认为庶祖无“正体”。

王敞从“爵土”与“正体”两方面，对家庭本位的“小宗承重论”做出更为显豁的论述：

> 凡所“重”，明是先祖之体，盖非爵土财计之谓。至于庶子之子为继祢之宗，则得为其子三年矣。父尊其祢而子替祖服，不贵正体而必云爵土，忽其敬宗而重其财计，承财计则为之服斩缞，无产业则废三年，此非义矣。又经有为君之祖服周，是为臣从君服。从服例降一等，此则君为祖三年矣。既为君而有父祖之丧，谓父祖并有废疾不得受国，而已受位于曾祖者也。祖不受国，无重可传而犹三年，斯盖正统贵体之义，不必以爵土传己也。体存则就养无方，亡则庶子不祭，所以达孝明宗，吉凶异制，故知生不主养者，无害死掌其祀也。而云祭非所及，乖乎周、孔之意尔，人无祖矣。

王敞反驳前述庾纯、杜琬的“大宗承重论”，区分“爵土财计”和“正体”。爵土为国家所封赏，是大宗成立的必要条件；“正体”则为子孙所继承的“先祖之体”，蕴含“敬宗”之义，因血缘而生，与爵土财计无关。王敞认为，所谓“重”指的是“先祖之体/正体”，而非爵土财计。一般小家庭虽无爵土相传，但必继承祖祢血缘之“正体”，所以必有“承重”之义。另外，彼时士族家庭虽然在财产继承顺位上嫡孙后于叔父，但以“正体”而言，嫡孙先于叔父，不能以社会上的习惯法而废经义之正。

王敞还进行另一颇具技巧的论证，借以证明嫡孙承重与“爵土”无关。如本篇第一部分所论，《丧服传》曰：“父卒，然后为祖后者服斩。”指的是诸侯国中祖、父有废疾或先死，嫡孙直接从曾祖继承君位的情况。王敞认为祖未受国，不曾膺此“爵土”，但嫡孙仍为之服斩，这说明嫡孙为祖服斩的原因是继承了祖之“正体”，而非其“爵土”。束皙在这一点上做出了与王敞完全相同的论证。（束皙：“然则无爵可传，身不主祭，与庶子何异？而孙犹服斩，义例昭然。”）王敞、束皙基于魏晋士族的家庭伦理，对经典做出创造性诠释，以牵合其家庭本位的“小宗承重论”。另外，吴商也从“正体”的角度理解“受重”，以此反驳刘宝：“按礼贵嫡重正，所尊祖、祢，继代之正统也。”其所谓“正统”，其实就是祖祢继世相传的“正体”，此处不赘。

总而言之，西晋两场嫡孙承重礼议，本质上是“大宗承重论”与“小宗承重论”的冲突。前者认为家族必须有世袭“爵土”，才有“重”可传，嫡孙作为大宗宗子，才能因“承重”而为祖服三年重丧；后者认为小家庭血缘传承，嫡孙继祖、祢之“正体”，即可“承重”为祖服三年。“爵土”与“正体”，前者缘于国家封赏，后者因血缘而生，前者是国家本位的，后者是家庭本位的。“大宗承重论”与“小宗承重论”本是经学上从爵土到血缘逐级递迁的光谱的两极，在魏晋时代士族家庭与国家的张力中，表现为国、家两种本位的家族理念。相比于国家公义，魏晋士人更重视家庭私恩，所以两场礼议中“小宗承重论”略占上风。南朝庾蔚之略做调和，对刘智、杜琬都有所批评。唐代杜佑则站在“小宗承重论”的立场，批评庾纯、刘宝，认可吴商之说。

三　北魏嫡孙为祖母服议

北魏著名礼家刘芳、孙景邕等人参与的嫡孙为祖母服议，也涉及“爵土”与“正体”之争，并将此问题大大深化。据《魏书·礼志》，永平四年（511），员外将军、兼尚书都令史陈终德祖母去世，对于如何服丧，他陷入了疑问：自己虽然是长孙，但家族并无世袭爵位，无“承重”之义，如果服齐衰三年，就超过了叔父；但如果同其他孙子一样，就无法凸显自己作为长孙的特殊地位。国子博士孙景邕、刘怀义、封轨、高绰，太学博士袁升，四门博士阳宁居等人认为，不管是品官还是庶人，不管是否有爵位，嫡孙都应该为祖父母持重，服三年之丧，超过其他叔父。（“嫡孙后祖，持重三年，不为品庶生二，终德宜先诸父”。）

刘芳表示反对：

> 案《丧服》乃士之正礼，含有天子、诸侯、卿大夫之事，其中时复下同庶人者，皆别标显。至如传重，自士以上，古者卿士，咸多世位，又士以上，乃有宗庙。世儒多云，嫡孙传重，下通庶人以为差谬。……传重者主宗庙，非谓庶人祭于寝也。兼累世承嫡，方得为嫡子嫡孙耳。不尔者，不得继祖也。……案《丧服》经无嫡孙为祖持重三年正文，唯有为长子三年，嫡孙期。《传》及注因说嫡孙传重之义。今世既不复为嫡子服斩，卑位之嫡孙不陵诸叔而持重，则可知也。且准终德资阶，方之于古，未登下士，庶人在官，复无斯礼。考之旧典，验之今世，则兹范罕行。且诸叔见存，丧主有寄，宜依诸孙，服期为允。

刘芳认为《仪礼·丧服》“正文”只说父为长子（家族继承人）服丧三年，祖为嫡孙服期丧，根据对等原则，嫡孙也只能为祖服期丧，而非三年。就这一点而言，刘芳与西晋成洽意见相同。

刘芳驳论的关键是对“传重”资格的辨析。他认为“传重”只针对世袭爵位、奉承宗庙、祭祀祖先的贵族之家。庶人无庙，自然就谈不上“传重”。就算“传重”之嫡孙应该为祖父母服三年丧，但陈终德官阶品秩达不到古之下士的级别，只能相当于庶人。而《仪礼·丧服》只针对士及以上级别，除非有特别说明，大部分条文都不适用于庶人。这样说来，陈终德无论如何也不应该为祖母持重。

孙景邕等人反驳刘芳的观点，理由主要有三条。第一，《丧服》虽然以士为主要对象，其实下包庶人之礼。至于子为父、孙为祖这些天然血缘关系之服，更是士庶相通。第二，既然《春秋》讥世卿，《王制》说“大夫不世”，说明按照正礼，卿大夫并非世爵世禄，那么所谓“承重”与爵位无关。既然如此，就不能因陈终德无爵可继，就不许其承重之义。且陈终德为员外将军，为从第八品。[①] 根据北魏的官阶品秩，从第八品秩禄千石以上。[②] 古之士官不过二百石以上，陈终德肯定可以相当于“士”的阶级。孙认为凡是超过二百石的小官都可以称作“士”，这一标准大概取自汉制，西汉县丞、尉最低二百石，皆为“长吏”，比二百石以上皆铜印黄绶，此下则无印绶。二百石是汉代官、民之别的分界线。[③] 第三，虽然《丧服》没有嫡孙为祖服丧三年的“正文”，但是“服祖三年，此则近世未尝变也”，所谓“近世”，指的是魏晋以来士人家庭的服丧习惯。本篇第二部分指出，西晋两场嫡孙承重礼议“小宗承重论”略占上风，孙景邕所言差有理据。

刘芳又做驳论，首先继续辨明《丧服》关于嫡孙传重之文只是针对士，不下包庶人，并且着重强调“此经、传之正文，不及庶人明矣”，他反复提及“正文”，就是要为议礼确定一个权威、直接、无可辩驳的证据基础。接下来刘芳重点反驳对方的“大夫不世”之说：

> 所引大夫不世者，此《公羊》《穀梁》近儒小道之书，至如《左氏》《诗》《易》《尚书》《论语》皆有典证，或是未寤。……斯皆正经及《论语》士以上世位之明证也，士皆世禄也。八品者一命，斯乃信然。但观此据，可谓睹其纲，未照其目也。案《晋官品令》所制九品，皆正无从，故以第八品准古下士。今皇朝《官令》皆有正从，若

---

① 《魏书》卷一一三《官氏志》，第3002页。
② 《魏书》卷一一三《官氏志》，第3001页。
③ 《汉书》卷一九上《百官公卿表上》，中华书局，1962，第742—743页。

以其员外之资，为第十六品也，岂得为正八品之士哉？

刘芳首先区分了不同证据之间的等级序列。他认为《公羊》《榖梁》是近儒小道之书，乃汉儒所作，并非孔子亲自删述。而《左传》作者左丘明，孔子称之，地位超过另外两传。刘芳引用各种经文说明士以上世禄，强调《诗经》、《尚书》、《周易》、《春秋》（特指《左传》）是“正经”，《论语》所载为孔子之言，与“正经”并列，具有最高的效力。实际上刘芳论世禄本自许慎《五经异义》，只不过《五经异义》所引诸书还有《孟子》“文王之治岐也，仕者世禄”一证，刘芳则刊落此条，保留其他诸经。[1] 乃是因为《孟子》在北魏时尚未获得“经”的地位，刘芳既然要“纯化”议礼的准据，在反驳不利于己的《公羊》《榖梁》时，也不得不舍弃利于己的《孟子》，使自己的理据全都是“正经”、孔子之言。

既已证明士以上世禄，就要继续说明陈终德达不到“士”的级别。刘芳以“正经”为准据，自然不会认同孙景邕所据汉制二百石为士，然其所引《晋官品令》八品为古之下士，岂非所据为晋制，等汉制而又下之？其实不然，解明刘芳的官品、爵级对应体系，关键在其“八品者一命”一句，刘芳实际上据《周礼》九命体系为群臣分品。《春官·大宗伯》载九命制度：“壹命受职，再命受服，三命受位，四命受器，五命赐则，六命赐官，七命赐国，八命作牧，九命作伯。”这是兼包天子畿内之臣与畿外诸侯而言。至于天子之臣，《春官·典命》说：“王之三公八命，其卿六命，其大夫四命。”可见王臣最高八命。（只有周、召二伯九命，然此乃特例，并非常制。）郑注进一步完善王臣八命体系：“四命，中、下大夫也。……王之上士三命，中士再命，下士一命。”[2] 王臣八命，对应晋官九品的前八品，第八品相当于古之下士，再往下就相当于庶人在官，而非贵族。北魏《官令》有正、从之分，陈终德所任员外将军为从八品，实际上为第十六等级。准之王臣八命，从四品（第八等级）相当于一命之下士，从八品就绝对是庶人了。刘芳所建构的《周礼》命制与晋官品、北魏太和二十三年（499）官品的对应关系如表 1 所示：

---

① 陈寿祺：《五经异义疏证》卷下，王丰先点校，中华书局，2014，第 213—214 页。

② 《周礼注疏》卷二一《春官·典命》，阮元校刻《十三经注疏》清嘉庆刊本，第 1685 页。

表 1　刘芳所构建的《周礼》命制、晋官品、北魏官品对应

命数	爵称	晋官品	北魏官品
八命	三公	一品	正一品
七命		二品	从一品
六命	卿	三品	正二品
五命		四品	从二品
四命	中、下大夫	五品	正三品
三命	上士	六品	从三品
再命	中士	七品	正四品
壹命	下士	八品	从四品

在刘芳的命、品体系中，北魏从四品之中央文官为尚书左丞、尚书右丞、中书侍郎、谏议大夫等高级官僚，地方官则介于大郡太守（第四品）、中郡太守（第五品）之间。① 这样说来，作为员外将军的陈终德无论如何也不能拟作世袭士族来“持重”为祖母服丧三年的。

不难看出，刘芳把贵族的范围限定得十分严格。从四品及以上的高级官员、地方大僚才得称“下士”，享有世位世禄、奉承宗庙的特权。孙景邕等人则把“士”的范围理解得十分宽泛，二百石以上的小吏即可称“士”。辩论到这一回合，问题焦点已经转为对“士”之身份、“士族”范围的辨析，这远远超出陈终德的个人家礼，而是关涉整个北魏国家的基本结构问题。②

从表面上看，刘芳承认“世卿世禄”，严格限定“士族”范围，似乎支持、维护当时的门阀制度。实际上恰恰相反，刘芳把“士”的标准定得如此之高，大大缩小了贵族士人的范围，扩大了“庶人”的范围，使当时

① 《魏书》卷一一三《官氏志》，第 2996—2997 页。

② 刘芳以北魏官品之从四品、正五品为士庶分界线。宫崎市定认为北魏孝文帝晚年所颁布的“太和后令”将官品分为流内九品与流外七等，其中流内九品（正、从）皆为士人，大大广于刘芳所认为的贵族范围。但“太和后令”未必真正执行过，宫崎氏也承认“北魏制度一出台就崩溃了”，故孝文以后的士庶分界线（所谓“贵族线”）并不明朗，本篇所述孙景邕与刘芳的争论，恰好证明了这种不明朗的状态。参见宫崎市定《九品官人法研究》，韩昇、刘建英译，中华书局，2008，第 240—252、331—332 页。

绝大多数官僚都是“庶”而非“士”。另外，即使是从四品及以上的官僚，他们的起家官也基本在从四品以下。换言之，他们都是以“庶人”的身份进入官僚体系，其中少部分人会最终获得“士”的身份。作为庶人，他们必须放弃以自己家族为本位的“世爵世禄”“持重”观念，转而以皇权为最高权威，以皇帝为唯一的服务对象。

在刘芳所划定的“士”以上的范围内，也有高级士族与低级士族之分。前揭《典命》说“大夫四命”，即中、下大夫。《大宗伯》所谓“五命赐则”，郑注“则，地未成国之名”，也就是最低级别的封地，相当于子男附庸之地。[①] 四命及以下只有依附于皇权的职位，并无相对独立的封土。可见以四命、五命为界限，贵族亦有高等、次等之分。五命相当于北魏官品从二品，即尚书仆射、中书监、司州牧、四镇将军、三将军、金紫光禄大夫、散侯等。[②] 这个级别以上的官员寥寥可数，且多为宗室、贵戚。刘芳把绝大多数官僚划为并无独立性的低等贵族乃至庶人，深可玩味。

将刘芳士庶分界线放在孝文帝官品改革的背景下，其深意更加凸显。太和十八年（494）孝文帝设想以流内、流外区分士庶，流内九品是士人，流外七等是庶人。[③] 阎步克指出北魏流外七等以“勋品”居首，勋品偏重军功吏绩，流外官具有更多的官僚制的意味，流内官则更具有门阀制的意味。流外官是历史发展的趋势，更注重行政事务所需的才干，而非人的身份、门第。[④] 这样说来，刘芳把士庶之别定在流内从四品与正五品之间，进一步抬高了孝文帝的士庶分界线，扩大了“庶人”即官僚阶层的范围，限缩了“士人”即贵族阶层的队伍。刘芳在孝文帝区分士庶的基础上，继续发扬他建立官僚制度、强化皇权的理想。

众所周知，南北朝皇权逐渐集中，与次等士族之被大量登用，两者相辅相成。相比于勋贵世族，皇权与次等士族的合作更密切。次等士族并无“世爵”，难以通过门阀庇荫取得政治地位，主要靠学问和能力。唐长孺指出北朝后期的孝廉、秀才之举已经不限高门，也容纳寒人。这种情况大概

---

① 《周礼注疏》卷一八《春官·大宗伯》，阮元校刻《十三经注疏》清嘉庆刊本，第1642页。

② 《魏书》卷一一三《官氏志》，第2994页。

③ 《魏书》卷五九《刘昶传》，第1310—1311页。

④ 阎步克：《品位与职位：秦汉魏晋南北朝官阶制度研究》，中华书局，2002，第386—387页。

始于魏末，盛于北齐，乃隋唐科举制度之萌芽。[①] 谷川道雄认为北魏后期的较低级贵族通过军功升进，具有打破门阀主义固定化的革新气息。门阀主义衰落，与之相对的贤才主义上升，整个北朝后期可以理解为以贤才主义打破门阀主义的历史。[②]

南朝也不例外。以才学取代门阀的观念在次等士族、后来加入政权的边缘士族中表现得尤为明显。南朝宋、齐、梁统治集团都依赖“晚渡北人”的崛起取代原来的门阀贵族体制。南朝体制以地方豪族、低级士族的才学、乡里为基础，重才学而轻门阀，是隋唐科举体制的历史先声。[③]

刘芳的士庶之辨及其所隐含的才学主义的观念，与他个人的人生经历或许不无关系。刘芳是作为“平齐民”进入北魏的。北魏466年占领淮北、淮西之地，469年占领青冀，所谓“平齐民”批量进入北魏政权。[④] 唐长孺指出平齐民本来多为士族地主，入魏之后作为编户齐民而生活窘困，宦途坎坷，备受歧视。太和年间，平齐民重新恢复为士族。[⑤] 也就是说，平齐民在入魏过程中大多经历了从士（“民望”）到庶（作为编户齐民的平齐民）再到士的身份转变。

平齐民生活贫困，往往佣丐为业；在仕宦上更是受到压抑。[⑥] 作为有去就之心的边缘人士，被怀疑、排抑也很自然。为了适用这种处境，青齐士人需要采取一些不同于“国戚旧人”、河北大族的立身处世策略。他们或依附权贵，或攻读经术，说明这些士人处境不佳，只能依靠个人努力而非门第取得政治地位与资源。[⑦]

刘芳十六岁作为平齐民入魏，他的少年、青年时代是作为平齐民而度过的。这段时间他身份低微，生活困苦，“昼则佣书，以自资给，夜则读

---

① 唐长孺：《南北朝后期科举制度的萌芽》，《魏晋南北朝史论丛续编》，中华书局，2011，第141—148页。

② 谷川道雄：《隋唐帝国形成史论》，李济沧译，上海古籍出版社，2011，第110—131页。

③ 安田二郎『六朝政治史の研究』京都大学学術出版会、2003、375-378頁。

④ 《宋书》卷八《明帝纪》，中华书局，1974，第159—160页；《资治通鉴》卷一三二《宋纪十四》“泰始五年”条，中华书局，1956，第4147页。

⑤ 唐长孺：《北魏的青齐土民》，《魏晋南北朝史论拾遗》，第93—123页。

⑥ 《魏书》卷四八《高允传》，第1089页；卷六〇《韩麒麟传》，第1332页。

⑦ 魏斌：《北魏末年的青齐士风》，武汉大学中国三至九世纪研究所编《魏晋南北朝隋唐史资料》第二十二辑，武汉大学出版社，2005，第36—49页；柏俊才：《平齐民的文学与文化成就》，《江汉大学学报》（社会科学版）2013年第1期。

诵，终夕不寝，以至易衣并日之弊，而澹然自守，不汲汲于荣利，不戚戚于贫贱，乃著《穷通论》以自慰焉”。[①] 身份上从士到庶再到士的转变，以及十数年贫困苦读的生活，必然会使刘芳对士庶之辨、穷通之论以及个人的立身处世之道进行深入思考，这成为其个人学术、政治观念的底色。刘芳的早年经历催生这样的理念：士人身份与门阀庇荫是不可靠的，只有苦读历练的文武才能、学识吏干才是仕进的凭借。这导致他在议礼中引申出自己的“士庶”之辨。

刘芳自己在宣武朝任正三品的中书令、太常卿，在其命、品体系中为四命的中、下大夫，属于次等贵族。刘芳在孝文帝时期担任国子祭酒，议立四门小学时说：“今之祭酒，即周师氏。”[②] 按《周礼·地官》，师氏为中大夫，也是次等士族。可见终刘芳一生，他的自我身份认知都是起于“庶人”、止于并无独立性的次等贵族。

刘芳的士庶区别观念因为过于激进，在当时虽未获得普遍认同，但不得不说他已经捕捉到了历史变动的隐脉，发出了以才学取代门阀的先声。刘芳以《周礼》九命体系（王臣八命）比附魏晋以来的九品（正从）体系，在其身后开花结果。西魏废帝三年（554），北周霸府以《周礼》九命变革九品，以第一品为九命，第九品为一命，九命亦有正从。[③] 北周九命虽与刘芳的王臣八命有所不同，但准据《周礼》命制的观念已由刘芳导夫先路。

最后说明一下这次礼议的最终结果。刘芳发表上述议论之后，孙景邕等人再次反驳，引用西晋太康年间殷遂为祖母服丧三年之事，认为陈终德也应该为祖母持重三年。西晋殷遂故事，史书失载，可大致推知晋人认为殷遂作为承重之孙可以为祖母服丧三年，且并非代父服丧，而是作为嫡孙服丧。孙景邕等人又强调“此即晋世之成规也”。可见他们在无法通过《丧服》“正文”驳倒刘芳的情况下，最终只得借助“故事”自圆其说。邢峦支持刘芳的观点。宣武帝则下诏说：“嫡孙为祖母，礼令有据，士人

---

① 《魏书》卷五五《刘芳传》，第 1219 页。

② 《魏书》卷五五《刘芳传》，第 1221 页。

③ 《周书》卷二《文帝纪下》，中华书局，1971，第 34 页；卷二四《卢辩传》，第 404—407 页。

通行，何劳芳[①]致疑请也。可如国子所议。”最终刘芳、邢峦失败。

宣武帝大概基于这样一种现实考虑：北魏继承制度始终处于兄终弟及之中亚传统与父死子继之中原传统的张力中，宣武帝希望彼时刚刚出生的子嗣继承帝位，使人秘密抚养之，以免遭人陷害。[②] 陈终德为祖母服丧恰好涉及嫡孙与叔父的继承地位之争，触及宣武帝敏感的神经，导致他非常不认可叔父夺嫡孙之正位，所以极力强调嫡孙承重的正当性。当然，相比于刘芳基于经义和家国关系的辩论，宣武帝的裁决是一种外缘的、偶然的因素。但正是这一偶然因素决定了议论的最终结果。

无论如何，刘芳所持的士庶之辨虽未当即获得北魏君臣的认可，但毕竟暗示了此后的历史发展潮流。他以“正经”所证成的士庶之辨悄然限缩了“士族”的范围，抬高了孝文帝官品改革所划定的士庶分界线，融入个人身份认同与才学主义的观念，表明他对北朝的社会与国家结构具有不同于当时主流，但颇具前瞻性的设想。

对比西晋、北魏嫡孙承重礼议之变，更能看出中古时代家国关系的演进。如本篇第二部分所论，西晋两场礼议的焦点是国本位的“大宗承重论”与家本位的“小宗承重论”之争，但北魏刘芳、孙景邕所斤斤争辩的关键是陈终德作为从八品之官，是否具有“士”的贵族身份、是否有世传之爵之“重”。在北魏议者眼中，国家所封赏的“爵土”与血缘意义上的“正体”之争已经不足道，有贵族之爵才有“重”可传，已经成了不言自明的前提条件。魏晋士人尚可秉持家庭私恩，与国家公义抗衡。随着南北朝皇权的强化，才学主义相对于门阀主义取得愈来愈明显的优势地位，“爵土”压倒“正体”，成为讨论嫡孙承重问题的唯一关键要素。

结 论

综上所述，经学上的“嫡孙承重”问题与宗法、丧服理论密切相关。在宗法社会，大宗以爵土相传，小宗以血缘维系，大宗、小宗都有嫡系相

---

① 原文作“方”，据《通典》可知当为“芳”之误，径改。

② 罗新：《漫长的余生：一个北魏宫女和她的时代》，北京日报出版社，2022，第 265—279 页。

传的“正体”。随着宗法社会的终结，历代经师对所传之“重”的理解产生歧异。或倾向于大家族，以五世之嫡（继高祖之小宗）乃至大宗方可传重；或倾向于小家庭，以三世之嫡（继祖之小宗）即可传重；或折中其间，以四世之嫡（继曾祖之小宗）可以传重。

在魏晋士族社会的历史背景下，士人的家国伦理在家庭私恩与国家公义之间摇摆。具体到嫡孙承重问题，表现为国家本位的“大宗承重论”与家庭本位的“小宗承重论”两种观念的冲突。前者认为国家封赏的世袭“爵土”是有“重”可传的必要条件，后者认为血缘上的祖祢“正体”即是传“重”的充分条件。两种理念相持，表明彼时的家国关系处于深刻的张力之中。“小宗承重论”获得更多人的支持，表明魏晋士人在家国之间，更倾向于家庭。

北魏人议论嫡孙为祖母服，已经跳出“爵土”与“正体”的框架，默认“爵土”才是“承重”的前提，转而争辩国家官品与贵族爵位的对应关系。北魏儒宗刘芳极力限缩拥有“爵土”之贵族的范围，抬高士庶分界线，将绝大多数官人认定为庶人，与他本身的生平经历和思想倾向有关，也开启了北周、隋、唐官品改革的先声。这表明随着南北朝皇权的强化，门阀衰落，个人才学成为仕宦的资本，科举观念萌芽，家国关系也悄然发生变化，从家国相持变为国压倒家。

总而言之，中国古代的国、家之间既有竞争，也有合作。魏晋士族凭借门阀、宗族、乡党的力量与国家抗衡，彼时的家国关系以竞争为主。随着皇权强化、门阀衰落，越来越多低级士族凭借个人才学跻身官僚队伍，他们主动站在国家立场，秉持“大宗承重论”，甚至限缩拥有“爵土”的所谓贵族的范围。唐宋以降，士族社会终结，再无门阀世族垄断官爵，家与国不再构成竞争关系，国家基于儒家伦理，转而扶持、鼓励地方宗族的发展，宗族也辅助国家调理地方秩序，延伸了国家在乡党社会的影响力。中古时代的家国关系从相持到一边倒，再到唐宋以来的相辅相成，此为其大略。借助对中古嫡孙承重礼议的分析，可对彼时家国关系有更深入的认识。至于唐宋以来家国关系的新进展，则已溢出本篇范围，有待别论。

第十篇　北朝礼议“正经”观念的凸显

北朝历史一般被认为是“汉化”、“封建化”或“中华化”的历史,[①]其所依托的制度资源一般认为有汉魏故事、《周礼》古典等。[②]但不管汉魏故事还是《周礼》古典，都是复数而非单数的，并不存在作为整体的“汉魏故事”或“周礼”，只存在具体的、个别的经义或故事。近来中古史研究尝试走出“胡化”“汉化”的宏大叙事,[③]本篇也将按照我们一贯的思路，考察影响北朝礼制因革的内在要素，也就是考察时人如何使用各种理据议礼改制。本篇将检视北朝君臣在议礼取证方面对经典正文、先儒旧说、前代故事的择从，进而考察其中的经典观念与逻辑展开方式。

---

① 传统史家在“华夷之辨”的视角下目之为“汉化”，比如吕思勉《白话本国史》（上），上海古籍出版社，2005，第272—273页；钱穆《国史大纲》，商务印书馆，2001，第279—290页。陈寅恪称之为“用夏变夷”，参见陈寅恪《隋唐制度渊源略论稿·唐代政治史述论稿》，生活·读书·新知三联书店，2015，第15页。康乐对北魏改革北亚民族传统以“汉化”的过程论述最详，参见康乐《从西郊到南郊：国家祭典与北魏政治》，台北：稻禾出版社，1995。马克思主义史学家或称之为“封建化”，比如翦伯赞主编《中国史纲要》（上），北京大学出版社，2006，第196—201页。日本学者或称之为“中国化/中华化”，比如川本芳昭《东亚古代的诸民族与国家》，刘可维译，社会科学文献出版社，2020，第2页。

② 陈寅恪认为北朝制度渊源有鲜卑旧俗、汉魏故事、依托《周礼》等不同成分，以汉魏故事为主干，后两者属于中原文化传统。陈寅恪：《隋唐制度渊源略论稿·唐代政治史述论稿》，第3页。宫崎市定认为北齐继承中国的传统（汉魏），北周则越汉魏而上之，回到中国文化的源头（《周礼》）上去，与陈寅恪类似。但宫崎认为隋唐制度主要继承北周，则又与陈氏不同。宫崎市定：《九品官人法研究：科举前史》，韩昇、刘建英译，中华书局，2008，第31、306页。相比于“汉魏故事”，也有学者更加强调北朝对“《周礼》古典”的接纳，此处不赘。另外，冈田和一郎则对陈寅恪、川本芳昭之观点折中而兼采之，认为孝文帝兼采“汉魏故事”与“周礼”，东魏、北齐继承了“汉魏故事”，西魏、北周则继承了“经书（《周礼》）”。冈田和一郎：《“汉魏故事”考》，王璐译，李军主编《中国中古史集刊》第五辑，商务印书馆，2018，第119页。

③ 胡鸿：《魏晋南北朝民族史研究的可能性》，魏斌等：《重绘中古史的可能性》（笔谈），《文史哲》2020年第6期，第88页。

经学学术通过议礼活动渗入制度建设，研究礼议，也就是研究经学如何经世。我们已经讨论过南朝礼议从“故事”向“经义”的偏移，认为从整体上来说，东晋南朝礼议取证逐渐侧重典据，有向经典本身回归的趋势。[①] 本篇将以北魏孝文帝以及孝文、宣武时期的“儒宗”刘芳为重点，深入北朝后期的各场礼议中，探索其中的经典观念、议礼规范，并对这些经典观念、议礼规范背后的国家与社会结构略做解释。

一　孝文帝礼议的“正经”观念

北魏孝文帝把自己亲政以来包括迁都在内的一系列重大举措总结为“行礼”，他说：“朕自行礼九年，置官三载，正欲开导兆人，致之礼教。”[②] 可见孝文帝本人对自己制礼作乐功业的自我期许之高。若欲研究北朝礼议中经典观念的变迁，孝文帝本人的意志不可忽略。史载太和十年（486）以后的诏册皆孝文帝所亲为，[③] 则这些诏书当可反映他本人的意志，与端拱无为、称制临决者不可同日而语，我们将据此分析孝文帝议礼的经典观念。

太和十四年冯太后去世，孝文帝开始真正亲政。这样说来，最早能充分反映孝文帝之意志的礼制改革举措，就是关于冯太后的葬礼及服丧。而恰恰在关于是否应为冯太后服三年丧的问题上，孝文帝与群臣之间爆发了激烈的争执。据史书记载，在与群臣往复辩论中，孝文帝连下二十四诏。这一系列诏书清楚地显示了他的改制理据和经典观念，值得仔细分析。为方便起见，今将议论过程中群臣的主要依据以及孝文帝回应的主要依据按时间顺序列入表1。

先对表1略做说明。本次议论的史料主要载于《魏书·礼志》及《高祖纪》，太后下葬之前，诏曰“仰寻遗旨”云云，《礼志》只说“十月”，未言明日期。[④]《高祖纪》十月戊辰诏曰“自丁荼苦，奄逾晦朔。仰遵遗旨，

---

① 详见拙稿《南朝礼制因革中的王俭“故事学”》《何佟之礼学与礼议再探》，皆收入本书之中。

② 《魏书》卷二一《广陵王元羽传》，中华书局，1974，第550页。

③ 《魏书》卷七《高祖纪下》，第187页。

④ 《魏书》卷一〇八之三《礼志三》，第2778页。

表 1　太和十四年冯太后丧孝文帝与群臣礼议意见

时间	议者	群臣主要依据	孝文帝回应的主要依据
九月	元休等	先王制礼，必有随世之变；前贤创法，亦务适时之宜。良以世代不同，古今异致故也。三年之丧，虽则自古，然中代已后，未之能行。先朝成式，事在可准，圣后终制，刊之金册	凶祸甫尔，未忍所请
	元休等	理贵随时，义存百姓。……此乃二汉所以经纶治道，魏晋所以纲理政术。……又圣后终制，已有成典……	自遭祸罚，慌惚如昨，奉侍梓宫，犹悕仿佛。山陵迁厝，所未忍闻
十月	元休等	先代之成轨，近世所不易。伏惟太皇太后……明诰垂于典策，遗训备于末命	仰寻遗旨，俯闻所奏，倍增号绝。山陵可依典册，如公卿所议。衰服之宜，情所未忍，别当备叙在心
十月既葬	元休	至尊，故不得以常礼任己；至重，亦弗获以世典申情。是以二汉已降，逮于魏晋，葬不过逾月，服不淹三旬。良以叔世事广，礼随时变，不可以无为之法，行之于有为之辰。文质不同，古今异制，其来久矣。自皇代革命，多历年祀，四祖三宗，相继纂业。上承数代之故实，……文明太皇太后……所造终制，事合世典。……谨依前式，求定练日，以备祔禫之礼	比当别叙在心
			仰惟先后平日，近集群官，共论政治，平秩民务。何图一旦祸酷奄钟，独见公卿，言及丧事，追惟荼毒，五内崩摧
	元丕	臣与元等不识古义，以老朽之年，历奉累圣，国家旧事，颇所知闻。伏惟远祖重光世袭，至有大讳之日，唯侍送梓宫者凶服，左右尽皆从吉。四祖三宗，因而无改。世祖、高宗臣所目见。唯先帝升遐，臣受任长安，不在侍送之列，窃闻所传，无异前式。……愿暂抑至慕之情，遵先朝成事，思金册遗令，奉行前式，无失旧典	所奏先朝成事，亦所见闻。祖宗情专武略，未修文教。朕今仰禀圣训，庶习古道，论时比事，又与先世不同。太尉等国老，政之所寄，于典记旧式，或所未悉，且可知朕大意。其余丧礼之仪，古今异同，汉魏成事及先儒所论，朕虽在衰服之中，以丧礼事重，情在必行，故暂抑哀慕，躬自寻览
			公卿又依金册，据案魏晋，请除衰服。……夫圣人制卒哭之礼，授练之变，皆夺情以渐。又闻君子不夺人之丧，亦不可夺丧。今则旬日之间，言及即吉，特成伤理

续表

时间	议者	群臣主要依据	孝文帝回应的主要依据
十月既葬	游明根	金册遗旨，逾月而葬，葬而即吉	卿等咸称三年之丧，虽则自古，然中代以后，未之能行。朕谓中代所以不遂三年之丧，盖由君上违世，继主初立，故身袭衮冕，以行即位之礼。又从储宫而登极者，君德未沇，臣义不洽，天下颙颙，未知所傒，故须备朝仪，示皇极之尊
十月既葬	高闾	太古既远，事难袭用，汉魏以来，据有成事。……今遗册之旨，同于前式。……杜预晋之硕学，论自古天子无有行三年之丧者，以为汉文之制，暗与古合。虽叔世所行，事可承踵……	汉魏之事，与今不同，备如向说。……金册之旨，所以告夺臣子之心令早即吉者，虑遗绝万机，荒废政事。……唯欲存衰麻，废吉礼，朔望尽哀，写泄悲慕，上无失导诲之志，下不乖众官所请，情在可许，故专欲行之。……杜预之论，虽暂适时事，于孺慕之君，谅闇之主，盖亦诬矣。孔圣称“丧与其易也宁戚”，而预于孝道简略，朕无取焉
十月既葬	李彪	汉明德马后……愿陛下览前世之成规，遵金册之遗令……	金册之意，已具前答……今奉终之事，一以仰遵遗册，于令不敢有乖。但痛慕之心，事系于予。……诸公所表，称先朝成式，事在可准。朕仰惟太祖龙飞九五，初定中原，及太宗承基，世祖纂历，皆以四方未一，群雄竞起，故锐意武功，未修文德。高宗、显祖亦心存武烈，因循无改。朕承累世之资，仰圣善之训，抚和内外，上下辑谐。稽参古式，宪章旧典，四海移风，要荒革俗。……引末朝因循之则，以为前准，非是所喻
十月既葬	高闾	先朝所行，颇同魏晋，又适于时……	卿等又称……万机事广，不可暂旷。朕……见前贤论者，称卒哭之后，王者得理庶事。依据此文，又从遗册之旨，虽存衰服，不废万机，无阙庶政，……
十月既葬	高闾	君不除服于上，臣则释衰于下，从服之义有违，为臣之道不足。又亲御衰麻，复听朝政，吉凶事杂，臣窃为疑	论云，王者不遂三年之服者，屈己以宽群下也。……唯望至期，使四气一周，寒暑代易。虽不尽三年之心，得一经忌日，情结差申。案礼，卒哭之后，将受变服。于朕受日，庶民及小官皆命即吉。……此虽非旧式，推情即理，有贵贱之差，远近之别

续表

时间	议者	群臣主要依据	孝文帝回应的主要依据
十月既葬	游明根	愿得逾年即吉……足申至慕之情，又近遗诰之意，何待期年	今既依次降除，各不废王政，复何妨于事，而犹夺期年之心
	高闾	昔王孙裸葬，士安去棺，其子皆从而不违，不为不孝。……今亲奉遗令，而有所不从，臣等所以频烦干奏	王孙、士安皆诲子以俭，送终之事，及其遵也，岂异今日。改父之道者，盖谓慢孝忘礼，肆情违度。今梓宫之俭，玄房之约，明器帏帐，一无所陈。如斯之事，卿等所悉。衰服之告，乃至圣心卑己申下之意，宁可苟顺冲约之旨，而顿绝创巨之痛。……又表称春秋烝尝，事难废阙。朕闻诸夫子，'吾不与祭，如不祭'。自先朝以来，有司行事，不必躬亲，比之圣言，于事殆阙。赖蒙慈训之恩，自行致敬之礼。今昊天降罚，殃祸上延，人神丧恃，幽显同切，想宗庙之灵，亦辍歆祀。脱行飨荐，恐乖冥旨。仰思成训，倍增痛绝。岂忍身袭衮冕，亲行吉事
	李彪	三年不改其父之道，可谓大孝。今不遵册令，恐涉改道之嫌	
	高闾	古者郊天，越绋行事，宗庙之重，次于郊祀。今山陵已毕，不可久废庙飨	祭祀之典，事由圣经，未忍之心，具如前告。脱至庙庭，号慕自缠，终恐废礼。公卿如能独行，事在言外
	李彪	三年不为礼，礼必坏；三年不为乐，乐必崩。今欲废礼阙乐，臣等未敢	此乃宰予不仁之说，已受责于孔子，不足复言。……朕谓服美不安，先贤有谕；礼毕居丧，著在前典。或亏之言，有缺之义，深乖理衷
	高闾	臣等据案成事，依附杜预，多有未允。至乃推校古今，量考众议，实如明旨。……伏愿陛下抑至慕之情，俯就典礼之重……	又前表，称"古者葬而即吉，不必终礼，此乃二汉所以经纶治道，魏晋所以纲理庶政"。朕以为既葬即吉，盖其季俗多乱，权宜救世耳……昔平日之时，公卿每奏称……汉魏已下，固不足仰止圣治。及至今日，便欲苦夺朕志，使不逾于魏晋。如此之意，未解所由。……既受非常之恩，宁忍从其常式

续表

时间	议者	群臣主要依据	孝文帝回应的主要依据
十月既葬	高闾	遵承册令，因循前典，惟愿除衰即吉，亲理万机。至德所在，陛下钦明稽古，周览坟籍，孝性发于圣质，至情出于自然，斟酌古今，事非臣等所及	鲁公带绖从师，晋侯墨衰败寇，往圣无讥，前典所许。如有不虞，虽越绋无嫌，而况衰麻乎？
	李彪	江南有未宾之吴，朔北有不臣之虏，……是以臣等犹怀不虞之虑	
	李彪	抑至慕之心，从遗告之重。……圣后知……豫造金册，明著遗礼	诸情备如前论，更不重叙古义。亦有称王者除衰而谅闇终丧者，若不许朕衰，朕则当除衰闇默，委政冢宰。二事之中，惟公卿所择
	游明根	渊默不言，则代政将旷，仰顺圣慕之心，请从衰服之旨	太尉国老，言先朝旧事，诚如所陈。……恐是先朝万得之一失，未可以为常式
	元丕	臣与尉元，历事五帝，虽衰老无识，敢奏所闻。自圣世以来，大讳之后三月，必须迎神于西，攘恶于北，具行吉礼。自皇始以来，未之或易	
十月壬午			公卿屡上启事，依据金册遗旨，中代成式，求过葬即吉。朕……思遵远古，终三年之礼。……断度今古，以情制衷。但取遗旨速除之一节，粗申臣子哀慕之深情
十月癸未			朕远遵古式，欲终三年之丧。……又奉圣训，聿修诰旨，不敢暗默自居，以旷机政。庶不愆遗令之意，差展哀慕之情
十月甲申			哀慕缠绵，心神迷塞，未堪自力以亲政事。近侍先掌机衡者，皆谋猷所寄，且可任之，如有疑事，当时与论决
十一月甲寅			内外职人先朝班次及诸方杂客，冬至之日，尽听人临。三品已上衰服者至夕复临，其余，唯旦临而已。其拜哭之节，一依别仪

资料来源：笔者据《魏书·高祖纪、礼志》等制作。

祖奠有期”云云。[①] 按冯太后下葬在十月癸酉，戊辰在癸酉之前五天，两处所载应该是同一份诏书，且都有“仰寻（遵）遗旨”之语。只不过各有偏重，《高祖纪》侧重安排下葬之事，而《礼志》侧重议丧服之事。另外，《礼志》所载十月壬午之诏“公卿屡上启事，依据金册遗旨，中代成式”云云，[②] 与《高祖纪》所载十月庚辰议论之后、癸未下诏之前之诏“公卿屡依金册遗旨，中代权式”云云，[③] 两者应为同一份诏书，而且壬午正好在庚辰与癸未之间。两处记载大体相同，不过文辞上略有差异。勘定上述两处异文之后，可知孝文帝共下二十四诏，这是后文分析的基础。

从逻辑来说，孝文帝首先要解决胡汉之别、华夷之辨的问题，在“汉制”与“胡俗”之间，孝文帝首先选择前者，努力改革鲜卑旧俗。具体到为冯太后服丧的问题，北魏前朝旧制从未有过行三年丧的前例，鲜卑贵族元休、元丕、尉元是坚持鲜卑旧俗的主要力量。元休说“先朝成式，事在可准”，“先代之成轨，近世所不易”，“上承数代之故实”，等等，都是强调北魏王朝本身的丧礼传统。至于元丕更是极为顽固的守旧派，他是鲜卑旧俗的专家，极为熟悉国朝故事。[④] 这次礼议中元丕充分发挥了他的专长，说自己“不识古义”，也就是不认同孝文帝所秉持的古典正经，而是强调自己与尉元“以老朽之年，历奉累圣，国家旧事，颇所知闻”的特点，以及“历事五帝”的老资格，认为北魏之传统，丧期极短，下葬之后即从吉，对此“四祖三宗，因而无改”，已经成了“先朝成事”。

针对“先朝成事”，孝文帝做了针锋相对的回应，认为北魏开基以来锐意武功，未修文德，无暇顾及礼仪，“未可以为常式”，把国朝故事当作权时之制看待，过时即应废除，不可行之久远。又说太尉等人“于典记旧式，或所未悉”，认为鲜卑旧族不懂经典所载的“典记旧式”，而这显然要高过“先朝成事”一头。

既驳倒胡俗，还要面对汉制。而“汉”也是复数的，可分为汉魏故事与经典古义，这两者也有相当差别。众所周知，据两汉魏晋之故事（尤其以汉文帝“短丧诏”为代表），嗣君往往不服三年丧，而是即位后很快即

① 《魏书》卷七下《高祖纪下》，第166页。
② 《魏书》卷一〇八之三《礼志三》，第2788页。
③ 《魏书》卷七下《高祖下》，第166页。
④ 《魏书》卷一四《东阳王元丕传》，第358页。

吉视事。持汉魏故事而与孝文帝辩论的，除了元休之外，高闾、李彪等人都是河北士族，尤其以高闾为代表，他说“汉魏以来，据有成事”，又强调“先朝所行，颇同魏晋，又适于时”，是把鲜卑旧俗与汉魏故事结合起来。

面对汉魏故事，孝文帝严阵以待，做了颇为透彻果决的反击。他首先说明不应遵循汉魏故事的理由：两汉以来帝王鲜有实行三年丧者，主要因为新君即位的当务之急是巩固自己的权力，无暇谅闇三年。但冯太后崩时，孝文帝已经即位多年，帝位颇为稳固，因此有余暇据礼终丧。总之，孝文帝认为汉魏以来既葬即吉的故事，其实也不过是“季俗多乱，权宜救世”，跟鲜卑旧俗、国朝故事一样，都不可行之久远。

除此之外，孝文帝更从意识形态及国家大政方针的高度对高闾等人坚持汉魏故事的态度做了激烈反诘：“昔平日之时，公卿每奏称……汉魏已下，固不足仰止圣治。及至今日，便欲苦夺朕志，使不逾于魏晋。如此之意，未解所由。”平时北魏君臣都认可的意识形态，是讥贬汉魏、致君尧舜，而当孝文帝真的要恢复三代之古礼、为冯太后服丧三年时，群臣却又抬出两汉魏晋的“故事”，不得不说是自相矛盾的，孝文帝直击高闾等人的要害，所以高闾也不得不承认“斟酌古今，事非臣等所及”。孝文帝这番辩论正式表明了他对国家性质与改革方向的设想：北魏的将来，不是成为下一个汉魏，而是要越汉魏而上之，在人间重建“周礼”的理想国度。

既越汉魏而复周礼，就要面临第三个问题：是遵从先儒旧说，还是对“正经”本文做最直观的理解。以高闾为代表的汉族学者倾向于两汉以来的先儒旧说，而非经典本文。他引用杜预“心丧”之说。杜预认为，嗣皇帝为父母服丧，既葬之后即除服，然后以“心丧”而谅闇三年。[①] 据此孝文帝应该在冯太后下葬之后就除丧服而行心丧。但孝文帝认为杜预的观点仅仅适合当时情况，并非圣人本意，又引用孔子所言“丧与其易也宁戚”反驳之。

不难看出，孝文帝与群臣辩论过程中主要面临四重阻力：第一，鲜卑

---

① 《晋书》卷三四《杜预传》，中华书局，1974，第1027—1028页；《晋书》卷二〇《礼志中》，第619页。

旧俗；第二，汉魏故事；第三，先儒旧说；第四，太后遗旨。而孝文帝冲破这四重阻力的武器，就是“正经”之文、“周礼”之制。他先在胡汉之辨的视角下反驳鲜卑旧俗；在汉传统的内部，又反驳汉魏故事而回向“周礼”古制；关于“周礼”，又批驳先儒旧说而遵循“正经”本文。

简言之，这是一个不断抽离与提纯的过程。经过这场艰难的辩论，孝文帝明白无疑地表达了他的改制方针，就是回归最为原初的“正经”本文，通过对“正经”的直接理解，以确立最为正统的制度。以这次礼议的规模之大、思辨之深，不能仅将其当作就事论事的表面争论，而应该在北魏国家性质之转变以及未来之基本方针路线的层次来理解。①

孝文帝之所以坚持要为冯太后服三年丧（实际上并未服满三年，而是在期丧的期限之内，完成三年丧的变除程序），有依据经典制礼、与南朝争夺正统性的用意。今以两例为证。

第一例，北魏君臣为冯太后服丧期间，南齐派遣裴昭明、谢峻朝服来吊。北魏方面使成淹对接南使，成淹要求裴、谢二人着素服，而非朝服。裴、谢认为此前北魏派遣李彪来吊南齐高帝之丧也着朝服，素服来吊，“义出何典”？成淹认为南齐朝廷短丧，李彪来吊之时，南齐君臣皆已吉服，北魏使者自然无素服之理；而今北魏遵循礼经而行丧礼，君臣皆素服，南齐使者也不可服吉服。裴、谢二人最终屈服。成淹强调北魏国丧重于南齐，更符合经典之义，以此表明在国家礼典方面的正统性和优越性。②

第二例，稍后北魏派遣李彪聘南齐，此时仍在国丧期间，李彪要求南齐迎宾不设乐。南齐方面的刘绘质疑北魏国丧的合理性：“请问魏朝丧礼，竟何所依?”“若欲遵古，何为不终三年?”李彪回答说：“服变不异三年，而限同一期，可谓亡礼之礼。”“圣朝自为旷代之制，何关许人。”③ 当南北朝在礼制与正统性方面展开竞争的背景下，只有尽量依据经典制礼，才能在竞争中占得上风。北魏孝文帝坚持据经典正文为冯太后服丧，在上述两个南北交聘的事例中，北魏都在合礼性上略胜一筹。

---

① 冯太后遗旨也以既葬除服为宜，孝文帝对此也做了相应说明，不过遗旨、诏书之别，仅为冯太后、孝文帝两人观点之不同，与上述涉及国家性质的鲜卑旧俗、汉魏故事、先儒旧说等结构性的因素不同，所以不再赘说。

② 《魏书》卷七九《成淹传》，第 1751—1752 页。

③ 《魏书》卷六二《李彪传》，第 1389—1390 页。

有趣的是，孝文帝虽然在此次辩论中坚持据古礼服三年丧，但此后却多次要求臣下“越绋从事”，比如他要求王肃尽快除服从政，对于河南王元幹也是如此。元丕劝孝文帝短丧，孝文帝坚决不许。但等到迁都洛阳后，元丕再次让他返回代北为舅奔丧，孝文帝却说：“岂有以天子之重，远赴舅国之丧？朕纵欲为孝，其如大孝何？纵欲为义，其如大义何？”[①] 两相比较，更能看出孝文帝坚持为冯太后服丧的意义，是想以此使古典正经成为国家的正统意识形态。换言之，服丧不服丧，只是表面的，本质上是要据“正经”的意识形态来改造国家制度。

这场辩论可看作孝文亲政之初对改革路线的一次集中表达。要进一步验证他对国家性质的设想以及此改革路线的实行情况，就有必要对其后的礼制改革做通盘考察。我们把冯太后崩后孝文帝全部议礼之诏对“鲜卑旧俗”“汉魏故事”“先儒旧说”“正经本文”这四项的因革列为表 2。

如表 2 所示，太和十五年以来，孝文帝共下 29 道关于礼制改革的诏书，其中大部分诏书都对自己的举措做了理据上的说明，可看出其所因所革，部分诏书还附带与群臣的讨论过程。正因为这些诏书并非简单直接的命令，而是附带丰富的讨论，所以我们将其当作礼议来分析。据表 2 可知，29 诏中涉及“鲜卑旧俗”者共 6 道，全部为“-”；涉及“汉魏故事”者 8 道，其中 7 道“-”，1 道“+”；涉及“先儒旧说”者 2 道，都为“-”；涉及“正经本文”者 21 道，其中 20 道“+”，仅有 1 道“-”。由此不难看出，上文通过冯太后丧服廿四诏之分析而得出的孝文帝渐次挣脱“鲜卑旧俗”“汉魏故事”“先儒旧说”的枷锁，以“正经本文”作为礼制改革之最高依据的结论，可由表 2 而得到强有力的印证。

最能体现孝文帝议礼以“正经”为准据的，当属第 23 道“皇太子冠有三失诏”。太和十九年四月，皇太子元恂于太庙行冠礼，事后，高祖对群臣反思此礼中的三处错误。

---

① 《魏书》卷一四《东平王元丕传》，第 361 页。池田恭哉据此考察北朝的忠孝先后论，认为北朝君臣普遍持忠先于孝的观点。池田恭哉『南北朝時代の士大夫と社會』研文出版、2018、161-167 頁。

表 2　太和十五年以来孝文帝议礼之诏因革择从

年月		性质	标题	出处	鲜卑旧俗	汉魏故事	先儒旧说	正经本文	备注
太和十五年（491）	四月	吉	1. 下尚书思慎营建明堂诏	《南齐书·魏虏传》		-卿所制体含六合，事越中古			
		吉	2. 改营太庙定昭穆诏	《礼志一》；《通典》卷四七				+述遵先志，具详礼典	
	七月	吉	3. 六宗诏	《礼志一》			-以疑从疑，何所取正	+况今有文可据，有本可推，而不评而定之，其致安在？朕躬览《尚书》之文，称“肆类上帝，禋于六宗”，文相连属，理似一事	
	八月	吉	4. 令郡国送时果诏	《礼志一》；《通典》卷四七					《礼记·月令》：是月也，天子乃以雏尝黍，羞以含桃。先荐寝庙
		吉	5. 罢幕中设五帝座诏	《礼志以》				+此既无可祖配，揆之古典，实无所取，可去此祀。又探策之祭，既非礼典，可悉罢之	《公羊传》宣公三年：自内出者，无匹不行；自外至者，无主不止
		吉	6. 减省群祀诏	《礼志一》				+凡祭不欲数，数则黩，黩则不敬	《礼记·祭义》：祭不欲数，数则烦，烦则不敬

续表

年月		性质	标题	出处	鲜卑旧俗	汉魏故事	先儒旧说	正经本文	备注
太和十五年（491）	八月	吉	7. 敕雍州供祭冯朗诏	《礼志一》；《通典》卷四七					按：八月5—8四诏，皆是减省淫祀，精神相通
		吉	8. 严祀水火等诏	《礼志一》					
		吉	9. 朝日夕月诏	《礼志一》		-	-		
	九月	凶	10. 祥日不卜诏	《礼志三》				-敬祭卜祥，乃古之成典。但世失其义，筮日求吉	
	十月	吉	11. 迁主太庙诏	《礼志三》		-（先朝旧式，不敢不闻）		+先王制礼，职司有分	
	十一月	嘉	12. 罢小岁贺诏	《南齐书·魏虏传》				+季冬朝贺，典无成文	
	十二月	凶	13. 为高丽王琏举哀诏	《礼志三》				+古者同姓哭庙，异姓随其方，皆有服制	《左传》襄公十二年：凡诸侯之丧，异姓临于外，同姓于宗庙，同宗于祖庙，同族于祢庙
	冬	乐	14. 简置乐官诏	《乐志》	-厘革时弊			+稽古复礼	
太和十六年（492）	正月	吉	15. 祭用孟月诏	《礼志一》	-自顷蒸尝之礼，颇违旧义			+今将仰遵远式，以此孟月，殖礿于太庙	《春秋繁露》卷一五《四祭第六十八》；《续汉书·祭祀志》

续表

年月		性质	标题	出处	鲜卑旧俗	汉魏故事	先儒旧说	正经本文	备注
太和十六年（492）	二月	吉	16. 祀先代诸圣诏	《礼志一》；《通典》卷五三				+崇圣祀德，远代之通典；秩□□□，中古之近规……且法施于民，祀有明典，立功垂惠，祭有恒式。斯乃异代同途，奕世共轨。今远遵明令，宪章旧则，比于祀令，已为决之	《礼记·祭法》：夫圣王之制祭祀也：法施于民则祀之，以死勤事则祀之，以劳定国则祀之，能御大菑则祀之，能捍大患则祀之
		吉	17. 躬临千亩诏	《礼志一》					
	春	乐	18. 令高闾与太乐详采古今音律诏	《乐志》	-自魏室之兴，太祖之世尊崇古式，旧典无坠。但干戈仍用，文教未淳，故令司乐失治定之雅音，习不典之繁曲	-汉魏之间，乐章复阙，然博采音韵，粗有篇条		+详采古今，以备兹典	
	八月	嘉	19. 以尉元游明根为三老五更诏	《尉元传》				+尊老尚更，列圣同致；钦年敬德，绵哲齐轨	
		军	20. 讲武诏	《高祖纪下》				+文武之道，自古并行，威福之施，必也相借	

续表

年月		性质	标题	出处	鲜卑旧俗	汉魏故事	先儒旧说	正经本文	备注
太和十六年（492）	十月	吉	21. 省白登庙祀诏	《礼志一》；《通典》卷四七	-白登庙者，有为而兴，昭穆不次 祀礼或有亵慢之失，嘉乐颇涉野合之讥			+先王制礼，所以经纶万代，贻法后昆	
太和十九年（495）	二月	吉	22. 迁都奉迎灵主诏	《礼志一》；《通典》卷四七				+其出金墉之仪，一准出代都太和之式。入新庙之典，可依近至金墉之轨。其威仪卤簿，如出代庙	《孝经·圣治章》：昔者周公郊祀后稷以配天，宗祀文王于明堂以配上帝，是以四海之内各以其职来祭
	五月	嘉	23. 皇太子冠有三失诏	《礼志四》；《通典》卷五六				+《春秋》…… 司马彪…… 《家语》虽非正经，孔子之言与经何异	《左传》襄公九年；《孔子家语》卷八《冠颂第三十三》；《续汉书·礼仪志上》
	六月	吉	24. 罢祀郧中密皇后庙诏	《皇后列传》	-此乃先皇所立，一时之至感，非经世之远制，便可罢祀			+妇人外成，理无独祀，阴必配阳以成天地，未闻有莘之国，立太姒之飨	《白虎通·嫁娶》：妇人外成，以出适人为嫁
	十一月	吉	25. 议圜丘礼诏	《礼志一》	-我魏氏……复未考《周官》，为不刊之法令	-两汉礼有参差，魏晋犹亦未一		+案《周官》祀昊天上帝于圆丘，礼之大者	

续表

年月		性质	标题	出处	鲜卑旧俗	汉魏故事	先儒旧说	正经本文	备注
太和十九年（495）	不明	凶	26. 临广川王谐丧三诏	《广川王元略传》		-自汉已降，多无此礼 魏晋已来，亲临多阙		+古者，大臣之丧，有三临之礼。朕欲遵古典，哀感从情……	《汉书·贾山传》
		凶	27. 广川王不得就妃葬代诏	《广川王元略传》					
		凶	28. 吏民为刺史服诏	《公孙表附公孙邃传》		+主簿，近代相承服斩，过葬便除，可如故事			《通典》卷九十九《礼五十九》引《魏令》《晋丧葬令》
不明		凶	29. 报广陵侯衍诏	《阳平王新成附广陵侯衍传》		-季末陵迟，斯典或废		+先君余尊之所厌，礼之明文	《仪礼·丧服》：传曰：何以大功也？先君余尊之所厌，不得过大功也

注：凡出自《魏书》者只记篇名。每诏若有明确的经典证据，则列于“备注”一栏，不详则从省。每诏对“鲜卑旧俗”“汉魏故事”“先儒旧说”“正经本文”的择从，若因袭之，则用“+”表示；若革除之，则用“-”表示。

资料来源：笔者据《魏书》《南齐书》《通典》等制作。

> 比冠子恂，礼有所阙，当思往失，更顺将来。礼古今殊制，三代异章。近冠恂之礼有三失，一，朕与诸儒同误，二，诸儒违朕，故令有三误。今中原兆建，百礼惟新，而有此三失，殊以愧叹。《春秋》，襄公将至卫，以同姓之国，问其年几，而行冠礼。古者皆灌地降神，或有作乐以迎神。昨失作乐。至庙庭，朕以意而行拜礼，虽不得降神，于理犹差完。司马彪云，汉帝有四冠：一缁布，二进贤，三武弁，四通天冠。朕见《家语·冠颂篇》，四加冠，公也。《家语》虽非正经，孔子之言与经何异？诸儒忽司马彪《志》，致使天子之子，而行士冠礼，此朝廷之失。冠礼朕以为有宾，诸儒皆以为无宾，朕既从之，复令有失。孔所云“斐然成章”，其斯之谓。[1]

孝文帝指出的三个错误分别是：第一，行礼时没有作乐，降神之礼也不正确。《左传》襄公九年，季武子曰：“君冠，必以裸享之礼行之，以金石之乐节之，以先君之祧处之。”可知诸侯冠礼当作乐迎神，而且有裸享之礼以将神，但此次行礼则未作乐、未裸享。第二，只加三冠，未加四冠。据《孔子家语·冠颂》可知，有天子之冠礼（周成王），有诸侯之冠礼，诸侯加四冠，比士冠礼多。（“公冠四，加玄冕祭。”）[2] 又根据司马彪《续汉志》所载，东汉皇帝冠礼“乘舆初加缁布进贤，次爵弁，次武弁，次通天”，[3] 虽然未必同于孔子所言诸侯四冠，但至少印证了天子、诸侯加冠之数比士冠礼多。而元恂仅加三冠，这是很大的疏失。第三，没有宾。根据《孔子家语·冠颂》孟懿子问：“诸侯之冠，其所以为宾主，何也？”孔子曰：“公冠则以卿为宾。”[4] 可见冠礼应有宾，孝文帝本来也认为应该有宾，但群臣认为没有，孝文帝从之，于是又犯了一个错误。

尤其值得注意的是孝文帝此诏中表现出的经典观念。在厘定冠礼仪节时，孝文帝的论据除了作为“经”的《左传》之外，主要就是《孔子家语·冠颂》一篇。《孔子家语》并非经典，似乎与上文所述孝文帝以“正经”本文为最高论据相矛盾。对此，孝文帝解释说：“《家语》虽非正经，

---

① 《魏书》卷一〇八之四《礼志四》，第 2810 页。

② 陈士珂辑《孔子家语疏证》卷八《冠颂》，崔涛点校，凤凰出版社，2017，第 221—222 页。

③ 《续汉书志》第四《礼仪志上》，中华书局，1965，第 3105 页。

④ 陈士珂辑《孔子家语疏证》卷八《冠颂》，第 222 页。

孔子之言与经何异?”也就是说,《孔子家语》虽然并非“正经”,但其中所载都是孔子之言,孝文帝所引用以厘定冠礼仪节的证据也出自孔子之口。在孝文帝看来,孔子之言具有与“正经”同等的效力,所谓六经也是孔子所删述,这样说来,孔子之言效力不输六经。归根结底,孝文帝改革礼制还是以“正经”本文(以及孔子之言)作为无可争议的至高依据,其他诸儒之说、汉魏之制,都应退在其次。

当然,表 2 所列 29 诏仍然有两个反例。首先是第 10 条“祥日不卜诏”。葬礼之后的周年之祭为小祥,太和十五年九月要为冯太后举行小祥之祭,按古礼应卜日,孝文帝也承认“敬祭卜祥,乃古之成典”,但后儒曲解了古礼之义(“世失其义”),认为卜日与吉礼配套,这是以小祥之祭为吉祭,今不忍以吉礼祭祀,所以决定不卜。① 按“卜祥”之说,出自《礼记·丧服小记》:“练,筮日、筮尸、视濯,皆要绖、杖、绳屦,有司告具而后去杖。”所谓“练”,就是小祥。《正义》曰:“将欲小祥,前日豫筮其日,而占于尸。及视濯器,则豫着小祥之服,以临此三事也。所以然者,此前三事悉是为祭,祭欲吉,故豫服也。”② 可见《礼记》明文小祥应卜日,《正义》解释为吉祭,当除丧服而服吉服,这或许就是孝文帝所谓“世失其义”。孝文帝违古礼而废除卜祥,固然有矫情饰伪的因素,但毕竟没有正面否认“古之成典”,而是把世儒之说作为批判目标。

其次是第 28 条“吏民为刺史服诏”。太和十九年公孙邃卒,青州佐吏问当为长吏服何等丧服,孝文帝诏曰:“主簿,近代相承服斩,过葬便除,可如故事。”明确表示因循近代之故事(也就是汉魏故事)。③ 究其原因,《仪礼·丧服》中虽然也有关于士大夫、庶人为国君、旧君之服的条文,但严格来说,吏民为长官之服是秦汉以来才有的“近代之礼”。据谯周所言,汉代郡县吏为卒官之长官服斩衰;《魏令》《晋丧葬令》规定属吏为长官卒官者服齐衰;然间亦有服斩衰者。④ 简言之,汉魏以来属吏为卒官之长官或服齐或服斩,因无明确的“正经”本文,所以只得从近代之故事。

---

① 《魏书》卷一〇八之三《礼志三》,第 2788 页。

② 《礼记正义》卷三三《丧服小记》,阮元校刻《十三经注疏》清嘉庆刊本,中华书局,2009,第 3253 页。

③ 《魏书》卷三三《公孙邃传》,第 786 页。

④ 杜佑:《通典》卷九九《礼五十九》,王文锦等点校,中华书局,2016,第 2646 页。

可见虽有个别反例，但不能动摇我们的结论，反而可以进一步印证之。

总而言之，孝文帝改制的原则是对“正经”本文做出直接且权威的解读，反对因袭北魏传统与汉魏故事，也反对先儒旧说的过度复杂的推理。孝文帝希望超越胡汉、古今之别，以回归“正经”这种最为纯粹直接的方式，为北魏国家性质之转型提供明确的依据，为王朝正统性奠定确立不拔之基。北魏末袁翻总结孝文帝迁洛以来制礼作乐原则是“先朝规度，每事循古”，[①] 这是时人的体认，可作为本篇论证的辅证。

二 刘芳礼议的“正经”观念

刘芳是北魏孝文、宣武两朝的大儒，也是北魏礼制改革的核心人物。孝文帝改革礼制深为倚重刘芳，“动相顾访”，定当颇得刘芳之建议。孝文帝甚至想为皇太子元恂纳刘芳之女，刘芳谦退而辞之。[②] 这至少说明孝文帝希望太子能倚重刘芳这样的经学大家及其儒学世族，继承自己改革的伟业。崔光与刘芳并称“当世儒宗”，[③] 两人是中表之亲，崔光对刘芳“每事询仰”，[④] 可以说刘芳是当时官方第一经学家、礼学家，他在孝文朝礼制改革中的地位也就不言而喻了。

刘芳在孝文帝礼制改革中所起的关键作用，从当时鲜卑贵族对他的态度就能看出。史载：

> 初，高祖将议革变旧风，大臣并有难色。又每引刘芳、郭祚等密与规谟，共论时政，而国戚谓遂疏己，怏怏有不平之色。乃令（陆）凯私喻之曰：“至尊但欲广知前事，直当问其古式耳，终无亲彼而相疏也。”国戚旧人意乃稍解。[⑤]

孝文帝礼制改革的主要参谋是刘芳、郭祚等汉人士族，他们深厚的经学修

① 《魏书》卷六九《袁翻传》，第1538页。
② 《魏书》卷五五《刘芳传》，第1226—1227页。
③ 《魏书》卷四三《房景先传》，第978页。
④ 《魏书》卷五五《刘芳传》，第1227页。
⑤ 《魏书》卷四〇《陆凯传》，第906页。

养正与孝文帝的改革宏愿相得益彰，自然就成了他的首席参谋，以至于引起“国戚旧人”的猜疑。所谓“国戚旧人”，当指代北拓跋贵族，“旧人”尤其相对于“新人”而言。刘芳、郭祚等汉人士族是北魏政权的后来加入者，尤其刘芳等“平齐民”，更是晚至献文帝时期才入魏。国戚旧人对孝文帝倚重刘芳等人进行改革所表现出的不满，表示出旧人、新人不同的政治理念。①

孝文之后，刘芳在宣武朝进一步主导议礼活动。孝文崩时，刘芳受顾命；宣武即位，刘芳亲自为之加衮冕。孝文的丧礼仪节皆刘芳所撰定。咸阳王元禧受遗旨，令刘芳为宣武帝授经。这一切都表明孝文帝对刘芳寄托之重。② 刘芳作为孝文帝意志的继承者，在宣武朝成了毫无争议的礼制改革的主导者：“还朝，议定律令。芳斟酌古今，为大议之主，其中损益，多芳意也。世宗以朝仪多阙，其一切诸议，悉委芳修正。于是朝廷吉凶大事皆就咨访焉。”③ 可以说，刘芳是孝文帝进行礼制改革的得力干将，又继而主持宣武朝的制礼、议礼工作。刘芳对于北魏后半期礼制改革所起的作用，不可谓不重大。

上节证明了孝文帝议礼以“正经”为最高准据，刘芳作为北魏礼制改革的核心人物，他在议礼取证上与孝文帝保持了高度一致，这可从他与王肃的对比中看出。太和十七年（493）王肃北奔入魏，孝文帝优礼待之，王肃席间与刘芳辩论：

> 王肃之来奔也，高祖雅相器重，朝野属目。（刘）芳未及相见。高祖宴群臣于华林，肃语次云：“古者唯妇人有笄，男子则无。”芳曰：“推经《礼》正文，古者男子妇人俱有笄。”肃曰：“《丧服》称：‘男子免而妇人髽，男子冠而妇人笄。’如此，则男子不应有笄。”芳曰：“此专谓凶事也。礼：初遭丧，男子免，时则妇人髽；男子冠，

① 北魏政权在形成与征服中原地区的过程中，不断纳入“新人”“新民”。参见张维训《新民初探》，《中国社会经济史研究》1993年第4期。关于刘芳的“平齐民”身份及其身世经历，详见拙稿《“正体”与“爵土”：中古嫡孙承重礼议所见的家国关系》，收入本书之中。

② 《魏书》卷五五《刘芳传》，第1221页。

③ 《魏书》卷五五《刘芳传》，第1222页。

时则妇人笄。言俱时变，而男子妇人免髽冠笄之不同也。又冠尊，故夺其笄称。且互言也，非谓男子无笄。又《礼·内则》称：‘子事父母，鸡初鸣，栉，缅，笄，总。’以兹而言，男子有笄明矣。”高祖称善者久之。肃亦以芳言为然，曰：“此非刘石经邪？”……酒阑，芳与肃俱出，肃执芳手曰：“吾少来留意《三礼》，在南诸儒，亟共讨论，皆谓此义如吾向言，今闻往释，顿祛平生之惑。”①

王肃出自琅邪王氏，为南朝第一流高门，他入魏之初颇受孝文帝重视，亦为北朝人士所仰慕。② 王肃说古代妇人有笄，男子无笄，这或许是他在南朝的酒席宴会中经常拿来炫技的一个小话题，此番入北，又再次提出，或许是想以此试一试北朝君臣的学识。不过略显奇怪的是，古者男子亦有笄，《仪礼·士冠礼》俱载之，凡稍通礼学者即不难有此常识。男子之笄分为两种：一种在紒内，用来固定发髻；一种用来固定冠弁。③ 王肃为何举这一条有明显破绽的经义？原来他故意在此论题中设计了一个逻辑陷阱。王肃引证《丧服小记》男子免，妇人髽，两者相对；同理，男子冠，妇人笄，也应该是相对之辞，这说明只有妇人有笄，男子无笄。④ 当时孝文帝君臣皆未识破，只有刘芳指出了问题关键：此乃经传“互言”之法，表面上强调男子冠、妇人笄的区别，只是为了表明男女有别，其实所谓“男子冠”云者，乃是“互言”，既言“冠”，则兼包“笄”。且《仪礼》《礼记》“正文”都明确提及男子有笄。刘芳既能据“互言”以推礼制，又能“推经《礼》正文”，举出明确的文献证据，王肃不得不折服。

王肃为何拿出有如此漏洞的命题来与北朝君臣谈辩？今尝试释之如

---

① 《魏书》卷五五《刘芳传》，第 1220 页。

② 王肃好饮茶，“时给事中刘缟慕肃之风，专习茗饮”。可见北魏士大夫之中对王肃所代表的南朝高门侨旧之文采风流、生活习惯颇有倾慕者。周祖谟校释《洛阳伽蓝记校释》卷三《城南》，中华书局，2010，第 111 页。

③ 《仪礼·士冠礼》：“宾揖之，即筵坐。栉，设笄。”贾公彦疏：“云设笄者，凡诸设笄有二种：一是紒内安发之笄，一是皮弁、爵弁及六冕固冠之笄。今此栉讫，未加冠即言设笄者，宜是紒内安发之笄也。”《士冠礼》又曰：“皮弁笄；爵弁笄；缁组纮，纁边；同箧。”郑玄注：“笄，今之簪。”《仪礼注疏》卷二《士冠礼》，阮元校刻《十三经注疏》清嘉庆刊本，第 2051—2052 页。

④ 《礼记·丧服小记》：“男子冠而妇人笄，男子免而妇人髽。其义：为男子则免，为妇人则髽。”按王肃引证者为《礼记·丧服小记》，而非《仪礼·丧服》，《魏书》省文。

下。南朝高门侨人大多爱好文史，多重视切实有用的朝仪典章之学。南士爱好谈辩，以此为乐，又不屑皓首穷经，所以他们的论题往往重视机锋巧辩，是一种思维体操。王肃未必不知男子有笄，因为这具载于礼经明文，他的学问不至于空疏至此。所谓男子无笄论，只不过是他借助《丧服小记》之文而设置的一个谜题，从经义的角度来说，自然不值一提；从谈辩的角度来说，则不失为席间助兴的巧妙小游戏。

王肃拿南朝谈辩之故智，讨北朝君臣之欢心。因南北学风之异，北朝人士大概并不熟悉这种以辩经为游戏的讨论，而是严阵以待，当作实际的礼制问题来对待。刘芳孜孜以辩，正是北朝儒者循谨淳朴学风的表现。王肃何等人情练达，此论既败，随即恭维刘芳超越南方学者。如果北朝君臣无人辩得过王肃，他作为南士在文化上的优势地位更加突出；如果有人能驳倒他，则可趁机献媚取容，结纳朝士。王肃此论不管是输是赢，都对自己有利。孝文帝对刘芳嗟赏称善，一方面固然是因为他辩赢了王肃，为北方学者增光；另一方面，刘芳议礼以“正经”为根基，与孝文帝的制礼作乐方针正相符合。刘芳对王肃的胜利，意味着孝文帝的礼乐兴作更优于南朝礼制。

北朝学者的议礼风格在邢虬与王肃的对抗中愈加彰显。史载：“（邢虬）少为《三礼》郑氏学，明经有文思。……高祖因公事与语，问朝觐宴飨之礼，虬以经对，大合上旨。……高祖崩，尚书令王肃多用新仪，虬往往折以《五经》正礼。”[①] 陈寅恪称王肃承袭王俭之家学，所传承者为魏、晋、宋、齐相承既久的朝仪典章之学，也就是王俭所擅长的掌故、故事。[②] 王肃多用“新仪”，就是南朝高门所熟悉的汉晋故事。而邢虬作为北朝学者，所熟悉的是经典正文，所以用“《五经》正礼”来对抗王肃的“新仪”。可见南朝高门因循汉晋旧制、朝仪典章，北朝经生儒者崇尚经义复古、正经正礼。

（一）圆丘议

刘芳在孝文朝依“正经”议礼的典型案例还有圆丘议。太和十九年十一月，孝文帝与元禧、穆亮、元澄等鲜卑贵族以及刘芳、李彪等汉族大儒

---

① 《魏书》卷六五《邢峦附邢虬传》，第1450页。

② 详见拙稿《南朝礼制因革中的王俭“故事学”》，收入本书之中。

议论圆丘礼制。孝文帝认为《周礼》祀昊天上帝于圆丘之礼，乃"礼之大者"，但是"两汉礼有参差，魏晋犹亦未一"，而且北魏此前所行圆丘之礼也"未考《周官》"——这就首先为礼议定下了基调，要超越汉魏故事与鲜卑旧俗，以《周礼》正经为本。[①] 在此前提下，孝文帝提出"夕牲"的问题，是应该提前一天杀牲、第二天早上举行祭祀？还是应该杀牲、祭祀在同一天？刘芳答曰："臣谨案《周官·牧人职》，正有夕展牲之礼，实无杀牲之事。"认为不应提前一天杀牲。关于"夕牲"之仪，刘芳此言存在许多疑点，值得仔细探究。

首先需要明确的是，"夕牲"之仪不见于经典正文，而是两汉以来的祭祀传统。《周礼·地官·充人》曰："充人，掌系祭祀之牲牷。祀五帝，则系于牢，刍之三月。享先王，亦如之。凡散祭祀之牲，系于国门，使养之。展牲，则告牷；硕牲，则赞。"充人之职，掌管祭祀所用的牺牲，祭祀之前有"展牲"之仪，郑玄注曰："郑司农云：'展，具也。具牲，若今时选牲也。充人主以牲牷告展牲者也。'玄谓展牲，若今夕牲也。《特牲馈食之礼》曰：'宗人视牲告充，举兽尾告备。'近之。"郑玄把《周礼》之"展牲"与汉制之"夕牲"相比附，贾公彦曰"此举汉法以况之"，是谓得之。[②] 这种诠释影响了后世的学者。

作为"汉法"的夕牲之仪，载于《续汉书·礼仪志》"夕牲"条："正月，天郊，夕牲。"李贤注曰："《周礼》'展牲'，干宝曰'若今夕牲'。"[③] 可见干宝也继承了郑玄的观点，此观点又为李贤所因袭，都认为两汉之"夕牲"就是《周礼》之"展牲"。关于汉代"夕牲"的具体仪节，李贤注引郊仪曰：

> 先郊日未晡五刻夕牲，公卿京尹众官悉至坛东就位，太祝吏牵牲入，到榜，廪牺令跪曰："请省牲。"举手曰："腯。"太祝令绕牲，举手曰："充。"太史令牵牲就庖，以二陶豆酌毛血，其一奠天神坐前，其一奠太祖坐前。[④]

---

① 《魏书》卷一〇八之一《礼志一》，第 2752 页。

② 《周礼注疏》卷十三《地官·充人》，阮元校刻《十三经注疏》清嘉庆刊本，第 1560 页。

③ 《续汉书志》第四《礼仪志上》，第 3105—3106 页。

④ 《续汉书志》第四《礼仪志上》，第 3106 页。

可见其中“省牲”视肥腯等环节与《周礼》“展牲”类似，但随后要牵牲就庖、杀牲、以二陶豆酌毛血奠天神与太祖，这是与“展牲”最大的不同之处。展牲只视肥腯与否，并不杀牲。汉制夕牲奠血之仪，可能跟楚、汉文化中的“夜祷”传统有关，此处不赘。①

刘芳显然对郑玄、干宝以“夕牲”比附“展牲”之说非常熟悉。刘芳曾传郑玄所注《周官音》、干宝所注《周官音》各一卷。所以当孝文帝问起在正式祭祀前一晚杀牲的“夕牲”是否合礼时，刘芳直接引用《周礼·充人》“展牲”，认为根据正经原文，只说视牲之肥腯，未说杀牲之事。②刘芳在郑玄、干宝说的基础上，又进一步细辨《周礼》原文，指出了正经之“展牲”与汉制之“夕牲”相似而不同，郑、干之说亦微有不妥。在反思先儒旧说与汉魏故事的基础上，孝文帝、刘芳革除了沿循已久的“夕牲”之仪，回归了《周礼》本义。可见刘芳与孝文在以经典正文为最高证据的制礼观念上是一致的。

至于刘芳在宣武朝议定礼制之荦荦大节，史传着重记载三事，分别是《立学表》《郊坛疏》《社稷宜树木疏》。《立学表》建议设立四门小学，与太学同处。其议论基于古典正经，但又有所折中，变革了汉魏以降没有四门学的旧制。③《郊坛疏》认为孝文所置郊祀之坛距离都城远近与礼经有违，而且灵星祠、周公祠不应隶属于太常管理。此议虽引证大量先儒旧说

① 参见杨华《楚人“夜祷”补说》，武汉大学简帛研究中心主办《简帛》第十辑，上海古籍出版社，2015，第79—84页。

② 《魏书》原文刘芳所引为《周官·牧人职》，潘慧琼认为关于“展牲”之仪，实际上见于《周礼·肆师》，而非《牧人》。按潘说未必准确，以“展牲”“夕牲”相比附，实际见于《充人》之原文及郑注，刘芳所引者，并非史载之《牧人》，亦非潘说之《肆师》，而应该是《充人》。以刘芳对《周礼》郑玄注、干宝注的熟悉程度，不可能引错，应该是史官误将“充人”误作“牧人”。参见潘慧琼《〈周礼〉与北魏孝文帝的祭祀制度改革》，《齐齐哈尔大学学报》（哲学社会科学版）2017年第2期，第97页。

③ 《魏书》卷五五《刘芳传》，第1221—1222页。程苏东认为北魏四门小学之设立，出于魏晋以来士庶门第观念的强化，故用大学、小学区别贵、庶，北魏国子学、太学为大学，四门学为小学。并且认为刘芳合置四学的建议有悖经义，但因为相对务实，所以最终在北朝隋唐得以施行。参见程苏东《北魏经学制度三论》，《清华大学学报》（哲学社会科学版）2020年第6期。我们认为刘芳建议设立四门学恐怕并不是为了强化贵庶之别，而是要为门第不甚高的寒士子弟提供学优则仕的机会。刘芳本人的出身经历及其思想观念，都是倾向于才学主义而非门第主义，详见拙稿《“正体”与“爵土”：中古嫡孙承重礼议所见的家国关系》，收入本书之中。

及汉魏故事，但核心证据仍是古典正经，在论证时反复强调"明据""审据"，具有强烈的以古典正经为证据的自觉意识。宣武帝也承认"所上乃有明据"，因难于变革其父之制，所以不得不拒绝。[①]《社稷宜树木疏》认为根据经典正文，社稷有树，并列举《周礼》《论语》等七条"明据"，几乎没有任何质疑的余地。最后宣武帝从其议。[②] 这三例涉及学校、郊祀、社稷，都是礼制中的大经大法，从中可见刘芳博引经典、以正文为准的议论方法，这与孝文帝以"正经"为礼制改革之最高依据的精神一脉相承。

（二）乐制议

刘芳的"正经"观念在上述三议中至为显豁，他与别的学者在经学观念上的差异，在乐制议中表现得更为明显。早在太和初年，孝文帝就"垂新雅古，务正音声"，汉族大儒高允也早就于太和七年（483）指出北魏乐章"不准古旧"。文明太后也要求以"雅曲正声"为标准，废除"新声不典之曲"。十五年，孝文帝下诏简置乐官，强调"稽古复礼"。十六年，孝文帝又下诏批判汉魏之间乐章的残缺，含蓄地指出了北魏先世乐章并非"雅音"，而是"不典之繁曲"。可见孝文帝所要改革的主要对象，一者为汉魏故事，一者为鲜卑旧俗。而他所持有的武器，就是古典正经。[③] 在这种背景下，太和十八年高闾推荐公孙崇考定乐律。根据高闾的推荐语，可知公孙崇乐律理论的主要依据，为《周官》、《国语》及司马彪《续汉书·律历志》。[④]

到了宣武帝正始元年（504）十二月己卯，正式"诏群臣议定律令"，[⑤] 其中也包括乐律、度量衡制度。参与者包括刘芳、李韶、袁翻、常景、高绰、孙绍、程灵虬等汉族学者，也有侯坚固等律令专家、公孙崇等乐律专家，也有元勰、元雍、元愉等宗室贵臣，[⑥] 可谓尽一时之选。前述刘芳为"大议之主"，也正在此时。从这场"大议"的参与人员和讨论议

---

① 《魏书》卷五五《刘芳传》，第 1222—1225 页。
② 《魏书》卷五五《刘芳传》，第 1225—1226 页。
③ 《魏书》卷一〇九《乐志》，第 2828—2829 页。
④ 《魏书》卷一〇七上《律历志上》，第 2658 页。
⑤ 《魏书》卷八《世宗纪》，第 197 页。
⑥ 《魏书》卷六九《袁翻传》载此事在"正始初"，第 1536 页；《册府元龟》卷六一一《刑法部·定律令》载此事在正始元年十二月己卯，与《魏书·世宗纪》合，第 7075 页。

题不难看出，这是宣武帝继承孝文帝改革进程的关键一步。公孙崇制定乐律的活动甚至早在此年秋就已经先期着手。[①]

有趣的是，正始四年公孙崇上表自述其与高闾参定乐律的依据，变成了“依据六经，参诸《国志》，错综阴阳，以制声律”。[②] 主要强调“六经”（也就是高闾所称之《周官》）和《国语》，对于《续汉书·律历志》则隐去不言。而这隐去的部分，恰恰才是公孙崇的乐律理论所本。先说其所据之《周官》，当指《周礼·春官·大师》：“大师掌六律六同，以合阴阳之声。”并备载十二律吕之名。[③] 而其所谓《国志》，当指《国语·周语下》“王将铸无射，问律于伶州鸠”条，伶州鸠论十二律吕之名与义。[④] 但这两处仅为泛论六律六吕的名义，至于律管长短、推律方法，则全未提及。可见公孙崇自称以《周礼》《国语》为准，只不过是空壳子、大帽子话，其实际所准的，当是《续汉书·律历志》所载汉代京房六十律。[⑤] 公孙崇借助《周礼》《国语》的大旗，显得自己所定乐制有经典依据。但实际上他所继承的是汉魏之法，并非古典正经。

宣武帝对公孙崇并不信任，于是让自己的老师刘芳参与主持改制乐律的工作。据本传可知进入宣武朝后，刘芳与公孙崇、高肇主持修理乐器，并引群儒共同议论。乐制比较专门，因公孙崇是专家，所以朝臣多从之。刘芳则“探引经诰，搜括旧文，共相难质，皆有明据”，最后为学者所归宗。本传所载虽然简略，但极为精准地指出了刘芳的特点，即以“经诰”“旧文”之“明据”为准，指出公孙崇“不合典式”。[⑥] 永平二年（509）秋，刘芳、高肇、元怿上奏，称刘芳与诸儒考较公孙崇所造乐器与《周礼》不合，虽然公孙崇自称“必依经文”，但其声不协，而且任意增减，没有准据，提出“宪章先圣，详依经史”的原则。三人请求使刘芳依准《周礼》重造乐器，集议之后，择善而从。[⑦] 也就是弃用公孙崇的京房六十

---

① 《魏书》卷一〇九《乐志》，第 3830 页。

② 《魏书》卷一〇九《乐志》，第 2831 页。

③ 孙诒让：《周礼正义》卷四五《春官·大师》，汪少华整理，中华书局，2015，第 2207 页。

④ 徐元诰：《国语集解·周语下第三》，王树民、沈长云点校，中华书局，2002，第 113—122 页。

⑤ 《续汉书志》第一《律历志上》，第 3000—3001 页。

⑥ 《魏书》卷五五《刘芳传》，第 1225 页。

⑦ 《魏书》卷一〇九《乐志》，第 2831—2832 页。

律，改用《周礼》十二律。可见刘芳等人忠实地继承了孝文帝的改制精神，主张礼乐一定要有正经正典的依据，反对因循汉魏故事或鲜卑旧俗。而公孙崇则相反，主要依据两汉魏晋之制度及旧说而制作，这是刘芳等人所不能接受的。

随后刘芳上尚书曰：“调乐谐音，本非所晓，且国之大事，亦不可决于数人。今请更集朝彦，众辨是非，明取典据。资决元凯，然后营制。”[①]他虽然谦称自己不懂乐律，但为北魏国家制定乐器乐章定下了“明取典据”的基调。永平三年刘芳又上言为各种礼仪所用之舞名及乐章制定新曲。[②] 其年冬，改定乐器乐章的工作完成，刘芳上表说：

> 晋氏失政，中原纷荡。刘石以一时奸雄，跋扈魏赵；苻姚以部帅强豪，趑趄关辅。于是礼坏乐隳，废而莫理。大魏应期启运，奄有万方，虽日不暇给，常以礼乐为先。古乐亏阙，询求靡所，故顷年以来，创造非一，考之经史，每乖典制。遂使铿锵之礼，未备于郊庙；鼓舞之式，尚阙于庭陛。……自献春被旨，赐令博采经传，更制金石，并教文武二舞及登歌、鼓吹诸曲。今始校就，谨依前敕，延集公卿并一时儒彦讨论终始，莫之能异。谨以申闻，请与旧者参呈。若臣等所营形合古制，击拊会节，元日大飨，则须陈列。[③]

刘芳回顾东晋以来的乐制历史，认为东晋、十六国、北魏前期的乐制始终不符合“典制”“经传”“古制”，直到此时才恢复古典正经的本意。

概言之，刘芳与公孙崇相较，可见后者主要承袭京房六十律这种汉魏故事与先儒旧说，与《周礼》之“正经”本文不合，而前者则回归本经，强调典制，反思汉魏故事与鲜卑旧俗。无独有偶，隋朝大儒牛弘也据《周官·小胥职》的“正经”之文批评公孙崇所定乐制。[④] 另外，乐制基于丈尺之制，公孙崇以十二黍为一寸，刘芳认为这“于经史复异”，高肇、元怿也指出公孙崇之尺“与《周礼》不同”，于是奏请刘芳据《周礼》重

---

① 《魏书》卷一〇九《乐志》，第 2832 页。
② 《魏书》卷一〇九《乐志》，第 2832 页。
③ 《魏书》卷一〇九《乐志》，第 2832—2833 页。
④ 《隋书》卷一五《音乐志下》，中华书局，1973，第 355 页。

造。这一事也证明了刘芳以《周礼》等“正经”作为改制准据的观念。

孝文、刘芳的改制准则在北魏影响颇深。神龟二年（519）夏，南朝人陈仲儒来奔北魏，其人熟悉乐律，请依照京房六十律立准调音。有司及萧宝夤或许有鉴于刘芳对公孙崇的批驳，于是奏言：“仲儒辄持己心，轻欲制作，不可依许。”[①] 可见刘芳的议论已经在很大程度上深入朝臣学者的内心，以至于影响及于十年之后。而其之所以能发挥这种影响，主要还是因为对孝文帝改制精神的继承与发扬。

（三）陈终德为祖母持重议

上述刘芳所主持的学校、郊祀、社稷、乐制等礼议，皆是国家礼典中的重要项目，足以说明他的正经观念。除此之外，刘芳所参与的“陈终德为祖母持重议”虽然只涉及个人家礼，但能为探究刘芳议礼方式与其个人经历之关系提供帮助，进而深化我们对北朝议礼“正经”观念与彼时历史变动的认识。[②] 我们对这场礼议已有过详尽的分析，[③] 唯需对其中所蕴含的刘芳议礼之经典观念等方面的信息，将不避重复，再附赘几句。

根据议文可知，刘芳的经典观念主要是：他把《仪礼·丧服》之文分为经、传、注三个不同的层次，其中只有经文才是“正文”，而“正文”之中，并没有嫡孙为祖持重三年的明确说法。《仪礼·丧服》说：“父为长子（斩衰三年）。”传曰：“何以三年也？正体于上，又乃将所传重也。”郑玄注：“此言为父后者，然后为长子三年，重其当先祖之正体，又以其将代己为宗庙主也。”[④] 可见“正文”只说父亲为长子（家族继承人）服丧三年，但传、注由此引申到了“传重”，这样说来，只要是传重之人，不管是长子还是嫡孙，父、祖都应为其服丧三年。反过来说，长子、嫡孙

---

① 杜佑：《通典》卷一四二《乐二》，第3613页。

② 张焕君对此议有过简要分析，认为孙景邕从祖孙之间的情感角度切入，刘芳则强调嫡庶无别的事实。参见张焕君《情礼交融：丧服制度与魏晋南北朝社会》，商务印书馆，2020，第146—148页。冯茜考察魏晋到清朝关于“嫡孙承重”的经学争论，亦涉及此例，指出刘芳认为“嫡孙承重”并不下通庶人；而此议最终同意陈终德以嫡孙身份承重，是因为北魏礼制追求复古，为了接近“嫡孙承重”的经典古义。参见冯茜《经典、习俗与礼法——对丧服“嫡孙承重”的历史考察》，《汉学研究》2020年第4期，第52—53页。不过孙景邕等人之所以赞同“嫡孙承重”，可能还与北朝重视宗法、严嫡庶之别的社会习俗有关。

③ 参见拙稿《“正体”与“爵土”：中古嫡孙承重礼议所见的家国关系》，收入本书之中。

④ 《仪礼注疏》卷二九《丧服》，阮元校刻《十三经注疏》清嘉庆刊本，第2381页。

也相应的要为父、祖服丧三年。刘芳认为“正文”中的明确规定显然要高于传、注的推演。而且《丧服》“正文”中还明白地说：“（祖为）适孙(服期丧)。”[1] 根据对等原则，嫡孙也只能为祖服期丧，而非三年丧。

孙景邕等人驳议指出，虽然《丧服》经没有嫡孙为祖服丧三年的“正文”，但是“服祖三年，此则近世未尝变也”，所谓“近世”，指的是魏晋以来士人家庭的服丧习惯。此处孙景邕等人用魏晋以来因循的“故事”来代替《丧服》的“正文”，显示了与刘芳不同的议礼标准。[2] 刘芳又做驳论，首先继续辨明《丧服》关于嫡孙传重之文只是针对士、不下包庶人，并且着重强调“此经、传之正文，不及庶人明矣”，他反复提及“正文”，就是要为议礼确定一个权威、直接、无可辩驳的证据基础。接下来刘芳又区分了不同证据之间的等级序列，以《诗经》、《尚书》、《周易》、《春秋》(特指《左传》）等“正经”以及《论语》所载孔子之言为最高级别的依据，而《公羊传》《穀梁传》则是“近儒小道之书”，作为论据的效力较低。为了保持一致，刘芳还故意舍弃了于己有利的《孟子》中的论据，就是因为《孟子》不是“正经”。刘芳又借助《周礼》的命制体系，对当时所行的北魏官品做出新的理解，认为陈终德官居从八品，是庶而非士。总而言之，刘芳礼议的经典观念与孝文帝高度一致。

综上所述，刘芳因其经学、礼学修养而深为孝文帝所器重，是孝文帝进行礼制改革的得力干将。且因孝文托孤之重，在宣武一朝主导北魏国家礼典的制定。在议礼理念上，刘芳与孝文帝若合符契，都以“正经”本文为最高依据，努力超越鲜卑旧俗、汉魏故事及先儒旧说。刘芳对“正经”本文的强调，在其与王肃、公孙崇等人的辩论中体现得更为明显。刘芳的“正经”观念与孝文帝一致，但他以“正经”所证成的士庶之辨悄然限缩了“士族”的范围，抬高了孝文帝官品改革所划定的士庶分界线。这表明他对孝文帝并非形式上亦步亦趋，而是在把握其以“正经”为最高准据的议礼规范的前提下，融入了自己个人的身份认同与才学主义的思想观念。刘芳所划定的士庶分界线表明他对北朝的社会与国家结构，具有不同于当时主流但颇具前瞻性的设想。

---

① 《仪礼注疏》卷三〇《丧服》，阮元校刻《十三经注疏》清嘉庆刊本，第2392页。

② 《魏书》卷一〇八之四《礼志四》，第2794页。

三 北朝后期礼议“正经”规范的强化

上文证明了北魏孝文帝以“正经”本文为议礼的最高依据，据此改造鲜卑旧俗、汉魏故事、先儒旧说。刘芳是孝文帝“正经”观念的继承者，在宣武朝主导了礼典的制定与议论。接下来我们将论证礼议“正经”观念在孝明帝一朝继续存在，并被不断强化，一直到北齐，这种观念已经深入人心，作为议礼的一种规范而存在。

（一）灵太后礼议二题

经孝文、宣武两朝，北魏孝明帝时期（515—528）的实际掌权者是宣武灵皇后（一般称为灵太后、胡太后）。我们首先考察灵太后所主持的两场礼议（这两场礼议本身也与灵太后密切相关），重点分析其中作为一种议礼规范的“正经”观念。

1. 元恭、元颢为祖母服议

孝明帝熙平二年（517）十一月，博士、百官就广陵王元恭（也就是后来的前废帝）、北海王元颢为祖母服丧问题展开议论。元恭是元羽（始封广陵王）之子，献文帝与孟椒房之孙；元颢是元详（始封北海王）之子，献文帝与高椒房之孙。[1] 换言之，元恭、元颢两人都是献文帝庶出之孙。但博士们却认为两人应为祖母服不同的丧服，元恭应为孟椒房服三年重丧，元颢应为高椒房服齐衰期丧。清河王元怿对此十分不满，对博士们做出了严厉的批评：

> 臣闻百王所尚，莫尚于礼，……前贤往哲，商摧有异。或并证经文，而论情别绪；或各言所见，而讨事共端。虽宪章祖述，人自名家，而论议纷纶，理归群正。莫不随时所宗，各为一代之典，自上达下，罔不遵用。是使叔孙之仪，专擅于汉朝；王肃之礼，独行于晋世。所谓共同轨文，四海画一者也。……辨答乖殊，证据不明，即诋诃疵谬，纠劾成罪。此乃简牒成文，可具阅而知者也。未闻有皇王垂范，国无一定

① 《魏书》卷二一上《献文六王列传上》，第533页。

> 之章；英贤赞治，家制异同之式。而欲流风作则，永贻来世。比学官虽建，庠序未修，稽考古今，莫专其任。暨乎宗室丧礼，百僚凶事，冠服制裁，日月轻重，率令博士一人轻尔议之。广陵王恭、北海王颢同为庶母服，恭则治重居庐，颢则齐期垩室。论亲则恭、颢俱是帝孙，语贵则二人并为蕃国，不知两服之证，据何经典。……丧礼参差，始于帝族，非所以仪刑万国，缀旒四海。①

博士之议论最为元怿所诟病的一点，就是元恭、元颢两人身份相同，情况相似，却丧服有异，这无论如何是难以理解的。元怿指出，议礼要“并证经文”或“各言所见”，如果“证据不明”，就要“纠劾成罪”。这样看来，北魏此时甚至会因议礼不据经典而治罪。

关于因议礼而获罪，自两汉擅议之律之后，似乎比较少见。中村圭尔认为“议”中没有典据（主要是经典）或者未正确展开议论会被惩罚，尚书诸曹郎和礼官的议论一定是伴随责任的，议论也要以书面形式签署姓名，以明确责任主体。② 这种对礼议之典据进行严格要求的态度，对过度发挥的限制，本质上还是皇权集中所致。虽说实际上因议礼而被处罚的案例在汉唐间并不多见，但这毕竟表明了国家对礼议、礼典的严格态度。元怿声称要因博士议礼“证据不明”而“纠劾成罪”，说明北魏此时也吸纳了东晋南朝国家对议礼之经典证据的严格要求。这也从一个侧面透露出，孝明时期议礼须有经文为证已经成了不言而喻的原则，以至于如果不能明确说明“据何经典”，不仅其观点无法立足，更会受到严厉责难。元怿反对“博士一人轻尔议之”的局面，要求必须根据经典得出定论，以制定足以示范天下的礼制。

灵太后也对此十分重视：“礼者为政之本，何得不同如此！可依表定议。”③ 于是就有了张普惠与博士们的论辩。张普惠为魏末大儒，精通《三礼》，兼善《春秋》，史称他“明达典故，强直从官”。④ 其议论如下：

---

① 《魏书》卷一〇八之四《礼志四》，第 2806—2807 页。

② 中村圭爾「南朝における议について——宋・齐代を中心に」『人文研究』第四〇卷第十分册、1988 年 12 月、717 頁。

③ 《魏书》卷一〇八之四《礼志四》，第 2807 页。

④ 《魏书》卷七八《张普惠传》，第 1727、1747 页。

A. 谨按二王祖母，皆受命先朝，为二国太妃，可谓受命于天子，为始封之母矣。《丧服》"慈母如母"，在三年章。《传》曰："贵父命也。"郑注云："大夫之妾子，父在为母大功，则士之妾子为母期。父卒则皆得申。"此大夫命其妾子，以为母所慈，犹曰贵父命，为之三年，况天子命其子为列国王，命其所生母为国太妃，反自同公子为母练冠之与大功乎？轻重颠倒，不可之甚者也。

B. 《传》曰，"始封之君，不臣诸父昆弟"，则当服其亲服。若鲁卫列国，相为服期，判无疑矣。何以明之？《丧服》，"君为姑、姊妹、女子嫁于国君者"，《传》曰："何以大功？尊同也。尊同，则得服其亲服。诸侯之子称公子，公子不得祢先君。"然则兄弟一体。位列诸侯，自以尊同得相为服，不可还准公子，远厌天王。故降有四品，君、大夫以尊降，公子、大夫之子以厌降。名例不同，何可乱也。《礼》，大夫之妾子，以父命慈己，申其三年。太妃既受命先帝，光昭一国，二王胙土茅社，显锡大邦，舍尊同之高据，附不祢之公子，虽许蔡失位，亦不是过。

C. 《服问》曰："有从轻而重，公子之妻为其皇姑。"公子虽厌，妻尚获申，况广陵、北海，论封则封君之子，语妃则命妃之孙。承妃纂重，远别先皇，更以先后之正统，厌其所生之祖嫡，方之皇姑，不以遥乎？今既许其申服，而复限之以期，比之慈母，不亦爽欤！《经》曰，"为君之祖父母父母妻长子"，《传》曰："何以期？父母长子君服斩，妻则小君。父卒，然后为祖后者服斩。"今祖乃献文皇帝，诸侯不得祖之，母为太妃，盖二王三年之证。议者近背正经以附非类，差之毫毛，所失或远。且天子尊则配天，莫非臣妾，何为命之为国母而不听子服其亲乎？《记》曰："从服者，所从亡，则已。"又曰：不为（君）〔继〕母之党服，则为其母之党服。今所从既亡，不以亲服服其所生，则属从之服于何所施？

D. 若以诸王入为公卿，便同大夫者，则当今之议，皆不须以国为言也。今之诸王，自同列国，虽不之国，别置臣僚，玉食一方，不得

［不］以诸侯言之。敢据周礼，辄同三年。[①]

首先需要明确的是，元恭、元颢作为献文之孙，两人为祖母之服并非纯粹的家内私礼，否则元怿就不会如此激烈地反驳博士之议，灵太后也不会如此郑重地主持此议，并且强调礼是“为政之本”，张普惠也不会不厌其烦地与博士辩论。

孟椒房、高椒房曾经分别被献文帝敕封为广陵国太妃、北海国太妃，张普惠在A段中强调两位祖母是两国“始封之母”的身份。张普惠引用《仪礼·丧服》“慈母如母”之义，也就是说，士大夫之妾之子无母，父命某妾与某子为母子，让此妾抚养此子，那么此妾就是此子礼仪上的“慈母”。此妾死后，此子要为之服三年丧，与为生母之服等同。按照《丧服传》的说法，这是因为“贵父之命”，父亲规定了他们之间的母子关系，所以此子就要奉父命，把慈母按照生母来服丧。[②] 张普惠由“贵父命”的礼义引申到“贵君命”，因为两祖母受献文帝之命而为两国太妃、始封之母，元恭、元颢当然要出于对“君命”的尊崇，为祖母服三年丧。

张普惠的反对者，也就是所谓“执意不同”的博士们，他们的论证过程今已不得而知。但从张普惠所说“反自同公子为母练冠之与大功乎”，可以反推博士们肯定引用了《仪礼·丧服》“公子为其母，练冠、麻，麻衣縓缘”一句。据此条，诸侯妾子（也就是庶子）为自己生母只能服大功练冠之服，因为有父亲在，压于父亲之尊，不得为生母服三年丧。[③] 这样说来，作为献文帝之子的元羽、元详不能为自己的亲生母亲服三年丧，那么作为孙子的元恭、元颢，当然也不能为祖母服三年丧，否则就会导致孙为祖母之服，反而超过了子为母之服。这大概就是博士们的论证逻辑。总之，博士们强调宗法伦序，张普惠则直接强调“贵君命”，更突出皇帝的

---

① 《魏书》卷七八《张普惠传》，第1730—1731页。为方便讨论，用字母标示分段。

② 《仪礼·丧服》：慈母如母。传曰：慈母者何也？传曰：“妾之无子者，妾子之无母者，父命妾曰：‘女以为子。’命子曰：‘女以为母。’”若是，则生养之，终其身如母。死则丧之三年如母，贵父之命也。《仪礼注疏》卷三〇《丧服》，阮元校刻《十三经注疏》清嘉庆刊本，第2388页。

③ 《仪礼·丧服·记》：公子为其母，练冠、麻，麻衣縓缘。郑注：公子，君之庶子也。其或为母，谓妾子也。《仪礼注疏》卷三三《丧服》，阮元校刻《十三经注疏》清嘉庆刊本，第2426页。

权威地位。

换言之，张普惠与博士们争论的焦点在于前者立足于元恭、元颢“位列诸侯”的立场，而后者则立足于元恭、元颢“还准公子”的立场，这在B段中可明白看出。所谓“位列诸侯”，按照《丧服传》“尊同”之说，诸侯与诸侯尊同，大夫与大夫尊同。[①] 元恭为广陵王，元颢为北海王，是对等的诸侯。作为诸侯，为其作为“始封之母”的祖母，当然要服三年之丧。但博士们则把元恭、元颢当作献文帝之孙，元羽、元详之子，作为“公子”，其尊低于诸侯，更低于天子。因为公子压于天子、诸侯之尊，只能为其母服大功练冠之丧，为其祖母的服丧级别就更低。

元恭、元颢两人都具有双重身份，一者为诸侯，一者为献文帝之孙；张普惠强调前者，博士们强调后者。表面上看，张普惠强调元恭、元颢是“尊同”的诸侯，似乎是抬高他们的地位；博士们把这两人当作“公子”，是贬低他们的位置。但实际上，张普惠强调两人“位列诸侯”，恰恰是要淡化他们与其祖献文帝的关系，不能因为皇帝祖父之尊所压而不为祖母服三年丧；而博士们恰恰强调他俩作为献文帝之孙的身份。而在当时的政治背景下，帝孙显然才是更要紧的身份。

在C段中，张普惠继续反驳博士之说，我们从中可以逆推出博士们的观点：元恭、元颢为祖母服丧，属于“从服”，也就是说，因为元恭、元颢是献文帝之孙，所以要为献文帝之妾（孟椒房、高椒房）、也就是自己的祖母服丧。张普惠反驳说，如果为祖母之服属于“从服”的话，所从之人（也就是献文帝）已经死亡，那么从服关系也就自动解除，[②] 元恭、元颢反而不需要为自己的亲生祖母服丧了，这是绝对不可以的，博士们的论证也就不攻自破了。张普惠又再次强调了献文帝之“君命”的权威意义：

---

① 《仪礼·丧服》：大夫、大夫之妻、大夫之子、公之昆弟为姑、姊妹、女子子嫁于大夫者。君为姑、姊妹、女子子嫁于国君者。传曰：何以大功也？尊同也。尊同则得服其亲服。诸侯之子称公子，公子不得祢先君。公子之子称公孙，公孙不得祖诸侯。此自卑别于尊者也。若公子之子孙有封为国君者，则世世祖是人也，不祖公子，此自尊别于卑者也。是故始封之君不臣诸父昆弟，封君之子不臣诸父而臣昆弟。封君之孙尽臣诸父昆弟。故君之所为服，子亦不敢不服也。君之所不服，子亦不敢服也。《仪礼注疏》卷三二《丧服》，阮元校刻《十三经注疏》清嘉庆刊本，第2414页。

② 《礼记·丧服小记》：从服者，所从亡则已。郑注：谓若为君母之父母、昆弟、从母也。《礼记正义》卷三二《丧服小记》，阮元校刻《十三经注疏》清嘉庆刊本，第3242页。

既然已经命两人之祖母为广陵国、北海国之国母，就应该以皇帝之命为准，宗法伦序反而不那么重要了。张普惠重申了其“贵君命”的宗旨。并且批评博士们“背正经以附非类”的做法，指出所谓“从服”之说违背《丧服》之“正经”，只是根据《丧服小记》之文做出的曲解。

D段“不得以诸侯言之”，当脱一“不”字，当为“不得不以诸侯言之”。张普惠始终强调元恭、元颢的诸侯身份，为其作为“始封之母”（也就是所谓“国母”）的祖母服丧三年。此处同样强调元恭、元颢虽然并未居其封国，而是在都城为官，但仍无损其作为“诸侯”的身份，不能将其作为献文帝之孙看待，而是应该作为封国之诸侯看待。换言之，张普惠强调“孟椒房、高椒房—广陵国、北海国—元恭、元颢”这种诸侯国的世代承续关系；博士们认为元恭、元颢压于献文帝之尊而不得为祖母服三年丧，则无异于强调“献文帝—元羽/元详—元恭/元颢”的帝系血缘关系，这是作为孝文帝之子的元怿、孝明帝之母的胡太后所不能接受的，因为这威胁了“献文帝—孝文帝—宣武帝—孝明帝”的正统序列。

这种担心并不是多余的，实际上当时至少广陵王元恭就颇有野心。元恭在北魏末期一直沉默不语，韬光养晦，表现出了惊人的隐忍和意志。永安末年（529），孝庄帝怀疑元恭有异图，此时元恭已经不说话将近一纪，则推其绝言之始，大概就在熙平二年（517）、神龟元年（518）前后，正好就是张普惠与朝廷议论其与元颢为祖母之服之时。① 元颢也在魏末六镇之乱中被梁武帝立为魏主，并在梁朝帮助下攻入洛阳。此事为读史者所熟知，此处不赘。此时灵太后、孝明帝、元怿、张普惠等人出于防患于未然的考虑，将元恭、元颢的“正统”限定为始于孟椒房、高椒房的诸侯世系，强调献文帝敕封孟椒房、高椒房为广陵国、北海国太妃之“君命”，而淡化献文帝与元恭、元颢祖孙之间的直系血缘关系，不得不说是十分合理且自然的。而元恭于此时开始绝言不语，虽然无法确知是否与此次礼议有关，但其此时开始有了韬晦之志，则无疑义。元恭、元颢作为帝孙的身份对孝明帝之正统性造成一定威胁，也是自不待言。

这次礼议中，作为张普惠的对手，博士们的议论已全部佚失，只能根据张普惠之议反推。国子博士李郁又再致驳难，张普惠反复辨析之，因史

---

① 《魏书》卷一一《前废帝纪》，第273页。

料不足征，对此只得存而不论。[1]

到此为止，本篇已经涉及三个为祖母服丧的案例，三例各有不同，但又有共通之处。在第一例中，孝文帝坚持为祖母冯太后服三年丧，引用经典正文与群臣辩难，致力于除去鲜卑旧俗、汉魏故事、先儒旧说的影响，使“正经”本文成为礼制改革的最高依据。第二例中，刘芳严格依据《丧服》之“正文”反驳陈终德为祖母持重服三年丧，限缩世爵世禄之“士”的范围。第三例中，张普惠又指责博士们“背正经”，主张元恭、元颢应为祖母服三年丧。三例都强调正经正文的至高效力，都借助正经正文强化作为儒家理想制度之核心要素的皇权正统性。孝文帝想确立以正经为准的意识形态，自然是为了缔造理想制度，加强自身在其中的正统地位；刘芳扩大庶人的范围，也是在皇权借助次等士族阶层之兴起以打压门阀世族，从而强化自身的历史背景之下，一种向古典理想制度回归的尝试。张普惠淡化元恭、元颢的帝孙身份，自然也是为了维护献文帝—孝文帝—宣武帝—孝明帝的正统世系。

2. 太上秦公号议

在儒家理想制度中，天子/皇帝至高无上的独尊地位，是必不可少的核心组成部分，这是一种理想状态下的正统性。前述“正经”观念与这种正统性相辅相成，但当抽象的正统性与实际的最高权力发生矛盾时，会导致更为复杂的问题，太上秦公号议就是典型案例，此次礼议的主角仍是大儒张普惠。

神龟初年（518）灵太后之父胡国珍去世，获赠“太上秦公”之号，张普惠反对，核心理由就是“太上秦公”之“太上”乃“上中之上”的意思，与“太上皇”相犯，有僭越之嫌。孝文帝受禅后，曾尊献文帝为“太上皇”，胡国珍不宜追赠“太上秦公”。其中与“正经”密切相关的部分是：

> 汉祖创有天下，尊父曰“太上皇”，母曰“昭灵后”，乃帝者之事。晋有“小子侯”，尚曰僭之于天子。司徒，三公也，其可同号于帝乎？……伏愿圣后回日月之明，察微臣之请，停司徒逼同之号，从

[1] 《魏书》卷七八《张普惠传》，第1731页。

卑下不逾之称，畏困上之鉴，邀谦光之福，则天下幸甚。[①]

汉高祖刘邦尊其父为“太上皇”，其实是模仿秦始皇追尊庄襄王为“太上皇”。[②] 秦汉以来，“太上”之号只用于帝王之家。张普惠所引“小子侯”出自《礼记·曲礼下》：“天子未除丧，曰‘予小子’。生名之，死亦名之。”郑玄注曰：“生名之曰小子王，死亦曰小子王也。晋有小子侯，是僭取于天子号也。”《左传》庄公七年有“曲沃伯诱晋小子侯杀之”，《礼记正义》解释说：“是在丧而死，犹呼为‘小子侯’也。其应称‘嗣子某’，不得同天子称‘小子’，是僭取之耳。”[③] 郑玄认为晋侯在丧期间称“小子侯”，拟于天子在丧所称“予小子”之号，有僭越之嫌。既然如此，胡国珍“太上秦公”之号拟于“太上皇”，自然也有僭越的嫌疑。

张普惠上表后，灵太后非常重视，她亲自在胡国珍旧宅召集王公、尚书八座、卿尹以及五品以上之官“博议其事”，同时也召张普惠参与问答。名义上是“博议”，实际上则是让百官轮流向张普惠问难，想在经义上驳倒他，从而为自己追尊生父寻求经义支撑。针对张普惠的“小子侯”之说，崔光提问：

侍中崔光曰：“张生表中引晋有小子侯，出自郑注，非为正经。”对曰：“虽非正经之文，然述正经之旨。公好古习礼，复固斯难？”[④]

崔光质疑晋小子侯“僭取于天子号”，这是郑玄之注中的内容，并非“正经”。这透露出一个非常重要的信息：在礼议中，只有“正经”之据才是有效的，如果引证并非“正经”，就很容易给反对者留下把柄。张普惠认为这虽然不是“正经”之正文，但与“正经”的内涵一贯，因此崔光的反驳不能成立。联想到上文孝文帝所言《孔子家语》并非“正经”，但所载孔子之言与“正经”无异，刘芳把《论语》与《周易》《尚书》等“正经”并列，作为议论的准据，可以推知在孝文以来的北魏后期礼议中，

① 《魏书》卷七八《张普惠传》，第 1732 页。

② 《史记》卷六《秦始皇本纪》，中华书局，2014，第 304 页。

③ 《礼记正义》卷四《曲礼下》，阮元校刻《十三经注疏》清嘉庆刊本，第 2729 页。

④ 《魏书》卷七八《张普惠传》，第 1734 页。

“正经”以及与之对等的经义（圣人孔子之言，或者符合“正经”之旨的注释）是至高乃至必不可少的论据。这种议礼观念在孝文以前极少见到，不得不说是孝文以来逐步明确的一项议礼规范。

张普惠据“正经”议礼，元匡、崔光等重臣、儒者明白承认，从经义与典据的角度是无法驳倒张普惠的，仅仅是出于对当朝太后的服从而奉诏问难。灵太后虽然不愿放弃对其父的追尊之号，但她本人也自知理屈，于是慰谕张普惠说：“朕之所行，孝子之志；卿之所陈，忠臣之道。群公已有成议，卿不得苦夺朕怀。后有所见，勿得难言。”这次大规模的问难就这样不了了之了。①

崔光虽然屈从于太后之威而违心地用“正经”辩难，但这只不过进一步强化了张普惠所据的“正经之旨”而已。在理想制度与现实权力的对比之下，更能看出“正经”对于维护理想制度中皇权正统性的作用。此议之后，杜弼致书称赞张普惠：“明侯渊儒硕学，身负大才，秉此公方，来居谏职，謇謇如也，谔谔如也。一昨承胡司徒第，当面折庭诤，虽问难锋至，而应对响出，宋城之带始萦，鲁门之柝裁警，终使群后逡巡，庶僚拱默，虽不见用于一时，固已传美于百代。闻风快然，敬裁此白。”张普惠对此非常得意。②

除此之外，还有神龟二年（519）正月二日元会罢乐议。当时灵太后之父去世尚不满一年，高阳王元雍认为太后临朝，应该罢元会之乐；清河王元怿则认为天子所主持的元会之礼应该备乐，以供万国观瞻。③不难看出，这也是一个理想中的皇权权威与现实中太后所执掌的最高权力之间的冲突：是屈从于太后之私哀，还是正常执行国家礼典？灵太后访于崔光，崔光赞同元雍。元怿对崔光说：“宜以经典为证。”④这与上述他在元恭、元颢为祖母服议中所持立场一致，都强调礼议要有经典证据。尤其是面临太后、皇帝之权威相冲突的情景，更要依据经典来规范国家礼制。崔光于

① 《魏书》卷七八《张普惠传》，第1735页。

② 《魏书》卷七八《张普惠传》，第1735页。按“杜弼”原文误作“庄弼”，据校勘记可知为形近而讹。第1747—1748页。

③ 《魏书》卷一〇八之四《礼志四》，第2808页。

④ 《魏书》卷一〇八之四《礼志四》，第2809页。

是引据《礼记》之《玉藻》《檀弓》加以论证。[①] 元怿也不再追究，而是“以理证为然，乃从（元）雍请”。[②] 元怿、崔光两人虽然都屈从于灵太后的现实权力，但这个案例也表明议礼须有经典为证已经成了被普遍接受的观念，乃至于成了应当被遵守的议礼规范。

总结上文所论，可以看出经过孝文、宣武之世，孝明时期北魏议礼的“正经”观念被进一步强化，而且呈现如下两方面的特点。第一，“正经”观念逐渐被当作一种议礼规范，发挥具有强制性的作用。针对元恭、元颢为祖母服议，元怿强调要“并证经文”，如果无正经明文为证，就要“纠劾成罪”；张普惠指摘博士“背正经以附非类”，由此说明对方观点的谬误；在太上秦公号议之中，崔光指责张普惠所引证据“出自郑注，非为正经”，张普惠以“述正经之旨”自我辩护；在元会罢乐议中，元怿要求崔光“宜以经典为证”。凡此种种，都说明北魏此时议礼以正经/经典为据，已经成了具有一定强制性的规范，至少会因为没有经典证据而被其他人反驳。

第二，“正经”规范与皇权正统性紧密联系。所谓皇权不一定是现实中的最高权力，更多地作为一种理想制度中的正统最高权力而被维护。在元颢、元恭为祖母服议之中，张普惠把“正经”与“君命”结合起来，维护了献文帝—孝文帝—宣武帝—孝明帝系统的皇权正统性。在太上秦公号议中，张普惠又据“正经之旨”反对给胡国珍加“太上秦公”之号，维护了抽象皇权与理想制度。在元会罢乐议中，元怿要求崔光“以经典为证”，也表达了据经典维护正统礼制的愿望。正经与皇权结合，在北朝后期皇权逐渐强化的历史展开脉络中，正经作为一种议礼规范，也被逐步强化。

（二）礼议“正经”观念在北齐的延续

经北魏孝文、宣武、孝明三朝之后，“正经”观念在北齐、隋朝愈加明确，并与北朝后期之学风结合而深入人心。

首先看《启颜录》中的一则笑话：

> （北齐）高祖又尝集儒生会讲，酬难非一。（石）动筩后来，问博

① 《魏书》卷一〇八之四《礼志四》，第2809页。

② 《魏书》卷一〇八之四《礼志四》，第2809页。

士曰："先生，天有何姓？"博士曰："天姓高。"动筩曰："天子姓高，天必姓高，此乃学他蜀臣秦密，本非新义。正经之上，自有天姓，先生可引正文，不须假托旧事。"博士云："不知何经之上，得有天姓？"动筩云："先生全不读书，《孝经》亦似不见。天本姓'也'，先生可不见《孝经》云：'父子之道，天性也。'此岂不是天姓？"高祖大笑。①

石动筩是北齐弄臣，《启颜录》中载有不少关他的幽默故事。虽然此书一般认为撰于隋代，但这一则所记的是北齐故事，反映的也是北齐的观念。笑话中，博士说天姓高，学的是秦宓故事。吴国张温难蜀国秦宓，天是何姓？秦宓答曰姓刘，因为天子姓刘，所以天姓刘。② 北齐博士说天姓高，理由当然也是天子姓高。有趣的是，石动筩对博士们的这一回答不以为然，认为他们只是"假托旧事"，也就是三国秦宓之事，而"正经"之中，也有天姓，应该直接引用"正文"。石动筩所谓的"正经""正文"，是《孝经》中的"父子之道，天性也"，所以天姓"也"。这虽然只是一则滑稽故事，但石动筩用"正经""正文"压倒博士们的"旧事"，《孝经》之文在论证效力上高于秦宓故事，说明以"正经"本文为议论之最高依据的观念，在北齐时代已经深入人心，以至于连弄臣都可借此发噱。

另外，《颜氏家训》所载魏收的案例也值得注意：

魏收之在议曹，与诸博士议宗庙事，引据《汉书》，博士笑曰："未闻《汉书》得证经术。"收便忿怒，都不复言，取《韦玄成传》，

① 董志翘笺注《启颜录笺注》，中华书局，2014，第7—8页。

② 出自《三国志》。吴遣使张温来聘，百官皆往饯焉。众人皆集而宓未往，亮累遣使促之，温曰："彼何人也？"亮曰："益州学士也。"及至，温问曰："君学乎？"宓曰："五尺童子皆学，何必小人！"温复问曰："天有头乎？"宓曰："有之。"温曰："在何方也？"宓曰："在西方。《诗》曰：'乃眷西顾。'以此推之，头在西方。"温曰："天有耳乎？"宓曰："天处高而听卑，《诗》云：'鹤鸣于九皋，声闻于天。'若其无耳，何以听之？"温曰："天有足乎？"宓曰："有。《诗》云：'天步艰难，之子不犹。'若其无足，何以步之？"温曰："天有姓乎？"宓曰："有。"温曰："何姓？"宓曰："姓刘。"温曰："何以知之？"答曰："天子姓刘，故以此知之。"温曰："日生于东乎？"宓曰："虽生于东而没于西。"答问如响，应声而出，于是温大敬服。宓之文辩，皆此类也。《三国志》卷三八《蜀书·秦宓传》，中华书局，1982，第976页。

掷之而起。博士一夜共批寻之，达明，乃来谢曰：“不谓玄成如此学也。”[①]

魏收学问渊博，所以议礼时除了经义之外，还会引据汉魏故事，并不拘泥于经、史，颇有知识主义的风气。而北朝博士则深受“正经”观念的影响，只知经术，不知汉魏故事，甚且不读《汉书》。从北魏孝文帝到北齐时代，经过几十年的熏染陶冶，博士们议礼之时已经完全想不到除了“经术”之外，还有别的典据可用。

再联系到曾经所举的隋朝牛弘、王绩对王俭“故事学”的批评：牛弘说“江南王俭，偏隅一臣，私撰仪注，多违古法”，王绩说“观其制作，动多自我，周孔规模，十不存一”。而王绩称赞其兄王通，恰恰说的是“察俗删诗，依经正史”。[②] 可见在牛弘、王绩看来，王俭所代表的南朝前半期以因循“故事”为特色的议礼风格不可接受，究其原因，大概是两人都深受北朝学风之渐染，认为在礼议中“正经”高于一切，“周孔规模”与“古法”才是礼制之正统。[③]

上述例证中的北齐博士不通文史，因为北朝学风本来就相对质朴无文，不事华饰；质直简练的“正经”观念也因此在北朝深入人心。北魏儒者李业兴出使萧梁，萧衍问他：“儒、玄之中何所通达?”李业兴答曰：“少为书生，止读五典，至于深义，不辨通释。”[④] 可见北朝礼议中的“正经”观念是与其整体学风相辅相成的。颜之推描述他所亲见的北朝后期的学风：“俗间儒士，不涉群书，经纬之外，义疏而已。”[⑤] 可见北朝除了少数大儒之外，大多数俗儒只读义疏章句，不通文史之学。《隋书·儒林传》称“近古巨儒必鄙俗”，殆亦就北朝诸儒而言。[⑥] 北朝议礼以“正经”为最高准据，除了强化皇权的需要之外，也与北朝学风、学术水平相适应。

---

① 王利器集解《颜氏家训集解》卷三《勉学》，中华书局，2013，第 222 页；又见《太平御览》卷五九五《文部二》引唐丘悦《三国典略》，中华书局，1960 年影印本，第 2680 页。

② 《王绩文集》卷一《游北山赋并序》，夏连保校注，三晋出版社，2016，第 25 页。

③ 详见拙稿《南朝礼制因革中的王俭“故事学”》，收入本书之中。

④ 《魏书》卷八四《儒林李业兴传》，第 1863—1864 页。

⑤ 王利器集解《颜氏家训集解》卷三《勉学》，第 221 页。

⑥ 《隋书》卷七五《儒林传》，第 1706 页。

四 浅议“正经”与“推致”之间的张力

孝文帝以来逐渐明确的“正经”观念强调回归经典本文，对其做出最为直接的理解，若逸出本文而做较为复杂的推致，则容易偏离经典本意，得出议者想要的任何结果。不难看出，北魏礼议中逐渐明确的“正经”观念与“推致”之法有内在的矛盾。

推致之法在中古丧服礼议中的应用十分普遍。比如东晋何琦议前母党服，就说“文条或阙，而附例可明”，是对这一方法的正面说明。[①] 元怿属官清河国郎中令韩子熙对这种方法也有明确的自觉意识，因其言较为显豁，故借此为例，说明推致之法在北朝礼议中的使用。延昌三年（514），元怿的生母罗太妃去世，当时议论清河国官属从服之制，太学博士李景林等人认为，按照《仪礼·丧服》，国君为母服三年丧，群臣从服期年。但元怿“为先帝（即孝文帝）所厌”，已经为其生父孝文帝服过三年丧，[②] 不能再为母服三年，只能服大功九月。但群臣并无从厌之文，依然期丧。[③] 这样就会导致一种吊诡的现象：元怿作为丧主，仅为母服大功，而官属从服，却要服期丧，比丧主更重。韩子熙表示反对：

> 子熙诚不能远探坟籍，曲论长智，请以情理校其得失。君遭母忧，巨创之痛；臣之为服，从君之义。如何君至九月，便萧然而即吉；臣犹期年，仍衰哭于君第。创巨而反轻，从义而反重。缘之人情，岂曰是哉？侍中崔光学洞今古，达礼之宗，顷探幽立义，申三年之服。虽经典无文，前儒未辨，然推例求旨，理亦难夺。若臣服从期，宜依侍中之论；脱君仍九月，不得如议者之谈耳。嬴氏焚坑，礼经残缺，故今追访靡据，临事多惑。愚谓律无正条，须准傍以定罪；礼阙旧文，宜准类以作宪。礼有期同缌功，而服如齐疏者，盖以在心实轻，于义乃重故也。今欲一依丧服，不可从君九月而服周年；如欲

---

① 杜佑：《通典》卷九五《礼五十五》，第2563页。

② 元怿墓志称：“高祖晏驾，居丧过礼，泣血三年，几于灭性。”赵超：《汉魏南北朝墓志汇编》，天津古籍出版社，2008，第172页。

③ 《魏书》卷一〇八之四《礼志四》，第2802页。

降一等，兄弟之服，不可以服君母。详诸二途，以取折衷，谓宜麻布，可如齐衰，除限则同小功。所以然者，重其衰麻，尊君母；蹙其日月，随君降。如此，衰麻犹重，不夺君母之严；日月随降，可塞从轻之责矣。①

韩子熙认为，太学博士李景林等人所议既不合礼经，也不合情理，但如果丧主元怿服大功九月，其国之臣降一等，服小功五月，这是兄弟之服，而非君母之服，也不合礼。只好折中，丧服从重，用齐衰所用的麻布；丧期从轻，小功五月。如此轻重相抵，庶几合礼。

不过，韩子熙之议最精彩之处，并不是他的结论，而是方法。除了强调人情要素，他还认为“经典无文”，只好“推例求旨”，经文所不备者，可以推例求之，这是丧服礼议中的常用之法。韩子熙说：“愚谓律无正条，须准傍以定罪；礼阙旧文，宜准类以作宪。”既然根据律令断案时如果没有“正条”，可以根据轻重之例来“准傍”，也就是比推；议礼之时如果没有“正文”，也应该可以“准类”推致。

韩子熙把礼例比推与律令比推相准况，并非偶然，因为两者在理论和实践层面都有不少相似之处。曹元弼曾并论礼经之例、《春秋》之例、律令之例，诚可谓卓识。② 至于中古律令断案，若无正条，则准类旁通，亦常见记载。西晋刘颂说：“又律法断罪，皆当以法律令正文，若无正文，依附名例断之，其正文名例所不及，皆勿论。”③ 北魏高阳王元雍说：“明此自无正条，引类以结罪。”④ 这都是中古时代律令断案推例之法的自觉表述。

不特如此，中古各朝所制律令，一般都有“名例”或“法例”篇，作为据律定刑之轻重出入的参考。据传先秦李悝作秦《法经》六篇，有《俱律》一篇，专论刑名法例，秦、汉因循之。曹魏作《新律》十八篇，“集

① 《魏书》卷一〇八之四《礼志四》，第 2804—2805 页。

② 曹元弼：《礼经学》，周洪校点，北京大学出版社，2012，第 31 页。关于礼议中推致之法的使用，详见范云飞、顾涛《东晋庙制“太祖虚位”礼议考论——兼论礼制史上的经义推致之法》，《国学学刊》2024 年第 1 期。

③ 《晋书》卷三〇《刑法志》，第 938 页。

④ 《魏书》卷一一一《刑罚志》，第 2882 页。

罪例以为《刑名》，冠于律首”。[①] 西晋《泰始律》分为《刑名》《法例》两篇，张裴注律称：“《刑名》所以经略罪法之轻重，正加减之等差，明发众篇之多义，补其章条之不足，较举上下纲领。”[②] 这正是推致等差之法的法律依据。其后南北朝因循，《梁律》第一篇《刑名》，第二篇《法例》；[③] 陈因循之；北齐《齐律》首篇《名例》；[④] 北周《大律》第一篇《刑名》，第二篇《法例》；[⑤] 隋《开皇律》首篇《名例》，[⑥]《大业律》首篇也是《名例》。[⑦] 唐朝因循不已，今所见《唐律疏议》三十卷，前六卷即为《名例》。其中“断罪无正条”一则说：“诸断罪而无正条，其应出罪者，则举重以明轻；其应入罪者，则举轻以明重。”[⑧] 所谓举重以明轻、举轻以明重云云，在三《礼》注疏中是颇为常见的推致之法，可见礼学推致之法与律令的刑名法例之学在思维方式上有相似之处。

韩子熙所云“律无正条，须准傍以定罪；礼阙旧文，宜准类以作宪”，对议礼、断案两者的相似性做出了非常深入的揭示。两者之所以有此相似性，是因为中国古代礼、刑二者密不可分，出礼入刑，许多罪、刑是根据五服伦序制定的，这就导致礼秩的等差与刑法的等差有一定的对应关系。清末张之洞对礼、刑之间的这种相似性做过深刻揭示：“准礼制刑，凡刑之轻重等差，一本乎伦之秩序、礼之节文，而合乎天理人情之至者也。”[⑨] 也就是说，礼、刑二者具有相似的结构与规律：礼仪制度有尊卑上下之等差，具有一定的结构性；行礼过程中的周旋揖让之节具有一定的规律性。同样，罪行有或轻或重之差次，刑罚有或出或入之区别，也有结构性和规律性。正因为礼与刑具有一定的同构关系，都需要根据本身的结构与规律从已知推未知，所以两者也都具有推致之法。中国古代刑律准五服

---

① 《晋书》卷三〇《刑法志》，第924页。
② 《晋书》卷三〇《刑法志》，第928页。
③ 《隋书》卷二五《刑法志》，第698页。
④ 《隋书》卷二五《刑法志》，第705页。
⑤ 《隋书》卷二五《刑法志》，第707页。
⑥ 《隋书》卷二五《刑法志》，第712页。
⑦ 《隋书》卷二五《刑法志》，第716页。
⑧ 《唐律疏议》卷六《名例》，岳纯之点校，上海古籍出版社，2013，第108页。
⑨ 朱寿朋编《光绪朝东华录》光绪三十四年（1908）戊申五月辛卯学部奏折，张静庐等校点，中华书局，1960，第5909页。李贵连指出此奏折是张之洞的意见。参见李贵连编著《沈家本年谱长编》，山东人民出版社，2010，第224页。

以制罪，五服有等差伦序，需要比推，这就导致论罪也不得不使用比附之法。[①]

但“准类”推例毕竟脱离了“正经”本文，礼官因此有自由发挥的空间。在北魏议礼取证之“正经”规范愈加明确的历史背景下，统治者对这种方法心存警惕。元怿为母服丧议的结果，正可说明当时北朝君臣对推例之法的态度。韩子熙议后，尚书李平反对，认为应该采纳李景林等人的观点。最后孝明帝下诏，虽然采纳了韩子熙的结论，但是却否定了他的方法：“比决清河国臣为君母服期，以礼事至重，故追而审之。今更无正据，不可背章生条。但君服既促，而臣服仍远。礼缘人情，遇厌须变服。可还从前判，既葬除之。”[②] 诏书认为，韩子熙的推例之法本质上是“背章生条”，在没有正经明文之“正据”的情况下，这种方法是不被允许的。因为推例之法过于自由，无法预料议者会出于私心或别的目的而得出什么样的结论，只好一切禁之。从这一事件也不难看出，孝文以来礼议中的“正经”观念已经成了君臣之间普遍认可的规范，不仅议礼不可无“正经”之据，就算是使用对“正经”本文过度引申推论的推例之法，也不被认可。

一般说来，议礼者、执法者在议礼、议刑之时越多地使用比经推例、准类比附之法，就越能减少对“正经”本文、律令“正条”的依赖，也就有更多的自由发挥的空间。礼官、法官在议礼、议刑时的自主权越大，礼、法的执行标准也就越难以统一；与之相应，皇帝之最高权力在礼、法领域的裁断权限也就越小。唐朝神龙初年，赵冬曦对此有痛切的认识：

> 古律条目千余。隋时奸臣侮法，著律曰：“律无正条者，出罪举重

---

① 清末曹元忠在反驳《大清刑律草案》的过程中，对中国古代刑律与五服伦序的关系做出了极为深刻的论述：“未行新律，天下犹知有服制，既行新律，乃并旧所有服制而亡之。……盖刑律不论服制则已，若论服制，必当比附。《礼·服问篇》引《传》曰：‘罪多而刑五，丧多而服五，上附下附列也。’注云：‘列，等比也。’《盐铁论·刑德篇》云：‘亲属之服甚众，上附下附，而服不过五；五刑之属三千，上杀下杀，而罪不过五。’我中国服制、刑律皆用比附最古之学说。旧律知之，故断罪不必皆有正条，自合于‘议事以制，不为行辟’之意，用比附也。新律删除比附，苟无正条，虽关于服制之罪，亦所不顾。”曹元忠：《礼议》卷下《驳刑律删除比附议下》，求恕斋1916年刻本，第151—152页。

② 《魏书》卷一〇八之四《礼志四》，第2805—2806页。

> 以明轻，入罪举轻以明重。”一辞而废条目数百。自是轻重爱憎，被罚者不知其然，使贾谊见之，恸哭必矣。夫法易知，则下不敢犯而远机阱；文义深，则吏乘便而朋附盛。律、令、格、式，谓宜刊定科条，直书其事。其以准加减比附、量情及举轻以明重、不应为之类皆勿用。使愚夫愚妇相率而远罪，犯者虽贵必坐。明律则人信，法一则主尊。①

据赵冬曦此论可知，比附过多，容易滋生文吏舞文弄法的恶习，只有“法一”，才能“主尊”。对于有心强化自身权力的统治者来说，是不太倾向于放任礼官、法官推例比附的。实际上，唐初人已经对议刑比附之法的缺点有明确认识，《隋书·刑法志》论北齐刑法之弊曰：“大理明法，上下比附，欲出则附依轻议，欲入则附从重法，奸吏因之，舞文出没。”② 尽管如此，赵冬曦所批评的“隋时奸臣”所定“举重以明轻”“举轻以明重”的条例还是被写入《唐律疏议》，并未被革除。

如上所述，北朝以来的统治者已经有意抑制“背章生条”的议礼、议刑方法，但却无法彻底禁绝。究其原因，在于中国古代没有明确的刑法、民法的区别，刑律准五服以制罪。五服须比推，刑律断罪必然也需要比推。近代以来大陆法系的法学理论本无准五服以制罪的原则，又认为刑法关涉重大，须据条文定罪，不可比推；民法包罗万象，无法对各种民事行为一一规定到位，可以比推。清末沈家本等人据大陆法系制定《大清刑律草案》，始明确“犯罪之普通成立条件”，其第十条曰：“凡律例无正条者，不论何种行为，不得为罪。”并阐述其理由曰：

> 本条所以示一切犯罪须有正条乃为成立，即刑律不准比附援引之大原则也。凡刑律于正条之行为若许比例援引及类似之解释者，其弊有三。第一，司法之审判官得以己意于律无正条之行为比附类似之条文，致人于罚，是非司法官，直立法官矣。司法、立法混而为一，非立宪国所应有也。第二，法者，与民共信之物，律有明文，乃知应为与不应为。若为刑律之外，参以官吏之意见，则民将无所适从。以律

① 《新唐书》卷二〇〇《儒学赵冬曦传》，中华书局，1975，第5702页。

② 《隋书》卷二五《刑法志》，第706—707页。

> 无明文之事，忽援类似之罚，是何异于以机阱杀人也。第三，人心不同，亦如其面。若许审判官得据类似之例科人以刑，即可恣意出入人罪，刑事裁判，难期统一也。因此三弊，故今惟英国视习惯法与成文法为有同等效力，此外欧美及日本各国无不以比附援引为例禁者，本案故采此主义，不复袭用旧例。①

修订者从三权分立、公民权利的角度论证不可比附援引以定罪。此条招致保守派的许多反对，比如张之洞认为：“又原奏删除比附一条，尤为矛盾。据称比附易启意为轻重出入之弊，此诚不免，但由审判官临时判断，独不虞其意为轻重耶？引律比附，尚有依据，临时判断，直无限制。……此比附之未可尽除也。”② 其他反对者为了维护“礼教”，从各个角度进行批驳，对此，沈家本备考中国历代刑律对断罪须“正条”之强调，并对各种反对意见做出回应，此处不赘。③

简而言之，在古人礼刑一体、出礼入刑的观念中，过度比附推例确实容易滋生弊端、妨害皇权；但民法、刑法不分，准五服以制罪，如果禁止比附推例，必然导致“正经”本文、律令“正条”不敷使用的窘况，所以比附之法不可一切禁之。现代法律体系中的刑法、民法区划俨然，刑法须据正条，民法可以比推，自然避免了上述问题。张之洞与沈家本的辩论可视为古、今两种礼、刑观念的碰撞。在北朝人的观念中并没有民法、刑法的区别，礼刑一体，所以对议礼、议刑的推致、比附之法都采取较为严格的态度。在礼议取证方面，北朝逐步明确“正经”规范，又要求“不可背章生条”，呈现出压缩礼官之议论自由度的态度，扩大了皇权在礼、刑领域的裁断权限。

除了礼制之议论，北朝对礼制之执行也有严格化的趋势。梁满仓认为魏晋以及北魏孝文帝以后，礼法紧密结合，具体表现为礼制执行的刚性

① 《大清刑律草案》，民国铅印本，第19—20页。

② 朱寿朋编《光绪朝东华录》光绪三十四年（1908）戊申五月辛卯学部奏折，第5910页。

③ 参见沈家本《明律目笺》卷一“断罪无正条”条，《历代刑法考》，邓经元、骈宇骞点校，中华书局，1985，第1807—1825页。另外，梁治平曾提及张之洞对《大清刑律草案》删除比附之条的批评，可惜并未对其意义做出更进一步的揭示。参见梁治平《礼教与法律：法律移植时代的文化冲突》，广西师范大学出版社，2015，第19—20页。

化、刑事案件中的礼法结合、不因礼废法等。[①] 关于北魏礼法，古胜隆一延续李书吉“礼的法制化”思路，认为北魏以“违制律”将自晋朝以来的这一倾向明确下来。孝文帝通过“违制律”对官员的婚丧礼仪进行管制，其对官品的整备等一系列政策，也可认为是在这一贯的政策基础上进行的。[②] 北魏孝文帝以来，议礼逐渐不再认可魏晋南朝颇为流行的推致之法，驳斥“背章生条”，对“正经”明文的强调也在这一历史进程中逐步凸显并确立。颜之推说“北方政教严切”，[③] 北朝后期逐步强化的礼议“正经”规范，也可视为政教之“严切”的一个侧面。[④]

总而言之，刘芳议礼与孝文帝的“正经”观念保持高度一致，并主宰宣武朝之礼制改革。嗣后孝明一朝，在灵太后主持的几场礼议中，勋贵如元怿，大儒如张普惠、崔光，都不约而同地认可议礼须以正经/经典为证的原则，并在相互辩难中使“正经”观念逐渐成为一种议礼规范。正经与皇权相维系，也与北朝质直循谨的学风相适切，在北魏后期愈加明确，并延伸及于北齐乃至隋朝，成了不言而喻的规范。强调“正经”本文，也就意味着经典明文高于先儒旧说、前代故事，同时也限制对经文进行过度的比推发挥。相比于魏晋南朝发达的“推致”之法，北朝议礼对“推致”多有限制，这与北朝的经学水平、严切的政教相辅相成。自沈家本以来，学者对中国古代议刑断罪过程中准类比附之法的使用已有清晰的认识，但关于议礼过程中“推致”之法的使用（及其限制）鲜有明确论述，故今特为表出之。[⑤]

---

① 梁满仓：《论魏晋南北朝“礼”与“法”的结合》，《求是学刊》2016 年第 6 期。

② 李书吉：《北朝礼制法系研究》，人民出版社，2002，第 120 页；古勝隆一「礼から法へ——北魏における礼の法制化について」冨谷至編『東アジアにおける儀礼と刑罰』日本学術振興会、2011、57—68 頁。

③ 王利器集解《颜氏家训集解》卷七《终制》，第 724 页。

④ 最近有学者注意到北朝礼制变革中经学的作用，但对北朝经学通常持否定态度。比如程苏东指出北魏在宗经复古、调整经学制度的过程中存在有悖经义、邯郸学步的弊病。参见程苏东《北魏经学制度三论》，《清华大学学报》（哲学社会科学版）2020 年第 6 期。牛敬飞认为北朝一脉“循经制礼”、改定山岳祭祀制度有严格按照礼经或郑义，甚至直接套用经典的“机械主义”特点。牛敬飞：《古代五岳祭祀演变考论》，中华书局，2020，第 138 页。我们认为除了指责北朝经学水平之外，还应探索与北朝经学水平、学术风格相配套的皇权集中化趋势、议礼中的经典观念，这也是本篇的写作目的。

⑤ 范云飞、顾涛：《东晋庙制“太祖虚位”礼议考论——兼论礼制史上的经义推致之法》，《国学学刊》2024 年第 1 期。该文对此问题亦有专门探讨，祈求读者参看。

结　论

综上所述，北魏孝文帝致力于冲破鲜卑旧俗、汉魏故事、先儒旧说，直探“正经”本文，通过对古典正经的直接理解构建符合经学理想的正统制度。孝文帝的改革观念在他亲政之初为冯太后服丧三年事件中表达出来，并通过与群臣的反复辩论而进一步明确，作为一种制礼规范为群臣所接受，在其后的一系列礼制改革中不断强化、细化。作为孝文帝改制之政策方针的核心，本篇称之为“正经”观念。

刘芳是孝文帝深为倚重的礼制改革干将，他秉承孝文帝的“正经”观念，主导宣武朝国家礼典之制定与议论，在礼议中充分发挥“正经”观念。他又从“正经”观念导出“士庶”之辨，强调限缩作为贵族的“士”的范围，以与加强皇权的历史趋势、确立皇权正统性的制度理想相应。

孝文、宣武两朝之后，礼议中的“正经”观念在孝明朝愈加深入人心，成了不言而喻的议礼规范。如果议论不以“正经”为据，轻则不被认可，重则饱受责难，这在此时的元恭、元颢为祖母服议以及太上秦公号议中有明显体现。相比于明确、严格的“正经”规范，北朝统治者对“推致”之法持比较否定的态度。这与北朝严切的政教、质朴的学风乃至学术水平相辅相成，在北齐、隋朝持续发挥影响。

相比于其他学者对北朝礼制建设的研究，本篇聚焦于礼制制定与改作过程中的议礼程序，重点考察北朝君臣对经典等各种制礼“法源”的使用。研究者往往强调北朝（尤其是北周）依据《周礼》制礼的特色，本篇认为北朝确实倚重《周礼》，但除了《周礼》之外，范围更为宽泛的“正经”也是当时所认可的制礼的“法源”。相比于先儒对经典的诠释，以及议礼者根据经典文例所做的“推致”，北朝统治者更强调对“正经”本身做出直接理解。随着“正经”观念愈发明确，北朝礼议有着要求引证“正经”的潜在规范。上述几点创见，都说明北朝政教严切，对议礼之经据的要求相对严格。

第十一篇　经义逻辑与社会关系网络：唐中宗郊天韦皇后亚献议再探

两汉以来，《周礼》对中古国家的制度建设影响深远。贾公彦总结说：“（郑玄之后）《周礼》大行，后王之法。”[①] 经陈寅恪等学者的揭示，《周礼》对中古国家（尤其是北朝隋唐）制度的典范意义，已无疑义。[②]《周礼》经典对国家制度的渗透，是在一场场礼制议论的微观场景中得以实现的，其中又有经义逻辑、政治立场、学术流派等因素的复杂互动，是一个曲折往复的过程，需要分别观之。

唐中宗景龙三年（709）冬亲祀南郊，韦皇后亚献。[③] 皇后参与郊天之礼，并任亚献之职，不仅与经书所载礼制相悖，也罕有先例，当时引起轩然大波，论难蜂起。陈寅恪针对此议曾下一判语：“此为议礼中说文例之最有趣者。”[④] 指出这场礼议的突出特色，就是议者围绕《周礼》“文例”推衍做出的精深辩论。

与陈寅恪所关注的“文例”视角不同，因这场礼议与中宗朝政局关系紧密，学者多从政治权力斗争的角度展开讨论。或将其与具体的政治事件、个人的权力要求联系起来，[⑤] 或从公私角度讨论武后、韦后权力由私

---

① 《周礼注疏·序周礼废兴》，彭林整理，上海古籍出版社，2010，第 7 页。

② 陈寅恪强调西魏、北周关陇政权依托《周官》的创制，参见陈寅恪《隋唐制度渊源略论稿》，商务印书馆，第 3—4 页。川本芳昭认为北魏孝文帝改革的“周礼主义”为西魏、北周继承。川本芳昭「五胡十六国・北朝史における周礼の受容をめぐって」『魏晋南北朝時代の民族問題』汲古書院、1998、387-388 頁。

③ 《旧唐书》卷七《中宗纪》，中华书局，1975，第 148 页。

④ 陈寅恪：《读书札记一集》，生活·读书·新知三联书店，2015，第 332 页。

⑤ 金子修一认为中宗郊天以韦后亚献为中心，是为了实现韦后亚献、发挥韦后主导权的祭祀，且从神龙元年八月亲祔之礼开始韦后的影响力已经确立。（金子修一：《中国古代皇帝祭祀研究》，徐路、张子如译，西北大学出版社，2018，第 235—237 页。）江川式部系统考察了唐代献礼的演变，并将高宗朝武后禅礼亚献、中宗朝韦后郊天亚献（转下页注）

到公的路径，[①] 或延续政治集团的研究方法，把事件参与者归入不同的学派与党派。[②] 或从制度、仪式的发展脉络来评价，[③] 或认为此举是北朝女性地位高、女主干政风气的余波。[④] 总体上还是以权力分析为主。

韦后亚献议虽有不同政治势力之间的博弈，但它首先是一场围绕《周礼》经义的辩论，具有极为复杂的经义逻辑。职此之故，在分析其政治逻辑的同时，经义逻辑分析也是必不可少，甚至是首要的。这场争论中正反双方的学术背景与风格都颇为不同，与当时的学风、学脉不可脱离关系。学界一般认为唐前期经学有新、旧分野，陈寅恪认为王元感、啖助等人为唐代“解经别派”，主张回归经典本身，探究圣人本意，开宋儒先河。[⑤] 岛一把唐前期经学分为新旧两派，新派认为经典需重新编定，甚至可以改撰，与中唐以后啖、赵、陆“新《春秋》学”有关，又下启宋代理学。[⑥]

（接上页注⑤）联系起来，认为武后当时初步参与政治，其亚献与其说是请愿，不如说是政治宣言。韦后作为亚献官、韦巨源作为终献官，亦各有自己政治上的要求。皇帝亲祭時献官的人选都有重要的政治意味。（江川式部「唐朝祭祀における三西安」『骏台史学（特集：アジア文化史上の諸問題）』第129号、2006年12月、21—51頁。）

① 李琰从“国家祭祀”与“天子家礼”的角度分析武则天降禅亚献和韦后郊天亚献，认为前者为后者提供了理论和实践上的准备，韦后冲破家礼的界限，直接以皇后身份参与国家祭祀。参见李琰《唐高宗乾封封禅与其权力回拢——以武则天降禅亚献为例》，《北京社会科学》2015年第6期。

② 邓锐把武周前后的经学分为“泥古”与“变古”两派，泥古派亲李氏政权，变古派亲武氏政权。其中建立韦后亚献议的祝钦明、郭山恽属于泥古派，但又自私软弱，结党成派。参见邓锐《权力与心态：“元感上书”与长安三年经学派系分立考论》，《求是学刊》2019年第5期。

③ 陈戍国认为武则天助高宗行封禅礼，是郊祀助祭之制发生变化，不由中宗启其咎。[陈戍国：《中国礼制史》（隋唐五代卷），湖南教育出版社，1998，第123页。] 周善策把武后封禅亚献跟韦后郊天亚献联系起来，从仪式的角度认为后者受前者的启发和鼓励。仪式的这一发展主线，就是助祭人选从官僚集团转变为皇室宗亲，由此导致权力向皇帝集中。（周善策：《封禅礼与唐代前半期吉礼的变革》，《历史研究》2015年第6期。）

④ 周一良总结北朝皇后在郊庙祭祀中的亚献之礼，认为少数民族男女较平等，与汉族重男轻女风习不同。（周一良：《魏晋南北朝史札记》，中华书局，2015，第436—437页。）川本芳昭认为武则天、韦皇后参与郊天礼，是北朝女性地位较高的“恒代之遗风”在唐朝推演到的最高潮。（川本芳昭：《东亚古代诸民族与国家》，刘可维译，社会科学文献出版社，2020，第20页。）吴丽娱也认为武则天的行事作风与礼仪上的举措，都集成了北朝之风。（吴丽娱：《〈显庆礼〉与武则天》，杜文玉主编《唐史论丛》第十辑，三秦出版社，2008，第1—16页。）

⑤ 陈寅恪：《读书札记一集·旧唐书之部》，第330页。

⑥ 島一「貞觀年間の禮の修定と『禮記正義』（上）（下）」「母の為の3年の喪-玄宗『孝経』注の背景-」「『孝経』注疏とその周辺》「張柬之・王元感の三年喪禮説とその周邊」『唐代思想史論集』中國藝文研究會、2013、1-126頁。

吴丽娱承续陈寅恪的思路，认为“解经别派”与唐代“改礼非经”的学者在反传统的意义上不无相通。① 她反驳岛一体系的不当之处，认为王通《续六经》与魏徵《类礼》一脉相承，启迪了贞观以后的经学争议和礼制变革，以及开天之际的经典改撰之风，以改撰、革新为特色。② 乔秀岩、叶纯芳把汉唐经学分为两大类：一派墨守章句、注重经义推理，一派注重现实、追求合理主义。这两派在唐前期体现为保守、创新之别。前者以祝钦明、司马贞、张说为代表，后者以王元感、刘知幾、张守节、元行冲为代表。③ 具体到韦后亚献议，正反双方的经义逻辑与当时新旧学风有何联系，值得深入探讨。

对于这样一场聚集大量人事关系的复杂历史事件，其展开逻辑必然不是单线的。以往研究着重分析此事的权力与政治逻辑，对于其中丰富的经义逻辑则措意较少，无疑是一个极大缺憾。本篇尝试融合经义逻辑与政治逻辑，首先从《周礼》“文例”这样一个双方争论的关键点切入，在原原本本地还原其经义逻辑的前提下，在学术、政治等各种因素络合而成的关系网中思考每个人的挣扎与抉择。回到唐中宗时期的历史现场，所有人都处于庞大且复杂的社会关系网中。私人关系、政治立场、学术观念彼此联动，难解难分。描绘当事人所处的关系网，庶几更易触摸历史展开的真实脉动。④

---

① 吴丽娱：《唐礼摭遗——中古书仪研究》，商务印书馆，2002，第 474—487 页。

② 吴丽娱：《从王通〈续六经〉到贞观、开元的改撰〈礼记〉——隋唐之际经典意识的变化》，《中华文史论丛》2017 年第 3 期，第 40 页。

③ 叶纯芳、乔秀岩：《〈孝经孔传述义读本〉编后记》，乔秀岩、叶纯芳著《学术史读书记》，生活·读书·新知三联书店，2019，第 175—209 页。

④ 近年来学者对中古史研究中的权力结构、政治集团有颇为深入的反思，比如侯旭东尝试超越古今各种出身论、集团论、权力斗争论、性别论和目的论，从“实体思维”走向“关系思维”，研究人与人之间的关系。侯旭东：《宠：信—任型君臣关系与西汉历史的展开》，北京师范大学出版社，2018，第 257—259 页。仇鹿鸣反思所谓“陈寅恪范式”，认为“政治集团学说本身在概念界定、边界延伸、下限设定等问题上存在的缺陷也有相当充分的表现”。参见仇鹿鸣《魏晋之际的政治权力与家族网络》，上海古籍出版社，2015，第 9 页。主张用更为灵活的“社会网络”来代替比较严整的“政治集团”。仇鹿鸣：《事件、过程与政治文化——近年来中古政治史研究的评述与思考》，《学术月刊》2019 年第 10 期。魏斌对社会秩序、文化观念、关系互动网络对人行为的影响有精要论述，参见魏斌《走向历史场景》，魏斌等《重绘中古史的可能性》（笔谈），《文史哲》2020 年第 6 期，第 74 页。

一　“文例”与“正经”：韦后亚献议的经义逻辑

首创韦后亚献议者为国子祭酒祝钦明、国子司业郭山恽，韦巨源协同。祝钦明本欲使安乐公主为终献，迫于时议而止，故使韦巨源为终献。[①]至于抗议的反方，其谏诤最力者，当属太常博士唐绍、蒋钦绪。[②]两人又引太常博士彭景直共同奏议，其议今存。[③]国子司业、修文馆学士褚无量另作驳议一篇，今存。[④]另外，苏瓌于御前面折祝钦明，[⑤]后来李邕驳太常为韦巨源所定之谥，指出他曾谄附韦后，“时有礼部侍郎徐坚、太常博士唐绍、蒋钦绪、彭景直并言之莫从”。[⑥]可见徐坚也是驳议者之一。总的来说，可以考知的反方共有唐绍、蒋钦绪、彭景直、褚无量、苏瓌、徐坚六人。

韦后亚献议这一事件因政治而起，又以辨析经文“文例”的学术形式表现出来，这就要求我们在政治权力分析之外，首先抽绎其内在的经义逻辑。[⑦]

（一）正方：基于文例的论证

祝钦明、郭山恽的逻辑起点，乃所谓“祀祭享”文例：

---

① 杜佑：《通典》卷四三《礼三》，王文锦等点校，中华书局，2016，第1186页。《旧唐书》卷五一《后妃中宗韦庶人传》，第2173页；卷九二《韦安石附韦巨源传》，第2965页；卷一八九下《儒学祝钦明传》，第4965页；卷一八九下《儒学郭山恽传》，第4971页。

② 《通典》卷四三《礼三》，第1186页；《旧唐书》卷二一《礼仪一》，第831页；卷五一《后妃中宗韦庶人传》，第2173页；卷八五《唐临附唐绍传》，第2814页；《新唐书》卷一一二《蒋钦绪传》，中华书局，1975，第4179页。

③ 《旧唐书》卷一八九下《儒学祝钦明传》，第4967页；《新唐书》卷一〇九《祝钦明传》，第4105页；《册府元龟》卷五九六《掌礼部·希旨》，周勋初等校订，凤凰出版社，2006，第6858页。另外，《文苑英华》卷七六一《议·驳祝钦明请南郊皇后充亚献议》题为蒋钦绪所作。据前列诸文献，此文实为蒋钦绪、唐绍、彭景直三人合议，详细论证见下文。中华书局，1966年影印本，第3992—3993页。

④ 《旧唐书》卷一〇二《褚无量传》，第3165—3166页；《新唐书》卷二〇〇《儒学褚无量传》，第5687—5688页；《册府元龟》卷五九六《掌礼部·希旨》，第6859—6860页；《文苑英华》卷七六一《议·皇后不合祭南郊议》，第3991—3992页。

⑤ 《旧唐书》卷八八《苏瓌传》，第2878页。

⑥ 《旧唐书》卷九二《韦安石附韦巨源传》，第2966页。

⑦ 事理逻辑、礼义法则是汉唐礼学展开的一条主线，其中文法（文例）非常关键。郭超颖：《学术史视域下的〈仪礼〉经文文法研究》，《东方论坛》2021年第3期，第142页。

> 谨按《周礼》，天神曰祀，地祇曰祭，宗庙曰享。[1]

这并非《周礼》正文，而是根据《周礼》总结出来的“文例”。最直接的例证，即祝、郭之议紧随其后举出的《春官大宗伯》之文“凡祀大神，享大鬼，祭大示”，[2] 把祀、享、祭分别与神（天神）、鬼（人鬼）、示（地祇）对应，暗示天神为“祀”、地祇为“祭”、宗庙为“享”。除此之外，《周礼》符合这条文例的经文还有《春官大司乐》：

> 以六律、六同、五声、八音、六舞大合乐，以致鬼、神、示，……乃分乐而序之，以祭，以享，以祀。……以祀天神。……以祭地示。……以祀四望。……以祭山川。……以享先妣。……以享先祖。[3]

上曰“以致鬼、神、示”，下曰“以祭，以享，以祀”，似乎暗示天神、地祇、人鬼与祀、祭、享对应。以下“以祀天神”“以祭地示”“以祭山川”“以享先妣”“以享先祖”云云，也都符合“祀祭享”文例。唯一的例外是“以祀四望”，四望为山川之神，属于地祇，按此文例，应为“以祭四望”，经文却用“祀”。郑玄解释说：“此言祀者，司中、司命、风师、雨师或亦用此乐与？”贾《疏》曰：“又案《大宗伯》天神云祀，地祇云祭，人鬼云享，四望是地祇而不云祭，而变称祀，明经意本容司中等神，故变文见用乐也。无正文，故云‘或’‘与’以疑之也。”[4] 亦即，“四望”虽为地祇，但可能与司中、司命、风师、雨师等天神用同一种乐曲，因兼天神而言，所以易言为“祀”。即此一例，可以看出《周礼》经文确实在一定范围内符合祝议所谓“祀祭享”文例，但并非绝对。

不难看出，至少郑玄已对此文例有明确认识。除此之外，《大宗伯》曰：“大宗伯之职，掌建邦之天神、人鬼、地示之礼，以佐王建保邦国。”郑注：“立天神、地祇、人鬼之礼者，谓祀之，祭之，享之。”[5]《大宗伯》

---

① 《旧唐书》卷一八九下《儒学祝钦明传》，第 4965 页。

② 《周礼注疏》卷二〇《春官宗伯》，第 692 页。

③ 《周礼注疏》卷二五《春官宗伯下》，第 836—842 页。

④ 《周礼注疏》卷二五《春官宗伯下》，第 840—841 页。

⑤ 《周礼注疏》卷一八《春官宗伯》，第 645 页。

又曰："以吉礼事邦国之鬼、神、示。"郑注："事，谓祀之，祭之，享之。"① 这都是郑玄有意利用此文例以解经的案例。不过需要明确的是，郑玄知此文例，却并不溺于文例。《春官肆师》中有一则确证：

> 立大祀，用玉帛、牲牷。立次祀，用牲币。立小祀，用牲。
>
> 郑司农：大祀，天地。次祀，日月星辰。小祀，司命已下。
>
> 郑玄：玄谓大祀又有宗庙，次祀又有社稷、五祀、五岳，小祀又有司中、风师、雨师、山川、百物。②

经文所谓"大祀""中祀""小祀"，郑众将其严格限定在天神的范畴，可见郑众认为"祀"只指天神。而郑玄则扩充之，在"大祀"中加入宗庙，这是人鬼；在"中祀"中加入社稷、五祀、五岳，这是地祇；在"小祀"中加入山川等地祇。可见郑玄认为若祀、祭、享对言，则或有天神、地祇、人鬼之别；若单言祀，则兼天神、地祇、人鬼。

郑玄知例而不溺于例，郑众则拘于例而不知通变。延及六朝隋唐，这条文例又多次出现在义疏中。比如《尚书正义》曰："《周礼·大宗伯》祭祀之名，天神曰祀，地祇曰祭，人鬼曰享。"并以此例解经文及孔传。③《春秋左传正义》亦曰："《周礼》天神曰祀，地祇曰祭，人鬼曰享。对则别为三名，散则总为一号。"④ 再结合上文贾公彦《周礼疏》亦曾提及"又案《大宗伯》天神云祀，地祇云祭，人鬼云享"，可见祝钦明所谓"祀祭享"文例并非向壁虚造，而是确有传承。这一例在南北朝经师之间辗转承袭，被不断写入义疏之中。但义疏并未将文例置于《周礼》"正经"之上，也未将其绝对化；相形之下，祝、郭则执例以驭经，有意使文例凌驾正经，但也埋下了正经不尽符合文例的隐患。如此说来，祝、郭为了推致文例证成自己的政治目的，面临更高的学术难度，也更考验其经学推理能力。

---

① 《周礼注疏》卷一八《春官宗伯》，第 646 页。

② 《周礼注疏》卷二一《春官宗伯》，第 719 页。

③ 《尚书正义》卷九《盘庚上》，阮元校刻《十三经注疏》清嘉庆刊本，中华书局，2009，第 359 页。

④ 《春秋左传正义》卷六，阮元校刻《十三经注疏》清嘉庆刊本，第 3796 页。

祝、郭以“祀祭享”文例为前提，结合《周礼·大宗伯》中的一则“凡”例：

> 凡祀大神，享大鬼，祭大示，……若王不与祭祀，则摄位。凡大祭祀，王后不与，则摄而荐豆笾，彻。[①]

此“凡”例仍是一则文例，祝氏借此论证道：《大宗伯》上文既说“凡祀大神，享大鬼，祭大示”，明显兼包天神、地祇、人鬼而言。下文又说“凡大祭祀，王后不与”，则此所谓“大祭祀”，应该兼包天神之祀、地祇之祭，而非专指宗庙之享。既然指明了在“王后不与”这种特殊情况下由大宗伯摄祭，说明在正常情况下王后可以参与天神地祇之祭祀。[②] 从文例本身的逻辑来说，祝氏的论证言之成理，难怪蒋钦绪等人的驳议中说：“钦明唯执此文，以为王后有祭天地之礼。”[③] 可见反方也承认这是祝氏的关键论证。

除此之外，祝、郭还引用《周礼·内宰》（诸本误作“九嫔”）论证皇后可以助祭皇帝郊天：

> 又《(九嫔)〔内宰〕职》：“大祭祀，后祼献则赞，瑶爵亦如之。”据此诸文，即皇后合助皇帝祀天神，祭地祇，明矣。[④]

此处仍是根据“祀祭享”文例，把“大祭祀”解为天神之祀、地祇之祭。皇后得与之，说明皇后可参与天神、地祇之祭祀。

总而言之，祝、郭之议的经义逻辑可以总结为《周礼》经文的两条文例：第一，根据“祀祭享”文例，天神曰祀，地祇曰祭，人鬼曰享；第二，根据“凡”例，“凡大祭祀”，王后可以参与。两例同用，可知王后可以参与地祇之“祭”与天神之“祀”，也就可以参与郊天之礼：

---

① 《周礼注疏》卷二〇《春官宗伯》，第 692—693 页。

② 《旧唐书》卷一八九下《儒学祝钦明传》，第 4966 页。

③ 《旧唐书》卷一八九下《儒学祝钦明传》，第 4967—4968 页。

④ 《旧唐书》卷一八九下《儒学祝钦明传》，第 4965—4966 页。

"祀祭享"文例+"凡"例=皇后得与天神祭祀

不过，根据部分经文总结出的文例，是否适用于其他所有经文？文例作为论据的效力，是否能超过经文之明文？这仍是有待思考的问题，也是反方驳论的突破口。

（二）反方：据正经以驳文例

已知正方主要据文例进行论证，反方若欲彻底驳倒正方，首先就要说明正方所据文例的谬误。针对祝、郭所谓"祀祭享"文例，蒋钦绪、唐绍、彭景直等人做出了第一回合的回应：

> 《周礼》凡言祭、祀、享三者，皆祭之互名，本无定义。何以明之？按《周礼·典瑞职》云："两珪有邸，以祀地。"则祭地亦称祀也。又《司筵》云："设祀先王之胙席。"则祭宗庙亦称祀也。又《内宗职》云："掌宗庙之祭祀。"此又非独天称祀，地称祭也。又按《礼记》云："惟圣为能享帝。"此即祀天帝亦言享也。又按《孝经》云："春秋祭祀，以时思之。"此即宗庙亦言祭祀也。经典此文，不可备数。据此则钦明所执天曰祀，地曰祭，庙曰享，未得为定，明矣。①

"祀祭享"是文例，而非正经。郑玄认为祀、祭、享三者对言则别，散言则通，祝氏执守文例，不从郑注；蒋钦绪等人则据《周礼》正经，发挥郑注之意，指出"祀"不仅针对天神，也可祀地、祀先王；"祭"不仅针对地祇，也有祭祀宗庙等用例；"享"不仅针对人鬼，也可享帝。可见所谓"天神曰祀"云者，并非绝对规律，也有许多例外，郑玄、贾公彦都明确指出祭、祀、享可以通言。

祝议结合"祀祭享"文例与"凡"例推导王后可参与郊祀天地之礼。对此，蒋钦绪等人又继续反驳其所谓"凡"例：

---

① 《旧唐书》卷一八九下《儒学祝钦明传》，第4967页。

> 钦绪等据此乃是王后荐宗庙之礼，非祭天地之事。何以明之？按此文："凡祀大神，祭大祇，享大鬼，……若王不与祭祀。则摄位。"此已上一"凡"，直是王兼祭天地宗庙之事，故通言大神、大祇、大鬼之祭也。已下文云："凡大祭祀，王后不与，则摄而荐豆笾，彻。"此一"凡"，直是王后祭庙之事，故唯言大祭祀也。若云王后助祭天地，不应重起"凡大祭祀"之文也。为嫌王后有祭天地之疑，故重起后"凡"以别之耳。王后祭庙，自是大祭祀，何故取上"凡"相王之礼，以混下"凡"王后祭宗庙之文？此是本经，科段明白。[①]

蒋钦绪等人认为《周礼·大宗伯》上文所云"凡祀大神，享大鬼，祭大示"，此"凡"所领之文只适用于王所行之礼，也就是天神、地祇、人鬼之祭祀；下文又云"凡大祭祀"，此是前"凡"之下又起后"凡"，既然另起一"凡"，则其所领之文只是王后的宗庙之礼，并不包括天地之祀。换言之，上"凡"、下"凡"各有所领，不得相混，并总结说："此是本经，科段明白。"所谓"科段"，即经文的分章分段，此经文有前"凡"、后"凡"所引领的自然分段，故曰"科段明白"。可见蒋钦绪等人有意用《周礼》"本经"章段文义来压倒祝钦明等人的文例，但到这一步骤为止，仍处于拆解祝议文例的阶段。

褚无量也针对祝氏所谓更起"凡"之例做出反驳，然目前所见各版本的褚氏驳议文字舛错甚多，今综合《旧唐书》《文苑英华》《册府元龟》三种文本，将褚氏此段驳议拟定如下：

> 谨按《大宗伯职》云："若王不与祭祀，则摄位。"注云："王有故，代行其祭事。"下文云[②]："凡大祭祀，王后不与，则摄而荐豆笾，彻。"若皇后合助祭，承此下文[③]，即[④]当云"[后][⑤] 若不 [与][⑥] 祭

---

① 《旧唐书》卷一八九下《儒学祝钦明传》，第4968页。

② 《册府元龟》无"云"。

③ 《册府元龟》无"文"。

④ 《文苑英华》作"则"。

⑤ 《册府元龟》有"后"。

⑥ 《册府元龟》有"与"。

> 祀，则摄而荐豆笾［，彻］[①]”。今[②]于文上更起“凡”，（则）〔明〕[③]是别生余事[④]。夫[⑤]事与[⑥]上异，则别起“凡”。“凡”者，生上起下之名，不专系于本职。《周礼》一部之内，此例极多，备在文中，不可具录。[⑦]

褚无量认为《大宗伯》有前后两“凡”，后文更起之“凡”，与前文之“凡”所领不同，故后文“凡大祭祀”仅指宗庙祭祀，不包括天神、地祇。褚氏以前后两“凡”区分经文章段，两段各有其义，不得混淆，与蒋钦绪区别上“凡”、下“凡”的论证方式大同小异。

正方还引《周礼·内宰》作为其“祀祭享”文例与“凡”例的辅证。对此，蒋、褚等人做出了第二回合的四段回应：

> A. 又钦明状引《（九嫔）〔内宰〕职》：“大祭祀，后祼献则赞瑶爵。”据祭天无祼，亦无瑶爵，此乃宗庙称大祭祀之明文。钦明所执大祭祀即为祭天地，未得为定明矣。[⑧]
>
> B. 又《礼记·郊特牲义赞》云：“祭天无祼。郑玄注云：‘唯人道宗庙有祼。天地大神，至尊不祼。’……”……钦明等所执……非摄天地之祀明矣。[⑨]
>
> C. ［又］案王后行事，总在《内宰职》中。检其职文，唯云“大祭祀，后祼献则赞瑶爵亦如之”。郑注云：“谓祭宗庙也。”注所以知者，以文云“祼献”，祭天无祼，以此得知。……[⑩]

---

① 《册府元龟》有“彻”。
② 《册府元龟》无“今”。
③ 《册府元龟》《文苑英华》作“明”。
④ 《册府元龟》有“矣”。
⑤ 《册府元龟》无“夫”。
⑥ 《册府元龟》作“则”。
⑦ 《旧唐书》卷一〇二《褚无量传》，第3165页；《册府元龟》卷五九六《掌礼部·希旨》，第6859页；《文苑英华》卷七六一《议·皇后不合祭南郊议》，第3991—3992页。
⑧ 《旧唐书》卷一八九下《儒学祝钦明传》，第4967页。为方便讨论，用字母标示分段，下同。
⑨ 《旧唐书》卷一八九下《儒学祝钦明传》，第4969页。
⑩ 《旧唐书》卷一〇二《褚无量传》，第3166页；《册府元龟》卷五九六《掌礼部·希旨》，第6859页；《文苑英华》卷七六一《议·皇后不合祭南郊议》，第3991—3992页。

D. 又王后助祭，亲荐豆笾，而不［亲］[①] 彻。案《九嫔职》云："凡祭，赞后荐，彻豆笾。" 注云[②]："后[③]进之而不彻[④]。" 则知中彻者，为宗伯生文。[⑤] 若宗伯摄祭，则宗伯亲彻，不别使人。[⑥]

上述文本有多处舛错：祝议所引并非《九嫔》，而是《内宰》；蒋议的针对性回应也把《内宰》误作《九嫔》，其实则是针对《内宰》做出回应；褚议 C 段针对《内宰》，D 段针对《九嫔》。可以推知祝议本有引用《内宰》《九嫔》两段，今《九嫔》之段不存。推测为这场礼议之后，史官抄撮奏议案牍以编撰实录、国史时产生了舛错遗漏，所以《旧唐书》《册府元龟》《文苑英华》皆有同质的错误。

既明文本之误及其致误之由，就可以继续探究双方辩论的关键。祝钦明引《内宰》"大祭祀"云云，还是延续第一回合中的"祀祭享"文例，既然说"大祭祀"，就应该是天神、地祇之祭、祀，经文又说"后祼献"，可见王后也可以参与天地之祭、祀。对此，A、B、C 三段的反驳逻辑一致：经文既说"后祼献则赞瑶爵"，但祭天无祼礼，也不用瑶爵，只有宗庙才有祼礼、用瑶爵，这正说明《内宰》所谓"大祭祀"的对象只能是宗庙，而非天地。[⑦] 可见 A、B、C 三段都跳出对"文例"的纠结，直接探讨经文所传达的原本含义。其实郑玄早就指出《内宰》"大祭祀"仅指宗庙之祭。[⑧] 这再次印证上文所论祝钦明等人不从郑玄，而是

---

① 《册府元龟》有"亲"。

② 《册府元龟》无"注云"。

③ 《册府元龟》作"皇后"。

④ 《册府元龟》有"者"。

⑤ 《册府元龟》阙"则知中彻者，为宗伯生文"一句，多"为宗庙祭"四字。

⑥ 《旧唐书》卷一〇二《褚无量传》，第 3166 页；《册府元龟》卷五九六《掌礼部·希旨》，第 6859 页；《文苑英华》卷七六一《议·皇后不合祭南郊议》，第 3991—3992 页。

⑦ B 段所引《礼记·郊特牲义赞》，即贞观十二年（638）孔颖达等人所撰《五经义赞》，是《五经正义》的前身。今本《礼记·郊特牲正义》仍有相关内容，蒋议所引部分实际出自皇侃《礼记疏》。参见王溥《唐会要》卷七七《贡举下》"论经义"条："贞观十二年，国子祭酒孔颖达撰《五经义疏》一百七十卷，名曰《义赞》，有诏改为《五经正义》。太学博士马嘉运每掎摭之，有诏更令详定。未就而卒。"中华书局，1960，第 1450 页；《礼记正义》卷三四《郊特牲》，吕友仁整理，上海古籍出版社，2008，第 1026—1027 页。

⑧ 《周礼注疏》卷七《天官冢宰下》，第 244 页。

谨守文例。[①]

上述论辩甚为胶着，双方都死守苦战。而之所以造成这种胶着状态的最大原因，就是《周礼》经文对于祭天是否有祼献仪节，并无明文。实际上，早在刘宋孝武帝孝建二年（455）正月郊天礼议中，祭天是否有祼就已经引起疑问。当时太常丞朱膺之议曰："郊未始有灌（引者按：祼），于礼未详。渊儒（引者按：郑玄）注义，炳然明审。谓今之有灌，相承为失，则宜无灌。"[②] 可见正是因为礼无明文（"于礼未详"），才导致祭天是否有祼（灌）的疑惑；而"今之有灌，相承为失"，刘宋礼制多承晋制，则孝建以前的晋、宋郊天应有祼。直到朱膺之据郑玄注立议，方得改革。正是因为经无明文导致的漏洞，以及晋、宋礼制的历史传统，使祝钦明等人得以在小范围经文内总结"祀祭享"文例，并将此文例推广到其他经文，颇为生硬地强化了"祭天有祼"的说法。反方则在更大范围内取例，又紧靠郑玄、皇侃"祭天无祼"之说，对正方加以反驳。

总而言之，前两个回合，正反双方主要围绕"文例"辩论，但双方对"文例"的态度有所不同：祝、郭认为"例"高于"经"，执一例以概全经，甚至群经，为了证成本无经典支撑的皇后亚献礼，不得不强化"祀祭享"文例与"凡"例，乃至使其绝对化，诚可谓苦心孤诣。但文例推致毕竟跟经文本意以及实际的礼典、制度存在差距。如果文例无法适用于全部正经本文、实际礼典，那么纯粹文例的推演，可能跟正经、现实愈行愈远。反方蒋、褚等人为了驳倒正方的文例，也不得不跳出旧说，在更大范围内取例，以审定旧有文例之是非，以期更为贴近经文本意，同时认为

① 至于祝钦明、郭山恽所引《周礼·九嫔》而进行的论证，因其文已佚，今已不得其详，但根据祝氏之议的一贯思路，以及《九嫔》的内容，可大致推知。《九嫔》曰："凡祭祀，赞玉齍，赞后荐彻豆笾。"郑注："玉齍，玉敦受黍稷器。后进之而不彻。"（《周礼注疏》卷八《天官冢宰下》，第266页。）可以猜测祝氏把"祭祀"解释为天神、地祇之祭祀，进而认为皇后可以参与郊天助祭。今观褚无量D段之驳议，主要是为了说明"王后助祭，亲荐豆笾而不彻"，其之所以引用《九嫔》，也仅取郑注"后进之而不彻"一句。客观地说，褚无量对郑注的引用属于断章取义。郑玄说"后进之而不彻"，仅就"赞玉齍"这一环节而言。但是褚无量恰恰隐去了这三个字，变成了"凡祭，赞后荐，彻豆笾"，好像祭祀中的所有环节，王后都是进之而不彻，并以此来反驳祝钦明所谓的"王后不预，则摄而荐豆笾，彻"。这个反驳很没有说服力，而且所驳的也是祝钦明一个并不关键的论断。

② 《宋书》卷一六《礼志三》，中华书局，1974，第428页。

“经”高于“例”，在具体的经文语境中分析文例之适用与否。目前来看，反方虽有郑玄、皇侃等前代经学大师为靠山，在取例范围、经义解释上比正方略胜一筹，但尚未取得压倒性优势。蒋、褚等人若要彻底驳倒正方，还需要在长时段的经义与政治互动的历史背景中搜寻资源。

二 女性“外神”祭祀争论的经义渊源与政治背景

反方驳议者寻得的另一理据渊薮，就是女性“外神”祭祀这一糅合经义、礼制与政治的更为宏观的命题。古人对神祇有内外之分。《周礼》外饔“掌外祭祀之割亨”，贾《疏》认为即“天地、四望、山川、社稷、五祀”等，是谓“外神”；与之相对，内饔主要掌宗庙祭祀，是谓“内神”。[①] 关于女性是否能参与“外神”祭祀之议，并非唐中宗时特起，而是早有渊源，《白虎通义》即有“妇人无外事”之义。[②] 汉唐学者递有发明，南北朝时期争论尤剧，相关经义汇聚到唐初群经义疏之中。贾公彦《周礼疏》对内、外神之区别极严，甚至可以说，围绕韦后亚献议的正反双方的最大区别，就在于对贾《疏》的去就。

（一）正反双方对贾《疏》的去就

首先，祝、郭（正方）之议显然与贾《疏》相悖。在第一回合中，祝议引据《周礼·大宗伯》“凡大祭祀，王后不与，则摄”论证王后可以参与郊祀天地之“大祭祀”。对此，贾《疏》说：“天地及社稷外神等，后夫人不与。”这是总的结论。又解释说：“此言‘凡大祭祀，王后不与’，谓后应与而不与。又云‘大祭祀’，明非群小祀，则大祀者唯宗庙而已。”[③] 可见贾《疏》认为后夫人作为女性，不能参与天地社稷这些“外神”祭祀，这是一条不需多言的基本原则，关于后夫人对祭祀的参与程度，都在这一原则下展开，所以王后参与的“大祭祀”就只能是宗庙之祭，而非天

① 《周礼注疏》卷四《天官冢宰》，第127—131页。

② 陈立：《白虎通疏证》卷一《爵》：“妇人无爵何？阴卑无外事。”吴则虞点校，中华书局，1994，第21页；又卷二《谥》：“何以知不之南郊也？妇人本无外事，何为于郊也？”第76页。

③ 《周礼注疏》卷二〇《春官宗伯》，第693页。

地郊祀。贾《疏》的论点与祝钦明等人针锋相对，而与蒋钦绪等人同一立场。

第二回合中更能看出贾《疏》与祝钦明一方判然两途。祝钦明等人引据《内宰》《九嫔》两文进行论证。关于《内宰》，贾《疏》曰：

> 以其天地、山川、社稷等外神，后夫人不与。又天地无祼，此云祼，故知经云"大祭祀"者，据宗庙而言也。但宗庙之祭，四时与禘祫六享，皆有此祼献瑶爵之事，故总言宗庙也。①

关于《九嫔》，贾《疏》曰：

> 言"凡祭祀"者，后无外事，唯有宗庙禘祫与四时月祭等，故云凡祭祀。②

不难看出，蒋钦绪等人的驳论逻辑与贾《疏》极为一致，都是强调天地之祭没有祼礼环节，只有宗庙才有祼礼，所以《内宰》所谓"大祭祀，后祼献"云云，只能是宗庙之祭，而非天地之祭。另外，贾《疏》极为重视后夫人等女性不能参与"外神"祭祀这一原则，频繁加以强调。可见这场皇后郊天亚献议以贾《疏》为分水岭，祝钦明一方与贾《疏》相背，蒋钦绪一方与贾《疏》相合。

贾《疏》及正反双方关于女性是否能参与"外神"祭祀的歧见，更集中体现在关于《周礼》所载王后六服、五辂制度的论辩中，这可以视作辩论的第三回合。先看王后六服，《周礼·内司服》曰：

> 内司服掌王后之六服，袆衣，揄狄，阙狄，鞠衣，展衣，缘衣，素沙。（郑注：袆衣……揄翟……阙翟……此三者皆祭服。从王祭先王则服袆衣，祭先公则服揄翟，祭群小祀则服阙翟。）③

---

① 《周礼注疏》卷七《天官冢宰下》，第 244 页。
② 《周礼注疏》卷八《天官冢宰下》，第 266 页。
③ 《周礼注疏》卷八《天官冢宰下》，第 277—278 页。

祝钦明等人据此议论曰：

> 又《追师职》："掌王后之首服，以待祭祀。"又《内司服职》："掌王后之六服。凡祭祀，供后之衣服。"……故郑玄注《内司服》云："阙狄，皇后助王祭群小祀之服。"然则小祀尚助王祭，中、大推理可知。阙狄之上，犹有两服：第一袆衣，第二揄狄，第三阙狄。此三狄，皆助祭之服。阙狄即助祭小祀，即知揄狄助祭中祀，袆衣助祭大祀。郑举一隅，故不委说。唯祭宗庙，《周礼》王有两服，先王衮冕，先公鷩冕。郑玄因此以后助祭宗庙，亦分两服，云："袆衣助祭先王，揄狄助祭先公。"不言助祭天地社稷，自宜三隅而反。①

祝钦明等人据《内司服》及郑注，仍从文例层面推理，王后有六服，其中袆衣、揄狄、阙狄三种是祭服。既然阙狄是王后助祭群小祀之服，那么揄狄即王后助祭中祀之服，袆衣即王后助祭大祀之服，再结合其所谓"祀祭享"文例，大祀就是郊天祀地，以此证明王后可助祭天地"外神"，担任郊天亚献。祝钦明一方对王后三种祭服的理解如表1所示：

表1　祝钦明等人所构建的王后祭服及其功能

后服	天神	人鬼	地祇
袆衣	（大祀）（天）	先王	（地）
揄狄	（次祀）（日月星辰）	先公	（社稷、五祀、五岳）
阙狄	群小祀（司中、司命、风师、雨师）	（殇与无后）	林泽、坟衍、四方百物之属

资料来源：笔者据《旧唐书》卷一八九下《儒学祝钦明传》整理。

对于王后袆衣、揄狄、阙狄三种祭服，祝氏等人将其与天神、人鬼、地祇分别对应起来，并用文例推演之法，把经、注所不具者补足。其实郑注明确说明的，只有袆衣助祭先王、揄狄助祭先公、阙狄助祭群小祀这三项，其他未明言的，全是祝氏等人纯粹在文例层面推演出来的（即表1括号中的内容），并未考虑现实礼典是否有此可能。

上文对第一回合的分析中已指出，郑玄并不溺于"祀祭享"文例，而

① 《旧唐书》卷一八九下《儒学祝钦明传》，第4965—4966页。

祝钦明与郑玄有异。第二回合中祝氏又显违郑注，可见祝氏等人认为文例更高于郑学。第三回合讨论王后六服，据《册府元龟》载祝钦明等人进献其议之后：

> 帝（中宗）意颇以为疑，召礼官亲问焉。太常博士唐绍、蒋钦绪对曰："皇后南郊助祭，于礼不合。"帝问曰："据何礼文不合？"钦绪对曰："钦明所奏执，是祭宗庙礼，非祭天地礼。又郑玄王后六服，最上袆衣，从祭先王，无祭天地之服。"钦明又进对曰："此实郑玄大错误，不可依也。"①

这段记载不见于新、旧《唐书》，然而颇为生动，且考之双方逻辑，亦十分切合。郑玄只言王后袆衣可以助祭先王，不言其可以助祭天地，祝钦明不认为这是郑注文辞不备，反而认为这是郑玄的"大错误"。再考察前两个回合中祝氏与郑注的矛盾，可知郑玄并不溺于文例，而是兼顾文例与礼典实际执行情况，祝钦明的所有推论则基本上都在文例层面，基于文例推致之法而又加以绝对化。

针对祝议，蒋钦绪等人结合《周礼·司服、内司服》及崔灵恩《三礼义宗》（以下简称《义宗》）而驳之。先看《周礼·司服》：

> 王之吉服，祀昊天上帝则服大裘而冕，祀五帝亦如之。享先王则衮冕，享先公、飨、射则鷩冕，祀四望、山川则毳冕，祭社稷、五祀则希冕，祭群小祀则玄冕。（郑注：群小祀，林泽坟衍、四方百物之属。）②

天子亦有六服，分别是大裘而冕、衮冕、鷩冕、毳冕、希冕、玄冕，六服与各等级的祭祀有对应关系。蒋钦绪等人驳论曰：

> 按……《内司服》"掌王后祭服"，无王后祭天之服。按《三礼义宗》明王后六服，谓袆衣、揄翟、阙翟、鞠衣、展衣、褖衣。"袆

① 《册府元龟》卷五九六《掌礼部·希旨》，第6858页。

② 《周礼注疏》卷二三《春官宗伯》，第791页。

衣从王祭先王则服之，摇翟［从王］祭先公［则服之，］（及）［阙翟］①飨诸侯则服之，鞠衣以采桑则服之，展衣以礼见王及见宾客则服之，褖衣燕居服之。”王后无助祭于天地之服，……又《三礼义宗》明后夫人之服云：“后不助祭天地五岳，故无助天地四望之服。”按此则王后无祭天之服明矣。②

崔灵恩《义宗》指出，天子祭服六，王后祭服三，两套祭服体系各有对应的祭典。蒋钦绪所引崔灵恩的体系如表2所示。

表2 崔灵恩所构建的王后祭服及其功能

天子六服	王后三服	祭祀对象
大裘而冕		昊天上帝，五帝
衮冕	袆衣	先王
鷩冕	揺狄	先公、飨、射
毳冕		四望、山川
希冕		社稷、五祀
玄冕	阙狄	群小祀

资料来源：笔者据《旧唐书》卷一八九下《儒学祝钦明传》、《文苑英华》卷七六一《议·驳祝钦明请南效皇后充亚献议》整理。

对比表1和表2，可见祝钦明一方仅就《内司服》做文例层面的比推，蒋钦绪一方则采纳崔灵恩之说，结合《司服》与《内司服》，秉持“后夫人不与外神”的原则，把天子祭服六、王后祭服三这两种体系结合起来，在结论上无疑比祝氏一方更符合经文本义。

通过对第二回合之论辩的分析，已知蒋钦绪等人引据孔颖达《礼记义赞》（实际上是皇侃《礼记疏》），立场及论证方式与贾公彦《周礼疏》一

① 《旧唐书》所见蒋钦绪等人引崔灵恩《三礼义宗》论王后六服，只有袆衣、摇翟、鞠衣、展衣、褖衣五种，没有阙翟，此乃《旧唐书》阙文所致。《文苑英华》此文曰“摇翟从王祭先公则服之，阙翟飨诸侯则服之”，摇翟、阙翟分开说，正好六种。可见《旧唐书》把摇翟、阙翟两种混为摇翟一种，且把“从王祭先公”和“飨诸侯”也混合成了“祭先公及飨诸侯”，《文苑英华》更能体现蒋钦绪议论之原貌。

② 《旧唐书》卷一八九下《儒学祝钦明传》，第4968—4969页；《文苑英华》卷七六一《议·驳祝钦明请南郊皇后充亚献议》，第3992—3993页。

致。今再以蒋钦绪等人对崔灵恩《义宗》的引证做进一步探究。关于王后六服，《义宗》还有一句佚文，蒋氏驳议所未引，今保留在章如愚《山堂考索》中，这是考察崔氏《义宗》与贾《疏》关系的关键突破口：

> 王后三翟，数皆十二，诸侯夫人三公而下夫人翟数如命数。①

王后有六服，为何崔氏只说“三翟”？这在贾《疏》中有非常针对性的回答：

> 王之吉服有九，韦弁已下，常服有三，与后鞠衣已下三服同。但王之祭服有六，后祭服唯有三翟者，天地山川社稷之等，后夫人不与，故三服而已。必知外神后夫人不与者，案《内宰》云：“祭祀祼献则赞。”天地无祼，言祼唯宗庙。又《内宗》《外宗》佐后，皆云宗庙，不云外神，故知后于外神不与。是以《白虎通》云：“《周官》祭天，后夫人不与者，以其妇人无外事。”……云“从王祭先王则服袆衣，祭先公则服揄翟，祭群小祀则服阙翟”，郑言此者，欲见王后无外事，唯有宗庙分为二，与王祀先王衮冕、先公鷩冕同差。②

关于“王后三翟”，贾《疏》认为王有六种祭服，后只有三种祭服，因为女性不得参与天地、山川、社稷祭祀，所以比王少了三种。可见从崔氏《义宗》到贾氏《疏》，两者必有渊源，不仅从上文的只言片语中可窥见两者语意之衔接，在论点上两者更有根本的一致性。蒋钦绪等人据崔氏《义宗》论证王后无祭天之服，贾《疏》更是秉持其一贯的“外神后夫人不与”“王后无外事”的原则，坚决反对王后参与郊天之祭，在礼制上取消妇人参与天地祭祀的合法性。

以上是围绕《周礼》王后六服的辩论，接下来再说王后五辂之制，从中更能看出崔灵恩《义宗》与贾公彦《周礼疏》两者在观点和论证方法上

① 马国翰辑《玉函山房辑佚书·经编通礼类》，广陵书社，2004 年影印本，第 1143 页；章如愚编撰《山堂考索·前集》卷四三《礼器门·后服类》，中华书局，1992 年影印本，第 284 页。

② 《周礼注疏》卷八《天官冢宰下》，第 278—279 页。

的一致。蒋钦绪等人为了反驳祝钦明之议，又引用崔氏《义宗》关于王后五辂的论述。王后共有重翟、厌翟、安车、翟车、辇车这五种车，《义宗》解释说：

> 重翟者，后从王祭先王先公所乘也；厌翟者，后从王飨诸侯所乘也；安车者，后宫中朝夕见于王所乘也；翟车者，后求桑所乘也；辇车者，后游宴所乘也。[①]

王后五辂，各有其用，却唯独没有王后祭天所乘之车，于是蒋钦绪等人得出结论："按此，则王后无祭天之车明矣。"[②] 无独有偶，贾《疏》解释《周礼·巾车》中的王后五辂，也说："后无外事，惟祭先王、先公、群小祀，皆乘此重翟也。"[③] 从崔氏《义宗》到贾《疏》再到蒋氏等人的驳议，都是借分析王后五辂之职能，论证王后不与郊天之祭，与上文所述三者借王后六服所进行的论证如出一辙。

总而言之，除了第三回合《内司服》《巾车》两处贾《疏》之外，再加上第一回合中的《大宗伯》，第二回合中的《内宰》《九嫔》，这五处贾《疏》都强调王后不与郊天之祭。可以说凡是蒋钦绪等人据以立论的《周礼》经文，贾《疏》全都提前做了充分的渲染，对"妇人无外事""后夫人不与外神之祭"进行了详细论证。蒋钦绪等人的驳议，不管是在经文的取证上，还是具体的论证方法上，都从贾《疏》化出，又根据实际论辩情况加以调整。

（二）贾《疏》王后六服、五辂理论的经义渊源

贾公彦作《周礼疏》尚在武则天、韦皇后之前，当然无法预知此后女主擅权之事。初唐义疏多承袭南北朝旧疏，贾氏《周礼疏》也不例外。结合上述崔灵恩《义宗》与贾公彦《周礼疏》在王后六服、王后五辂两个问题上的文辞、逻辑、结论三个方面的契合，只能解释为贾《疏》此义袭取自崔氏《义宗》，蒋钦绪等人所据者，即贾《疏》之源头《义宗》，南北

---

① 《旧唐书》卷一八九下《儒学祝钦明传》，第4969页。
② 《旧唐书》卷一八九下《儒学祝钦明传》，第4969页。
③ 《周礼注疏》卷三一《春官宗伯下》，第1036页。

朝经师中，立“后夫人不与外神之祭”之义的大宗，就是崔灵恩，贾《疏》不过拾其余绪。关于贾公彦《周礼疏》之取材来源，简博贤认为主要是《义宗》，只不过“攘袭其义”“删削其名”而已，[①] 焦桂美亦赞成此说，[②] 乔秀岩亦指出贾公彦《二礼疏》多因袭旧疏。[③] 再辅以本节所举数例，更可佐证简博贤等人的观点。崔灵恩是贾公彦、蒋钦绪等人的共同源头，否则当唐初之时，贾《疏》无端发此议论，是颇为不可理解的。

至于崔灵恩为何屡次强调“后夫人不与外神之祭”，应该有明确的历史背景。梁天监十三年（514），崔灵恩自魏奔梁。史载崔灵恩在北魏曾任太常博士，[④] 他对北朝政治涉足多深，持何政见，为何南奔，因文献不足，今已不得而知。但崔灵恩南奔之后，北魏宣武帝崩，孝明帝即位（515），灵太后即欲“代行祭礼”，其传曰：

> 太后以肃宗冲幼，未堪亲祭，欲傍《周礼》夫人与君交献之义，代行祭礼，访寻故式。门下召礼官、博士议，以为不可。而太后……重问侍中崔光。光便据汉和熹邓后荐祭故事，太后大悦，遂摄行初祀。……及改葬文昭高后，太后不欲令肃宗主事，乃自为丧主，……皆自主焉。后幸嵩高山，夫人、九嫔、公主已下从者数百人，升于顶中。[⑤]

《周礼》虽有君与妇人“交献”之说，但在历史上甚少执行。东汉安帝永初七年（113）邓太后曾实行之：“初入太庙，斋七日，……谒宗庙，

① 简博贤云：“贾公彦撰《周礼疏》，首论《周礼》兴废，盖实本于崔氏《三礼》兴废义，则贾疏固有取于崔氏《义宗》矣，特攘袭其义，而删削其名，故无从别择耶？”简博贤：《今存南北朝经学遗籍考》，台北：台湾黎明文化事业公司，1975，第179页。

② 焦桂美：《崔灵恩的经学成就及其经学史意义》，《管子学刊》2007年第4期，第122页。

③ 乔秀岩：“是知贾公彦据先儒旧疏，改移编订而成《二礼疏》，而其态度草率，致多谬误，贾公彦之功，不可谓多也。”乔秀岩：《义疏学衰亡史论》，生活·读书·新知三联书店，2017，第198页。

④ 《梁书》卷四八《儒林崔灵恩传》，中华书局，1973，第676—677页。

⑤ 《魏书》卷一三《宣武灵皇后传》，中华书局，1974，第338页。又见于《魏书》卷八二《常景传》，第1802—1803页。按《宣武灵皇后传》载其欲行庙祀，所据为东汉和熹邓太后故事，《常景传》则记为阴、邓二后故事。按东汉史事，和帝阴皇后失宠而死，并未成为太后，也未见参与庙祀的记载。且以情理推之，邓太后在和帝崩后的永初七年权力稳固之时才能行太庙之礼，阴皇后在和帝在世之时，恐无交献于太庙之可能，故当以《宣武灵皇后传》之记载为是。

率命妇群妾相礼仪，与皇帝交献亲荐，成礼而还。”① 但并未形成稳定的制度。刘宋孝建二年（455）郊庙礼议，太学博士王祀之说“中代以来，后不庙祭”。② 所谓“中代”，相对于上古三代，指汉代以来。两汉皇后不庙祭，东汉邓太后庙祭属于特例。魏晋南朝皇后皆不庙祭，此可证明《周礼》虽有君与夫人交献之说，但汉代以来华夏礼制中甚少执行。以至于北魏灵后以太后之尊，挟肃宗之幼，下诏称朕，其威仪与皇帝无异，欲行庙祀，还得先援引邓太后故事。延及北齐、北周，庙祀遂以皇后亚献为常。③

灵太后不仅欲与肃宗交献于太庙，而且“摄行初祀”，即自己初献，肃宗亚献，太后压过皇帝一头。若灵太后只是想要行太庙亚献之礼，此乃《周礼》经义，本不必援引东汉邓太后故事而后行。即使是行太庙初献，也只是其第一步，随后她又代肃宗主持高后葬礼，自为丧主，全程由自己主导。后来又与夫人、九嫔、公主等一众妇人行幸嵩高山“升于顶中”，此盖模仿《礼记·礼器》“因名山升中于天”（即所谓封禅），虽然未必真的执行，但显然有于嵩山行封禅祭天之意，已开武则天封禅嵩山之先河。从太庙初献到主持葬礼，再到登顶嵩山，灵太后的祭祀对象已经从太庙祖先“内神”到山川、天地“外神”。

在北魏灵太后屡次主导大祭的背景下，崔灵恩《义宗》着重强调“妇人无外事”，当是有为而发，我们可举出一则确证。北魏肃宗熙平元年（516）六月，中侍中刘腾上奏，皇太后所乘用的中宫车舆早已朽败，迁都洛阳以来尚未制造新的车舆，请议如何处理。灵太后令尚书量议。

集议有三种观点。第一种，崔灵恩在北魏时的老同事太常卿穆绍等人认为，应据《周礼》王后五辂制作，这种观点符合《周礼》正经，也与崔灵恩《义宗》、贾公彦《周礼疏》一致。但此观点把灵太后视作《周礼》王后的级别，没有顾及灵太后临朝称制、权力相当于皇帝，而仍以王后之礼对待，想必不能使灵太后满意。④ 第二种观点，国子博士王延业认为应

① 《后汉书》卷一〇上《皇后纪》，中华书局，1965，第425页。

② 《宋书》卷一六《礼志三》，第427页。

③ 《隋书》卷七《礼仪二》：“（北齐太庙）每祭，室一太牢，始以皇后预祭。”“（北周太庙）其时祭，各于其庙，祫禘则于太祖庙，亦以皇后预祭。其仪与后齐同。所异者，皇后亚献讫，后又荐加豆之笾，其实菱芡芹菹兔醢。”中华书局，1973，第135、136页。

④ 《魏书》卷一〇八之四《礼志四》，第2814页。

该抛弃不符合现实的《周礼》，根据汉晋旧制，皇太后乘用最为尊贵的金根车，并据《续汉书·舆服志》与阮谌《礼图》考证金根车形制。[①] 此议明显违背《周礼》，所以遭到了随后五十人的反对。第三种观点，尚书令元澄等当朝贵胄，以及卢同、崔鸿等汉族学者五十人，一致认为上述两种观点都不妥：第一种观点虽符合《周礼》正经，但没有考虑灵太后的现实地位；第二种观点则相反。折中之后，干脆让灵太后直接乘用皇帝车舆，不再另造。这样既不显违《周礼》，也能兼顾灵太后凌驾当朝皇帝的实际地位。第三种观点最终获得了灵太后的首肯。

元澄等人的观点虽然折中，但如果严格按照《周礼》正经本义来说，灵太后作为女主而使用皇帝车舆，无论如何都是违礼的。如上文所述，崔灵恩在《义宗》中严辨王后五辂的不同用途，贾《疏》据此强调“后无外事”，蒋钦绪等人据此总结“王后无祭天之车明矣”。如果说崔灵恩的这些观点是因应当时北朝的失礼行为而做出的具有针对性的反应，应非过当之论。

崔灵恩南奔正值灵太后当权时期，此时的梁武帝正锐意于制礼作乐，“中原士大夫望之，以为正朔所在”。[②] 此时南、北朝对王朝正统的争夺呈胶着状态，南北交聘频繁，双方肯定会特别留意对方的违礼之处，某一方有所失礼，应该会很快传到对方统治者、学者的耳朵里。一个典型例证是东魏天平四年（537）李业兴聘梁，与梁朝朱异比较南、北礼制异同，李业兴讥南朝用王肃郊、丘分立，用裴頠明堂一屋之论；朱异讥北朝信纬候之书。[③] 可见南北朝学者在彼此接触时，很容易留意他者与己不同之处，尤其是不合礼的举动。对于崔灵恩南奔两年后北魏发生的这场灵太后车舆议，崔灵恩未必知道各方议论的细节，但对于最终结果，很容易有所耳闻。

当此之时，崔灵恩初来南朝，一则为了靠拢梁朝当局，一则为了快速融入建康的经学圈子，碰巧遇到北朝灵太后这一系列事件，遂借此机会把北朝礼制大大嘲讽了一番。今所见贾公彦《周礼疏》多处标举“妇人无外事”“后夫人不与外神之祭”，很可能就是崔灵恩当时腾于口说，又录为讲

① 《魏书》卷一〇八之四《礼志四》，第 2815 页。
② 《北齐书》卷二四《杜弼传》，中华书局，1972，第 347 页。
③ 《魏书》卷八四《儒林李业兴传》，第 1863 页。

疏，后写入《义宗》而被贾《疏》袭取，最终其理据和逻辑都被采入蒋钦绪等人的驳议中。

崔灵恩南奔之后刻意批评北魏礼制，还可从其对“六宗”的解释中看出端倪。郑玄认为六宗即《周礼·大宗伯》之星、辰、司中、司命、风师、雨师。[①] 太和十五年（491）七月，北魏孝文帝与群臣议“六宗”，则明显与郑玄立异。孝文帝认为《尚书·尧典》所谓“肆类上帝，禋于六宗”，“上帝”与“六宗”互文足义，“六宗”即上帝与五帝。[②] 多年后，崔灵恩在《义宗》中评骘诸家“六宗”之说，重新左袒郑玄。[③] 被孝文帝批驳的郑玄之说，又重新被崔灵恩标举出来大加赞扬，可见崔灵恩对北朝多有批评，也无怪乎他在《义宗》中根据《周礼》“正经”对灵太后的失礼行为暗加讥评了。不难想象，如果崔灵恩始终待在北朝，是不太可能在其著述中与孝文帝先前确立的经义如此明显立异且暗加批评的。

总而言之，若无南北朝礼制正统之争、崔灵恩南奔入梁、灵太后率妇人祭外神、群臣议灵太后车舆这一系列背景，就很难解释为何贾公彦《周礼疏》反复强调妇人不能祭外神。可以说，韦后亚献议正反两方的主要区别在于对贾《疏》的去就，而贾《疏》王后六服、五辂理论又袭自崔灵恩《义宗》。唐朝这场礼议的核心经义逻辑是崔灵恩对北魏灵太后失礼行为所做批评的复现。反方据《周礼》正经批评正方据文例所做的经义建构，与崔灵恩通过严格辨析《周礼》经文以暗讽灵太后的做法一致。

从崔灵恩—贾公彦—蒋钦绪等人这一条线索可以看出，南北朝隋唐的学术与政治交织互动，密不可分。首先，政治会影响学术。崔灵恩《义宗》看似一部纯粹的经学著作，但在南北对抗、崔氏南奔的历史背景下，此书中颇有崔氏个人对当时事态的评骘。崔氏《义宗》被贾公彦大量采入《周礼疏》，为初唐以后的历代《周礼》学者传习，崔氏针对南北朝具体事态所做的发挥，就这样汇入《周礼》的经义巨流。唐中宗时韦后亚献议再一次挑起争论。反方站在崔灵恩、贾公彦的基础上，立足《周礼》“本经”，进一步强化“妇人无外事”的经义，明确了皇后不得参与郊天之祭

---

① 陈寿祺：《五经异义疏证》，王丰先点校，中华书局，2014，第31—32页。

② 《魏书》卷一〇八之一《礼志一》，第2743—2744页。

③ 章如愚编撰《山堂考索·前集》卷三五《礼门·群祀类》，第232—233页。

的原则。

其次，作为“纯学术”的经典注疏，也未尝没有政治关怀。崔氏《义宗》对当时政治可能影响甚微，但其论点经过贾《疏》的完善，终于在唐中宗时期发挥作用。反方论点当时虽未被采纳，但明确了皇后不得担任郊天亚献。随后诞生的《大唐开元礼》对郊庙大祀规定，若皇帝亲祭，皆为皇帝初献，太尉亚献，光禄卿终献；若有司摄事，则皆为太尉初献，太常卿亚献，光禄卿终献，并没有给皇后亚献预留位置。[①] 通过这一场“文例”与“正经”互相竞争的典型礼议，可见政治斗争也往往以学术的形态表现出来。学术与政治紧密交织，形成了一种致密的络合物。

三　韦后亚献议所见的中宗朝社会关系网络

如上所述，在韦后亚献议中，正方固守章句文例，反方回归《周礼》正经；正方烦琐，反方清通。史书称祝钦明、郭山恽、李宪等人“专守先儒章句”,[②] 是“章句家”,[③] 代表烦琐、保守的学风。自南北朝后期到隋唐，时人对清通简要的士大夫之学与烦琐保守的章句之学的区别有明确认识。[④] 正方显然属于后者；与之相对，反方蒋钦绪、唐绍、彭景直、褚无量等人则属于前者。

遗憾的是，时人及后世史家往往站在道德主义的立场对正方大加批判，几乎都认为祝钦明希旨阿附。比如卢藏用讥其“五经扫地”,[⑤] 倪若水弹劾祝钦明“本自腐儒，素无操行”,“乱常改作，希旨病君”;[⑥] 欧阳修评论说：“钦明以经授中宗，为朝大儒，乃诡圣僻说，引艳妻郊见上帝，腥德播闻，享胙不终。盖与少正卯顺非而泽，庄周以《诗》《书》破冢者

① 《大唐开元礼》，周佳、祖慧点校，王云路主编《中华礼藏·礼制卷·总制之属》第一册，浙江大学出版社，2016，第 92—95、100—102、109—112、332—336、342—346、353—357、362—366 页。

② 《旧唐书》卷一八九下《儒学王元感传》，第 4963 页。

③ 《新唐书》卷一九九《儒学王元感传》，第 5666 页。

④ 《旧唐书》卷一〇二《元行冲传》载元行冲《释疑论》引王劭《史论》：“（魏晋以来）历载三百，士大夫耻为章句。唯草野经生以专经自许，不能究览异义，择从其善。”第 3181 页。

⑤ 《新唐书》卷一〇九《祝钦明传》，第 4106 页。

⑥ 《旧唐书》卷一八九下《儒学祝钦明传》，第 4970 页。

同科。独保腰领死家箦，宁不幸邪！后之托儒为奸者，可少戒云。”[①] 对祝钦明的批评极为严厉，其论证过程则被斥为“诡圣僻说”“顺非而泽”，可见史官也承认他的论证很有条理，但既判为诡辩，则不再认真分析。《册府元龟》更是把祝氏之议归为“希旨”一类，根本不当作正常礼议对待。[②] 秦蕙田《五礼通考》也把祝钦明的观点称为“邪见”。[③] 这样看来，正方议论似乎只是希旨阿附，在学术上不值一提。基于这种态度，历来学者对正方议论的经义逻辑多未详究，更未能辨明其所秉持的学术传统。

但无法否定的是，祝钦明同时也是“于五经为该淹”的学者。[④] 他的议论表现出极高的经学水平，否则也不会导致蒋钦绪等人严阵以待，双方辩论往复，形成“说文例之最有趣”的一场礼议。且正方没有正经明文及先儒经说的支持，议论难度更大，也更考验经义构建能力。祝钦明固然有非常明确的政治目的，但他之所以达成自己目的的方法，却不离其“章句家”的学术传统，也离不开与之同一学术风格的郭山恽的支持。

如本篇开篇所言，历史人物的行动逻辑往往并非单一，而是多重因素叠加的结果。对章句文例或正经本文、传统或反传统、繁或简的不同学风的选择，与个人在社会关系网络中所处的位置有关。回到历史现场，每个人都处于政治、学术、师承、家族、乡里等多种因素交织的复杂的社会关系网络中，网络中的各种因素综合决定了个人的选择。基于此，我们将在上文对这场礼议之经义逻辑分析的基础上，考察以韦后亚献议为中心的社会关系网络。

首先分析直接参与韦后亚献议的正、反两方在中宗朝结成的关系网。正方三人中，韦巨源是韦后之党的核心成员。就史传所载的事迹来看，韦后擅权，巨源助力颇多。韦后衣箱中裙上有五色云起，巨源大肆宣扬，又助韦后造作符瑞，诓骗中宗，讽喻韦后，史称其“谬说符祥，朋党取媚”。至于巨源和韦后的私人关系，则“盖与韦皇后继叙源流，佞媚官爵，疑其开导，以踵则天”，在家族谱系上攀附韦后，韦后也“与叙昆弟，附属

---

① 《新唐书》卷一〇九《郭山恽传》，第4107页。

② 《册府元龟》卷五九六《掌礼部·希旨》，第6857—6860页。

③ 秦蕙田：《五礼通考》卷九《吉礼九　圜丘祭天》，方向东、王锷点校，中华书局，2020，第451页。

④ 《新唐书》卷一〇九《祝钦明传》，第4106页。

籍”。[①] 总之，巨源与韦后在谱系上相互攀附，政治上互为朋党，巨源之支持皇后亚献议，政治逻辑比较明确。

正方核心人物祝钦明早年为武则天所拔擢之人才，祝钦明、郭山恽曾与韦叔夏共同撰定武则天拜洛及明堂仪注，久视元年（700）武则天特下制书，命韦、祝刊定礼仪。[②] 在则天朝，祝为东宫官属，授中宗经。中宗即位后，拔擢为国子祭酒。但因隐匿父母忌日，被御史中丞萧至忠弹劾贬官。祝既负不孝之名，仕途受阻，于是转投韦后，以图再用。[③] 在韦后之党中，祝只是边缘人物，除了创议助韦后郊天亚献外，并无其他作为。从其政治履历来看，先为则天拔擢，后为中宗重用，最后又依附韦氏，立场随时而变。

然而与祝钦明共同献议的郭山恽，并没有任何证据表明他是韦后之党，恰恰相反，他在历史上是以耿直的面貌出现的，曾在宴集中诵《鹿鸣》《蟋蟀》之诗以讽谏中宗“好乐无荒”，为中书令李峤所劾奏。[④] 郭山恽既能讽谏中宗，为何又阿附韦氏？从政治逻辑不可索解，后世史家乃至怪而论曰“其后与钦明僻论阿世，不能终其守”。[⑤] 可见政治并非人之行为的唯一驱动力，在政治倾向之外，还要综合考虑学术倾向等因素。

再说反方人物，其中也有坚定的反韦氏者，以苏瓌为突出代表。郑普思为中宗佞幸，其妻又为韦后所宠，郑普思妖逆罪发，苏瓌捕系穷治，郑普思妻向韦后求情，苏瓌不为所动，这是苏瓌与韦后之党的第一次冲突。苏瓌又当面反对祝钦明的韦后亚献议，这是其与韦后之党的第二次冲突。韦后党羽宗晋卿曾讥苏瓌不为烧尾宴，可见其党对苏瓌的不满。中宗崩后，韦后、宗楚客等人密谋禁中，想阻挠相王李旦辅政，苏瓌力争不止，这是苏瓌与韦后之党的第三次也是正面直接的一次冲突。正因为有此殊勋，苏瓌才得以配享睿宗庙庭。[⑥] 韦后、韦巨源、祝钦明、郑普思及其妻、

① 《旧唐书》卷九二《韦安石附韦巨源传》，第 2965 页；《新唐书》卷一二三《韦巨源传》，第 4376 页。

② 《旧唐书》卷一八九下《儒学韦叔夏传》，第 4964—4965 页。

③ 《新唐书》卷一〇九《祝钦明传》：“钦明于五经为该淹，自见坐不孝免，无以澡祓，乃阿附韦氏，图再用，又坐是见逐，诸儒共羞之。”第 4106 页。

④ 《旧唐书》卷一八九下《儒学郭山恽传》，第 4970—4971 页。

⑤ 《新唐书》卷一〇九《郭山恽传》，第 4107 页。

⑥ 《旧唐书》卷八八《苏瓌传》，第 2878—2880 页。

宗晋卿、宗楚客等人同属一个政治团体，苏瓌与这些人都先后有过矛盾，可见他在政治上坚定的反韦氏、支持李旦父子的立场。

反方其他人在政治上虽然不如苏瓌活跃，亦可略得而言之。蒋钦绪与萧至忠为姻家，两人靠婚姻关系结合，[①] 而萧至忠又曾因祝钦明隐匿忌日而弹劾之。[②] 萧至忠后来虽然先后依附韦后、太平公主，最终为玄宗所诛，但当景龙三年礼议之时，不能说祝钦明与蒋、萧姻家毫无旧怨。唐绍是循谨守正的儒生，对于朝廷失礼之事屡有驳议，在驳祝氏亚献议之前，还曾驳韦后鼓吹。[③] 对于唐绍这样的人物，不能简单地将其归入某一政治阵营，但至少可见他并不亲附韦氏。

至于褚无量与韦后之党的关系，史书并无明确记载，不过其议最后总结说“请旁询硕儒，俯摭旧典，采曲台之故事，行圆丘之正仪”，[④] 而韦氏败后，在对其党进行政治清算的时候，倪若水就劾奏祝钦明、郭山恽说“遂使曲台之礼，圜丘之制，百王故事，一朝坠失”，很明显即承袭褚无量之议。[⑤] 虽然不能据此指明褚氏与韦后之党判然属于两个阵营，但至少可知褚氏与倪若水等人之间存有关系。

反方六人中，彭景直、徐坚、褚无量的社会关系网络也极少跟韦氏之党有涉，这些都是政治逻辑力所不及之处，但如果从学术逻辑来考察，则这些问题都将迎刃而解。以与正反两方都有交涉的则天、中宗时期的著名学者王元感为关键节点，可将这张关系网更为完整地铺展出来。

圣历初（698），时任弘文馆学士的王元感著论，认为“三年之丧，合三十六月”，而非郑玄所谓二十七月或王肃所谓二十五月。凤阁舍人张柬之著论反驳。[⑥] 岛一认为张柬之秉承唐初旧派儒学传统，与作为新派的王元感形成对比。[⑦] 长安三年（703），王元感又“表上其所撰《尚书纠谬》

---

① 《新唐书》卷一一二《蒋钦绪传》，第4180页。

② 《旧唐书》卷一八九下《儒学祝钦明传》，第4965页；《新唐书》卷一〇九《祝钦明传》，第4104页。

③ 《旧唐书》卷八五《唐临附唐绍传》，第2813—2814页；《新唐书》卷一一三《唐临附唐绍传》，第4185页。

④ 《旧唐书》卷一〇二《褚无量传》，第3166页。

⑤ 《旧唐书》卷一八九下《儒学祝钦明传》，第4970页。

⑥ 《旧唐书》卷九一《张柬之传》，第2936页；《新唐书》卷一九九《儒学王元感传》，第5666—5668页。

⑦ 島一「張柬之・王元感の三年喪禮説とその周邊」『唐代思想史論集』、112頁。

十卷、《春秋振滞》二十卷、《礼记绳愆》三十卷，并所注《孝经》《史记》稿草，请官给纸笔，写上秘书阁”。[①] 虽然其书皆不传，已无从知其具体内容。但从书名以及其他学者的反应来看，王元感对经典文本以及两汉以来的传注义疏持批判态度，其所谓“纠谬”“振滞”云者，盖即此而言。其书甫出，祝钦明、郭山恽、李宪等人“皆专守先儒章句，深讥元感掎摭旧义”，[②] 所谓“旧义”，也就是从南北朝到唐初的旧义疏学。《新唐书》称三人“本章句家”，史官所载盖当时实录，可见时人对祝钦明等人在学术上的保守性格已有明确认识。[③]

王元感之所以受到“章句家”的猛烈批判，是因为他对所谓“先儒章句”有摧陷廓清之志，若其书得立，则“章句家”所赖以立身的章句之学将再无稳固基础。而魏知古、徐坚、刘知幾、张思敬等人对他表示支持。[④] 反对者祝钦明、郭山恽恰好是数年之后韦后亚献议的创议者，支持者则往往与祝、郭的反对者关系密切，可见王元感是此时新旧学术的分水岭，其论一出，立刻引爆了双方的争辩。

然而，祝钦明等人于武周末年排毁王元感，除了学术立场不同之外，盖亦别有人事上的因素。已知祝钦明、郭山恽本为武则天所拔擢，在武周一朝崭露头角。据《旧唐书》韦叔夏本传记载，“则天将拜洛及享明堂，皆别受制，共当时大儒祝钦明、郭山恽撰定仪注。凡所立议，众咸推服之”，[⑤]《王元感传》也说“是后则天亲祠南郊及享明堂，封嵩岳，元感皆受诏共诸儒撰定仪注，凡所立议，众咸推服之”，[⑥] 两者的记载几乎一样，只不过《韦叔夏传》另外拉上了“大儒”祝、郭。但考祝之仕宦履历，永淳、天授间，始中英才杰出、业奥六经等科，拜著作郎。中宗即位后，始因东宫之旧，擢为国子祭酒。[⑦] 至于郭山恽，至中宗景龙间始累迁至国子

---

① 《旧唐书》卷一八九下《儒学王元感传》，第 4963 页。
② 《旧唐书》卷一八九下《儒学王元感传》，第 4963 页。
③ 《新唐书》卷一九九《儒学王元感传》，第 5666 页。
④ 《旧唐书》卷一八九下《儒学王元感传》，第 4963 页；《新唐书》卷一九九《儒学王元感传》，第 5666 页。
⑤ 《旧唐书》卷一八九下《儒学韦叔夏传》，第 4964 页。
⑥ 《旧唐书》卷一八九下《儒学王元感传》，第 4963 页。
⑦ 《新唐书》卷一〇九《祝钦明传》，第 4104 页。

司业。[1] 两人事迹主要在中宗朝，武周时期才刚刚由科举进入仕途，恐怕很难称得上是“大儒”。据本传可知，武周时期王元感已年老，中宗甫即位（705）王元感即去世。至于韦叔夏，其调露年间（679）已拜太常博士，后王元感两年而死，年七十余。王元感、韦叔夏两人盖同辈，比祝钦明、郭山恽至少高了一个辈分。武则天明堂始建于688年，此后十年间屡有祭祀。在此期间，祝、郭方当青年，而王、韦年纪较长，应该是议定明堂、郊天、封禅嵩山之礼的主导者，祝、郭为辅助者。

既然王、韦、祝、郭同为武周时期的礼仪制定者，为何《旧唐书》之韦叔夏本传不提王元感，反而拉上“大儒”祝、郭二人，而王元感本传则不提韦、祝、郭三人，只以泛泛的“诸儒”概括之呢？史书记载虽有详略，但联系此四人的政治与学术倾向，其间或有笔削之微意。《旧唐书》开元以前内容基于韦述《国史》，《国史》又取材于实录，而武周一朝之旧事，推其史料来源，当为《则天皇后实录》。至于这部实录的修撰者，祝钦明赫然在列。神龙二年（706），“（魏）元忠与武三思、祝钦明、徐彦伯、柳冲、韦承庆、崔融、岑羲、徐坚等撰《则天皇后实录》二十卷，编次文集一百二十卷奏之”。[2] 祝钦明在中宗朝积极亲附韦后之党，韦叔夏、韦安石兄弟与韦巨源同系，韦巨源又是韦后之党的核心成员。祝氏等人修撰《则天皇后实录》时，述及韦叔夏曾与自己参定礼仪，故意在自己与郭山恽名前加“大儒”二字，如此一方面可自高身价，另一方面可借机拉近与韦氏家族的关系，从而向韦后靠拢。王元感在政治、学术上都非同类，所以述其事迹时，只说“诸儒”云云，绝不让他与自己扯上半点关系。《新唐书》述韦叔夏为武则天撰定礼仪，就摘掉了祝、郭“大儒”的帽子，由此可见其史识。[3]

王元感本与祝、郭学术观念相左，在为武则天制定礼仪时，王元感作为长辈、长官，在学术上又相当激进新锐。祝、郭是后辈，资历又浅，又是保守于章句文例的旧派学者，或许对王元感早已不满。长安三年王元感献书，祝、郭等人讥诋之，不仅是“章句家”对非“章句家”的反驳，同

① 《旧唐书》卷一八九下《儒学郭山恽传》，第4970页。
② 《旧唐书》卷九二《魏元忠传》，第2953页。
③ 《新唐书》卷一二二《韦安石附韦叔夏传》，第4354页。

时也是晚辈对长辈积压已久的反动。

再看王元感的支持者，有魏知古、徐坚、刘知幾、张思敬等人。据上节可知，在韦后亚献议中，徐坚站在反方阵营；在关于王元感三书的论辩中，徐坚又与王元感共同站在祝、郭的对立面。而刘知幾又与徐坚、元行冲、吴兢友善，曾说："海内知我者数子耳。"① 由王元感、徐坚、刘知幾、元行冲等人勾连而成的一个学术与私人交际的关系网，与祝钦明、郭山恽形成对立。另外，就政治而言，刘知幾在中宗朝迁秘书少监，任史职，当时宰相韦巨源与纪处讷、杨再思、宗楚客、萧至忠皆领监修，刘知幾认为官长太多，意见不一，且萧至忠又屡次责其无功，刘知幾"又仕偃蹇"，于是罢职而去。② 以上韦巨源等人皆为韦后之党，而刘知幾与其不合，且与萧至忠有直接冲突，可见刘知幾、徐坚等人在官场人际关系上亦站在韦后之党的对立面。

王元感的另外两位支持者魏知古、张思敬，其中张思敬事迹不显，但两人在则天朝同为朱敬则表荐，则天称朱敬则之知人。③ 另外，吴兢与刘知幾、徐坚三人是学术上的同道，在仕宦上又是任起居郎时期的"并职"关系，彼此相当亲密。④ 吴兢又与朱敬则同游。⑤ 这样看来，朱敬则、张思敬、魏知古、吴兢、徐坚、刘知幾等人通过政治上的举荐、学术上的同道、私人之间的友情而结成一张关系网。政治上的举荐、引用，与学术上的异同，以及私人感情层面的亲疏远近，可以复合而成一张更为丰富具体的社会关系网络。

王元感的支持者所构成的关系网中，魏知古尤其是一关键节点。时论以魏知古有知人之鉴，其所举荐之人有吕太一、柳泽、袁晖、封希颜、齐澣、宋遥、陈希烈等人。⑥ 其中齐澣又尝称陈希烈、宋遥、苗晋卿、韦述

---

① 《新唐书》卷一三二《刘子玄传》，第 4520 页。

② 《新唐书》卷一三二《刘子玄传》，第 4520 页；另《旧唐书》所载略同，见《旧唐书》卷一〇二《刘子玄传》，第 3168 页。

③ 《旧唐书》卷九〇《朱敬则传》，第 2917 页；《新唐书》卷一一五《朱敬则传》，第 4220 页。

④ 《新唐书》卷一三二《吴兢传》，第 4526 页。

⑤ 《新唐书》卷一三二《吴兢传》："（吴兢）少厉志，贯知经史，方直寡谐比，惟与魏元忠、朱敬则游。"第 4525 页。

⑥ 《旧唐书》卷九八《魏知古传》，第 3064 页；《新唐书》卷一二六《魏知古传》，第 4414—4415 页。

之才，后来此四人皆大显。[1] 可见魏知古所表举之人中，齐澣也是一位重要节点人物。齐澣与马怀素、元行冲等人关系尤其密切，开元年间，马怀素、元行冲受诏编次四库书，表奏齐澣为编修史，作为他们的副手，后来又改秘书少监。[2] 关于开元年间编次四库书之事，除了马怀素、元行冲之外，还有褚无量，略述如下。

褚无量、马怀素二人关系颇为亲密。开元三年（715），玄宗“以光禄卿马怀素为左散骑常侍，与右散骑常侍褚无量并充侍读”。[3] 两人共事，与玄宗关系密切。[4] 另外，褚无量、马怀素、元行冲还于开元初年先后担任集贤院之学士知院事。[5] 褚、马二人同为玄宗侍读之谊，还被记录在马怀素墓志铭中：

> （马怀素）使（河南）回，拜光禄卿，迁左散骑常侍，转秘书监。四部舛杂，颇多残蠹，公备加校定，广内充积。加兼昭文馆学士。与右散骑常侍褚无量更日入内侍读……。[6]

墓志除了强调马怀素与褚无量同为侍读，还强调其校定四部之事，此事最早渊源于开元三年褚无量、马怀素侍宴玄宗言及经籍之时。元行冲作为深得玄宗信任的大儒，也参与主持此事，此数人又引荐齐澣共同主事。[7] 至开元九年（721）初步完成，由元行冲表上。由此可以勾连出褚无量、马怀素、元行冲、齐澣等人在政治上彼此引荐、学术上共事的一张关系网。上文已经勾勒出王元感、刘知幾、徐坚、元行冲等人的关系，如今再叠加

---

① 《新唐书》卷一二八《齐澣传》，第4470页。

② 《旧唐书》卷一九〇中《文苑齐澣传》，第5037页；《新唐书》卷一二八《齐澣传》，第4469页。

③ 《旧唐书》卷八《玄宗纪上》，第175页。

④ 《旧唐书》卷一〇二《马怀素传》：“（马）怀素虽居吏职，而笃学，手不释卷，谦恭谨慎，深为玄宗所礼，令与左散骑常侍褚无量同为侍读。”第3164页。按“左散骑常侍”当为“右散骑常侍”之误。据《旧唐书·玄宗纪》及下文所引马怀素墓志铭序，褚无量为右散骑常侍，马怀素为左散骑常侍。

⑤ 《旧唐书》卷四三《职官二》：“学士知院事一人，开元初，以褚无量、马怀素、元行冲相次知乾元殿写书，及在丽正，乃有使名。”第1851—1852页。

⑥ 周绍良主编《唐代墓志汇编》开元〇七六《故银青光禄大夫秘书监兼昭文馆学士侍读上柱国常山县开国公赠润州刺史马公墓志铭并序》，上海古籍出版社，1992，第1206页。

⑦ 《旧唐书》卷四六《经籍上》，第1962页。

上这张关系网，更可见这一人群之关系的复杂性与立体性（见图1）。

这样一来，徐坚、褚无量不仅在韦后亚献议中与祝钦明、郭山恽等“章句家”站在对立面，又在围绕王元感三书的论辩中，与祝钦明、郭山恽分属两个对立阵营。由此，唐朝前半期围绕学术之章句文例、反章句文例的新旧分野的社会关系网络大致勾连出来，学术上的新旧之争又与政治上的韦氏之党或反韦氏之党络合。如果说唐朝前半期之学术因受通脱约简风格的影响而启发出一种新派学术，与固守章句旧义、文例巧说的旧派学术形成对比，恐非过当之言。

总而言之，综合考虑各人政见与学术取向之异同，以及各种庇护、荐举、师友关系，可得出一张以韦后亚献议为中心的社会关系网络。这张网并非单纯的政治集团之分，而是政治、学术等各种因素的络合物。回到历史现场，每个人都有多维度的考虑，也在这张多维度的网络中选择了自己的位置，并成为其中的一个结点。

当然，我们根据有限的史料描绘出的这张社会关系网络，比之历史上实际的社交网，肯定是挂一漏万的，但管窥锥指，不为无得。在这张网中，就政见来说，大致有支持韦氏与反对韦氏两种；就学术取向来说，大致有“章句家”与反“章句家”两种。两种政见与两种学术取向有着模糊的对应关系。面临韦后亚献这一问题，正方辩者坚守章句旧说、文例之法；反方辩者秉持以回归经典为导向的“正经”观念，与清通简要的反传统学风结合，接续崔灵恩—贾公彦的经义线索，使其在唐中宗时代再次浮现。中宗朝的政见之别，以及唐前期的学术新旧分野，也在多重因素络合的关系网中显现出来。

结　论

综上所述，在《周礼》经义渗入中古国家制度的大背景下，通过分析韦后亚献议这一微观场景，抉发其中论辩双方的经义逻辑与学术风格，可知正方祝钦明、郭山恽推演《周礼》文例以证成皇后郊天亚献；反方蒋钦绪、褚无量等人则扩大取例范围，以更为贴近《周礼》经文本意的方式反驳文例推致，与正方形成鲜明对比。反方的论证基于贾公彦《周礼疏》，贾《疏》又多本之于崔灵恩《义宗》。崔氏自北朝南奔，在特殊的历史背

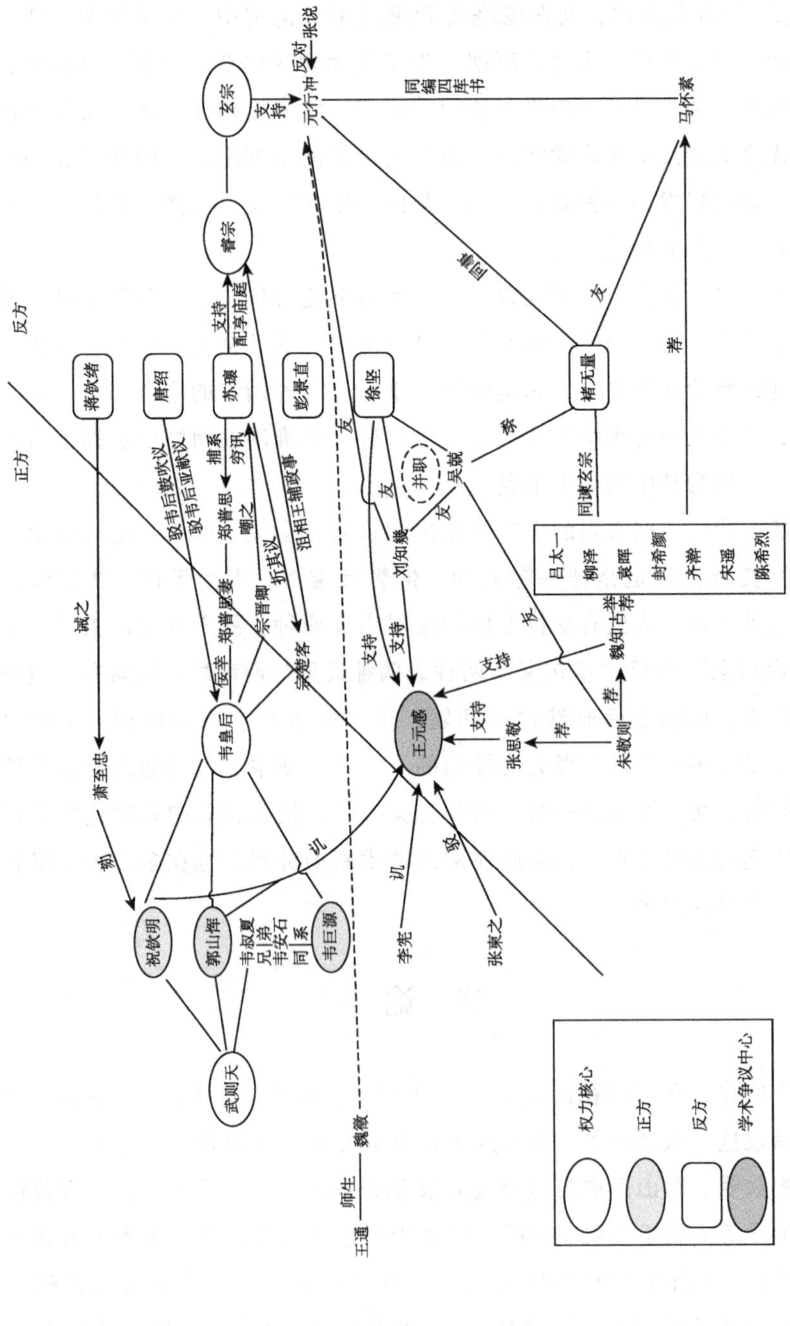

图 1　韦后亚献议所见唐中宗时期社会关系网络

资料来源：笔者自制。

景与个人处境下，尤其留意北朝的失礼之举，在其著述中严辨《周礼》经文王后六服、五辂之制，隐然有对北魏灵太后违礼行为的暗讽。贾《疏》屡次强调“妇人无外事”，正是因袭崔氏的观点。这种立足于《周礼》正经的论证经崔灵恩、贾公彦之手，又在唐朝韦后亚献议中复现。这是古人明确使用（包括正用与反用）《周礼》文例以议礼，并对中国古代礼制之大关节处产生重要影响的显例。

再结合圣历初王元感三年丧议、长安三年王元感献书事件，反对者张柬之、祝钦明、郭山恽、李宪等人，与支持者刘知幾、徐坚、张思敬、魏知古等人，亦体现新旧两种学术风格。秉持新学风的刘、徐、张、魏与褚无量、齐澣、马怀素、元行冲、吴兢等人结成了一张层次丰富的社会关系网络。这张网既有政治上的举荐、庇护关系，也有学术上的同道、共事关系，还有私人层面的亲友关系，是多种因素的络合物。

历史以人为主体，人无往不存在于关系之中。回到历史现场，每个人的政治、学术、私人等层面的关系往往彼此交织、难舍难分。我们曾指出：“中国古代政治活动并非赤裸裸的角力，而是名、实调适的游戏。”[①] 在我们循着韦后亚献议而铺展开来的关系网中，每个人的政治、学术立场并非完全啮合，也有一定程度的错位。正是各种因素的络合与错位，导致古人在面临抉择时的浮沉与挣扎。综合考虑古人身处的各种关系，能更为立体地认识历史事件。

---

① 范云飞：《唐代东都庙议的经义逻辑》，《文史》2021 年第 1 辑，第 149 页。

第十二篇 《旧唐书·礼仪志》会昌庙议错简、阙载及史源考

有唐一代之典章制度，是中国制度史“最大的转捩中枢”，[①] 其意义不待多言。而关于唐代典章的几部巨著，比如《唐律疏议》《大唐开元礼》《唐六典》《通典》等，所载皆中唐以前之制度。考察晚唐典章制度最重要的资料库，则有新旧《唐书》、《唐会要》、《册府元龟》（以下简称《册府》）等书。唐武宗会昌以后，国史废罢，实录无存，各书晚唐史料的面貌与来源，颇为舛驳复杂；各书之间的史料关系，尤为错歧互出。探析史源，考辨正误，就成了研究晚唐制度的第一步。

为方便讨论，首先要对《旧唐书》《唐会要》《册府》晚唐史源的一般认识有所了解。首先，《旧唐书》会昌以前的史源主要是唐朝国史、实录，古今皆无疑义。至于会昌以后，清人认为是“采杂说传记排纂成之”[②]“杂取朝报吏牍补缀成之”，[③] 虽不够具体，但也仿佛得其实。现代学者进一步考察唐末五代史官之撰述，认为贾纬《唐朝补遗录》（即《唐年补录》），以及《旧唐书》之主要编修者赵莹、张昭远等向太常礼院等各专门官署征集的档案资料，应该是晚唐史料的主要来源。[④] 其次，王溥《唐会要》一百卷，其中高祖至宣宗大中七年（853）之制度，来自苏冕《会要》、崔铉《续会要》各四十卷；大中七年至唐末的史料，则为王溥等人

① 钱穆：《中国历代政治得失》，生活·读书·新知三联书店，2001，第73页。

② 《四库全书总目》卷四六《史部·正史类》，中华书局，1965年影印本，第410页。

③ 王树民校证《廿二史札记校证》卷一六“旧唐书前半全用实录国史旧本”条，中华书局，1984，第348页。

④ 王树民：《史部要籍解题》，中华书局，2003，第101页；黄永年：《唐史史料学》，中华书局，2015，第9—10页；李宗邺：《中国历史要籍介绍》，上海古籍出版社，1982，第259—261页。

据史馆所藏资料纂辑而成。[①] 最后，关于《册府》之史源，传统认为“惟取六经子史，不录小说杂书”。[②] 现代学者非常强调《册府》唐五代史料的价值，指出其多采唐朝国史、实录以及诏敕奏疏等原始档案；[③] 但其晚唐典章制度之史源，尚多疑难不明之处。

黄永年指出：“对于《旧唐书》这样重要的史书，最好把它的史料来源逐篇逐条都弄清楚，但完全做到这样目前还困难。”[④] 对于《唐会要》和《册府》，也应作如是观。晚唐典章制度中，东都太庙之存废颇为时人所关注。中宗神龙元年（705）之后，唐东西二都皆有太庙，围绕东都太庙曾有四次议论，其中会昌五年（845）、六年间的议论最热烈，材料也最丰富，主要见于《旧唐书》卷二六《礼仪六》、《唐会要》卷一六《庙议下》、《册府》卷五九二《掌礼部·奏议第二十》。陈垣先生曾以《册府》与《旧唐书》《旧五代史》互校，[⑤] 发明其例曰：“《册府》可以校史，亦可以史校之。”[⑥] 今以《册府》《旧唐书》《唐会要》互勘，可知唐东都庙议史料有错简、阙载等问题，这些问题又导致了事件时间线的错乱。本篇尝试恢复会昌东都庙议史料的应有面貌，借此略窥晚唐典章资料的史源关系。

一　错简问题

唐东都庙议中，关于太庙之存毁、神主之处置，主要有四种观点，分别是存庙祔主（保留东都太庙，祖宗神主各归其位）、存庙藏主（保留太庙，但是将祖宗神主收藏起来）、存庙瘗主（保留太庙，将神主瘗埋，不再祭祀）、毁庙瘗主（毁弃太庙，瘗埋神主）。具体见表 1。

---

① 孙猛校证《郡斋读书志校证》，上海古籍出版社，1990，第 658 页；陈振孙：《直斋书录解题》，徐小蛮、顾美华点校，上海古籍出版社，1987，第 161 页。

② 孙猛校证《郡斋读书志校证》，第 662 页。

③ 岑仲勉：《唐史余沈》，上海古籍出版社，1979，第 236 页；黄永年：《唐史史料学》，第 248 页；刘乃和主编《〈册府元龟〉新探》，中州书画社，1983，序第 21 页。

④ 黄永年：《唐史史料学》，第 9 页。

⑤ 陈垣：《以册府校薛史计划》《为册府错简事复傅沅叔先生》《册府元龟五二〇下倪若水等四则文义不属显有错简应用何书何法校正之》，陈智超主编《陈垣全集》第七册，安徽大学出版社，2009，第 582—583、586—589 页。

⑥ 陈垣：《影印明本册府元龟序》，陈智超主编《陈垣全集》第七册，第 591 页。

表 1　唐东都庙议主要观点及议者

观点		议者
存庙	祔主	路嗣恭、颜真卿、李渤、郑亚
	藏主	王彦威、薛元赏
	瘗主	归崇敬、陈商、郑遂
毁庙瘗主		郑梦、段瓌、李福、顾德章

资料来源：笔者据《旧唐书·礼仪志六》制作。

若不同人的议论彼此错杂，就会观点混乱、难以卒读。《旧唐书·礼仪志六》按（错乱的）时间顺序纂辑各人的议论，最后是郑遂、顾德章之议。太常博士顾德章的观点为毁庙瘗主，议论篇幅较长，理据也颇为复杂，但《旧唐书》《唐会要》所载顾氏之议却夹杂很多反驳毁庙、支持存庙的内容，肯定是他人之议羼入其中，《旧唐书》校勘记亦曾提及，但对于如何还原错简，却还未见眉目。[①] 今将顾氏议中疑为错简的段落条列如下（为方便讨论，用字母进行编号，下同）：

> a. 又曰君子将营宫室，以宗庙为先，则建国营宫室而宗庙必设。东都既有宫室，而太庙不合不营。……非如诗人更可断章以取义也。
>
> b. 古人求神之所非一，奉神之意无二，故废桑主，重作栗主，既事埋之，以明其一也。或又引《左氏传》筑郿凡例，谓“有宗庙先君之主曰都”，而立建主之论。……执此为建主之端，非为通论。
>
> c. 或又曰：“废主之瘗，何以在于太微宫所藏之所？宜舍故依新，前已列矣。”……今洛都之制，上自宫殿楼观，下及百辟之司，与西京无异。銮舆之至也，虽厮役之贱，必归其所理也。岂先帝之主，独无其所安乎？

上述三段相连，观点分别是：a. 存庙；b. 瘗主；c. 存庙瘗主。已知顾氏

① 《旧唐书》“非如诗人更可断章以取义也”，校勘记曰：“自‘又曰君子将营宫室’句至此一段疑为错简。”又“以此拟议乖当则深”，校勘记曰：“按此段议论与德章主张相反，疑亦属错简。”《旧唐书》卷二六《礼仪六》，中华书局，1975，第 1014 页“校勘记〔二三〕〔二七〕”。

的观点是毁庙瘗主，那么 a、c 两段不可能是顾议，尤其 c 段认为毁弃的神主应该瘗于东都太微宫中，顾氏已明确反对，[①] 益信此乃他人羼入之议。至于 b 段，与顾氏观点相符，古今校书之人皆未疑其有误，然细推顾议，可发现亦为错简。b 段主要反驳《左传》的“筑郿凡例”。根据《左传》，“凡邑，有宗庙先君之主曰都，无曰邑。邑曰筑，都曰城”。有宗庙神主之城称为“都”，唐代洛阳称“东都”，那么也应有宗庙神主。若反驳“筑郿凡例”，既可以反驳洛阳有太庙，亦可以反驳太庙有神主。今考 b 段文义，只驳洛阳太庙应有神主，并未驳洛阳应有太庙。而在随后的顾德章之议中，恰恰也反驳了“筑郿凡例”，目的正是要驳洛阳应有太庙。[②] 可见 b 段亦为羼入之错简，而且正好是顾氏反驳的对象。

今将 a、b、c 三段错简剔除之后，前面的“今庙主俱不中礼，则无禘祫之文”，与后面的“时也。虞主尚瘗，废主宜然”可以完美衔接。前半段论东都宗庙之神主不合礼，不当禘祫，而应瘗埋不祀；后半段称此举“时也”，符合“礼，时为大”之义，又论废主与虞主一样，都应瘗埋。前后文义相属，皆为顾氏“毁庙瘗主”之论。《殿本考证》云：“‘时也’三句，于上下文不属，似错简。”[③] 确有所见，然不够准确。“时也”前为羼入之错简，后为顾氏之议。

至于 a、b、c 三段错简，彼此文气相属，文义调顺，合起来就是存庙瘗主之论。据表 1 可知，东都庙议之中持此论者有归崇敬、陈商、郑遂。其中归崇敬之议甚为简短，文辞之间亦无罅隙；陈商之议则《旧唐书》《唐会要》阙载，仅见于《册府》。从议论本身的逻辑来说，a、b、c 三段只能归于郑遂之议：

> 夫论国之大事，必本乎正而根乎经，以臻于中道。圣朝以广孝为先，以得礼为贵，而臣下敢不以经对。三论六故，已详于前议矣。再捧天问，而陈乎诸家之说，求于典训，考乎大中，庙有必修之文，主

---

① 《旧唐书》卷二六《礼仪六》顾德章议“或曰‘废主之瘗，请在太微宫’者”一段，第 989 页。

② 《旧唐书》卷二六《礼仪六》顾德章议“或称‘凡邑有宗庙先君之主曰都，无曰邑，邑曰筑，都曰城’者”一段，第 991 页。

③ 《旧唐书》卷二六《礼仪六》，第 1014 页“校勘记〔二六〕”。

> 无可置之理。何则？正经正史，两都之庙可征。《礼》称“天子不卜处太庙”，“（择日）[①] 卜建国之地，则宗庙可知”。……a、b、c……则废庙之说，恐非所宜（废）[②]。谨按《诗》《书》《礼》三经及汉朝两史，[③] 两都并设庙，而载主之制，久已行之。敢不明征而去文饰，援据经文，不易前见。东都太庙，合务修崇，而旧主当瘗，请［瘗］于太微宫所藏之所。[④] 皇帝有事于洛，则奉斋车载主以行。

郑遂等人曰：“《礼》称‘天子不卜处太庙’，‘择日卜建国之地，则宗庙可知’。”与a段“又曰君子将营宫室，以宗庙为先”正好文义衔接，意旨相符。c段末句“岂先帝之主，独无其所安乎”论证东都宗庙当存而不毁；郑遂又说“则废庙之说，恐非所宜”，总结不当废东都宗庙，文义连属。随后又说“谨案《诗》《书》《礼》三经及汉朝两史，两都并设庙”，而a、b、c三段正是引用《诗》《书》《礼》之经文以及两汉史事，此益可证a、b、c三段本为郑遂等人之议，而于《旧唐书》《唐会要》羼入顾德章之议中。且今所见郑议简短浑然，难以觉察此种缺漏之罅隙，故前人未有能还此两段错简于本处者。

另外，《旧唐书》《唐会要》错简情况相同，说明两者有共同的史源。《册府》错简更为复杂，却与前两者不同。《册府·掌礼部·奏议》之体例，以人为纲，每一人物之条目下，其他议礼者之相关礼议附属其下，故每条又可根据其所议之礼，另拟标题。每条之中，各人之议又可分为不同段落。《册府》卷五九二中与本篇相关的各条目如下：

（1）郑路条：会昌五年八月东都庙议

（2）郑涯条：会昌六年三月兄弟昭穆同异议

（3）朱俦条：会昌六年四月祝文称谓议

（4）任畴条：会昌六年十一月献祖懿祖倒置议

四条的年代、内容比较相似，所以彼此相乱，必须合而观之，方能各还其

① 据《礼记·表记》及郑注，“择日”两字衍。

② “废”字衍。参见王溥《唐会要》卷一六，中华书局，1960，第340页；《册府元龟》卷五九二，周勋初等校订，凤凰出版社，2006，第6791页。

③ 《册府元龟》卷五九二作“谨案《诗》《书》二经，及汉朝正史”，第6791页。

④ 据《旧唐书》卷二六《礼仪六》补“瘗”字，第1013页“校勘记〔一七〕”。

本。（“朱俦条”比较简短，并无错简夹杂其间。）根据四条的内容，可分为十二段（见图1）：

［A. 郑路条（东都庙议）］郑路为太常博士。会昌五年八月，中书门下奏……《礼》称“天子不卜处太庙”，“择日卜建国之地，则宗庙可知”。

［B. 郑路条（东都庙议——郑遂议）］若废庙之说，恐非所宜。……皇帝有事于洛，则奉斋车载主以行。

［C. 郑路条（东都庙议——顾德章议）］太常博士胡德章[①]议曰……谨按天宝二年诏曰：古

［D. 郑涯条（兄弟昭穆同异议）］庙东间添置两室……涯与众官等奏议曰……从之。

［E. 朱俦条（祝文称谓议）］朱俦为太常礼院修撰官。会昌六年四月，礼院奏……从之。

［F. 任畴条（献祖懿祖倒置议）］任畴为太常博士。会昌六年五月，上言：去月

［G. 郑路条（东都庙议——郑遂议）］禘礼，当时五室列于洛都，三帝留于京庙……岂先帝之主，独无其所安乎？

［H. 郑路条（东都庙议——顾德章议）］时也。虞主尚瘗，废主宜然……六年三月，择日既定，礼官既行，旋以武宗登遐，其事遂寝。宣宗即位，竟迁太微神主祔东都太庙。

［I. 郑涯条（兄弟昭穆同异议）］郑涯为尚书左丞。会昌六年三月，宣宗即位。五月，礼仪使奏……下以敬宗、文宗、武宗同为一代，于太。

［J. 郑路条（东都庙议——顾德章议）］之制礼，祭用质明，义兼取于尚幽，情实缘于既没。……今庙主俱不中礼，则无禘祫之文，

［K. 郑路条（东都庙议——郑遂议）］又曰“君子将营宫室，以宗庙为先”……建武二年，于洛阳立庙，而成、哀、平三帝祭于西京。一十八年，亲幸长安，行

---

① “胡德章”，《旧唐书》《唐会要》作“顾德章”，本篇且称为“顾”，下文不再另做说明。

［L. 任畴条（献祖懿祖倒置议）］十七日，飨德明、兴圣庙……其事遂行。①

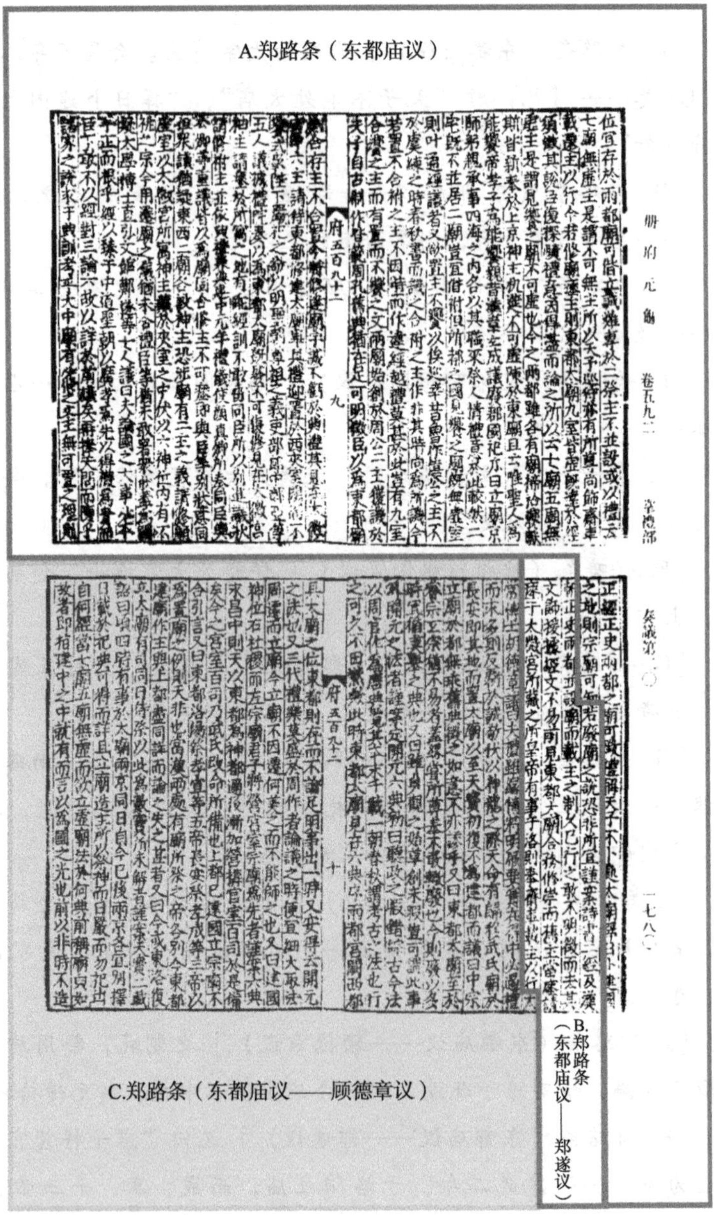

① A 条部分内容在图 1 上页，为使讨论集中，姑不录。H 条、I 条部分内容南宋监本《册府》缺版，今据别本补充。

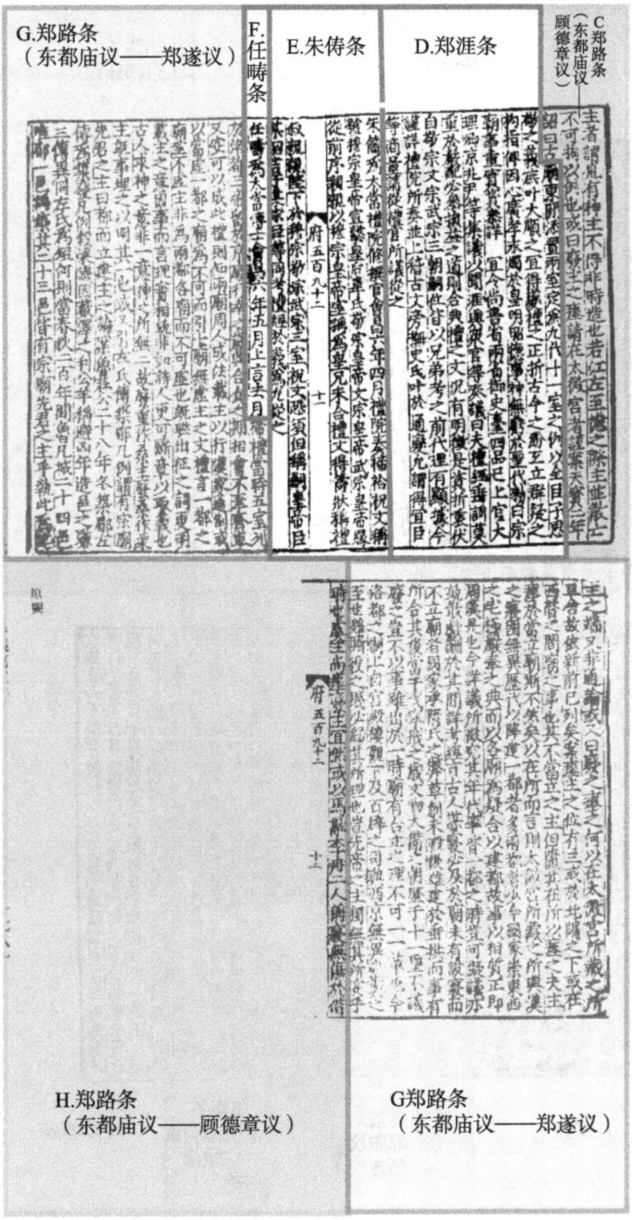
G.郑路条
（东都庙议——郑遂议）
F.任畴条
E.朱俦条
D.郑涯条
C郑路条
（东都庙议——顾德章议）
H.郑路条
（东都庙议——顾德章议）
G郑路条
（东都庙议——郑遂议）

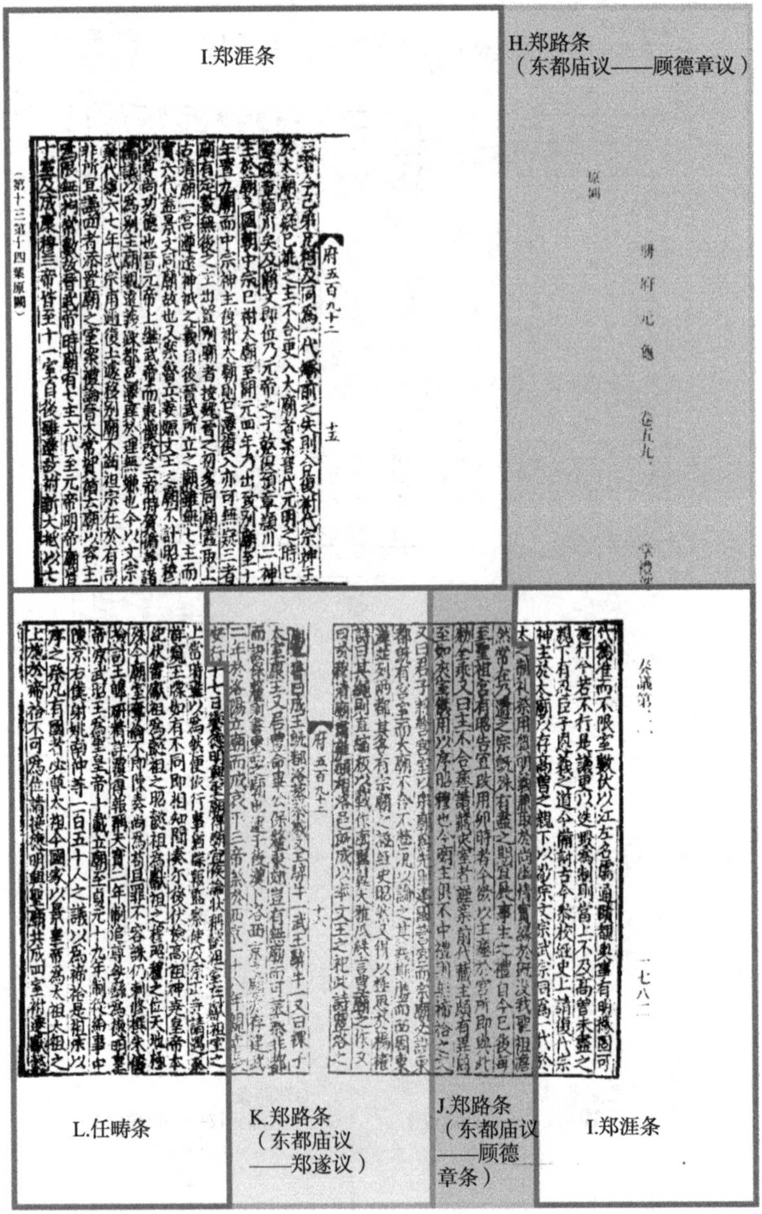
I.郑涯条
H.郑路条
（东都庙议——顾德章议）
L.任畴条
K.郑路条
（东都庙议
——郑遂议）
J.郑路条
（东都庙议
——顾德
章条）
I.郑涯条

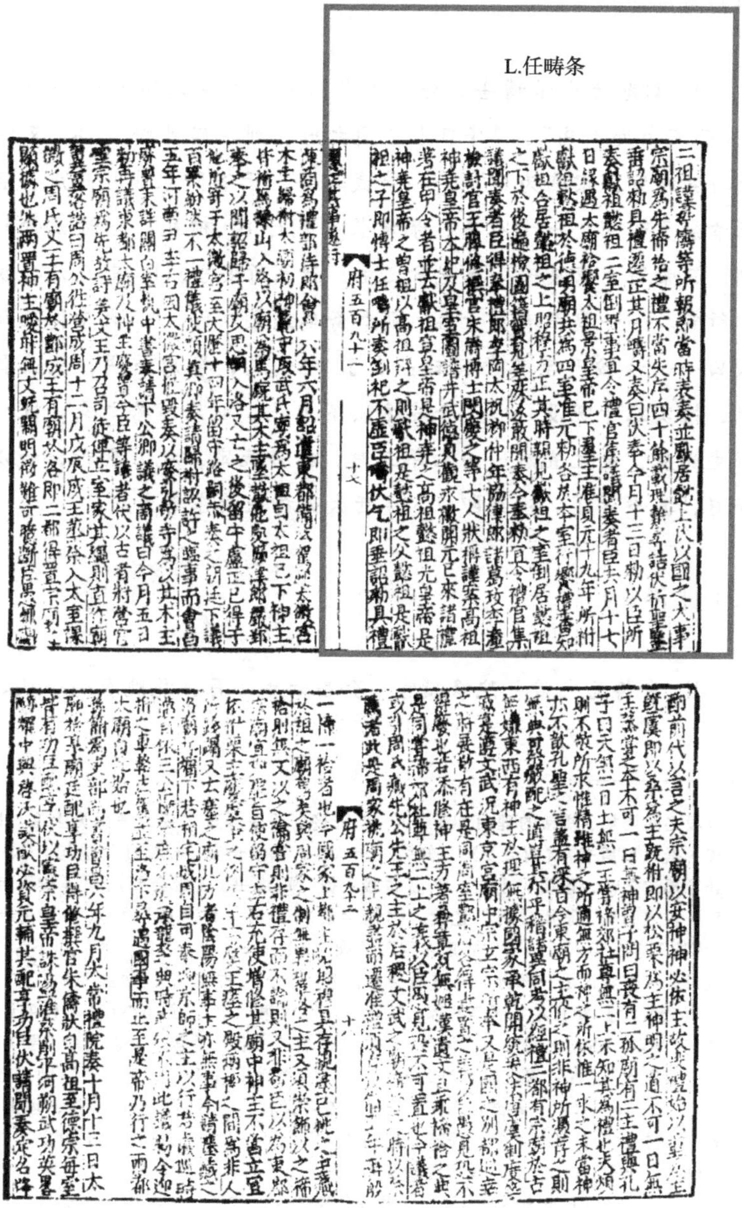

图 1　《册府元龟》卷五九二错简示意

资料来源：南宋监本《册府》。

据《旧唐书》《唐会要》调整之后的文本顺序如下：[①]

（1）郑路条：

A. 郑路为太常博士。会昌五年八月，中书门下奏……《礼》称“天子不卜处太庙”，“择日卜建国之地，则宗庙可知”。K. 又曰“君子将营宫室，宗庙为先”……建武二年，于洛阳立庙，而成、哀、平三帝祭于西京。一十八年，亲幸长安，行 G. 禘礼，当时五帝列于洛都，三帝留于京庙……岂先帝之主，独无所安乎？B. 若废庙之说，恐非所宜。……皇帝有事于洛，则奉斋车载主以行。C. 太常博士胡德章议曰……谨按天宝二年诏曰：古 J. 之制礼，祭用质明，义兼取于尚幽，情实缘于既没。……今庙主俱不中礼，则无禘祫之文，H. 时也。虞主尚瘗，废主宜然……六年三月，择日既定，礼官既行，旋以武宗登遐，其事遂寝。宣宗即位，竟迁太微神主祔东都太庙。

（2）朱俦条：

E. 朱俦为太常礼院修撰官。会昌六年四月，礼院奏……从之。

---

① 各段之间调整、拼接的理由如下。A、K 拼接：还原郑遂之议，理由见上文。K、G 拼接：据《旧唐书》《唐会要》可知“一十八年，亲幸长安，行禘礼”成句。G、B 拼接：还原郑遂之议，理由见上文。C、J 拼接：据《旧唐书》《唐会要》，“谨按天宝二年诏曰：古之制礼，祭用质明”连读。（《唐会要》“诏”作“敕”）点校本《册府》将“谨按天宝二年诏曰”与“古庙东间”断读，校勘记曰：“‘古庙东间’以下为会昌六年五月礼仪使奏议之一部分。见《唐会要》卷一二。‘古庙’，《唐会要》作‘太庙’。”（《册府元龟》卷五九二《掌礼部（三十）·奏议第二十》，第 6799 页“校勘记”第 50 条。）其以“古庙东间”属郑涯条，诚然；而然“古庙”连读，且以《唐会要》“太庙”校之，则误。“古”属上段，与 J 段连读作“古之制礼”；D 段“庙东间”则当上接 I 段，详下。J、H 拼接：从顾德章之议中剔除郑遂之议后，前后两部可以衔接，理由见上文。F、L 拼接：会昌五年六月，任畴上言，据《旧唐书》《唐会要》可知 F 段之“去月”与 L 段之“十七日”连读。（《唐会要》作“前月十七日”）点校本《册府》校勘记据《唐会要》指出 L 段为会昌六年十一月在任畴之议，诚然；然而在“十七日”前补“前月”二字，误。因为只需拼合 F、L 两段，自然天衣无缝，无须补字。I、D 拼接：据《旧唐书》《唐会要》“下以敬宗、文宗、武宗同为一代，于太庙东间添置两室，定为九代十一室之制”，可知 I 段之“下以敬宗、文宗、武宗同为一代”与 D 段之“庙东间添置两室”当拼接。点校本《册府》以 C 段最后之“古”与 D 段开头之“庙东间”连读，误。

（3）任畴条：

F. 任畴为太常博士。会昌六年五月，上言：去月 L. 十七日，享德明、兴盛庙……其事遂行。

（4）郑涯条：

I. 郑涯为尚书左丞。会昌六年三月，宣宗即位。五月，礼仪使奏……下以敬宗、文宗、武宗同为一代，于太 D. 庙东间添置两室……郑涯与众官等奏议曰……从之。

不难看出，在《旧唐书》《唐会要》中连为一体的 a、b、c 错简，在《册府》中却被割裂为彼此悬隔的 K、G 两段，并且混入不同的位置。有这两种文本差异，更能确定 a、b、c（K、G）确属错简，理应还其本处。总的来说，《册府》错简情况更复杂，《旧唐书》《唐会要》文字阙谬更多，两者各有优劣。之所以如此，大概《册府》的史源更接近第一手档案，故文字较少阙谬，但在抄录中纸张错乱导致错简；《旧唐书》《唐会要》经过多次整理，文字看似通顺，其实经过整理者的删润，反而致误，并导致错简处衔接圆融，不易觉察。

二　阙载补入与事件复原

《旧唐书》《唐会要》东都庙议史料并不全面，陈商、李福之议阙载，可据其他文献得知其内容，具体情况如下：

第一，陈商之议。会昌五年八月庙议，据《旧唐书·宣宗纪》所载："唯礼部侍郎陈商议云：'周之文、武，有镐、洛二庙，令两都异庙可也。然不宜置主于庙，主宜依礼瘗于庙之北墉下。'事未行而武宗崩。"① 可见五年八月之议，陈商亦有议论，而《旧唐书》未录。今据《册府》：

① 《旧唐书》卷一八下《宣宗纪》，第 614 页。

（陈商议曰）今月五日，敕再议东都太庙神主废置，今臣等议者："……"时武宗不用此议，敕令迎祔之，辂车法驾并至洛下，寻遇国事而止。至是，帝乃行之。两都太庙自此始也。①

可补陈商之议八百余字。

第二，李福之议。《旧唐书》载会昌五年九月武宗之敕："段瓌等详议，东都不可立庙。李福等别状，又有异同。"② 可见此时亦曾有李福之议，而《旧唐书》《唐会要》《册府》等书皆阙载。今检唐末李涪《刊误》有"二都不并建"条：

予少读历代史，每考沿习，自夏殷迄于周齐，未闻两都并置，东西互处者。……今请制为藩镇，以汝洛节度为名，选帅实兵，以遏东夏。③

李涪认为洛阳不当有太庙，当去"东都"之号，作为藩镇，置汝洛节度使，持毁庙瘗主之论。李涪即李福之子，《北梦琐言》云："李涪，福相之子，以《开元礼》及第，时人号为'《周礼》库'。"④"福相"并非人名，而是对李福的敬称，李福于僖宗朝曾加检校司空、同平章事，故有此称。⑤又，李福为李石之弟，乃李唐宗室。昭宗授李涪为国子祭酒，制书称其为"宗籍宿儒"，也是宗室子弟。⑥ 李福、李涪相差一代，同为宗室，又有《北梦琐言》之记载，可以确信两人的父子关系。而李涪《刊误》"二都不并建"条，当即采其父之议。其言"今请制为藩镇"云云，明显是奏议之文，而非札记之体，虽然或许经过李涪的删削润色，但主体内容应该就是史书阙载的李福之议。今据李涪《刊误》，可补李福奏议八百字。

① 《册府元龟》卷五九二《掌礼部·奏议第二十》，第6796页。
② 《旧唐书》卷二六《礼仪六》，第985页。
③ 李涪：《刊误》卷上，《苏氏演义》（外三种），吴企明点校，中华书局，2012，第229—230页。
④ 孙光宪：《北梦琐言》，贾二强点校，中华书局，2002，第128页。
⑤ 《旧唐书》卷一七二《李石附李福传》，第4487页。
⑥ 钱珝：《授太仆卿赐紫李涪国子祭酒制》，《文苑英华》卷四〇〇《中书制诰》，中华书局，1966年影印本，第2031页。

舛字、错简也导致了时间线的错乱，让人对整个事件的发展过程产生误解。今所见《旧唐书》《唐会要》所载郑路等人之奏定东都神主的具体处置办法：

> (会昌)六年三月，太常博士郑路等奏："东都太微宫神主二十[六][1]座，去(年)[2]二月二十九日礼院分析闻奏讫。伏奉今月七日敕，'此礼至重，须遵典故，宜令礼官、学官同议闻奏'者。臣今与学官等详议讫，谨具分析如后：……今与礼官等商量，伏请告迁之日，但瘗于旧太微宫内空闲之地。恭酌事理，庶协从宜。"制可。[3]

被置于"会昌五年八月中书门下奏"条之后，"太常博士段瓌等三十九人奏议"之前，让人误以为后文的段瓌、薛元赏、郑亚、郑遂、顾德章等人之议都发生在会昌六年三月之后。其实不然。《旧唐书》顾德章议论之后，遭到唐武宗的驳斥，随后，"六年三月，择日既定，礼官既行，旋以武宗登遐，其事遂寝。宣宗即位，竟迎太微宫神主祔东都太庙，禘祫之礼，尽出神主合食于太祖之前"。[4]根据事件的发展逻辑，应该先议定庙之存毁，再讨论神主之安置。而要等到武宗驳斥顾德章之后，才完全确定存庙，故郑路之奏，必然在此之后，而不应在如今的位置。

会昌年间东都庙议的发展顺序应该是：五年八月，中书门下奏请讨论东都太庙之存毁；随后段瓌、薛元赏、郑亚、郑遂、顾德章先后发言；随后武宗驳斥顾德章。到了六年三月，郑路等奏神主安置办法，并且"伏请告迁之日"；然后才有"六年三月，择日既定，礼官既行"，两者前后衔接，若合符契。先确定存庙，再确定安置神主，再请日，再择日，再正式祔主，[5]这才是正确的逻辑。

---

① "二十"当为"二十六"之误，参见王溥《唐会要》卷一六，第337页。

② "年"字衍，详见范云飞《唐代东都庙议的经义逻辑》，《文史》2021年第1辑，第129页。

③ 《旧唐书》卷二六《礼仪六》，第983页；王溥：《唐会要》卷一六，第337页。

④ 《旧唐书》卷二六《礼仪六》，第995页。

⑤ 至于正式祔主的具体时间，详见范云飞《唐代东都庙议的经义逻辑》，《文史》2021年第1辑，第129—130页。

三 史源推测

根据上文分析，可知《旧唐书》《唐会要》关于会昌东都庙议的错简情况相同，应有共同的史源；《册府》则别有史源。[①] 现对三种文献的史源略做推测。首先，《唐会要》德宗至宣宗大中七年之史源非常清楚，就是崔铉等人编修的《续会要》。会昌庙议正处在这一时段内，相关资料无疑也是来自《续会要》。既然《旧唐书》《唐会要》会昌庙议史料同源，两者都取自《续会要》，是极有可能的。且当《续会要》编修之时（853），与会昌庙议（845—846）相距不足十年，崔铉、杨绍复等人很容易亲见史馆、太常礼院等官署所藏的诏令、奏议，则《续会要》的史源，应该就是当时参与议论诸臣的奏议，这是第一手史料。

其次，《旧唐书·礼仪志》的史源不可能是五代太常礼院所藏的仪注等档案。关于《旧唐书》志的一个常见误解，就是过于相信主持编修者赵莹在后晋天福六年（941）四月的奏文：

> ……十志以书刑政者。五礼之书，代有沿革，至开元刊定，方始备仪。洎宝应以来，典章渐缺，其谒款郊庙，册拜王公，摄事相仪之文，车辂服章之数，请下太常礼院。自天宝以后至明宗朝以来，五礼仪注，朝廷行事，或异旧章，出处增损节文，一一备录，以凭撰述“礼志”。……[②]

赵莹提出修撰礼、乐、刑法、天文等十志，并请求向各官署征集史料。但这只是赵莹最初的构想而已，至于是否能实现，在多大程度上实现，尚不明确。今所见《旧唐书》志之数量、篇名，就与赵莹的构想不同。仅就《礼仪志》而言，也与赵莹构想的“礼志”内容不同。按正史礼志之体裁，

---

① 马维斌认为《册府》涉及唐代典章制度的部分基本上来自《通典》《会要》《续会要》《唐会要》。根据本篇分析可知，《册府·掌礼部》亦属典章制度，但至少会昌庙议史料不可能来自《续会要》《唐会要》。参见马维斌《〈册府元龟〉研究——以唐史史源学为中心》，博士学位论文，陕西师范大学，2012，第154页。

② 王溥：《五代会要》卷一八《前代史》，中华书局，1998，第229页。

大致有两种：一种是礼典式的，备载五礼仪注，以《新唐书·礼乐志》为代表；一种是沿革式的，罗列本朝君臣关于礼仪的诏令奏议，以考其沿革，以《旧唐书·礼仪志》为代表。赵莹设想的“礼志”，是以《大唐开元礼》为准，再据太常礼院所藏仪注补足天宝以后的“增损节文”，很明显属于前者，而《旧唐书·礼仪志》抄撮诏令奏议以考一代礼仪沿革，与《唐会要》体裁相同，属于后者。且就《旧唐书·礼仪志》《唐会要》会昌庙议史料的性质与同源关系来看，其史源也只能是崔铉《续会要》，而非太常礼院所藏仪注。由此可见，赵莹关于“礼志”的设想，并未在今所见《旧唐书·礼仪志》中得到实现。[①]

再者，《续会要》《旧唐书》《唐会要》《册府》的史源不可能是唐修《武宗实录》。谢贵安认为《武宗实录》的修撰时间在咸通十年（869）前后，晚于崔铉《续会要》的修撰时间大中七年（853），所以关于会昌年间的典章制度，《续会要》《唐会要》都不可能取自《武宗实录》。[②] 另外，《武宗实录》修成之后即罕见流传，五代史官贾纬上奏：“惟有《武宗实录》一卷，余皆缺略。”[③]《郡斋读书志》《直斋书录解题》所录唐修《武宗实录》亦皆只有一卷，今存会昌元年正月、二月之事。[④] 一般认为《旧唐书》《册府》多取材于唐朝的国史、实录，若《武宗实录》仍存，其中应该有会昌群臣关于东都庙的奏议；惜其书在唐末五代已经残缺，则《旧唐书》《册府》中的会昌庙议史料，不可能源自《武宗实录》。

复次，《旧唐书》《册府》涉及晚唐典章制度的史料，不可能源自贾纬《唐朝补遗录》。在修撰《旧唐书》之前，贾纬撰《唐朝补遗录》六十五

① 黄永年、李宗邺即颇信《旧唐书》志的史源即赵莹上奏中罗列的计划征集的各种档案资料。参见黄永年《唐史史料学》，第 10 页；李宗邺《中国历史要籍介绍》，第 260 页。张志哲则对赵莹奏文持保留态度：“赵莹奏中已历数十志史料的来源，看与撰成后的《旧唐书》志的实际内容是否一致，有何出入。《唐六典》《通典》《唐会要》《册府元龟》等也保存了大量有关志的原始史料，应将志与这些史料逐志对勘，不仅应该以此来补正志，而且应该比较彻底地弄清志的史料来源。”这种说法是比较通达的。参见张志哲《中国史籍概论》，江苏古籍出版社，1988，第 242 页。

② 谢贵安：《中国已佚实录研究》，上海古籍出版社，2013，第 122 页。董兴艳认为崔铉等人编撰《续会要》时，唐朝已修实录包括《武宗实录》三十卷，似乎认为《续会要》中的会昌制度沿革来自《武宗实录》，此说稍嫌欠妥。参见董兴艳《〈唐会要〉研究》，博士学位论文，厦门大学，2008，第 100 页。

③ 《五代会要》卷一八《前代史》，第 230 页。

④ 孙猛校证《郡斋读书志校证》，第 223 页；陈振孙：《直斋书录解题》，第 126 页。

卷，以补武宗以后实录之缺。[①] 自清代赵翼以来，学者多认为贾纬所补武宗以后之实录，是《旧唐书》晚唐史料的重要来源。[②] 岑仲勉认为《册府》晚唐史料也多来自贾书。[③] 但贾氏此书的史源，乃是"搜访遗文及耆旧传说"[④]"采掇近代传闻之事，及诸家小说"，[⑤] 以小说、传闻为主，而无从得见官府档案。宋祁《贾令君墓志铭》称贾氏此书"叙成败事甚悉"，[⑥] 亦可见其书详于事迹而略于典章。《旧唐书》会昌以后之纪传、《册府》所载晚唐君臣事迹，或许采自贾书，但关于典章制度的篇章，当另有所本。

最后，《册府·掌礼部·奏议》会昌元年以后礼议的史源，应该就是唐朝诸省、寺旧藏的奏牍。如上所述，《册府》会昌庙议与《旧唐书》《唐会要》不同源，则其史源可排除崔铉《续会要》，又排除唐修《武宗实录》、贾纬《唐朝补遗录》，最有可能的史源就是原始档案。北宋初年编修《册府》之时，完全有可能看到这些档案。至和二年（1055）十月，欧阳修为修撰《新唐书》而上言请求整理西京所藏唐朝旧档：

> 自汉而下，惟唐享国最久，其间典章制度，本朝多所参用。所修《唐书》，新制最宜详备。然自武宗以下，并无《实录》，以传记、别说考正虚实，尚虑阙略。闻西京内中省寺、留司御史台及銮和诸库，有唐朝至五代已来奏牍、案簿尚存，欲差编修官吕夏卿诣彼检讨。[⑦]

《册府》之编修在景德二年（1005）至大中祥符六年（1013）之间，[⑧] 早于欧阳修上言四十余年，此时唐朝旧档具在，王钦若、杨亿等人完全有利

① 王溥：《五代会要》卷一八《前代史》，第230页；陈振孙：《直斋书录解题》，第112页。

② 王树民校证《廿二史札记校证》卷一六"旧唐书源委"条，第341页；王树民：《史部要籍解题》，第14页；黄永年：《唐史史料学》，第9页。

③ 岑仲勉：《唐史余沈》，第235页。

④ 王溥：《五代会要》卷一八《前代史》，第230页。

⑤ 《旧五代史》卷一三一《贾纬传》，中华书局，1976，第1727页。

⑥ 宋祁：《贾令君墓志铭》，《景文集》卷五九，《丛书集成初编》第一千八百八十一册，商务印书馆，1936，第791页。

⑦ 李焘：《续资治通鉴长编》卷一八一"仁宗至和二年十月庚戌"条，上海师范大学古籍整理研究所、华东师范大学古籍整理研究所点校，中华书局，2004，第4381页。

⑧ 孙猛校证《郡斋读书志校证》，第662页；陈振孙：《直斋书录解题》，第425页。

用这些奏牍、案簿的可能。且就《册府·掌礼部·奏议》之体例来看，大致以时间为序，以人为纲，抄录诸人的奏议，能在一定程度上看出奏议汇编的档案风貌。黄永年曾指出，编修《册府》时“实录、国史以及唐令、诏敕奏疏、诸司吏牍等尚在”，《册府》“直接移录原始史料”，故往往比《旧唐书》详尽。[1] 今对比两书关于会昌庙议的记载，黄先生之说可得一印证。

总的来说，崔铉《续会要》《册府》都根据第一手档案进行撰录，具有相同的史源。只不过《续会要》对档案做了更多整理加工，删润文字，排比事实，导致史料虽有错简，文字却衔接圆融，时间线虽然错乱，但叙事尚称通顺。《册府》则直接抄录奏议，保留了档案原始朴茂的特点，故文字错讹、错简都比较明白显露。《旧唐书》《唐会要》会昌庙议部分都取自《续会要》，故错简情况相同，但文字偶异，乃两书分别抄撮所致。

结　论

如上所述，首先，将关于会昌东都庙议的各种史料对读，始能从《旧唐书》《唐会要》所载顾德章议中离析出郑遂等人之议，各还郑、顾两议的本来面目，郑“存庙瘗主”之议、顾“毁庙瘗主”之议始条理焕然；又能还原《册府》郑路条、朱俦条、任畴条、郑涯条各自的面貌。且亦由此而知，顾议中有相当篇幅是针对郑议所做的反驳，两议内容相关，举证类似，结论相反，后人不察，遂使两议相乱。其次，据《册府》可补陈商之议，据李涪《刊误》可补李福之议，这些都是《旧唐书》《唐会要》所阙载的。最后，《旧唐书》《唐会要》所载会昌六年三月郑路等奏东都庙神主之处置方案当置于唐武宗驳斥顾德章之后、武宗驾崩之前，否则时间线错乱，整个事件的发展序列都将乱不可理。经此调整，唐东都庙议始有进行研究的可能。

推究唐会昌东都庙议各种史料的史源关系（见图 2），可知《旧唐书·礼仪志六》《唐会要·庙议下》应该都采自崔铉《续会要》，而《续会要》又直接据会昌年间之诏令奏议等档案撰成；《册府·掌礼部·奏议》

---

① 黄永年：《唐史史料学》，第 248 页。

晚唐部分应该直接采自原始档案。当然，《旧唐书·礼仪志六》会昌庙议之外的其他数条，其史料别有来源，当分别考察。总之，会昌以后的晚唐典章制度史料来源比较复杂，通过对会昌东都庙议史料的分析可知，对于新旧《唐书》《唐会要》《册府》中涉及晚唐制度的篇章，应该逐篇、逐条对勘，考察其史源，校证其讹误。这仍然是一个任重道远的工作，也是研究晚唐礼制史不可绕开的任务。

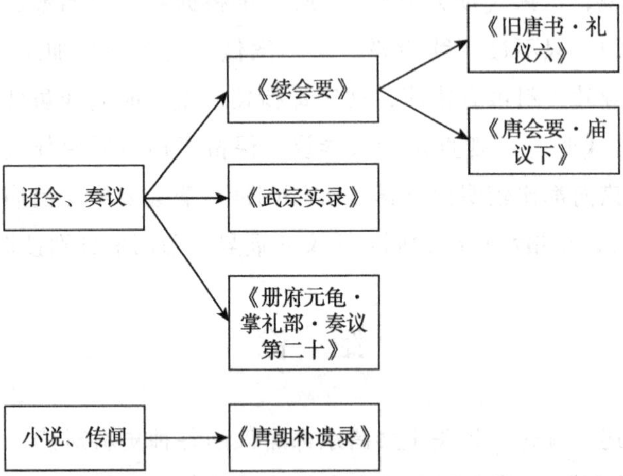

图 2　唐会昌东都庙议史源关系示意

第十三篇　唐代三年丧三十六月说的展开

“三年丧”可谓中国古代礼学中最为核心的问题之一。三年丧的具体丧期有郑玄的二十七月说、王肃的二十五月说，久为古今学者所关注。[①]除此之外，还有较为非主流的三十六月说。武周圣历初年（698），时任弘文馆学士的王元感著论认为“三年之丧，合三十六月”，遭到凤阁舍人张柬之的反驳。[②] 延及明清，学者主张三十六月说者尤多，以毛奇龄最为突出。日本学者岛一详细分析过王元感、张柬之两人的争论，并进而将唐前期经学分为新、旧两派。[③] 吴飞从经义逻辑的角度反驳毛奇龄。[④] 目前尚未见对唐代三年丧三十六月说及其后续讨论的全面搜集与梳理。

丧期与自然人情、社会习俗、礼制节文关涉甚密。《礼记·三年问》对三年丧期之义有极为精彩的阐发：“三年之丧何也？曰：称情而立文，因以饰群，别亲疏、贵贱之节，而弗可损益也。”亲丧之后，人的哀痛思慕之情随时间逐渐淡化，顺应人情的自然变化而制定的丧期，也因之有祥、禫之节，服丧者也因礼制之节而规范自己的感情，总之达到情文相称、情礼调适的状态。同时，丧期长短也与亲疏远近的家族伦序、尊卑贵贱的社会等级挂钩，组成情感、礼制、家族、社会的复合结构。在这张致密络合的网格中，改变丧期，必然是一场经义逻辑推理的冒险，也将对既有的经学、情感、社会的结构造成冲击。分析唐代三年丧三十六月说的经义逻辑及其展开过程，考察其所遭受的反驳和阻遏，也就是探究经学与情

---

① 王锷、井超主编，王宁玲编纂《檀弓注疏长编》卷五 3.22—3.24 对历代学者关于丧服祥、禫之节的论说搜罗颇备，本篇不赘，广陵书社，2021，第 268—293 页。

② 《旧唐书》卷九一《张柬之传》，中华书局，1975，第 2936 页；《新唐书》卷一九九《儒学王元感传》，中华书局，1975，第 5666—5668 页。

③ 島一「張柬之・王元感の三年喪禮說とその周邊」『唐代思想史論集』中國藝文研究會、2013、112-114 頁。

④ 吴飞：《三年丧起源考论》，《文史》2020 年第 3 辑，第 219—220 页。

感、社会联动过程中的经说生成方式，以及其所造成的影响。

一 王元感、张柬之论辩详析

汉唐间关于三年丧期的争论集中在郑、王二十七月与二十五月两说之间，但还有一条三十六月说的隐脉，有待发掘。这条隐脉最早可追溯到汉末的应劭。汉文帝临崩，下“短丧诏”，令天下吏民仅为自己服丧三十六日，应劭解释说：“凡三十六日而释服矣。此以日易月也。”[①] 据此说，既然服丧三十六日是“以日易月”，反推出三年丧应是三十六月。颜师古注《汉书》驳斥应劭：“此丧制者，文帝自率己意创而为之，非有取于周礼也，何为以日易月乎！三年之丧，其实二十七月，岂有三十六月之文！禫又无七月也。应氏既失之于前，而近代学者因循谬说，未之思也。”[②] 颜氏驳应说极有道理，文帝遗诏只说“大红十五日，小红十四日，纤七日”，[③]并未强调三十六日之总数，更没有说这是根据“以日易月”的原则制定出来。所谓“以日易月”，或是应劭因循俗说，或是自己创造，并无根据。[④]

除了应劭，何休亦透露出一丝类似的消息。《公羊传》文公二年“作僖公主”，乃是讥文公“欲久丧而后不能也”，何休以为：“文公乱圣人制，欲服丧三十六月，十九月作练主，又不能卒竟，故以二十五月也。”[⑤] 据礼制，十三月小祥而作练主，文公乃十九月始作练主，比一般情况推迟了六个月，何休由此推测文公欲服丧三十六月，认为这是“乱圣人制”的非礼之举，文公也未能完成这一久丧之举。

至于两汉官僚士人实际的服丧情况，西汉罕有服三年丧者，偶一见之而已；东汉儒学渐盛，士人多以操行相砥砺，故服丧之风大盛。而究其当时所行之服，三年丧其实以二十五月为主流。西汉初年的马王堆帛书《丧服图》中就说：“三年丧，属服，廿五月而毕，行其年者父。”明确表示父

---

① 《汉书》卷四《文帝纪》，中华书局，1962，第133—134页。

② 《汉书》卷四《文帝纪》，第134页。

③ 《汉书》卷四《文帝纪》，第131页。

④ 关于对汉文帝短丧诏“以日易月”说的详细辨析，以及两汉三年丧的实行情况，可参看拙稿《两汉大臣服丧考》，收入本书之中。

⑤ 《春秋公羊传注疏》卷一三，阮元校刻《十三经注疏》清嘉庆刊本，中华书局，2009，第4921页。

丧三年，实行二十五月。[①] 再比如《鲜于璜碑》“子无随殁，圣人折中，五五之月，令丞解丧”，所谓“五五之月”，就是服丧二十五月。[②]《费凤碑》曰“（缺）非五五，缞杖其未除”，[③]《樊敏碑》曰“遭离母忧，五五断仁”，[④] 皆以三年丧为五五二十五月，可见西汉初到东汉，三年丧以二十五月为常，并没有实行三十六月的任何明确证据。[⑤]

在这一背景下，应劭认为汉文帝短丧诏“以日易月”，隐然可反推三年丧三十六月，并不符合两汉实际情况。颜师古驳应劭，且曰“近代学者因循谬说”，可见在距离颜氏不远的时代，仍有学者沿袭“以日易月”之说。可惜这一隐脉沉湮既久，只鳞半爪，难窥其全。

直到武周时期，王元感再次高扬三年丧三十六月之说，是这条隐脉在汉唐时代的高光时刻。可惜王元感之论久已不存，[⑥] 若欲复原其逻辑，首先就面临一个巨大障碍。清代以来，学者做过多次尝试。清初汪琬认为：“唐儒又有主三十六月者，此据《丧服四制》‘丧不过三年’‘三年而祥’之说也。”[⑦] 只是猜测，并无证据。[⑧] 岛一认为王元感是据“以日易月”反推出三年丧三十六月，仍为无据之言。[⑨]

今欲分析王元感的理路，只能从张柬之的驳议加以逆推，除此之外，别无他法。所幸张柬之的驳论尚存于两《唐书》中，今将驳议分为六段，撮要复述：A 段借《春秋》文公二年“公子遂如齐纳币”论证鲁僖公的丧

---

① 裘锡圭主编，湖南省博物馆、复旦大学出土文献与古文字研究中心编纂《长沙马王堆汉墓简帛集成》（叁），中华书局，2014，第 164 页。

② 高文：《汉碑集释》，河南大学出版社，1997，第 286 页。

③ 洪适：《隶释》卷九《堂邑令费凤碑》，中华书局，1985 年影印本，第 108 页。

④ 洪适：《隶释》卷一一《巴郡太守樊敏碑》，第 128 页。

⑤ 皮锡瑞认为：“汉人丧服之制谓之‘五五’，盖本今文说与纬书。”《汉碑引经考》卷四，吴仰湘主编《皮锡瑞全集》第七册，中华书局，2015，第 31 页。

⑥ 对此，清初阎若璩认为史传之所以阙载王元感之论，是为了刊除谬说，以免惑世。阎若璩：《潜邱札记》卷四《丧服翼注》，《清代诗文集汇编》第一百四十一册，上海古籍出版社，2010 年影印眷西堂本，第 137 页。

⑦ 汪琬：《答或人论祥禫书二》，《尧峰文钞》卷三三，《四部丛刊初编·集部》第一千六百八十六册，商务印书馆影印林佶康熙三十年（1691）写刊本，第 139 页。

⑧ 阎若璩就对此进行了辛辣的讽刺，认为汪琬把杜佑的三年丧二十八月说误当成三十六月，并指出杜佑《通典》所据的其实是《礼记·间传》，而非《丧服四制》。阎若璩：《潜邱札记》卷四《丧服翼注》，第 137 页；又见卷五《三与陶紫司书》，第 153 页；卷五《六与陶紫司》，第 156 页；卷六《又与戴唐器书》，第 176 页。

⑨ 島一「張柬之・王元感の三年喪禮説とその周邊」『唐代思想史論集』、112–114 頁。

期为二十五月，而非三年；B 段借《尚书》之《伊训》及《太甲》中篇论证成汤之丧期为二十五月，而非三年；C 段借《礼记》之四处明文说明三年丧为二十五月；D 段用《仪礼》说明三年丧实为二十五月；E 段较为关键，论证《礼记》是否可信，涉及经典观念的差别，下文将详细论述；F 段论证礼不仅是人情，也是客观规范，批评王元感"徇情弃礼"。① 岛一已对张柬之驳议做过比较细致的疏通文义的工作，今不赘。② 今所见张柬之 A、B、C、D 四段驳论，前两段为根据《春秋》《尚书》之经文隐晦处所进行的推理，后两段为《礼记》《仪礼》之明文。由此推想王元感在立论时，基于《春秋》《尚书》之经文的推理方法与张柬之不同；此外，他不承认《礼记》《仪礼》的可信性。若不如此，则无法证成其三年丧为三十六月的结论。幸运的是，关于上述两点，我们恰好能从张柬之驳议中找到王元感立论的蛛丝马迹。

先说王元感基于《尚书》经文的推理。张柬之 B 段十分关键：

> 《尚书·伊训》云："成汤既没，太甲元年，惟元祀十有二月，伊尹祀于先王，奉嗣王祗见厥祖。"孔安国注云："汤以元年十一月崩。"据此，则二年十一月小祥，三年十一月大祥。故《太甲》中篇云"惟三祀十有二月朔，伊尹以冕服奉嗣王归于亳"。是十一月大祥，讫十二月朔日，加王冕服吉而归亳也。是孔言"汤元年十一月"之明验。……不得元年以前，别有一年。此《尚书》三年之丧，二十五月之明验也。③

其中说："不得元年以前，别有一年。"这显然是对王元感的驳诘，则王元感认为"元年以前，别有一年"。欲理解两人分歧，还得回到《尚书》经传本身的逻辑。张柬之借以驳论的《尚书》内容出自《伊训》和《太甲》中篇，其文如下：

> **成汤既没，太甲元年，**太甲，太丁子，汤孙也。太丁未立而卒，

① 《旧唐书》卷九一《张柬之传》，第 2936—2939 页。

② 島一「張柬之・王元感の三年喪禮説とその周邊」『唐代思想史論集』、107-126 頁。

③ 《旧唐书》卷九一《张柬之传》，第 2937 页。

及汤没而太甲立，称元年。……**惟元祀十有二月乙丑，伊尹祠于先王。**此汤崩逾月，太甲即位，奠殡而告。

《正义》曰：周法以逾年即位，……此经“十二月”是汤崩之逾月，……汤崩之年，太甲即称元年也。舜禹以受帝终事，自取岁首，遭丧嗣位，经无其文，夏后之世或亦不逾年也。顾氏云：“殷家犹质，逾月即改元年，以明世异，不待正月以为首也。”……春秋之世既有奠殡即位、逾年即位，此逾月即位当奠殡即位也。①

惟三祀十有二月朔，汤以元年十一月崩，至此二十六月，三年服阕。**伊尹以冕服奉嗣王归于亳。**冕，冠也。逾月即吉服。

《正义》曰：周制，君薨之年属前君，明年始为新君之元年。此殷法，君薨之年而新君即位，即以其年为新君之元年。②

上述文本分为经、传、疏三个层次，今分别抽绎其中的三层逻辑：

第一，经文《伊训》说成汤死后，太甲元年（元祀）十二月，伊尹祠于先王（成汤）。《太甲》中篇说三年十二月，伊尹以冕服奉嗣王（太甲）归于亳。仅就经文来说，成汤死于太甲元年或元年之前，并无确证。也就是说，无法推知太甲是在成汤死后之当年即位改元，还是逾年（第二年）改元。另外，《伊训》与《太甲》中篇两文悬绝，并不能直接看出前者是太甲即位，后者是太甲服阕，自然也就无法知道从成汤去世到太甲服阕，一共历时多少个月。

第二，孔传的一大创造，就是把《伊训》与《太甲》中篇联系起来解释，前者所谓太甲元年十二月伊尹祠于先王，解释为太甲即位，认为成汤在太甲元年十一月去世；十二月，太甲即位（逾月即位）。后者所谓太甲三年十二月，伊尹以冕服奉太甲归于亳，指的就是太甲服阕。从元年十一月到三年十二月，历时二十六月（其实是二十五个整月），这就是太甲服丧的时限。

第三，《正义》延续孔传的思路，又进一步区分了殷商“逾月即位”

① 《尚书正义》卷八《伊训》，阮元校刻《十三经注疏》清嘉庆刊本，中华书局，2009，第343—344页。

② 《尚书正义》卷八《太甲中》，阮元校刻《十三经注疏》清嘉庆刊本，第347—348页。

与周礼“逾年即位”。众所周知，按照周代礼制，前王去世，第二年嗣王才即位改元，称“元年”。孔传既然以成汤于元年十一月去世，太甲十二月即位，只有在逾月即位改元的前提下才说得通，否则此年只能是成汤终年，不能是太甲元年。（其实《正义》所谓殷商“逾月即位”出自其所引的顾氏之说，仅为前儒一说而已，并无特别坚实的理据。）

由此可见，《尚书》经文本身对即位改元、丧期月数并无规定，全靠孔传牵合《伊训》《太甲》而创为之说，又经《正义》完善之。稍一运思，即可知张柬之与孔传、《正义》的逻辑完全相同，都认为成汤于元年十一月崩，太甲于元年十二月即位，二年十一月小祥，三年十一月大祥，三年十二月服阕即吉，丧期二十五月。

由此反观张柬之对王元感的驳诘“不得元年以前，别有一年”，也就可以理解了。逆推王元感的逻辑，他应该是完全抛弃了孔传、《正义》的解释，否定所谓殷商“逾月即位”之说，而是直探经文，以逾年即位这一惯常做法为前提，认为成汤之崩不在太甲元年，而在元年之前的一年。逾年之后，太甲才即位改元，称元年。元年十二月，伊尹祠于先王，此应为小祥周年之祭，由此逆推成汤之崩应在元年之前一年的十二月。三年十二月，伊尹以冕服奉嗣王归于亳，太甲服阕。则从太甲元年之前一年的十二月，到太甲三年十二月，正好三十六月。比较孔传、《正义》、张柬之与王元感所构建的时间线的差别，如表1所示：

表1　太甲即位时间线

时间线	前一年十二月	太甲元年正月	元年十一月	元年十二月	二年十一月	三年十一月	三年十二月
孔传、《正义》、张柬之			成汤崩	逾月即位改元	小祥	大祥	服阕即吉
王元感	成汤崩	逾年即位改元					服阕即吉

资料来源：笔者据《旧唐书》卷九一《张柬之传》、孔颖达《尚书正义》整理。

因王元感之论不存，只能根据张柬之的驳论逆推，所以其据《尚书》之《伊训》《太甲》正文所做的推论，千三百年来湮晦不彰。但王元感并非没有异代知音，清代丘嘉穗亦持三年丧三十六月之说，他论证道：

> 然古之所谓三年，实三十有六月。按《书》太甲居忧，《竹书纪年》及《通鉴前编》皆以三十祀丁未冬十二月为汤崩；戊申，太甲元祀冬十二月，伊尹祠于先王，奉太甲祗见厥祖，徂桐宫；己酉，二祀，太甲在桐宫；庚戌，三祀，冬十二月朔，伊尹奉太甲自桐宫，复居于亳。是首尾四年，实三十有六月也。[①]

其逻辑与王元感若合符契。不过，丘嘉穗的论证是独立进行的，他并未能复原王元感之论。另外，丘嘉穗仍相信汉文帝短丧诏“以日易月”之说，并以此作为证据之一，则是错误的。

简言之，王元感立足《尚书》经文，根据逾年改元的常礼，推出太甲为成汤服丧三十六月；张柬之则立足孔传、《正义》，采纳义疏中的殷商“逾月改元”之先儒旧说，推出太甲为成汤服丧二十五月。

王元感之所以只据《尚书》正文，不信传记注疏，与其经典观念有关，这可从其对待《礼记》《仪礼》的态度中获得印证。张柬之E段驳议颇有针对性地反问：“吾子岂得以《礼记》戴圣所修，辄欲排毁？”由此可知王元感在经学上的一个基本立足点，就是“排毁”《礼记》，而其之所以排毁之，正是因为《礼记》为戴圣所修，而非孔子亲传。且戴圣生当秦火之后，所掇拾者不过余烬，自然不可信。大概王元感以《周礼》为“正经”，以《仪礼》《礼记》为不可信之传记。且其若欲立三年丧为三十六月之论，必须排毁《仪礼》《礼记》，因为此二书中有关于三年丧“期而小祥，再期而大祥，中月而禫”的明文。张柬之则百般强调其所引《尚书》《春秋》《礼记》《仪礼》等皆是“礼经正文”“正经”，并历数西汉以来《仪礼》《礼记》的流传与师承，以此证明此二经之可信。

王元感对待《礼记》等经的态度，可从数年之后的事件得到印证。长安三年（703），王元感“表上其所撰《尚书纠谬》十卷、《春秋振滞》二十卷、《礼记绳愆》三十卷”。[②] 虽然其书皆不传，已无从得知具体内容。但从书名以及其他学者的反应来看，王元感对经典文本以及两汉以来的传

---

① 丘嘉穗：《东山草堂迩言》卷一“三年丧辨”条，《四库全书存目丛书·集部》第二百五十九册，齐鲁书社，1995年影印四川省图书馆、吉林大学图书馆藏清康熙刻本，第326页。

② 《旧唐书》卷一八九下《儒学王元感传》，第4963页。

注义疏持批判态度。其书甫出，祝钦明、郭山恽、李宪等人“皆专守先儒章句，深讥元感擿摭旧义”，① 所谓“先儒章句”“旧义”，就是汉晋旧注以及南北朝到唐初的义疏。再结合王元感、张柬之关于三年丧的辩论，可知王氏要区分正经与传记，辨正汉唐经说，回归“正经”本文。其所谓“纠谬”“振滞”“绳愆”云者，盖即此而言。正因为他对所谓“先儒章句”有摧陷廓清之志，若其书得立，则保守派学者所赖以立身的章句义疏将再无稳固基础，所以受到保守派学者的猛烈批判。②

王元感主张三年丧三十六月的深层原因，则在于他对传统的二十七月、二十五月的情文结构不满。当时士人通行之丧期，以祥、禫为节，渐次变服，以对应人之情感的变化。张柬之为此辩护说：“故练而慨然者，盖悲慕之怀未尽，而踊擗之情已歇；祥而廓然者，盖哀伤之痛已除，而孤邈之念更起。此皆情之所致，岂外饰哉。”③ 认为祥、禫之节并非“外饰”。由此反推，王元感显然认为通行丧期的“外饰”不足以与丧亲之“内情”相称，所以要延长到三十六月。张柬之将王元感此说批评为“徇情弃礼”，认为他过于放纵人的情感，放弃了既有礼制的情文结构。而王元感所以证成其说的方法，则是基于其经典观念，摆落传记注疏，直探《尚书》正文，以经学论证的方式申说己见。

二　唐人论辩的后续展开

自从王元感被张柬之反驳之后，其论遂湮没。一直到明清两代，此论又被学者拾起，并引起了一系列讨论。

明代学者中，最早提出三年丧三十六月的，应该是丰坊。丰坊伪造《鲁诗世学》，在解释《郐风·素冠》一篇时引用黄佐：“三年之丧，三十六月而不数闰。”④ 此书乃丰坊伪造，其所引乡贤前儒之言亦多出臆造，尤

---

① 《旧唐书》卷一八九下《儒学王元感传》，第 4963 页。

② 关于彼时经学上的保守与革新之风，详见拙稿《经义逻辑与社会关系网络：唐中宗郊天韦皇后亚献议再探》，收入本书之中。

③ 《旧唐书》卷九一《张柬之传》，第 2938—2939 页。

④ 丰坊：《鲁诗世学》卷一一《郐风·素冠》，中国国家图书馆编《原国立北平图书馆甲库善本丛书》第九册，国家图书馆出版社，2013 年影印明越琴轩抄本，第 209 页。

其黄佐之言，更为丰坊捏造。[1] 今检黄佐著述，似乎并无此论，可知这应该是丰坊本人的观点。丰坊又引据明太祖《御制孝慈录》“深以汉儒二十五月而毕之说为非。孔氏曰‘子生三年，然后免于父母之怀’，岂二十五月之谓邪”。[2] 今检朱元璋《御制孝慈录》，确实开篇即批评短丧“不近人情”，强调丧服要据“人情”而定。但朱元璋此论并未涉及三年丧三十六月之说，主要是为了反驳《仪礼》父在为母服期、庶母无服，主张父在为母服斩衰三年，庶子为生母服斩衰三年，等等。朱元璋又讥讽固守《仪礼》《周礼》的学者为“不识时务”的“迂儒俗士”，甚至把后世的人寿短促、王纲解纽都归咎于所谓“迂儒”，进而强调“礼乐制度，自天子出”，皇帝所定，即为永制，超越《仪礼》《周礼》等经典。[3] 可见朱元璋之所以强调“人情”、崇厚礼制，其实是为了打压儒者士大夫，崇极君主权力，使君主之言超越经典，也超越一切前儒之言。其论与经学毫无关系，也无关乎三年丧之月数。不过正是其文中对“人情”的强调，启发了明代学者对延长丧期的追求。

丰坊之说影响及于清代。前揭丘嘉穗亦主张三年丧三十六月，他的座师陆莱服丧二十七月之后，又素服一年然后出，李渔村称赞陆莱“躬行君子，实守古礼，盖本于《鲁诗世学》之说”，可见丰坊之说已经悄然流入清代学者心中。[4] 不过丘嘉穗本人并未见过《鲁诗世学》，误以为这是宋本书，以致遭四库馆臣之讥。[5] 可见丘嘉穗的三年丧三十六月论，应该是其独立建构的。

丰坊之后，明末沈垚中亦持此说。沈垚中认为三年丧为三十六月，理由是汉文帝短丧诏“以日易月”，服丧三十六日。然而据上文论证，可知此说实难成立。又认为《仪礼·士虞礼》：“期而小祥，……又期而大祥，……中月而禫。是月也吉祭，犹未配。”其下疑有阙文，似乎“中月而禫”之后还有别的环节，一直到三十六月才真正终丧。这一思路仍然

---

① 王赫：《伪书的诞生：明中叶文化学术氛围与丰坊的作伪》，《文献》2020 年第 4 期。

② 丰坊：《鲁诗世学》卷一一《郐风·素冠》，第 210 页。

③ 朱元璋：《记录汇编》卷四《御制孝慈录序》，《丛书集成新编》第三十五册，台北：新文丰出版公司，2008 年影印明万历刊本，第 71 页。

④ 丘嘉穗：《东山草堂迩言》卷一“三年丧辨”条，第 326—327 页。

⑤ 《四库全书总目》卷一二九《子部·杂说类存目》，中华书局，1965 年影印本，第 1110 页。

毫无证据。[1] 针对沈垚中之说，清代学者亦有继承和批评，详见下文。

明清两代主张三年丧三十六月之论之最力且论证最丰富者，当推毛奇龄。毛氏在其《丧礼吾说篇》中用很长的篇幅论证“三年之丧不折月”。他认为：“夫三年之丧，三十六月也，古人无虚悬日月之理。”经典既然说“三年”“三载”“三祀”，就是实实在在的三十六月，至于二十五月、二十七月云云，皆为汉以后儒者之误解，并非经典本意。但毛氏立论的基础，乃是：“徐仲山作《丧服议》，有曰三年之丧，有必不可二十七月者，以其欺也。先王制礼，果宜在二十七月，何难直限二年加以三月定之，曰此二十七月之丧，而乃以三年为名？是欺死父母矣。夫死父母可欺乎？张南士《答服问》亦有云亲丧短月，是以估人之行待其亲。”[2] 可见毛氏认为，“三年丧”如果不满三年，就是欺父母，丧期应该尽量长，礼应该尽量厚。

毛奇龄主张三年丧三十六月，但他毕竟要为此说披上一层经义的外衣。为此，他做如下论证。首先，“禫月”不等于“丧月”。《礼记·间传》《仪礼》所谓“中月而禫”，只是说禫月，没有说这就是终丧之月。郑玄、王肃的二十七月、二十五月之争，以郑玄为是，然而两人所争只是禫月而已，并非丧月。[3] 其次，“毕丧”不等于“终丧”。所谓“毕丧”，指的是再期大祥之后的除丧、去丧，也就是除服、去服，仅仅除去丧服，但丧期并未结束。《仪礼·士虞礼》《礼记·三年问》《公羊传》《荀子》等书所说二十五月而毕，指的是再期大祥之后，二十五月而“毕丧”，但丧期尚未终结。[4] 毛奇龄据《间传》“中月而禫，禫而纤，无所不佩”，认为禫祭之后，从“毕丧”到“终丧”之间，还有“纤”的阶段。三年丧三十六月包括三个阶段，分别是一年齐斩，二年缟练，三年纤素。再期大祥之后，可以除缟练而服纤素，至于三年终丧。[5]

毛奇龄强行区分“禫月”与“丧月”、“毕丧”与“终丧”，并无根

---

① 沈垚中辑《沈氏学弢》卷六《礼下》“三年丧”条，《四库全书存目丛书·子部》第一百三十一册，齐鲁书社，1995年影印天津图书馆藏明万历刻本，第511页。

② 毛奇龄：《三年丧不折月说》，《丧礼吾说篇》卷七，《续修四库全书》第九十五册，上海古籍出版社，2002年影印本，第67—68页。

③ 毛奇龄：《三年丧不折月说》，《丧礼吾说篇》卷七，第68页。

④ 毛奇龄：《三年丧不折月说》，《丧礼吾说篇》卷七，第68—69页。

⑤ 毛奇龄：《三年丧不折月说》，《丧礼吾说篇》卷七，第69页。

据，其所谓既禫之后还有“纤素”阶段，所据者也只有《间传》“禫而纤”一语而已。然而此据亦不可靠，这在他牵合汉文帝短丧三十六日的论证中暴露出来。如上所述，毛奇龄把三年丧三十六月分为三个阶段，分别是期而小祥（十三月）、再期而大祥（二十六月）、纤服终丧（三十六月），也就是 13+13+10 的模式。而汉文帝短丧诏则是大红十五日、小红十四日、纤七日，乃是 15+14+7 的模式，两者无法相合，且短丧诏之日期亦不符合期而小祥、再期而大祥的结构。毛氏对此解释说，三年三十六月，合五七三十五之数，再饶一月则为三十六月。其中大红二七十四月，因大红较重，所以饶一月，为十五月；小红二七十四月；剩下的就是纤七月。“以日易月”之后，就分别是十五日、十四日、七日。① 且不说所谓“以日易月”已被颜师古驳倒，毛氏构建的三年丧三十六月之结构，就有 13+13+10 与 15+14+7 两种，断无弥缝之可能；且以五七三十五之数解释三年三十六月，更是毫无道理，纯为强词夺理。由此可知，毛氏据“禫而纤”一语推论禫祭之后还有“纤素”阶段，是不可靠的。四库馆臣讥其“恃其博洽，违心巧辩”，诚为确评。②

毛奇龄主张三十六月说的根本原因，出于其推重“人情”的礼学观念。四库馆臣评价其《辨定祭礼通俗谱》曰“其大意务通人情，故不免有违古义”，③ 可见“务通人情”是毛氏礼学的一贯追求。为达成这一目的，毛氏不择经、传、记，凡是于己有利者，皆取而杂糅之，凡是于己不利者，皆斥而驳之。比如对《礼记》之《间传》《丧服四制》《内则》中他觉得有利，或者可以根据己意而加以发挥的文句，就尽量搜罗，为己所用；而对于《三年问》，则认为全是宰我之言，不可从也。归根结底，毛氏还是从“父母不可欺”这一自然情感出发，牵合《仪礼》《礼记》《汉书》等经史典籍，做一牵强之证明。

姚际恒也认为理想状态下的三年丧应为三周年（“三期”）。孔、孟只言“三年之丧”，并无二十几月之说，也无祥禫之节。其不足三周年者，姚氏称之为“短折”，认为春秋时期礼崩乐坏而始有之。至于祥禫之节的

---

① 毛奇龄：《三年丧不折月说》，《丧礼吾说篇》卷七，第 70 页。
② 《四库全书总目》卷二三《经部 · 礼类存目一》，第 190—191 页。
③ 《四库全书总目》卷二二《经部 · 礼类四》，第 181 页。

诸种异说，乃“秦汉诸儒起而斟酌于其间，定为二期又加三月之禫，著于礼文”云云。姚氏虽以三周年为善，但也承认“短折”之说影响深远，已不可挽回，推孝子之心，只能在既有规范下尽量从厚。[①] 概言之，姚氏也是从自然人情的角度立论，以徇情厚礼为旨。

除了毛、姚二氏，清初韦人凤又继承前揭沈垚中之说。[②] 韦氏之书不存，见徐乾学《读礼通考》所引。[③] 韦人凤为沈垚中助阵说：“后王议礼，改而从厚，协乎天理人心之至，百代定为遵守，则有志复古者，自当以三年之丧仍从三十六月为断，以稍尽罔极之悲焉。”[④] 其所谓“改而从厚”云者，就是典型的重情厚礼的思路。然而沈氏“以日易月”之说本不能成立，其阙文之说，夏炘亦有反驳，《士虞礼》《既夕礼》文义相接，并无阙文。[⑤] 可见沈垚中、韦人凤的观点在经学上并不能成立，其立论之基也是推重人情。

徐乾学也不认可沈、韦之说。徐氏认为《礼记·三年问》所言“三年之丧，二十五月而毕”出自《荀子·礼论》，“荀子周人也，以周人而说周事，岂有谬误，而谓其据何经典邪？周人之言不足信，彼生于千载之后，又谁其信之？”[⑥] 徐氏之驳，实出自万斯同。万斯同比较三年丧之郑玄二十七月、王肃二十五月两说，认为王说为允，理由是：“今之所论，皆周礼也，论周之礼，则当以周人之言为据。”荀子、公羊氏都认为“三年之丧，实以二十五月”，可知周人认为三年丧二十五月。若“据戴德之言，而废公羊、荀氏之说，则是周人之说周礼，反不若汉人之解周礼矣”。[⑦] 万氏所言颇具清人考据学无征不信的精神，看重史实之确否，而非礼仪之厚薄。

---

① 姚际恒：《礼记通论辑本》（上），张晓生、简启桢辑点，林庆彰主编《姚际恒著作集》（二），台北：“中央研究院”中国文哲研究所，2004，第 91—94 页。

② 韦人凤，字六象，浙江武康人。见卓尔堪编《遗民诗》，萧和陶点校，华东师范大学出版社，2013，第 72 页。

③ 徐乾学：《读礼通考》卷二八《通论中》，《四库全书》第一百一十二册，台北：台湾商务印书馆，2008 年影印文渊阁本，第 611 页。

④ 徐乾学：《读礼通考》卷二八《通论中》，第 611 页。

⑤ 夏炘：《学礼管释》卷一七《释三年之丧》，《丛书集成三编》第二十五册，台北：新文丰出版公司，1997 年影印咸丰庚申景紫山房本，第 751 页上、下栏。

⑥ 徐乾学：《读礼通考》卷二八《通论中》，第 611—612 页。

⑦ 万斯同：《群书疑辨》卷三“三年之丧二十五月而毕”条，方祖猷主编《万斯同全集》第八册，宁波出版社，2013，第 343 页。

对于“丧宜从重”的诘责，万氏说：“惟后人之居丧，事事不如古人，而独于外之素服，反欲求过于古人，故二十七月不已，又有为三十六月如王元感者，似乎笃于丧亲。岂知不勉其实而徒务其名，亦安见其为孝哉？”[①]认为一味延长丧期，并不能真正做到“笃于丧亲”，只不过为了虚名而已。

清初张文嘉也持三年丧三十六月论。其《重定齐家宝要》说：“按鲁宣公新宫灾，在薨后二十九月，其时主犹在寝，可见古人丧不止于二十七月矣。”[②]试图根据《春秋》说明三年丧在二十九月以上。四库馆臣驳之曰：“新宫”就是鲁宣公之庙，之所以称“新宫”，是因为宣公始死，不忍直称其庙。张文嘉不知此义，以为“新宫”非庙，以至有此误解。[③]

虽有万斯同、徐乾学、四库馆臣等权威学者的反对，由推重人情而导致的三年丧三十六月说并未绝迹，仍有学者主张不已。比如吴廷华在《仪礼章句》中延续王元感的观点及毛奇龄的论证，强调：“愚亦谓人子之事父母，以实不以名。”[④]认为郑、王二说皆不当，但不得已而从郑说：“今从郑氏说，虽是礼疑从厚，然未为当。”[⑤]虽在经义逻辑上并无任何突破，但把“礼疑从厚”的观念又强调了一遍。吴廷华随后相继遭到了四库馆臣、夏炘、凌曙、黄以周的反驳。[⑥]四种反驳皆无甚理论上的创新，主要不过是重复颜师古对应劭“以日易月”说的批评。驳论之所以无新见，主要因为立论无新见。上述丰坊、沈垚中、毛奇龄、姚际恒、韦人凤、张文嘉、吴廷华、丘嘉穗诸人之论在经义逻辑上并不自洽，甚至不及颜师古，

---

① 《群书疑辨》卷三“三年之丧二十五月而毕”条，方祖猷主编《万斯同全集》第八册，第 343 页。

② 张文嘉：《重定齐家宝要》卷下《丧礼》“禫”条，《四库全书存目丛书·经部》第一百一十五册，齐鲁书社，1995 年影印北京图书馆分馆藏清康熙刻本，第 710 页。

③ 《四库全书总目》卷二五《经部·礼类存目》，第 209 页。又按：四库馆臣明确反驳三年丧三十六月说，不过乾隆年间敕撰《钦定礼记义疏》又认为“唐虞以上，实是三年”，殷、周始变为二十五月，可视为官方学术对明清学者相关争论的调和。见甘汝来等《钦定礼记义疏》卷九《檀弓上》，《四库全书》第一百二十四册，第 284 页。

④ 吴廷华：《仪礼章句》卷一一《丧服》，阮元编《皇清经解》卷二八一，学海堂咸丰十一年（1861）补刊本，第 1 页 b。

⑤ 吴廷华：《仪礼章句》卷一四《士虞礼》，阮元编《皇清经解》卷二八四，第 11 页 b。

⑥ 《四库全书总目》卷二〇《经部·礼类二》，第 164 页；夏炘：《学礼管释》卷一七《释三年之丧》，第 751 页下栏、752 页上栏；凌曙：《礼说》卷三，阮元编《皇清经解》卷一三五八，第 12 页 b—14 页 a；黄以周：《礼书通故》卷九《丧服通故》，王文锦点校，中华书局，2007，第 303 页。

也无怪乎驳无可驳。

总的来说，继王元感之后，明清学者相继主张三年丧三十六月说，但在学理上并无太多推进。他们或生造伪书，或牵合经传，或误据史证，论证都不能成立，只能靠强调人情、崇厚礼制为己说助阵。且三十六月说每一次出现，就随即遭到主流经学界的围剿，并未造成太大影响。虽然三十六月说在学理上难以成立，但依然反复出现，说明礼制上的丧服变除节文与人的情感心性、人们的服丧实践之间产生罅隙。三十六月说是为了弥缝这种罅隙的不太成功的经义建构尝试。

三　三年丧的情文矛盾与民间服丧实践

如上文所述，三年丧三十六月说产生的根本原因是礼制节文与自然人情之间的矛盾。传统礼制关于丧服变除的节文从情文相称变得情文不称，于是不得不提出新说，弥缝其间。三十六月说在武周时期迎来高光时刻，又在明清时期屡次复现，与当时礼制上的情文关系和社会上的服丧实践相关。

中国古代素有“缘情制礼”的观念。魏晋之际，这一观念尤其盛行。彼时玄学中的自然、名教之辨在礼制上就表现为情、礼冲突。魏晋人议礼、议刑多斟酌人情。[①] 具体到三年丧，东汉率以二十五月为断，汉魏之际遂有郑玄二十七月、王肃二十五月之争。两晋皇室以王说为官方定说，士族则笃于人情，敦厚礼制，通行郑说，由此导致两晋皇室与士族各行其是。南朝宋以来，上下皆用郑说，一直延续到清末，官僚士大夫服丧皆以二十七月为断。虽或间有异说，但国家礼法律令向以郑说为准，罕有变化。自东汉以降，经魏晋之际的争论，国家上下在郑、王二说之间渐次选择丧期较长的二十七月说。

到了唐代，礼制中的人情因素更为凸显。学者指出唐代君臣议礼，多重人情，从唐太宗、武则天、唐玄宗到魏徵、岑文本、颜师古等人，屡次

---

① 余英时：《名教思想与魏晋士风的演变》，《士与中国文化》，上海人民出版社，2003，第377—383页。张焕君强调魏晋时期丧服“缘情制礼”“以情制服，以礼裁之”的特点，用“情礼交融”加以总结。张焕君：《情礼交融：丧服制度与魏晋南北朝社会》，商务印书馆，2020，第296—303页。

强调“礼缘人情”“（礼）非从天降，非从地出，人情而已”“称情以立文”，代表一种革新的礼学观念。[①] 唐代屡兴大规模礼议，诸如父在为母服、嫂叔服、舅族之服等前代悬而未决的丧服问题，都在唐太宗、武则天、玄宗等帝王的主持下，基于人情的原则定著于礼典律令。[②] 在此背景下，王元感提出三年丧三十六月说，可谓得其时代制礼观念之先，又向前推进了一大步。

另外，王元感主张三年丧为三周年，或许受到唐代盛行的周年忌礼俗的启发。唐代受佛教影响，朝野上下通行周年忌。唐代皇室之周年忌日，也就是所谓“国忌日”，百官须设僧斋、行香。宗教与民俗对礼法的渗透十分深入，行政命令亦难以禁断。文宗开成四年（839）、武宗会昌五年（845）曾停罢或变改国忌行香，亦不能使其断绝。[③] 唐代《假宁令》规定官员私家忌日可给假一日，甚至有官员因私家忌日而停废王事。[④] 佛教影响下的周年忌日礼俗绵延久远，至今不绝。王元感或许有感于民间的丧忌礼俗实践，根据贴近人情、崇厚礼制的原则，将三年丧创造性地解释为三周年。

明清时代的民间服丧实践亦悄然发生变化。从南朝到清代，国家礼法规范下的士族、官僚服丧，率皆遵从郑玄的二十七月说。至于国家礼法所约束不到的民间社会，则既无能力、也没兴趣关心经学上的复杂争论，往往在佛教的影响下，把“三年丧”简单地理解为三周年，所以民间服丧三十六月，反而厚于士君子所行。自宋代以来，六朝隋唐时期累代仕宦的世家大族基本崩溃，中国从“贵族社会”转为“平民社会”，官僚士大夫大多出身民间，与民间社会的联系愈加紧密。明清学者对民间服丧三十六月的礼俗尤为熟悉，见到民间服丧反而笃于士大夫，心中不能不有所触动。比如清初万斯同就说：

> 予乡四明之俗，禫除之后，仍以素服终三十六月，历祀相沿，莫以为误。既非古典，又违时制。乃不知礼者，竟以为古礼当然而不敢

---

① 島一「貞觀年間の禮の修定と『禮記正義』（上）（下）」『唐代思想史論集』、1–60 頁。

② 集中见于《旧唐书》卷二七《礼仪七》，第 1019—1036 页。

③ 《旧唐书》卷一一七《崔宁附崔蠡传》，第 3403 页；卷一八《武宗纪》，第 606 页。

④ 《旧唐书》卷一三六《卢迈传》，第 3753—3754 页。

变；其知礼者，又以为亲丧宜厚而不敢议。此实非礼之礼，君子不以为可也。①

据万氏所言，清初浙东地区的民间就以服丧三十六月为俗，士君子因为“亲丧宜厚”的缘故，对之亦不敢非议。万斯同虽然认为民俗不符合古礼，但四明乡俗至少已在其学术中留下痕迹。

被民俗触动而反思士大夫所行之礼的学者，清代中晚期的祁寯藻尤为典型。道光十四年（1834）祁寯藻遭母丧，他暂时抽离宦海，回到阔别已久的家乡山西寿阳县守丧。在此期间，他读礼习农，对乡俗有了新的感知。次年撰《马首农言》十四篇，② 其中就记录了本地丧俗：“寿阳风俗之厚，莫如丧礼。民间三年之丧，皆以三十六月为断，谓之三周年。”③ 并著《三年之丧说》以申己意：

先王制礼，称情而立文，弗可损益。三年之丧，所以为至痛极也。孝子之心，终身焉尔已。不得已而为之立中制节，贤者不得过，不肖者亦不得不及也。名为三年，而实则二十五月。孝子之心，得毋伤其不及乎？且既以再期为加隆矣，何不直断以二年，而必迂回委曲，隆其名而杀其实，何名实不相副乎？若云渐得三年之竟，即以三年当之，是几几乎有幸其终丧之意，亦何解于朝祥莫歌者乎？谓之称情，而情已抑矣；谓之立文，而文已饰矣；谓之弗可损益，而已损之又损矣。古之礼，犹今之律也。悬律以示民，而曰吾之律可以少损焉，其孰从之？制礼以齐民，而曰吾之礼可少损焉，其孰安之？且使后世之律迂回委曲，以就先王之礼，亦非先王之所以范后世也。……今三晋之俗，亲丧，士大夫遵制，二十七月服阕，而民间持服，实以三十六月，谓之三周年。古风相沿，其来有自。礼失而求诸野，岂不信哉！④

---

① 徐乾学：《读礼通考》卷二八《通论中》，第 612 页。

② 《杂记·观斋行年自记》，任国维主编《祁寯藻集》第一册，三晋出版社，2015，第 152 页。

③ 《马首农言》，任国维主编《祁寯藻集》第二册，第 31 页。

④ 《杂记》，任国维主编《祁寯藻集》第二册，第 320—321 页。

祁寯藻作为官员，限于国家之制，只能服丧二十七月，见本地乡俗反而能服满三周年，于是认为这才是真正的“古礼”，并由此认为经典所谓“三年”就是三周年，如果可以折损为二十五月或二十七月，则将无以取信于民。后儒曲解先王之礼，后世之律又“迂回委曲”，迁就被后儒曲解的“先王之礼”，为祁寯藻所不能接受。祁氏此论并无过多的经义论证，主要是作为重丧在身之人，从“孝子之心”展开说理。从祁寯藻个案不难看出士大夫如何来自民间、重回民间、有感于民间的厚礼而反思士大夫所行之国制，从而基于人的自然情感而试图在经学上论证三年丧三十六月。

“礼不下庶人。”传统礼制精致的情文结构与复杂的经义争论对真正的底层影响甚微。反倒是民间自发的服丧实践在默默推动三周年之丧，使之成为最底层、最广泛的既成事实。民间的服丧实践又反过来影响学者的经义建构，一次又一次地催生出学术上的三年丧三十六月的经说。上层的经义建构虽未成功，但底层的日常生活实践却在沉默且持续地将其落实，由此造成真正深刻且巨大的变革。

结 论

综上所述，三年丧三十六月这一经说虽然并不主流，但时隐时显，前后相继，始终不绝。汉唐间即有此说的隐脉，武周时期，王元感明确揭举并加以论证，其经义逻辑的自洽程度较高，但遭到张柬之的反驳。明清学者又继续论证，却始终难以在经学层面成立，更难以发挥更大程度的影响。但此说在中国经学史上绵延不绝，学者时有提倡，说明传统礼制的情文结构存在问题。在“徇情”与“节文”之间，学者或弥缝旧义，或提出新说，始终在努力。

情文结构是礼制的核心，古人对此早有深刻认识。《礼记》中就有关于礼、情关系的颇多论述。《礼运》说：“夫礼，先王以承天之道，以治人之情，故失之者死，得之者生。”《坊记》说：“礼者，因人之情而为之节文，以为民坊者也。”《问丧》说丧礼符合“孝子之志，人情之实”，《三年问》说丧服变除程序是为了“称情而立文”。但《礼器》也说：“礼之近人情者，非其至者也。”凡此种种，都在阐明情、文之间的张力：情是人所自发，礼则要为人情订立规范，礼以治情，因情节文，最终达到情文相称。情文结构是礼制得以存在的根基，也是其中最具张力的一对范畴。人情是流动的，礼制节文却不会轻易改变。为了维持礼制之存续，必须顺应人情，调整其节文，维持礼制情文结构的动态稳定。古往今来围绕礼制做出的无数调整，很大程度上都是为了维持这一动态稳定的结构。

学者往往能非常敏锐地捕捉到礼制情文结构的不稳定征兆，并尝试通过辩论经义、编织经说的方式弥缝其罅隙，试图调整情文结构。但从三年丧三十六月这一经说的展开过程来看，这种从书本到书本、从理论到理论的努力收效甚微，反而容易陷入无穷无尽的经义之网，最终流于学者之间的纸上辩经。反倒是社会上的日常生活实践蕴含巨大的原生力量，在缓慢而沉默地推动变革。因此，在考虑中国古代礼制变迁时，除了（明显的、容易留存下来的）学者论争之外，也应关注（沉默的、不易被记录的）人们的日常生活实践。

后　记

本书共收录拙论13篇，主题集中于秦汉到隋唐的礼制与经学，尤其注重对“礼议”的研究。书名中的“六朝”一词，学界说法不一，本书主要用来代替“魏晋南北朝”，以避免书名过于冗长。因本书各篇丛脞芜杂，所以名之曰“论丛”。

这本小集，是我志学以来学思历程的初步总结，所收论文跨越了本科、硕士、博士、工作各个阶段。上编的《两汉大臣服丧考》一文写于本科时期，《秦汉祠祀律令辑考》《秦汉郡国祠官考》写于硕士阶段。至于本书的主体部分，即下编对六朝隋唐礼学与礼议的研究，则主要取材于博士学位论文。我读博士期间主要关注晋至唐的礼议，着重抽绎其取证与推理的经义逻辑，博士学位论文亦由相关专题拼凑而成。因整体逻辑性不够强，若作为专著出版，则尚嫌不足，只得进一步打散，与其他论文一起，攒成这部论文集。

参加工作以来，深感博士学位论文存在的不足，有负老师们的期望，于是立志对中古礼议进行更为通贯、更为基础的梳理。相关研究主要分为三个板块：第一，梳理中古礼议文献之源流次第，尤其对《通典》所录礼议之层累堆叠的文本面貌，尝试进行揭剥离析；第二，归纳总结中古礼议的政务运作与知识生产的机制，兼顾其正式与非正式制度的不同面向；第三，在经义逻辑与历史逻辑的交织中，对若干重大礼议进行深入剖析。因为有博士期间打下的基础，所以这些工作完成得比较顺利，相关成果也结集为一部专著，名为《中古礼议与礼制研究》。本书出版之后，可视作其姊妹篇，彼此参证，对于推进中古礼议之研究，或许不无小补。

这本小集也忠实反映了我读书的历程。大学以来，虽也逐步接受史学上的诸多专业训练，但始终没有建立起某种明确的专业意识。自己的所学所思，主要随着读书历程而自然流转。少年时期，我来到珞珈山，在老师们的指导下，开始阅读经史元典。当时有孙劲松老师授《周易》，于亭老师授《毛诗》，郭齐勇老师授《礼记》《孟子》，任慧峰老师兼授三《礼》与《左传》，秦平老师授《论语》，杨华老师授《史记》，徐少华、郑威老师授《汉书》，吴根友老师授《老》《庄》，骆瑞鹤老师授《荀子》，罗积勇老师授《文选》。在四部要籍中，我对《史记》《汉书》尤其有兴趣，读之忘疲，逐页披寻，竟然卒卷。就这样，十余年来的每个寒暑假都用来读史，从前四史到两唐书，也就不知不觉读了下来。在这种情况下，我的学术兴趣也完全随着读书进度而变，所以硕士阶段主要做秦汉，博士阶段又转而进入六朝隋唐，基本没有择定某一时段而专精的意识。

这是一种极为外行的做法。不过，我十分信奉章学诚的一段话：

> 夫学有天性焉，读书服古之中，有入识最初，而终身不可变易者是也。学又有至情焉，读书服古之中，有欣慨会心，而忽焉不知歌泣何从者是也。功力有余，而性情不足，未可谓学问也。性情自有，而不以功力深之，所谓有美质而未学者也。夫子曰："发愤忘食，乐以忘忧，不知老之将至。"不知孰为功力，孰为性情。(《文史通义·博约中》)

学问必本于性情，而以功力成之。学者应抉其性之所起、情之所往，养其性，顺其情，以成其学。向外推寻学问，就是向内认识自我。学问也是一种修行。这样说来，捕捉自己在读书中所自然显露的原初兴趣，护持培养之，以猛攻深挖、死缠烂打的精神，让这一兴趣从自己生命中挣脱出来，布叶生花，——这未尝不是一种治学的可能方式。

所幸，我在求学过程中遇到了诸位良师，在为人为学方面都对我有诸多切近而著明的指引，让我在野蛮生长中得以有所剪裁，并将兴趣收敛到经学与礼制领域，不至于汗漫无归，才能顺利完成学业，走到工作岗位。本科、硕士阶段跟随杨华老师参加《礼记》读书班，逐字研读《礼记正义》，对汉唐注疏有了亲切的体认。对我来说，人文学者的工作不应是工业时代的流水线生产，也未必是农业时代的耕耘收获，更像是渔猎采集时代，人们需要熟稔气候、物候、地形、动植物的节律与习性，在大量观察与学习中捕捉蛛丝马迹，在恰当时机迅速出击，才能有所捕获。学者需要在大量的阅读中，对文献的体裁与语感有极为细腻敏锐的把握，才能揣知作者之意旨，于隐微之际得其悬解。就这一点来说，学者的心性更近于猎人。这是我在阅读注疏和诸史中逐渐形成的想法。读博士阶段，顾涛老师因材施教，根据我的性情和专长，制订了个性化的培养方案。我对古人议论与说理之际的兴趣也因此被挖掘出来，并选定中古礼议作为研究对象。本书大多数文章，都是在与顾老师反复讨论过程中写成的。侯旭东老师在史学方法和学术视角上对我有巨大引导，使我于沉潜之中，得其高明之趣，神思因之得以发越，也开始自觉思考治史与人生的关系。

本书所收诸旧作，现在读来感觉十分稚嫩，令人赧然。按照前辈学者对待学术的沉潜工夫与郑重态度，这样不成熟的作品，本不宜轻易出版。但时代在改变，年轻学者所面临的压力与困境，已不必多言。风气之驱煽，考核之催逼，使自己也不得不掇拾琐细，鼓勇而出。诚知拙稿一旦付梓，即公之天下，必有清议。所幸书中诸论虽有精粗之别，但差可自信，每一篇都是苦心之作。昔时披卷，任我雌黄；今日成书，随人月旦。献芹献曝，无损其诚；或紫或朱，且由公论。

最后，对本书各篇文章的最初发表及后续修改情况略做介绍。

1.《秦汉祠祀律令辑考》，以《秦汉祠祀律令拾遗》为题发表于《出土文献综合研究集刊》第 5 辑（巴蜀书社，2017），收入本书时略有修订。

2.《新出秦汉礼律简四题》，未刊。

3.《秦汉郡国祠官考》，发表于《泰山学院学报》2019 年第 4 期，收入本书时略有修订。

4.《两汉大臣服丧考》，发表于《珞珈史苑》2015 年卷（武汉大学出版社，2016），收入本书时略有修订。

5.《重建汉家秩序的两种进路——汉末旧君名讳论辩钩沉》，未刊。

6.《南朝礼制因革中的王俭“故事学”》，发表于《中国典籍与文化》2019 年第 2 期，收入本书时做了大幅增订。

7.《何佟之礼学与礼议再探》，发表于《经学文献研究集刊》2022 年第 2 辑（总第 28 辑，上海书店出版社，2022），收入本书时做了大幅增订。

8.《试析南北朝隋唐的改撰〈论语〉现象——兼论梁武帝的制礼思路》，以《惟圣时宪：试析南北朝隋唐的改撰〈论语〉现象》为题，发表于《经学文献研究集刊》2024 年第 1 辑（总第 31 辑，上海书店出版社，2024）。

9.《“正体”与“爵土”：中古嫡孙承重礼议所见的家国关系》，发表于《中国社会历史评论》2024 年第 1 辑。

10.《北朝礼议“正经”观念的凸显》，未刊。

11.《经义逻辑与社会关系网络：唐中宗郊天韦皇后亚献议再探》，以《唐中宗郊天韦皇后亚献议再探》为题，发表于《唐史论丛》第 38 辑（三秦出版社，2024）。

12.《〈旧唐书·礼仪志〉会昌庙议错简、阙载及史源考》，发表于《中国典籍与文化》2024 年第 2 期。

13.《“徇情”与“节文”之间——三年丧三十六月说的展开》，发表于《历史文献研究》总第 51 辑（广陵书社，2023），收入本书时略有修订。

图书在版编目（CIP）数据

秦汉六朝隋唐礼制与经学论丛 / 范云飞著 . --北京：社会科学文献出版社，2024.5（2025.9 重印）. --ISBN 978-7-5228-3795-6

Ⅰ. K892.9-53；Z126-53

中国国家版本馆 CIP 数据核字第 2024E0V888 号

秦汉六朝隋唐礼制与经学论丛

著　　者 / 范云飞

出 版 人 / 冀祥德
责任编辑 / 吴　超
文稿编辑 / 孙少帅
责任印制 / 岳　阳

出　　版 / 社会科学文献出版社 · 人文分社（010）59367215
　　　　　地址：北京市北三环中路甲 29 号院华龙大厦　邮编：100029
　　　　　网址：www.ssap.com.cn
发　　行 / 社会科学文献出版社（010）59367028
印　　装 / 北京盛通印刷股份有限公司

规　　格 / 开 本：787mm × 1092mm　1/16
　　　　　印 张：19.75　字 数：320 千字
版　　次 / 2024 年 5 月第 1 版　2025 年 9 月第 2 次印刷
书　　号 / ISBN 978-7-5228-3795-6
定　　价 / 128.00 元

读者服务电话：4008918866